普通高等教育“十一五”国家级规划教材
全国高等医药院校教材

医药市场营销学

主编　汤少梁

科学出版社
北京

内　容　简　介

本书从市场营销的基本原理出发,结合医药产品的特殊性,理论联系实际,通过对医药行业的宏观营销环境和医药企业的微观营销环境分析,将医药产品在营销全过程中所应掌握的知识点逐一进行详细的介绍,并着重阐述了实际医药营销中重点的问题,如医药市场细分、医药市场定位、医药产品品牌策略、医药产品渠道策略和医药产品促销策略等,为医药营销管理者和营销人员提供较全面具有实战性和可操作性的知识。

本书可供致力于学习研究医药市场营销专业的本专科学生、医药企业的管理者、营销人员以及医疗服务部门管理者使用,也可供社会读者阅读。

图书在版编目(CIP)数据

医药市场营销学 / 汤少梁主编.—北京:科学出版社,2007
普通高等教育"十一五"国家级规划教材·全国高等医药院校教材
ISBN 978-7-03-019178-6

Ⅰ. 医…　Ⅱ. 汤…　Ⅲ. 药品-市场营销学-医学院校-教材
Ⅳ. F724.73

中国版本图书馆 CIP 数据核字(2007)第 090079 号

责任编辑:方　霞 / 责任校对:包志虹
责任印制:李　彤 / 封面设计:黄　超

科学出版社 出版
北京东黄城根北街 16 号
邮政编码: 100717
http://www.sciencep.com
北京建宏印刷有限公司 印刷
科学出版社发行　各地新华书店经销
*
2007 年 7 月第　一　版　　开本:850×1168　1/16
2022 年 1 月第二十次印刷　　印张:17 1/4
字数:604 000
定价:29.80 元
(如有印装质量问题,我社负责调换)

《21世纪高等医药院校教材（供医药经济与管理类专业用）》编委会

余　悦　江苏大学
邹延昌　山东中医药大学
陆召军　徐州医学院
张　晓　东南大学
张端珣　南京中医药大学
陈　佳　福建中医学院
陈　瑶　贵阳中医学院
陈家应　南京医科大学
季德安　上海中医药大学
周绿林　江苏大学
郑　毅　牡丹江医学院
孟国祥　南京医科大学
赵一梅　甘肃中医学院
徐江雁　河南中医学院
黄明安　湖北中医学院
蒋建华　成都中医药大学
景　浩　辽宁中医药大学
景　琳　成都中医药大学
谢　明　辽宁中医药大学
谭建三　新乡医学院
薛云珍　山西医科大学

《医药市场营销》编写人员

主　编　汤少梁

副主编　安祥林　王高玲　官翠玲

李　伟　谭建三

编　委　(以姓氏拼音为序)

安祥林	牡丹江医学院	陈俊峰	大连医科大学
陈　颖	河南中医学院	冯夏红	辽宁中医药大学
官翠玲	湖北中医学院	洪　坦	南京中医药大学
华　东	南京中医药大学	黄明安	湖北中医学院
黄　萍	上海中医药大学	季德安	上海中医药大学
李家伟	成都中医药大学	李　伟	潍坊医学院
李晓斌	新乡医学院	刘利利	南京中医药大学
刘美成	新乡医学院	刘晓宇	河南中医学院
罗凤歧	南京中医药大学	倪　飞	安徽中医学院
任　娟	南京中医药大学	宋慧勇	南京中医药大学
孙翠勇	新乡医学院	谭建三	新乡医学院
汤少梁	南京中医药大学	汪筱兰	浙江中医药大学
王高玲	南京中医药大学	于龙君	南京中医药大学
袁　亮	南京中医药大学	张　黎	潍坊医学院
张荣贵	南京中医药大学	张维纯	湖北中医学院
张　伟	新乡医学院	郑　毅	牡丹江医学院
邹延昌	山东中医药大学		

总　　序

经过同道们几年的不懈努力，在科学出版社的大力支持下，《21世纪高等医药院校教材（供医药经济与管理类专业用）》陆续出版了，这对我国高等医药院校培养适应社会需求的医药经济与医药管理专业的应用型、复合型人才提供了有利的支持。

一

历史跨入21世纪，我国高等教育也从精英教育走向大众教育，各高等院校专业在拓展、规模在不断扩大，出现一片喜人的局面。医药院校也不例外，在努力加强人文素质课教育的同时，各中、西医院校纷纷拓展边缘学科，增设国际经济与贸易、市场营销、公共事业管理、电子商务、信息管理与信息系统、医疗保险、卫生法学、药事管理、人力资源管理等新的专业方向。有的院校从每年招生几十人已经发展到现在的每年招生几百人。但是各院校的学科资源有差异，专业设置各不相同，同样专业的课程设置也不一样，相同的课程教学计划也不相同。在医药院校边缘学科发展的初期这是正常现象，但长期发展下去，对于学科规范化建设和专业品牌建设不利，对于全国高等医药院校统一培养职业化的高级应用型专业人才不利。

2003年，由南京中医药大学与有关中、西医院校协商，决定组织全国中、西医院校进行教材的编写工作。同年8月由南京中医药大学、南京医科大学、黑龙江中医药大学、浙江中医药大学、安徽中医学院等中、西医院校共同发起，在江苏省东海县召开了"第一届全国高等医药院校医药经济与管理的系列教材协编会议"，共有16所中、西医院校参加。经过众多专家协商讨论，决定对于会议选定的科目进行主编竞争制，几次会议先后确定：由南京中医药大学主编《医药国际贸易》、《医药卫生法》，南京医科大学主编《卫生事业管理学》，广州中医药大学主编《现代卫生经济学》，浙江中医药大学主编《医药人力资源管理》，湖北中医学院主编《医药市场营销学》，湖南中医药大学主编《医药企业管理》，安徽中医学院主编《医药商品学》、《管理心理学》，黑龙江中医药大学主编《医药卫生信息管理学》，成都中医药大学主编《消费心理学》，江苏大学、安徽医科大学主编《医疗保险学》、《卫生事业财务管理》等教材。

2004年7月在南京中医药大学召开"第二届全国高等医药院校医药经济与管理的系列教材协编会议"，进行了同类学科和专业建设的讨论交流，对部分教材进行了统一校对审稿，并且议定了第二批教材编写的主编及参编单位。这对中、西医药院校的学术交流、学科建设、课程设置及规范教材具有重大意义。

二

任何教材要想在同类教材中占有一席之地，必须具备鲜明的编著特色与特性。本套系列教材，与以往的医药院校同类教材相比较，具有鲜明的专业特色，主要体现在以下方面：

第一，针对性强。高等医药院校作为培养医药经济与管理类应用型人才的基地，与其他综合类大学相比，具有自身的特点，即培养具有医药卫生专业知识的经济与管理类复合型人才，知识背景和行业的针对性很强，必须既要注重经贸、管理类学生相应的中、西医药基础理论知识，也要注重社会工作岗位的职业性和操作能力。在教材的编写上，要求教材必须根据中、西医药行业的特殊性，注重理论联系行业实际和与社会需求接轨。这套教材是针对当前医药卫生管理与医药经济贸易专业教学要求编写的，具有理论联系实际、内容与时代同步、针对性强等特点。

第二，体例新。本套教材在编写的体例上有所创新。引用了最新的参考资料、网络资源信息，突出体现了案例教学的特点，且许多章节关键问题的思考题型、重点提示、章末小结等与同类教材相比较，均有所创新。

第三，内容新。本套教材的编著吸收了最新的相关资料、信息，借鉴了同行专家的最新研究成果，参考了许多专著、论文。具体内容上注重普及性与研究性的平衡。既有一定的理论研究深度，又照顾了教材的普及性。在编写方法上，也有所突破，许多教材中增加了新的典型案例，有利于学生的自学,有利于教师组织教学讨论。

第四,中、西医协作。这套教材与以往的同类医药经济与管理类教材相比较,打破了以往单纯中医药院校或者单纯西医药院校组织编写的惯例。全国二十余所中、西医院校及医院的通力协作,经过多次讨论分工,充分发挥了各院校的优势、特色和专家的特长,保证了教材的质量。在编写过程中,还聘请了相关的专家,参与讨论、编写、审稿,因此教材更具备实用性。

第五,创新性。这套教材共计 20 余本,涉及医药管理与经济贸易专业的众多领域。其中有部分属新教材,填补了相关领域的教材空白。如《医药卫生信息管理学》、《医药物流管理》、《国际医药贸易》、《医疗服务营销》等教材都是第一次编写,对于高等中、西医药院校新兴的边缘学科的建设与专业教学的完善具有积极的推进作用。

三

推出这一套规模庞大的系列教材,是我们的一次尝试。由于在编写过程中,涉及许多院校的众多教师,人员庞大,加上一些学科是新兴学科,并无前例可鉴,因此教材的一些章节可能差强人意,有些结论尚待商榷,这是本套丛书的不足之处。敬请全国的同行专家不吝指正,以利于以后更好地改进和完善。

本套教材在编写过程中,既参考了国内外众多的学者的学术成果,同时也得到了江苏康缘药业股份有限公司和江苏先声药业有限公司的大力支持和资助,在此一并致谢!向为本套教材付出辛勤劳动的全体同仁表示衷心地感谢!医药管理与经济贸易类系列教材的编写必须与时代接轨、与社会主义市场经济相适应,这些需要我们不懈的努力。

编 委 会

2004 年 7 月 23 日

前　言

医药行业是目前全世界包括中国在内最具发展前景的行业，同时也是充满激烈竞争的行业。由于医药产品是事关生命和健康的产品，使得医药产品在生产、流通及销售中具有一定的特殊性，也使得医药行业的发展、监管、竞争和政策方面都具有自身独特的规律。如何进行适合医药市场的市场营销，推进医药行业健康、持续、和谐发展，这是需要我们共同关心的问题。

医药市场营销学是建立在经济学、管理学、行为学和医药学基础上的一门应用学科。本书涵盖了市场营销专业（医药市场营销方向）课程所应掌握的基本知识、基本理论和基本技能，同时结合医药行业及产品的特点，对医药市场营销进行了系统全面的知识介绍。

为全面贯彻落实科学发展观，切实提高高等教育质量，教育部制定了普通高等教育“十一五”国家级教材规划，对医学教材建设提出了更新的要求。本书本着务实求新（基础理论知识点清晰明确、案例新颖易懂），突出理论联系实际（理论知识可转化性、实践性和可操作性），使学生了解医药营销的相关知识、树立现代营销的理念、掌握医药营销的实战方法、增强学生在市场经济条件下的医药市场营销能力目的，汇集了国内许多专业高水平的编写专家，编委中不仅有营销学、管理学、经济学、医学、药学专业的资深教师，还包括长期从事一线医药营销实战的人才，十几所国内知名的医药院校包括南京中医药大学、大连医科大学、牡丹江医学院、上海中医药大学、潍坊医学院、新乡医学院、成都中医药大学、浙江中医药大学等，参加编写的专家队伍人数之多应该在目前国内同类教材中是不多见的。

《医药市场营销学》全书共分十五章，各章的撰稿分工为：第一章 官翠玲、张维纯、黄明安；第二章 汪筱兰、任娟；第三章 汤少梁、袁亮、任娟、邹延昌；第四章 陈俊峰、华东；第五章 倪飞、华东；第六章 张黎、李伟、宋慧勇；第七章 汤少梁、王高玲、于龙君；第八章 刘晓宇、陈颖、罗凤歧；第九章 安祥林、郑毅、华东；第十章 汤少梁、王高玲、刘利利、罗凤歧；第十一章 孙翠勇、李晓斌、刘美成、张伟、谭建三；第十二章 黄萍、季德安、洪坦；第十三章 汤少梁、王高玲、张荣贵、洪坦；第十四章 李家伟、洪坦；第十五章 冯夏红、华东；最后由主编负责修改和总纂。

本书的编写得到了南京中医药大学经贸管理学院全体同仁的支持和关心，在此表示感谢。另外还要感谢南京大学国际商学院的吴作民教授与南京航空航天大学经济与管理学院的博士生导师李南教授，他们对本书的编写给予了热情的帮助与指导，本书参考和借鉴了国内外营销学者的大量最新的研究成果，除注明出处的部分外，限于条件未能一一说明，在此表示真诚的谢意。

由于编者的水平有限，本书难免存在不足和不当之处，恳请有关专家学者及广大读者指正，不甚感谢。

汤少梁

2007 年春于南京

目　　录

第一章 导论

学习目标

通过本章学习，理解医药市场的含义、分类和特点，掌握医药市场营销的含义及其相关概念，把握医药市场营销管理的实质、任务和过程；了解医药市场营销学的产生和发展；把握医药市场营销学的性质、研究内容和研究方法；掌握医药市场营销哲学的产生背景、核心内容及营销哲学的发展；深刻理解顾客满意的含义及其意义。

引导案例

十余年前军旅出身的闫希军从1200万元创业起步，依靠拳头产品复方丹参滴丸，使天士力集团发展成为如今总资产超过67亿元的企业，保持了连续多年的高速增长，复方丹参滴丸则成为国内医药行业至今仍然不多的年销售额过10亿元的单品种，天士力集团成为中药现代化、国际化的排头兵。2006年度中国医药锐力榜隆重揭晓，凭借领导天士力集团自主创新现代中药、强力拓展国际市场，闫希军总裁被推举入选"2006年度锐力人物榜"，并在入选的医药企业中名列首位。一个企业的成功，自然在生产、研发、战略管理、资本运作等多方面均有其独到之处，而从研究医药市场营销的角度，则可归结为四个方面。

1. 定位心脑，潜力广阔　心脑血管市场是目前医药市场最具潜力的市场之一，2002年，国内心血管类药物市场的规模超过200亿元，并且还在以每年26%的速度增长，较整个医药市场平均增长水平高出一倍。造成这个市场如此迅猛增长的原因一方面是因为中国正在进入老龄化社会，而老年人是心脑血管病的主要发病群体，有这样一个庞大的消费群体为基础，其市场规模自然不在话下；另一方面，由于饮食结构改变，造成胆固醇摄入量过多，以及工作、生活压力加大、运动少，环境污染等原因，心脑血管发病率呈现年轻化的趋势，三四十岁的人患心脑血管病的比例在增加；从国际上看，心脑血管类药物的销售额在大多数发达国家都居首位，而在我国，此类药物的总销售额在整个医药市场仅列第三位，说明该市场尚有充足的增长空间。

天士力在发展之初的"定位心脑"，便是复方丹参滴丸成功的开始。闫希军总裁对此有过很好的阐述："我从1987年就开始在医院做药剂科主任，那时我们认为这是一个好产品，但炮制工艺不行。我们当时知道这个产品市场会很大，我们在药店里筛选品种，找来找去，做了一些对比后，得到的结果是丹参制剂的市场的确很大，这是我们的第一个依据；第二个依据，我们做了一个中医处方的调研，其中超过78%的处方中都有丹参，中医治病的纲就是活血化瘀，中医认为疾病的重要起因就是气滞血瘀，这又是一个基础，我们就这样立项了。"

2. 现代中药，冲击FDA　传统中药已有数千年的历史，有系统的理论与丰富的临床经验，然而中药材质量不稳定，生产工艺技术和传统中药质量标准体系不完善，控制方法落后，同时绝大多数还没有摆脱丸、膏、散、丹、汤等传统剂型，用量大，起效慢，既不符合卫生标准，又不利于服用和携带，严重制约了中药行业的发展，并且与未来国际医药业的发展趋势格格不入。

"丹参制剂在那个时代一定要找个好的剂型，才能有所突破。当时只有挥发类的成分才能做滴丸，还没有用带有黏附性的中药做成的。应该说把中药的混合物做成滴丸是从复方丹参滴丸开始的，这是一项技术创新，带动了整个滴丸剂型的发展，为中药的再创新开拓出一条崭新的道路，如今我们已经拥有50多个滴丸产品。"从闫希军总裁所述复方丹参滴丸的创新思路中，实际上已孕育了中药现代化思想。

笔记栏

为改变人们对中药的传统看法,20世纪90年代中期,新生的天士力在国内率先提出"现代中药"的概念,十年来,天士力总是在中药现代化过程中的每一个转折关头发挥着示范作用。天士力率先与医学科研机构的专家合作,在陕西建立了全国第一家国家级的丹参GAP药研基地,开辟了我国符合GAP(中草药栽培管理规范)标准化的中药原药材培育生长的"第一生产车间";天士力首倡中药提取生产质量管理规范——GEP,将中药提取标准化,解决了中药材本身所含有的毒性成分和重金属含量及农药残留的纯化处理问题,这将成为世界制药史上第一个由中国企业提出建立的规范标准;投资近2亿元,严格按照国际药品生产管理规范标准,兴建天士力高科技产业园,并先后通过了GMP认证和ISO9001-2000质量管理体系认证。

不断创新给天士力的发展带来了无限生机。其产品复方丹参滴丸是国内制药企业中第一个通过美国FDA-IND临床用药申请的中药,改写了西方几百年来封锁中药制剂的历史;复方丹参滴丸年销量突破10亿元,创下了国内药品单一品种销售额的奇迹;陕西商洛丹参基地成为国家药监局指定的全国第一家国家级药源基地……

3. 精兵强将,学术推广 考虑到心血管疾病的专业性,复方丹参滴丸虽然是OTC药物,但天士力并没有采用医药企业惯用的"大量广告砸开市场"的方法,而是决定从影响医生处方入手来带动OTC市场的销售。天士力的两位掌舵人闫希军和吴峰都是军医出身,深知医生的推荐比广告的效果要好得多,两人有多年的从医经验,在国内医院以及医疗界都建立了良好的人脉关系,天士力建立了一个非常专业的学术推广队伍,处方药分公司目标医院已经达到1647个。在做复方丹参滴丸初期,曾在全国召开4000多个场次的中药现代化研讨会,派发了400万份报纸,这种"专家定位、学术推广"的方式成了天士力的主要营销模式,几乎每个星期,天士力都要举办各种会议,每次会议规模一般保持在200多人,请来的嘉宾有医院院长、医生、药剂科主任等,到会的医生参观公司后,往往会对天士力的产品更放心。除了常规的推广会,天士力每年还要举办一两次大型的学术研讨会。如2001年承办的中国首届中医药文化节,获得了天津市政府、国家卫生部和国家中医药管理局的支持,影响了相当一部分中高层医务工作者。这些为该公司提供了其他中药企业没有的平台,患者指名购买率和医生的推荐率都很高,从而成为该类药品的领导品牌。

4. 公关活动,美誉捷径 一个品牌从创建到成熟,要历经知名度、美誉度等几个阶段,一般会运用广告来打知名度,用公关活动来打造美誉度。天士力创业初期靠扎实的医院推广来做广告,做口碑,1997年之后,进入复方丹参滴丸的维护期后,启动了一系列的公关活动,企业和产品不但引起了社会的广泛关注,而且提高了企业的社会美誉度。

(1) 1997年,"复方丹参滴丸"以药品身份第一个通过美国FDA的IND临床用药申请,天士力抓住这一难得的题材,在国内进行了广泛的公关宣传,并取得良好效果。

(2) 2001年5月,天士力首倡并承办了"中国首届中医药文化节"。

(3) 2001年6月,由天士力主持策划的"健康之星天士力行"活动全面展开。天士力在各地举办了多次大规模的健康讲座与义诊活动,这些关爱老人、造福社会的善举得到了各地政府和老龄委的认同和大力支持。

(4) 2003年非典肆虐的关键时刻,天士力不仅迅速承诺绝对保证产品品质一流、绝不涨价,还陆续向中国红十字会、北京红十字会、天津海河医院、北京小汤山医院等单位和个人捐赠了大批抗病毒药品、物资以及现金,天士力集团负责人甚至不顾个人安危,亲临非典防治一线,与有关方面共商抗非大计。

(5) 天士力集团总裁闫希军荣获俄罗斯红十字勋章。

(6) 天士力历时2年、耗资300多万建造了浮雕巨作《中华医药图》,其目的是要唤起人们对于中华文化的自豪感,也是要提高天士力人振兴民族医药的责任感。这幅《中华医药图》已经被载入吉尼斯世界纪录。

笔记栏

(7) 2006年7月入选国家科技部、国资委和中华全国总工会联合公布的"首批国家创新型企业试点”名单。

（8）2006年底获国家统计局公布的国家自主创新能力行业十强。

第一节 医药市场和医药市场营销

医药市场是医药企业从事营销活动的出发点和归宿，正确分析医药市场是正确制定医药企业营销策略的前提。

一、医药市场

（一）医药市场的含义

市场是商品经济的范畴，哪里有社会分工和商品生产，哪里就有市场。关于市场的概念，有许多种看法。这里主要介绍三种看法：

（1）市场是指买者和卖者进行商品变换的场所。这是一个时空概念，也是市场的原始概念，如零售药店、中药材批发市场，就是这种意义的市场。

（2）市场是指商品交换关系的总和。随着社会分工和商品生产的发展，商品交换日益频繁和广泛，市场无处不在。在现代社会，交换渗透到社会生活的各个方面，特别是金融证券、信贷、信息、交通事业的发展，使商品交换打破了时空的限制，交换不一定都要有固定的时间和地点。因此，市场就不但是指具体的交易场所，而且是指所有卖者和买者实现商品让渡的交换关系的总和。市场包括供给和需求两个相互联系、相互制约的方面，是两者的统一体。这是市场的一般概念，经济学中的市场是从这个意义上理解和使用的。

（3）市场是指某种或某类产品现实和潜在的购买者的集合。这是从营销学角度理解和使用的市场概念。在这里，市场专指买方和需求，而不包括卖方和供给，卖方构成行业，买方组成市场。在营销学的范畴，市场往往等同于需求。如：“随着人们生活水平的提高，保健品市场越来越大”，并不是指保健品的交易场所越来越大，而是指人们对于保健品的需求越来越大。

从营销学的角度讲，医药市场是指个人和组织对医药产品现实和潜在的购买者的集合，即对医药产品的需求构成了医药市场。医药市场具有三个要素：人口、购买力和购买欲望。医药市场的这三个要素是相互制约、缺一不可的，只有三者结合起来才能构成市场，才能决定医药市场的规模和容量。

市场=人口×购买力×购买欲望

例如，对于复合维生素这类产品，在农村，虽然人口多，但农民缺乏购买力和购买欲望，因此在农村的市场很小；而在城市，不仅人口多，更重要的是由于饮食结构及消费观点的不同，他们有较强的购买力和购买欲望，所以在城市复合维生素市场就很大。每一个医药企业面对的医药产品市场的规模和容量的大小还取决于竞争者的情况。因此，医药企业在衡量市场时，不仅要考察市场需求，还要考察竞争者。

（二）医药市场的分类

对市场进行分类，有利于营销者更充分认识和了解某一特定市场。关于医药市场的分类主要有以下几种：

1. 按医药产品的形态分类 医药市场按医药产品的形态分，有药品市场和医疗服务市场。本书所研究的主要是有形产品市场，即药品市场。药品市场从管理的角度又可分为处方药市场和非处方药市场。

2. 按购买者及其购买目的分类 医药市场按购买者及其购买目的可分为消费者市场和组织市场。组织市场又可分为生产者市场、中间商市场、非营利组织市场和政府市场。按照这种分类方法进行研究可以更好地体现以顾客为中心的指导思想，本书的市场分析主要采取这种分类方法。

3. 按营销区域分类 医药市场按营销区域可分为国际市场和国内市场。国际市场按地域分，有北美市场、南美市场、欧洲市场、澳洲市场、非洲市场、亚洲市场等。国内市场又可分为城市市场和农村市场，沿海市场和内陆市场等。

笔记栏

4. 按营销环节分类 医药市场按营销环节可分为批发市场和零售市场。医药批发市场是为零售企业、生产企业或其他商品转卖者提供大宗医药产品交易的市场。医药零售市场是为个人、家庭和公共团体非生产性消费需求提供零星医药产品交易的市场。

5. 按医药产品的供求态势分类 医药市场按医药产品的供求态势可分为买方市场和卖方市场。卖方市场是指医药产品供不应求，购买者竞争激烈，卖者掌握购销主动权和价格支配权的市场态势。在经济不发达时期，由于生产力水平低下，医药产品匮乏，卖方市场占据统治地位。买方市场是指医药产品供过于求，卖者竞争激烈，购买者掌握购销主动权和价格支配权的市场态势。在经济发达时期，买方市场占据统治地位。

（三）医药市场的特点

医药行业是一个特殊的行业，关系到人的生命、健康和安全。医药产品与一般的产品相比较，是特殊产品，其特殊性表现为：一是专属性。患病要对症治疗，患什么病，用什么药。二是两重性。医药产品具有防病治疗的一面，也有不良反应的一面。三是质量的重要性。医药产品是治病救人的物质，只有符合法定质量标准的合格医药产品才能保证疗效，医药产品只能是合格品，不能像其他商品一样可分为一级品、二级品、等外品和次品。四是限时性。人们只有防病治病时才需用药，但医药产品生产、经营部门平时就应有适当储备，做到药等病，而不是病等药。因此，医药市场与其他产品市场相比较有以下特点：

1. 医药市场比较集中 医药市场比较集中指医药产品的需求主要集中在城镇公费医疗单位和医院。我国药品的消费 80% 在城镇，约 20% 在农村，在城镇消费的药品中一半以上是由公费医疗支付的。全国药品有约 80% 以上是通过医院而到消费者手中，只有约 20% 是通过零售店卖给消费者的。

2. 相关群体主导性强，非主动性消费现象突出 相关群体主导性强主要是指医药产品的终端销售，特别是指处方药的终端销售，决策权不在使用者，一般掌握在医生手中，医生对药品的购买有很大的影响，这是与其他商品市场有着本质区别的特点，是由药品的专业性决定的。药品的服用关系到患者的生命、健康和安全，患者在购买药品时，对于医药产品的适应证、性能、副作用、疗效等方面缺乏专业了解，不敢自行决策，对医生存在着很强的依赖性，需要医生给予购药指导和决策，非主动性消费现象突出。

3. 市场需求波动大 医药市场需求波动大一般是由于突发性、流行性疾病等原因造成的。突发性、流行性疾病会使相关的医药产品的需求量增加，呈现出波动性。

4. 需求缺乏弹性 医药市场的需求缺乏弹性是指消费者对医药产品的价格变动不很敏感，整个市场的需求受市场价格变动的影响较少。由于医药产品是用于防病治病的，对消费者来说，生命是最重要的，只要能挽救生命，可以不惜一切代价。医药产品的价格升高，并不会引起整个消费需求的明显减少，尤其是用于治疗危及生命疾病的医药产品，其需求的价格弹性更小。

5. 需求结构多样化 从医药产品需求者的消费习惯看，由于消费者之间存在民族、居住地区、受教育程度、经济发展水平、用药习惯的明显差异，医药市场的购买差异很大，消费层次多。

6. 营销人员的专业化 医药市场的特殊性，对医药营销人员提出了特殊的要求，要求医药营销代表不仅懂营销管理理论，还要懂医药理论知识和医药法规。

二、医药市场营销

（一）医药市场营销的含义

“市场营销”是从 Marketing 这个英文单词翻译过来的，Marketing 有两种中文译法：一是把它作为一种经济活动，译为“市场营销”；二是把它作为一种学科名称，译为“市场营销学”。这两种译法基本上得到我国市场营销界的公认，但对于市场营销含义的理解，则不尽一致。

市场营销有宏观和微观之区别。当把它理解为是一种社会经济活动过程时，则是宏观

笔记栏

市场营销,其目的在于满足社会和人类需要,实现社会的目标;当把它理解为是一种个人或组织活动时,则是微观市场营销,其目的在于满足目标顾客的需要,实现个人或组织的目标。本书所研究的医药市场营销,主要是微观市场营销,即医药企业从事的市场营销活动。下面所阐述的市场营销含义,也是从微观角度进行的。

人类对市场营销的认识是不断发展的,营销学者对"市场营销"下过多种定义,而且有过许多误解。本书采用美国营销学家菲利普·科特勒所下的定义:市场营销是个人和组织通过创造并同他人交换产品和价值以满足需求和欲望的一种社会管理过程。

医药企业所从事的医药市场营销是个人和医药组织通过创造并同他人交换医药产品和价值以满足需求和欲望的一种社会管理过程。可以从以下五个方面理解医药市场营销的含义:

1. 医药市场营销的主体为个人和医药组织 现代市场营销的主体包括一切面向市场的个人和组织,既包括工商企业等营利性组织,又包括学校、医院、公共事业单位等面向市场的非营利性组织,还包括一些拟通过交换获取产品和价值的个人。医药市场营销的主体为个人和医药组织,本书中医药市场营销的主体是医药企业,即医药产品的生产商和中间商。

2. 医药市场营销的客体是医药产品和价值 医药市场营销不仅是医药产品的交换,而且强调价值的交换。本书中提及的医药产品仅指药品,没有包括医疗服务。

3. 医药市场营销的核心是交换 交换是医药市场营销学的核心概念,它是通过提供他人所需所欲之物来换取自己所需所欲之物的过程。只有通过交换,才能产生营销活动。交换过程是一个主动、积极寻找机会,满足双方需求和欲望的过程。交换过程能否顺利进行取决于营销者提供的产品和价值满足顾客需求的程度和交换过程的管理水平。

4. 医药市场营销是一个社会管理过程 医药市场营销过程由一系列活动构成,包括营销调研、产品开发、价格制定、渠道开发、促销、售后服务、计划控制等活动。整个过程不仅是一个计划、组织、实施、控制的管理过程,而且是一个社会过程,医药企业在营销过程中必须承担自身的社会责任。

5. 医药市场营销的最终目的是有利益地满足需求 满足需求和欲望是医药企业营销的出发点,医药企业通过比竞争者更好地满足顾客需求,达到企业的目的,实现双赢。满足需求、顾客满意是医药市场营销的基本精神。

(二)医药市场营销的相关概念

1. 医药市场营销者(medical marketer) 在医药产品的交换过程中,积极寻求交换的一方为医药市场营销者,简称医药营销者,另一方则称为潜在顾客。医药市场营销者可以是卖方,也可以是买方。在交换过程中如果双方都表现积极,则双方都是医药营销者,并将此类情况称之为相互医药市场营销。在现代医药营销活动中,一般是卖方为医药营销者,包括医药产品的生产商和中间商及其营销人员。

2. 需要、欲望和需求(needs, wants, demands) 这三个概念是医药市场营销学需要研究的最基础的概念,是医药市场营销活动的前提条件和基本依据,它们既密切相关又有明显的区别。

(1)需要。需要是指个人没有得到某些基本满足的感受状态,是人类的基本要求。人们需要医院提供医疗服务,也需要药品治病,这些需要存在于人类自身生理和社会之中,医药营销者可以采用不同方式去满足需要,但不能创造它。如某人患有肾结石,经常疼痛,他就会有看病治疗的需要,这种需要存在于营销活动之前,营销者不能改变它,只能满足患者的需要。

(2)欲望。欲望是人们为了得到满足而对具体物品的需要。人们由于文化及社会环境等的不同,为满足相同的需要会产生不同的欲望。如为了满足治疗肾结石的需求,既可以选择直接手术取出结石,也可以选择服用排石冲剂,或使用仪器先碎石再排,患者则可以根据自己的病情、经济能力及个人意愿选择不同的治疗方法。医药企业可以通过促销等活动去影响人们的欲望。

(3) 需求。需求是指人们有能力购买并愿意购买某种产品的欲望。欲望是无穷的,只有有支付能力的欲望才是需求。例如在一些经济落后的农村地区,存在着"小病不治、大病等死"的现象,并不是患者没有治疗疾病的需要和欲望,而是受经济水平限制,缺少足够的治疗费用。现在许多医药企业选择进入农村市场作为新的利润来源,其成功与否的一个重要因素就是药品的选择,不仅要选择功能好疗效快的药品,还要选择价格低廉农村患者承受得起的药品。也就是说,营销者不仅要了解有多少顾客愿意购买其产品,还要了解他们是否有支付能力。

综上所述,需求是在一定条件下的欲望,欲望是需要的具体化。需要是客观存在的,医药营销者不能创造需要,只能满足需要。但是医药营销者可以影响人们的欲望、需求,医药企业既要开发适当的医药产品满足人们的欲望和需求,又要通过营销活动去创造和引导需求,变潜在需求为现实需求。

3. 医药产品(medical product) 产品是任何能满足人类某种需要或欲望的东西,包括:产品、服务、经历、事件、个人、地点、财产权、组织、信息和观念等方面。营销者可以提供以上任何产品以满足顾客的欲望和需求。本书中的医药产品主要指药品和保健食品。

4. 价值(value) 从经济学的角度讲,价值是凝结在商品中的无差别的人类劳动。从营销学的角度讲,价值则是顾客所得到的(gets)与所付出的(gives)的比率,用公式表示如下:

$$价值=\frac{利益}{成本}=\frac{功能利益+情感利益}{金钱成本+时间成本+精力成本+体力成本}$$

顾客一般会根据医药产品提供的价值而做出购买决定,因此医药营销者应努力提高医药产品的价值,让顾客满意。

(三)医药市场营销与推销

在市场经济不发达时期,由于竞争不激烈,在医药领域里,买方市场尚未形成,医药企业生产出来的产品只要设法卖出去就可以生存并发展,企业的市场营销活动主要是加强推销,因此市场营销(marketing)与推销(selling)之间没有根本区别。

随着市场经济的发展,买方市场的形成,竞争日趋激烈,医药推销与医药市场营销的区别日益明显。在发达的市场经济条件下,医药推销仅仅是医药市场营销的一部分,而且是不太重要的一部分。如菲利普·科特勒所说:"推销只不过是营销冰山上的顶点。"美国著名管理理论家彼得·德鲁克曾经指出:"营销的目的就是要使推销成为多余。"可见,在经济不发达时期,医药市场营销从某种意义上说就是推销;在经济发达时期,推销只是医药市场营销的职能之一。

(四)医药市场营销是医药企业的基本职能

在市场经济体系中,企业存在的价值在于它能否有效地提供满足顾客需要的医药产品。彼得·德鲁克曾经指出,顾客是企业得以生存的基础,企业的目的是创造顾客,任何组织若没有营销或营销只是其业务的一部分,则不能称之为企业。企业的基本职能只有两个,这就是市场营销和创新,其中市场营销是企业首要的核心职能。

在实践中,许多医药企业虽然很重视市场营销,却未能真正贯彻市场营销职能。市场营销的准则是:了解并满足市场。事实上,一些医药企业把现有产品先搬进市场,而不管其是否适合顾客的需要,仍然把推销和营销混淆。医药企业未能全面贯彻市场营销理念的主要原因有以下四个方面:

一是医药市场营销学是一门较为新颖的学科,人们常常会将其次要职能如推销、广告等误认为就是医药市场营销。

二是医药企业各职能部门存在着认识差异,营销工作受到其他部门的抵制和攻击。

三是医药企业组织及其成员接受营销观念有一个过程,其中必然要经过反复。

四是医药企业在顺利成长时期很容易忘记营销原则和理论,偏离轨道。

三、医药市场营销管理

（一）医药市场营销管理的实质

医药市场营销学是从管理决策的角度研究医药市场营销，医药市场营销实质是一种管理活动。医药市场营销管理是指医药企业为了实现其目标，创造、建立并保持与目标市场之间的互利交换关系而进行的分析、计划、执行与控制过程。其基本任务就是通过营销调研、计划、执行、控制管理目标市场的需求水平、时机和构成以实现企业目标。可见，营销管理的实质就是需求管理。

（二）医药市场营销管理的任务

一般认为医药营销者的工作就是刺激和扩大需求。事实上，市场上存在着各种形态的需求，医药营销管理者的任务除了刺激和扩大需求，同时还包括调整、减缩和抵制需求等。医药营销者应根据不同的市场需求形态，采取不同的营销措施。下面介绍八种不同的需求状况及其相应的医药营销管理任务。

1. 扭转性营销　扭转性营销是针对负需求实行的。负需求，亦称否定需求，指目标市场对医药组织提供的产品感到厌恶，甚至付出一定的代价回避它们，如婚检服务，在强制性婚检执行时期，许多拟结婚的夫妻不惜找关系开后门，想方设法逃避婚检；而在许多城市取消强制性婚检的规定出台后，绝大部分拟结婚夫妻选择不进行婚检，婚检服务需求直线下降。对于负需求，医药企业营销的任务是分析目标市场群体不喜欢此产品的原因，然后通过重新设计产品、降低价格、积极促销来改变目标市场的信念和态度，以转换他们的需求，使其成为本企业的现实顾客。

2. 刺激性营销　刺激性营销是在无需求的情况下实行的。无需求是指目标市场对医药企业的产品不感兴趣或者漠不关心的需求状况。其主要原因在于消费者不能正确地认识医药产品的功效与需求之间的关系。比如复合维生素市场的兴起，几年前我国绝大部分消费者还不知道复合维生素的功能，更谈不上有消费需求，经过企业的引导宣传，现在消费者已普遍认识到复合维生素对身体的重要性，如今复合维生素已成为许多家庭中日常必需的保健品，随着概念的普及，复合维生素市场规模也日渐扩大。由此可见，对于无需求的市场，医药企业的营销任务在于刺激需求，通过有效的促销手段，设法把医药产品利益同人们的自然需求联系起来，使无需求的消费者产生需求。

3. 开发性营销　开发性营销是与潜在需求相联系的。潜在需求是指多数的消费者对现实市场上还不存在的某种产品或服务的强烈需求。如人们对于能彻底治愈艾滋病的药品有着强烈的潜在需求，而此类产品目前尚未问市。潜在需求随处可见，这是医药企业挖掘不止的大市场，为医药企业的发展提供了广阔的空间。面对潜在需求，医药企业的营销任务是实现需求，开发新产品，发掘老产品的新功效来满足这些需求。

4. 恢复性营销　对于下降需求，营销者的任务是采取恢复性营销。下降需求是指市场对某种医药产品的需求呈下降趋势的情况。很多下降的需求不是产品落后造成的，大多数是由于时尚的变化、新产品的替代而发生的。近年来，由于西药品种不断增加而降低了对中药的需求，由于中成药品种的不断增加而降低了对中药饮片的需求，但是中药和中药饮片却存在着西药、中成药无法替代的优越性。针对下降需求，医药企业营销的任务是恢复需求，通过了解顾客需求下降的原因，改变产品的特色，采用更有效的沟通方式，或寻求新的目标市场，以扭转需求下降的格局。

5. 协调性营销　当出现不规则需求时，实施协调性营销。不规则需求是指市场对某些产品的需求在不同时间呈现出很大波动。如春冬季是哮喘病发病高峰期，治疗哮喘的药品在春冬季有旺盛的市场需求，而在其他季节则由于发病少程度轻，市场需求量减少，医药企业生产量不足。对于不规则需求，医药企业的营销任务是通过灵活的定价、促销及其他激励因素设法调节需求与供给的矛盾，使二者达到协调同步，比如上例中的企业，可以强调产品对哮喘病患者日常的调理及预防功能，能减少患者的发病几率，同时配合灵活的价格手段，以促进产品在销售淡季的销量，并使企业能均衡安排生产。

6. 维持性营销 在饱和需求的情况下，应实行维持性营销。饱和需求是指某种医药产品的需求水平和时间与预期相一致的需求状况。这是企业最满意、最理想的一种需求形态。在饱和需求的情况下应实行维持性营销，努力维持现有的需求水平。主要策略是改进产品质量，保持合理售价，稳定推销人员，严格控制质量和成本等。

7. 限制性营销 当某种医药产品需求过度时，应实施限制性营销。过度需求是指顾客对某医药产品的需求超过了企业的供应能力，产品供不应求。这可能是由于原材料的不足导致的缺货，也可能是由于产品或服务长期过分受欢迎所致。

冬虫夏草的市场需求近年内急剧上升，自2003年非典时期起，因为冬虫夏草能够提高机体免疫力，其价格便一路狂涨，目前1公斤普通的冬虫夏草“选草”价格从两年前的1.8万元左右一路飚升至3.5万元左右，而优质“选草”甚至超过5万元！诚然，冬虫夏草的功效不容否定，但是把冬虫夏草当成包治百病的“仙草”，就有失偏颇了，很多时候冬虫夏草已经不是单纯的补品概念，变相成了送人的高档礼品，这样也无形中抬高了其价格。另一方面，冬虫夏草产量少，不可人工养殖，随着西藏、青海等产区多年来的掠夺性采集，其资源总量已是一年不如一年，对于这类需求，应实行限制性营销，即通过减少促销及宣传、提高价格等方式使需求减少。限制性营销的目的不是破坏需求，只是暂时降低需求水平。

8. 抵制性营销 抵制性营销是针对有害需求实施的。有害需求是指消费者对于有害于个人或社会的医药产品的需求。就医药产品而言，人们对于治疗目的之外的麻醉药、兴奋剂等的需求都属于有害需求。对于有害需求，医药企业的营销任务是通过抵制性营销措施来限制这类需求，以保障人民健康为己任，把社会效益放在首位。

针对上述各种需求状况(表1-1)，医药营销管理者必须掌握一定的营销理论和方法，通过系统的营销调研、计划、实施与控制等活动来完成营销任务。

表1-1 医药营销管理的类型和任务

医药需求类型	医药营销任务	医药营销管理类型
负需求	扭转需求	扭转性营销
无需求	激发需求	刺激性营销
潜在需求	实现需求	开发性营销
下降需求	恢复需求	恢复性营销
不规则需求	调节需求	协调性营销
饱和需求	维持需求	维持性营销
过度需求	限制需求	限制性营销
有害需求	消除需求	抵制性营销

(三)医药市场营销管理过程

医药市场营销管理过程是指医药企业通过对市场营销机会的研究和分析，选择目标市场，制定适当的市场营销组合和营销预算，执行和控制营销计划以适应外部环境变化的要求，实现企业目标的过程。这个过程包括四个步骤：分析市场机会；选择目标市场；制定市场营销组合；实施市场营销活动。这里只对这四个步骤作概括介绍，以后各章节将详细论述。

1. 分析市场机会 市场机会就是未满足的需要。寻找、分析市场机会是市场营销管理人员的主要任务，也是市场营销管理过程的首要步骤。企业营销管理人员对于已发现的市场机会，要结合企业的目标和资源进行分析评估，找出企业可以利用的营销机会，分析无法避免的有关威胁，制定战略。

2. 选择目标市场 在分析市场机会的基础上，选择目标市场。主要做好市场细分、选择目标市场和市场定位三项工作。

3. 制定市场营销组合 市场营销组合是企业为了进占目标市场、满足顾客需求，加以整合、协调使用的可控制因素。一般认为由产品、价格、渠道、促销四个方面组成，它是进行市场营销活动的主要手段。相对于不同产品，市场营销组合也是不同的。

4. 实施市场营销活动 实施市场营销活动主要包括执行市场营销计划和实施市场营销控制。

信息框

医药市场营销管理人员需要经常考虑的问题:

(1) 如何识别和选择所服务的细分市场?

(2) 如何识别关键顾客? 如何培育顾客的忠诚度?

(3) 如何使本企业的提供物与竞争者的提供物差别化?

(4) 如何塑造品牌?

(5) 如何与低成本、低价格的国内外竞争者竞争?

(6) 如何降低成本? 如何满足要求低价的顾客?

(7) 如何建立分销渠道和解决渠道冲突?

(8) 如何衡量广告、销售促进、公共关系的回报率?

(9) 如何拓展我们的业务?

(10) 如何使公司的其他部门也注重顾客导向?

第二节　市场营销学的产生和发展

一、市场营销学的产生和发展

市场营销学,译自英文"marketing",是20世纪初产生于美国的一门新兴的学科。后来流传到欧洲、日本和其他国家,在实践中不断完善和发展。伴随着市场营销学的产生和发展,医药市场营销学亦产生和发展起来。市场营销学的发展经历了以下四个阶段:

1. 市场营销学的萌芽(1900~1920年)　20世纪初,由于美国西部开发运动和铁路向全国各地的延伸,美国经济迅速发展,国内市场迅速扩大,市场竞争日益激烈,促使企业开始重视广告宣传和分销活动。理论界一批学者开始研究有关营销、分配等方面的问题,编撰了一些书籍,开设了营销学课程。

这一时期的市场营销学,内容局限于流通领域,以传统经济学理论为依据,以生产观念为导向,以供给为中心,其研究内容主要是推销和广告技术等,真正的市场营销观念尚未形成。然而,将市场营销从企业生产活动中分离出来进行专门研究,无疑是一大进步。

2. 市场营销学的形成阶段(1921~1945年)　一战以后,随着经济的发展和国际地位的提高,美国成为世界上消费水平最高的国家,消费结构发生变化,引起了营销界、实业界和理论界的重视,开始注重对市场营销功能的探讨。这一阶段以营销功能研究为其特点。1932年,克拉克和韦尔达出版了《美国农产品营销》,指出市场营销过程包括七种功能:集中、储藏、财务、承担风险、标准化、推销和运输。1942年,克拉克出版了《市场营销学原理》,对功能研究又有所创新,把功能总结为交换功能、实体分配功能、辅助功能等,并提出了推销创造需求的观点,传统的市场营销学形成。

在这一阶段,市场营销理论研究与企业的市场营销实践研究结合起来,进入了应用研究阶段,并于1937年成立了市场营销权威组织——美国市场营销学会(AMA)。该组织从事市场营销研究和营销人才的培训工作,出版市场营销学书刊,促进了市场营销学的发展。第二次世界大战结束后,市场营销学得到长足发展并广泛应用于企业经营实践中。但在这一阶段,其研究主要集中在销售推广方面,应用范围基本上仍局限于流通领域,并没有体现以消费者为中心的思想,仍然处于传统市场营销学阶段。

3. 市场营销学的发展阶段(1945~1980年)　20世纪50年代初,美国率先结束了战

笔记栏

后的恢复时期，大量的军事工业转为民用，加上新技术革命的深入发展，社会生产力空前提高，经济迅速增长，市场形势发生了重大变化：一方面，商品供应大大增加，新产品不断涌现，供过于求的买方市场基本形成；另一方面，政府推行高工资、高福利、高消费以及缩短工作时间的刺激需求的政策，使市场需求在量和质两方面都大为提高。在这种情况下，卖方竞争空前激烈，对社会供给提出了更高要求，传统的市场营销学已经不能适应新形势的需要。于是产生了以买方市场为条件，以消费者为中心的新市场营销学，即现代市场营销学。市场营销学逐步从经济学中独立出来，吸收了行为科学、心理学、管理科学等学科的若干理论，形成了自身的理论体系。

在这一时期，市场营销学者提出了许多重要的概念，大大丰富了现代市场营销学的内容，建立了现代市场营销学以满足需求、顾客满意为核心内容的基本框架：现代市场营销学以企业营销活动中目标市场的确定，市场营销组合的设计为基本内容，不仅要注重战术营销，而且要注重战略营销；不仅要注重有形产品的营销，也要研究无形服务的营销；不仅要注重营销的微观效益，还要注重营销的社会宏观效益。这一时期的主要概念如表 1-2。

表 1-2　20 世纪 50 年代至 70 年代新概念列举

时　间	概念名称
20 世纪 50 年代	市场营销组合、产品生命周期、品牌形象、市场细分、市场营销观念、营销审计
20 世纪 60 年代	4P'S 组合、营销近视症、生活方式、买方行为理论、扩大营销概念
20 世纪 70 年代	社会营销、低营销、定位、战略营销、服务营销

4. 市场营销学的进一步发展(1980 年以后)　20 世纪 80 年代以后，市场营销学的发展进入新的时期。由于市场营销实践出现了许多新情况、新问题，市场营销学者们提出了许多新观点和新看法，市场营销学得到进一步发展。市场营销的进一步发展主要体现在扩展和创新两个方面。20 世纪 80 年代以后，市场营销的范围扩大了，从消费品营销扩展到服务、观念、资本、价值等多个方面的营销；市场营销的主体扩大了，从工商企业扩展到一切面向市场的营利性组织、非营利性组织和个人。特别是 20 世纪 90 年代以后，随着欧洲关系营销学派的兴起，打破了美国管理营销学派一统天下的局面，对传统的营销管理理论提出了质疑。这一时期的新概念见表 1-3。

表 1-3　20 世纪 80 年代至今的新概念列举

时　间	概念名称
20 世纪 80 年代	营销战、内部营销、全球营销、关系营销、大市场营销
20 世纪 90 年代	网络营销、差异化营销、绿色营销
21 世纪	体验营销、情感营销、政治营销、本土化营销、定制化营销、病毒营销

伴随着市场营销学的产生和发展，医药市场营销学亦逐步发展起来。一些学者开始对医药营销进行专门研究，医药企业亦在实践中运用营销理论作指导，不断总结积累医药营销规律和经验，医药市场营销学的研究取得了较多成果。国外有菲利普·科特勒著的《医疗保健营销学》，国内有刘红宁主编的《中药市场学》，杨玉福、万俊栋编著的《药品营销策略》、彭智海等主编的《医药市场营销学》等，分析了医药营销活动的特殊规律。

二、市场营销学在中国的传播和运用

市场营销学最早传入中国是在 20 世纪 30 年代。1933 年，丁馨伯编译《市场学》，是中国现存最早的市场营销学教材。但在当时，由于长期战乱及经济发展水平的制约，未能受到重视。新中国成立后，由于西方的封锁和我国实行计划经济体制，商品经济遭到否定，市场营销学的研究基本中断。

市场营销学在中国得以广泛传播和运用是在 20 世纪 70 年代末期。十一届三中全会以后，中国确定了以经济建设为中心，对外开放，对内搞活的方针，逐步建立起社会主义市场经济体制，为我国重新引进和研究市场营销学创造了良好的环境。市场营销学在我国的发展分为三个阶段。

1. 引进阶段(20 世纪 70 年代末至 80 年代初)　这一时期，一方面邀请海外学者、专家来华讲学，传授市场营销学基本原理；另一方面派出学者、专家出国考查访问,了解市场营销学的研究、教学与应用情况。通过这两方面的努力,系统地引进了现代市场营销学的理论和方法,为市场营销学在中国的传播培育了“种子”。

2. 传播阶段(20世纪80年代初到80年代末) 在此期间,我国学者编译出版了许多市场营销学的专著教材。1984年,成立全国高等财经院校综合大学市场学教学研究会(1987年更名为中国高等院校市场学研究会),开始大规模地开展传播活动。经过多方努力,我国高校已普遍开设市场营销学课程,一些高校还设置了市场营销专业,市场营销学在我国得到了广泛传播和认同。

3. 应用与发展阶段(20世纪80年代末至今) 随着市场营销学在我国的广泛传播,中国的医药企业开始将市场营销原理与方法用于实践。1991年,中国市场学会在北京成立,该学会吸收了许多企业入会,从而为促进市场营销学在我国的应用发挥了重要作用。随着我国市场经济体制的建立,市场营销学在我国医药企业中得到广泛的应用。尤其是西安杨森等一批中外合资企业率先以市场营销理论为指导,取得了很大成功。

在计划经济体制下,我国医药企业根据上级主管部门的计划安排进行生产活动,整个生产经营运行由政府部门统购包销,致使生产流通与市场分开,医药产品短缺,医药企业只愁产不愁销,医药企业不具备树立市场营销观念的条件。随着经济政策的调整,社会主义市场经济体制的建立,20世纪80年代末一些医药产品出现了供过于求的局面,竞争比较激烈,一些医药企业开始注重销售。但是没有把市场营销学与推销区分开来,在推销观念的指导下,使用大量的医药推销人员把产品硬推给顾客。

产生和应用市场营销的客观条件为:高度发达的市场经济、全面形成的买方市场、充分竞争的市场环境以及统一的国内市场和日益扩大的世界市场。20世纪90年代末期,我国医药市场基本上结束了供不应求的局面,买方市场全面形成;同时由于国际竞争者的加入,使竞争更加激烈,致使我国医药企业不能把已经生产出来的无法改变的医药产品推销出去,而是必须在掌握市场需求变化的基础上,发挥企业的营销功能来满足市场需求。因此,我国医药企业开始关注市场营销,纷纷树立市场营销观念,将市场营销原理与方法用于实践,产生了很好的绩效。但是,由于医药产品和医药市场的特殊性,使医药市场营销活动呈现出不同于一般营销活动的特殊性。医药企业迫切需要医药市场营销学理论指导医药市场营销活动。一些营销学者和医药营销管理者开始涉足医药市场营销学的研究,并取得了许多成果,医药市场营销学作为市场营销学的分支学科开始独立出来。

第三节　医药市场营销学的研究

(一)医药市场营销学的性质

市场营销学是一门建立在经济科学、行为科学、现代管理理论基础上的应用科学。随着市场营销理论在医药企业经营活动中的应用,医药市场营销活动的特殊性日益凸现出来,并引起了营销学者和医药营销管理者的关注和深入研究,从而使医药市场营销学形成了自身的理论体系,成为市场营销学的一个新型分支学科。

医药市场营销学是建立在经济学、行为科学、现代管理理论、医药学等理论基础上的综合性的应用科学。其研究医药企业如何从满足消费者的需求与欲望出发,有计划地组织医药企业的营销活动,通过交换,将医药产品和价值从生产者传递到消费者,以实现医药企业的营销目标。

医药市场营销学是一门综合性的应用科学。医药市场营销学是对医药企业营销活动经营的总结和概括,它阐明了一系列概念、原理和方法,所以它是一门科学。医药市场营销学已成为同医药学、管理学、经济学、行为学等多门学科相结合的科学,具有综合性。医药市场营销学在实践中指导着医药企业的营销活动,具有应用性。

(二)医药市场营销学的研究内容

与市场营销一样,市场营销学亦有微观与宏观之分。宏观市场营销学从社会总体层面研究营销问题,以社会整体利益为目标,研究营销系统的社会功能与效用,并通过这些系统引导产品和服务从生产进入消费,以满足社会需要。微观市场营销学从个体(个人和组织)交换层面研究营销问题,以个人和组织的市场营销活动及其规律为研究对象。

本书主要是从微观角度进行研究,将市场营销理论和医药理论结合起来对医药企业的营销实践进行研究和探讨,在研究市场营销一般原理的基础上,突出医药营销的特点,总结医药营销的规律,为医药企业的市场营销活动提供理论指导。

(三)医药市场营销学的研究方法

研究市场营销学的方法有很多,下面介绍几种研究医药市场营销学的主要方法。

1. 产品研究法 即对各类产品的市场营销分别进行分析研究。本书主要是研究医药产品市场营销的活动及规律。产品研究法是医药市场营销学最主要的研究方法。这种分析方法具体实用,便于分析不同的产品在生产、供应、销售各方面的特点,对医药企业的市场营销活动具有较强的指导意义。

2. 历史研究法 即从发展变化过程来分析阐述市场营销问题的研究方法。本书对医药市场营销的含义及其变化的分析,对营销观念的演变过程的分析,都是采用历史研究方法。

3. 管理研究法 亦称决策研究法,即从管理决策角度研究市场营销问题。研究框架是将医药企业决策分为目标市场和营销组合两大部分,研究医药企业根据其市场环境因素的要求,结合自身资源条件,进行合理的目标市场决策和市场营销组合决策。

4. 系统研究法 这是一种将系统理论与方法运用于市场营销学研究的方法,即企业在做营销决策时,把与企业有关的环境和市场营销活动过程看成是一个系统,对整个系统进行协调和整合,达到系统优化,提高经济效益。

总之,本书以产品研究法为主,兼及历史研究法、管理研究法、系统研究法。除了上述研究方法可用于医药市场营销学研究外,还有机构研究法、功能研究法、社会研究法等多种方法。此外,我国营销学者还可结合医药领域的特殊性,不断探讨新的研究方法。

笔记栏

第四节 医药市场营销哲学

市场营销哲学是一种经营哲学,是一种关于市场营销的根本态度和看法。它是指企业在制定营销战略和组织营销活动时所依据的具有指导思想和行为准则意义的观念。市场营销哲学是企业市场营销活动的出发点。营销哲学正确与否,是否符合营销环境的客观实际,对营销的成败具有决定性的影响。因此,奉行正确的市场营销哲学,是企业从事市场营销实践的核心和关键所在。

一、以企业为中心的营销哲学

1. 以生产为导向的生产观念(production concept) 这是一种最古老的营销哲学,它产生于产业革命完成之时。当时整个社会技术水平比较落后,生产满足不了消费需求,产品处于供不应求的状态。消费者并不富裕,需求量大而购买力不高,消费者的选择余地很小甚至没有选择的余地。销售与消费只是被动地适应生产,企业生产什么,市场就销售什么,生产多少就销售多少。这种"以生产为导向"的营销哲学认为,生产厂家能向顾客提供买得起、买得到的产品,就是销售;生产的关键在于能否降低成本、扩大产量、增加销售网点、提供廉价的产品。这种观念的重点在于生产而不在于市场。

很显然,这种营销哲学的中心和基本出发点都是生产。它的主要手段是降低成本、扩大产量,目标是短期利润。生产观念并不考虑消费者的需求和产品的质量、品种,而是坚持"我生产什么、商家就卖什么、消费者就买什么"的经营思想,因此,生产观念只适应"卖方市场"。

2. 以产品为导向的产品观念(product concept) 这种观念产生于 20 世纪 30 年代以前。它比以生产为导向的营销观念出现的时间稍晚,但两者并存的时间较长。产品观念与生产观念的相同之处在于它们都是以生产为中心,都忽视消费者和市场的存在。所不同的是,产品观念认为,既然消费者购买力有限,那么消费者希望购买到的有限产品的中每一件都是高质量的产品，质量好坏是影响消费者购买的决定性因素，企业应该努力生产和追求质量好、性能强的产品。所以奉行产品观念的企业绝大部分的精力都用在提高产品技术和质量上。

这种观念就像菲利普·科特勒教授描述的那样：当他（生产者）应该把目光投向窗外的时候，他却不合时宜地对着镜子顾影自怜。这种“营销近视症”过分迷恋于追求产品的高质量，容易忽视消费者的实际需求，会因为生产成本与产品价格过高而难以为消费者接受，从而在市场营销中导致失败。

信息框

汉林清脂败走麦城

作为中国女性保健品第一品牌，太太创造了不小的奇迹。随着企业壮大，太太要征服另一半——男性市场的心愿越来越强烈。经过较长时间谋划后，太太选择了高血脂作为男性保健食品的突破口。2001 年 11 月，太太药业正式推出汉林清脂胶囊。

同太太口服液、静心口服液一样，汉林清脂上市前也作了明确的目标群定位，诉求直指“职位高、收入高”的中年男性，并不惜重金请出香港影星任达华作为形象大使来做推广，广告词是“天天清一清，血脂不再高”。作为配套手段，太太药业还在全国掀起了声势浩大的“汉林清脂·血脂健康万里行”活动，短短几个月里，为汉林清脂的推广投入 3000 多万元现金，在太太的营销史上还从未有过如此大规模的传播运动。可惜，在广泛市场覆盖和“重量级”的市场轰炸之后，“汉林清脂”并未成为那些“整天困扰于高血脂高血压高胆固醇的白领男士”的第一选择。汉林清脂曾被乐观地估计将实现年销售额 2.6 亿，然而 2002 年进攻市场一年，产出仅几百万元。2002 年下半年，我们很难再在屏幕上看到任达华的身影。屡战屡胜的太太，在汉林清脂上遭遇了滑铁卢。

太太药业的营销实力为业内公认，血脂市场的潜力确实巨大，汉林清脂的定位准确，概念提炼也算得当，既然如此，汉林清脂为什么还会严重受挫呢，探究其失败原因，主要有：

1. 高估产品影响力　对市场一相情愿　我国血脂异常的人口至少在 1000 万以上，所以就有了这样一个顺理成章的推论：中国市场存在血脂保健需求的消费者数量至少在 1000 万以上。然而，高血脂症是慢性病，不到发病之时，消费者几乎没有任何感觉，带给患者的不良生理感受微乎其微，很难把它们定义为“严重”，更谈不上什么“折磨”。而当重症高血脂一旦发作，绝大多数患者的第一选择却是降脂保健品鞭长莫及的医院，并且十有八九从此成为处方类降脂药的忠实顾客。再有，降血脂保健品属于高消费，考虑到农村市场低下的消费水平和被动而保守的医药保健品消费心态，1000 万“准消费者”中居住在农村的大半相当长时间内恐怕只会充当观望者。

2. 市场教育力度不够　由于血脂保健本身就是一个“舶来”的新概念，既不像“补肾”那样有着历史悠久的传统底蕴，也不像“补血”那样通俗浅白、易于理解，所以绝大多数中国人对它的认知接近于零。曾有市场观察人士做过专项调查：在我国广大的、人口数量占总人口数 2/3 的农村，高血脂概念几乎是一片“全盲区”。即便在华东、华南等发达地区的城镇，听说过“高血脂”这个名词的人群所占比例也不超过 20%。当一个客观存在高血脂症状的人对这种病症还没有一个基本的认识，甚至都不知道自己血脂异常，自然无从产生任何这方面的消费欲望，遑论掏出真金白银去付诸购买。汉林清脂显然没有长时间做市场教育的打算，欲速则不达，无功而返的结果就在意料之中了。

3. 难以验证的疗效 对汉林清脂来说,通过血脂保健概念的"科普"促使消费者实现尝试性购买,仅仅是万里长征的第一步;而接下来如何保持这些"来之不易"的初次购买者的消费热情和消费忠诚,才是一个真正要命的问题。如果大多数新客户在服用产品后,不能很快体会到确切的疗效,他们的消费信心马上就会化为乌有,甚至从此对汉林清脂退避三舍。随着宝贵的新增消费群源源不断地流失,降血脂市场这个"大雪球"就始终处在随滚随融的尴尬状态,不但永远都滚不大,甚至有可能因为强烈的负面口碑效应而过早夭折。

4. 片面相信广告 太太药业曾经依靠其广告的成功运作,打动了千千万万的女性。但太太口服液、静心口服液的成功,离不开消费者对相应症状的认知与重视。在缺乏良好市场铺垫的情况下,汉林清脂片面沿袭太太口服液、静心口服液的运作思路——用电视广告高举高打、单刀直入,但对血脂常识的科普教育与产品的市场推广工作却做得并不到位。理性、疏于照顾自己的男性,必须明白高血脂症的危害,并且在自身有危机感的时候,才可能去尝试性购买。

3. 以推销为导向的推销观念(selling concept) 推销观念盛行于20世纪三四十年代,当时西方一些发达国家先后完成了工业革命,生产力得到空前发展,商品生产规模日益扩大,商品品种日益增多。这种生产力的发展与生产的无政府状态之间的矛盾终于导致了世界经济大危机:企业纷纷倒闭,大量工人失业,市场购买力急剧下降,市场出现商品供应量远远大于市场实际购买力的现象,卖方市场逐渐过渡成买方市场,销售积压产品成为各企业的首要任务。于是,以销售为导向的推销观念逐步替代市场"生产观念"和"产品观念"。奉行推销观念的企业经营者认为,商品能否销售出去的关键不是在于企业提供的是什么商品、什么价格、什么质量,而在于用什么手段把已经生产出来的产品推销出去;消费者不购买产品的原因在于他受到的推销压力不够,如果加大推销的力度,销售就可以顺利实现。同过去相比,这一阶段的企业开始把注意力转向市场,但仅停留在产品生产出来以后再推销出去的阶段。

信息框

三株集团"成也营销 败也营销"

曾经被传媒热烈追捧的"三株神化",犹如商战中的一股旋风,来也匆匆,去也匆匆。山东三株集团有限公司1994年8月8日成立,以一万元的价格获得三株口服液的配方和使用权。1994年,三株莺啼初试,销售额达1.25亿元,1995年猛跳至23亿元,到1996年达到惊人的80亿元。纵观三株的发展及衰落历程,可谓"成也营销,败也营销"。三株的营销方式归纳如下:

1. 织就庞大的营销网络 三株公司按地理区域和人口密度,在中国(西藏、台湾、香港、澳门除外)建立了密集的营销网络,采用"四级公司、六级管理"制度,即省一级建立营销指挥部,地、市级设营销公司,区、县级设办事处,乡镇及城市社区内设工作站,同时按总公司、产品营销中心、战区指挥部、子公司、分公司、工作站划为六级组织。

笔记栏

2. 大搞人海战术　三株不是靠硬广告开路，而是利用中国廉价的人力资源，采取人海战术进行宣传和推销，鼎盛时期拥有十几万宣传员和销售人员，并采用了一种"无成本广告模式"，即发给每个宣传站和村级宣传员一桶颜料和数十张三株口服液的宣传广告模板，要求把"三株口服液"刷在乡村每一个能刷字的地方，如土墙、电线杆、道路护栏、牲口栏圈和茅厕上。可以说，只要有人烟，就有三株销售人员和三株广告。

3. 无处不在的广告宣传　三株的广告宣传包括小报、电视专题、宣传画、横幅和义诊。其中报纸投递、电视专题片和义诊被三株看作为三大法宝：

(1) 报纸投递：这是三株起家的基本手段，报纸的覆盖率基本在98%，即使在内蒙的蒙古包也能看到其宣传品。

(2) 电视专题片：主要内容是一些患者的现身说法，以及一些大型活动的现场实地拍摄。三株的受益者讲述自身的亲历感受，镜头前真情流露，相比硬性广告而言，具有强大的感染力及暗示作用，同时可播放时间长、价格低。

(3) 义诊活动：通过现场宣传品如条幅、展牌、音响营造气氛，配合医生现场对消费者的身体诊断以及产品推荐，增加了宣传的可信度。在义诊活动中，三株的各种广告宣传资料漫天散发，里面的内容往往引用天南海北、国内外各类医生的话语为三株喝彩。

然而，三株的超常规发展终于失控了，子公司欺上瞒下，谎报业绩；巧立名目，向总部套取广告费乱发奖金；人员膨胀，内耗严重，费用惊人。而面对在"前线作战"的数千个大大小小的指挥部，总部更是鞭长莫及，疲于奔命而又无可奈何，种种夸大功效、无中生有、诋毁对手的广告事件频频发生，仅在1997年上半年，就因"虚假广告"等原因遭到十余次起诉，严重影响了三株声誉。1998年3月，一场旷日持久的官司为这个红极一时的帝国划上了一个句号。

二、以顾客为中心的市场营销观念（marketing concept）

市场营销观念认为，企业的一切计划与策略应以顾客为中心，正确确定目标市场的需要与欲望，比竞争者更有效地满足目标市场的需求。

市场营销观念产生于20世纪50年代。当时随着战后科学技术革命的兴起，西方企业的研发和创新能力不断提高，新产品竞相上市。同时由于大量军工企业转向民用生产，使社会产品供应量迅速增加，许多产品供大于求，市场竞争进一步激化。在需求方面，西方各国政府相继推行高福利、高工资、高消费政策，消费需求不断扩大，消费形式也变得更加多样化，购买选择更为精明和苛刻。这就要求企业改变过去单纯以出卖为中心的思维方式，转向认真研究消费需求，正确选择为之服务的目标市场，并根据目标顾客的需要及其变动不断调整自己的营销策略。总之，企业的经营指导思想要从以自己为中心转向以消费者为中心，将过去"一切从企业出发"转变为"一切从顾客出发"，企业的一切活动都围绕着满足消费者需要来进行，其座右铭是："顾客需要什么，我们就生产提供什么"，是营销学的"第一次革命"。

相对于市场营销观念，生产观念、产品观念、推销观念被称为传统市场营销哲学或旧市场营销哲学。这两种营销哲学具有本质区别：第一，生产经营的出发点不同。传统营销哲学的出发点是企业本身的生产过程，即在生产之前并不考虑市场需求，而是在生产出来之后再

笔记栏

考虑销售问题，因而无法保证商品的适销对路；而市场营销观念认为消费需求是企业生产经营活动的出发点，只有事先了解消费需求特点后，才能生产出适销对路的商品，因而市场调研是起点。第二，生产经营的手段不同。生产观念注重提高产品产量和降低成本，从本质上来说是一种价格竞争；产品观念注重产品质量并以此来吸引顾客，也只是一种质量竞争；推销观念只注重商品的推销，企业愿意花大价钱挖空心思地把不合适的商品推销给顾客，是一种推销强度的竞争；而市场营销观念在良好的市场需求导向基础上，注重市场策略和销售服务，把商品的整体销售给顾客，便能从整体上满足消费者的需求。第三，企业最终目标不同。传统营销哲学的最终目标是企业的短期利润，即注重单位商品的利润，不愿进行技术革新和长远投资；而市场营销观念虽然最终目标也在于增加利润，但这种利润是一种长期利润，并不一定要在短期内获得。市场营销观念能很好地协调短期利润和长期利润的关系。

信息框

“仲景”牌六味地黄丸如何成为行业老大

宛西制药厂是河南省宛西制药股份有限公司的前称，该企业位于河南宛西县，既无优势区位又无地域品牌优势。2000年以前，该厂的产品还主要依靠低价大批发，工厂生存困难，一度陷入困境。2000年以后，该厂将企业资源集中到市场迅速扩大的六味地黄丸上，树立市场营销观念，利用现代化的营销手段，在很短的时间内将该厂推出的仲景牌六味地黄丸打造成为六味地黄丸的第一品牌。

六味地黄丸是一种极其普通的中成药，而且全国已上市销售的六味地黄丸超过500种。这样高度同质化的产品，值得花大投入做吗？2000年前后尽管市场上竞争品繁多，但拥有全国品牌的六味地黄丸却很少，而且竞争品多集中在中低端市场。根据市场竞争状况，宛西制药厂制定差异化营销策略，调整营销策略，果断放弃大批发模式，转而将产品定位于高端市场。利用宛西是医圣张仲景故乡的背景，宛西制药厂专门注册了“仲景”商标；重新设计了差异化的产品包装，并大幅度提高了产品零售价格。针对市场上产品众多、缺乏概念差异的情况，该厂提出了“药材好”的概念；针对竞争品繁多，但在全国媒体投放广告、拥有全国性品牌的产品却很少的状况，从2001年开始，宛西制药厂在央视、凤凰卫视等全国媒体上大量投放广告；针对中药企业多走流通，不做终端的状况，还强化了对终端的管理，仅上海市场，其业务员就多达30多人。

宛西制药厂采取的聚焦企业资源、创新差异化营销策略，在短期内就收到了奇效。由于产品定位明确、概念清晰、广告到位、终端强势，到2003年，“仲景”已成长为六味地黄丸第一品牌，甚至超过了拥有两百多年历史的“同仁堂”，宛西制药厂以“仲景”为品牌，推出的一系列产品，都有良好的市场表现。

三、以社会长远利益为中心的营销哲学

1. 社会市场营销观念（societal marketing concept） 20世纪70年代以来，西方发达国家在经济高度繁荣的同时，面临一系列带有普遍性的社会问题，比如环境污染、资源浪费、通货膨胀、忽视社会服务等。这些问题往往与许多企业重视满足消费者需要而忽视社会整体和长远利益有关。例如一次性餐具的应用迎合了消费者追求便捷、卫生的需要，但却导致了资源的浪费和城市垃圾的增加；某些减肥药迎合了消费

笔记栏

者不节食、不运动而减体重的需要，但却损害了消费者的长远健康。与此同时，随着西方消费者保护运动的高涨，许多国家成立了保护消费者利益的组织，政府部门制定了相应法律，商业欺诈，不健康、不安全、不文明消费等行为受到消费者的广泛抵制和谴责。在这种情况下，单纯的市场营销观念难以解决消费者需要与消费者及社会长远利益的冲突，企业应当树立一种超越市场营销观念的新的经营哲学，于是社会市场营销观念和各种新营销观念逐步形成。

社会市场营销观念认为，消费者的需要与消费者本身或社会的长远利益并非总是一致的；关心并满足消费者长远利益和社会整体利益的企业，将越来越受到消费者的欢迎；企业能否吸引并保住大量顾客，关键不仅在于满足消费者的眼前需求，而且还在于企业能否顾及顾客及社会的长远利益。从这种认识出发，社会市场营销观念强调以社会利益为导向，认为企业应以维护社会利益和促进社会发展为最高目标；企业营销不再以消费者需要作为惟一出发点，而是充分考虑社会利益，寻求消费者、社会与企业利益的平衡点；企业的生产经营不仅要满足消费者的需要和愿望，而且要有利于社会的整体和长远利益，要将消费者需要、社会利益和企业赢利三方面统一起来，求得三者利益的共同实现；对于危害或不利于顾客和社会利益的需要，企业有责任实行“反营销”。

信息框

罗氏的两种做法比较

2003年初，广东等地爆发非典型性肺炎，有关预防感冒的药品、保健品，各种中药材迅速走俏，2003年2月9日，罗氏(中国)公司于广州假日酒店邀请广州部分媒体记者，告知“从症状上判断，广东此次爆发的疫情与1997年香港发生的禽流感有极大类似”，并公布其广州市场部有关防治流感特效药达菲脱销的情况。在此次见面会上，罗氏(中国)公司提供的两份资料分别是《广州流感》和《新型口服抗流感药物——达菲》。同时，罗氏的医院销售代表也以此为由大力对医院进行促销。据有关资料称，价格不菲的“达菲”(两粒59元)，从2月8日到2月13日，在广东的销量增长了100倍，突破了10.5万盒。销售的增长几乎与公关是同步的。

达菲的“疯销”引起了《南方都市报》和相关媒体的注意。2月15日，通过收集资料，媒体以造谣营销向广东省公安厅举报了罗氏并发表批评文章。一时间，达菲的销量一落千丈，更有不少消费者要求退货。“达菲事件”这场突发风波，涉及面广，影响深，负面效应大，罗氏公司的美誉度因此受到很大损害，罗氏的营销策略遭到了外界的质疑，媒体对罗氏的批评不绝于耳。其中最为引人注目的是《南方都市报》的“十问达菲”和连续数期头版头条对罗氏(中国)公司的质疑。

同样是罗氏，面对禽流感袭击全球时，则改变了先前急功近利的做法，不仅向各国加紧供应抗禽流感特效药达菲，同时为了扩大生产量，在全球授权有实力的医药机构生产达菲。在中国爆发禽流感时期，罗氏将其在国内的所有库存交由政府处置，并在国内确定了上海医药集团及深圳市东阳光实业发展有限公司作为其授权单位生产达菲。日后，国内版的达菲不仅价格比罗氏达菲低很多，同时治疗领域将不仅仅局限于禽流感，还可针对各类流感病毒。

面对流行性疾病这种社会灾难，罗氏先后扮演了两种角色，一种是利益熏心，追求短期利益，最终陷入了社会的诚信危机中；另一种是承担公司在中国的社会责任，成为有诚信、有爱心、有责任感的企业，从而获得社会的好评，为企业长期发展奠定基础。孰优孰劣，结果自明！

2. 绿色营销观念(green marketing concept) 从20世纪五六十年代起,随着科学技术的进步和经济发展,市场营销环境发生了根本变化。

首先人类活动对环境造成了极大危害,环境污染触目惊心;其次,伴随保卫消费者权益运动的开展和消费者"绿色消费意识"的觉醒,消费者要求企业在生产产品时也要承担社会责任,遵守道德法则,保护环境和消费者的长远利益。另外,国际环境公约和环境管理标准越来越多,要求越来越高,形成绿色壁垒。50年代以前,涉及环境和环保问题的公约只有6项,70年代有16项,80年代增至100项左右,2000年接近200项。目前许多国家存在绿色壁垒,对未获得ISO14000系列认证及本国环境认证标志的企业和产品采取进口歧视政策,规定不准进口或者在价格、数量上进行限制。在这种客观现实需要的呼唤及思想观念的转变下,绿色营销蓬勃发展起来。

绿色营销是指企业在制定经营战略时进行市场细分与目标市场选择,产品生产、定价、分销促销过程中注重经济效益、社会效益、环境效益的协调统一,并在此前提下取得企业利益的一系列经营活动。它要求企业采用清洁生产工艺、技术,注重资源的节约和利用,向消费者提供安全、卫生的绿色产品,并使产品具有多种用途和回收功能,消除一切污染环境行为,保护生态环境。绿色消费是消费者旨在保护环境,在消费过程中减少资源浪费和防止污染,从承担社会责任的角度考虑和采用的一种理性消费方式。与之相关的绿色产品是指经过"清洁"生产,在使用过程中以及使用后均不存在危害人体健康和生态环境的因素,易于回收和再使用的产品。

按照绿色营销观念,环境也是一种资源,环境使用必须有偿,污染环境必须付费。因此企业用于保护环境的支出计入成本,成为价格中的一部分,这种价格就是绿色价格。绿色价格在环境保护方面是针对自然和生态环境在人类利用过程中的价格补偿,是人类必须付出的用于生态环境保护和建设的条件代价。

就我国制药行业而言目前处在一种尴尬的局面。一方面,由于药品与人民生命安全和健康密切相关,制药行业承担着治病救人的神圣职责;另一方面,制药行业属于污染较严重的行业,废气、废水、废物对空气、水体和土壤污染严重。目前我国相当一部分制药企业对环境保护重视不够,在治理污染上投入不足。到1999年底为止,我国只有55家企业通过ISO14000系列认证,医药行业仅有上海施贵宝和西安杨森两家,没有一家医药企业获得"中国环境标志产品认证委员会"(CCEL)的认证。另外,一些发达国家纷纷将污染严重或在本国禁止生产的化学原料合成项目迁往发展中国家,我国一些化工原料产量名列世界前茅。这些都表明我国医药企业迫切需要改变观念,实行绿色营销,真正成为为人类造福的行业。

笔记栏

第五节 顾客满意

以顾客为中心的营销观念,是通过满足需求达到顾客满意,最终实现包括利润在内的企业目标。但这一观念的真正贯彻和全面实施,并不是轻而易举的。顾客购买后是否满意,取决于其实际感受到的绩效与期望的差异,是顾客的一种主观感觉状态,是顾客对企业产品和服务满足需要程度的体验和综合评估。研究表明,顾客满意既是顾客本人再购买的基础,也是影响其他顾客购买的要素。对企业来说,前者关系到能否保持老顾客,后者关系到能否吸引新顾客。因此,使顾客满意,是企业赢得顾客、实现企业目标的关键。另外,吸引新顾客要比维系老顾客花费更高的成本,所以企业必须十分重视提高顾客的满意程度,争取更多高度满意的顾客,建立高度的顾客忠诚。

一、顾客让渡价值

顾客让渡价值是指顾客总价值与顾客总成本之间的差额。顾客总价值是指顾客购买某一产品与服务所期望获得的一组利益,它包括以下组成部分:

(1) 产品价值。产品价值是由产品的功能、特性、品质、品种与式样等所产生的价值。

它是顾客需要的中心内容,是顾客选购产品的首要因素,它也是决定顾客购买总价值大小的关键和主要因素。

(2) 服务价值。服务价值伴随产品的实体出售,企业向顾客提供的各种附加服务,包括产品介绍、送货、安装、调试、维修、技术培训、产品保证等所产生的价值。服务价值是构成顾客总价值的重要因素之一。在同类产品的质量和性质大体相同的情况下,消费者越来越看重服务价值,服务价值已成为现代企业市场竞争的新焦点。

(3) 人员价值。人员价值是指企业员工的经营思想、知识水平、业务能力、工作效益与质量、经营作风、应变能力等所产生的价值。企业员工直接决定着企业为顾客提供的产品与服务的质量,决定着顾客购买总价值的大小。因此,企业要高度重视员工综合素质与能力的培养,加强对员工日常工作的激励、监督与管理,使其保持较高的工作质量与水平,从而提高顾客的人员价值。

(4) 形象价值。形象价值是指企业及其产品在社会公众中形成的总体形象所产生的价值。包括企业的产品、技术、质量、包装、商标、工作场所等所构成的有形形象所产生的价值,公司及其员工的职业道德行为、经营行为、服务态度、作风等行为形象所产生的价值,以及企业的价值观、管理哲学等理念所产生的价值。

顾客总成本是指顾客为购买某一产品所耗费的时间、精力、体力以及所支付的货币资金等。一般情况下,顾客购买产品时首先要考虑货币成本的大小,在货币成本相同的情况下,顾客在购买时还要考虑所花费的时间、精力、体力等。因此,向消费者提供多渠道、全面详尽的信息,可以减少顾客为获取产品情报所花费的精神与体力,降低顾客的精神和体力成本。另外,在保证产品与服务质量的前提下,尽可能减少顾客的时间支出,也可以为顾客创造更大的价值。

顾客在购买产品时,总希望把有关成本包括货币、时间、精力和体力等降到最低限度,而同时又希望从中获得更多的实际利益,使自己的需要得到最大限度的满足,所以价值最高、成本最低,即"顾客让渡价值"最大的产品是顾客优先选购的对象。

顾客获得了让渡价值最大的产品是否就会满意呢?不一定。顾客满意与否除了与让渡价值有关外,还与顾客的期望价值有关。当顾客的期望价值小于实际得到的让渡价值时,顾客在购后评价时会感到满意;否则,当顾客的期望价值大于实际得到的让渡价值时,即使让渡价值很大,顾客也不会满意。所以企业在价值的宣传中要把握一个适当的度,不能让顾客的期望价值升得太高,从而影响顾客的满意程度。

二、全面质量营销

在市场营销过程中,虽然与顾客打交道的是营销部门,但对营销效果产生影响的不仅有营销部门,其他部门也会对营销效果产生影响。很显然,再出色的营销部门也无法弥补劣质产品或服务所带来的恶劣影响。从产品的设计制造程序看,虽然研发部门可按市场需求开发出新产品,但生产部门未必能有效地制造,营销部门也未必能积极推销。所以,良好的营销效果需要企业内部所有部门协同提供高质量的产品和服务,这样顾客才会满意,企业才会赢利。

美国质量管理协会认为,质量是一个产品或服务的特色和品质的总和,这些品质特色将影响产品满足所显示的或所隐含的各种需要的能力。这是一个顾客导向的质量定义。顾客有一系列的需要、要求和期望,当所售的产品和服务符合或超越了顾客的期望时,销售人员就提供了质量。一个能在大多数场合满足大多数顾客的公司就是优质公司。全面质量管理(total quality management,TQM)是一个组织对所有生产过程、产品和服务进行一种广泛有组织的管理,以便不断地改进质量工作。

在实行全面质量管理的企业,营销经理有两项责任:第一,必须参与和制定旨在帮助公司通过全面战略管理获胜的战略和政策;第二,必须在生产质量之外传递营销质量,每项营销活动(如营销研究、销售人员的培训、广告、顾客服务等),都必须高标准地执行。营销人员必须在帮助其公司向目标顾客定义和提供高质量商品和服务时发挥以下作用:第一,营销者在正确识别顾客的需要和要求时承担着重要责任;第二,营销者必须确保顾客的要求正确地传达给产品设计者;第三,营销者必须确保顾客的订货正确而及时地得到满足；第四，营销者必须检查顾客在有关如何使用产品方面是否得到了适当的指导、培训和技术性帮助；第五，营销者在售后还与顾客保持接触，以确保他们的满足能持续下去；第六，营销者应该收集顾客有关改进产品服务方面的意见，并将其反馈到公司有关部门。当营销者做了上述一切后，他们就是对全面质量管理和顾客满意做出了自己的贡献。

三、价 值 链

让渡价值最大化是顾客满意的基础。为达到让渡价值最大化，需要企业协调内部各部门即企业价值链及由供应商、分销商和最终顾客组成的供销价值链的工作，达到企业与顾客利益最大化。

(一) 企业价值链

企业价值链是指企业创造价值的互不相同但又互相关联的经济活动的集合。其中每一项经营管理活动都是“价值链条”上的一个环节。价值链包括两大部分，一是企业基本增值活动，即“生产经营环节”，包括材料供应、生产加工、成品储运、市场营销、售后服务五个环节。另一个环节是企业辅助性增值活动，包括设施与组织建设、人事管理、技术开发和采购管理四个方面。辅助活动发生在所有基本活动的全过程中。如图 1-1 所示。

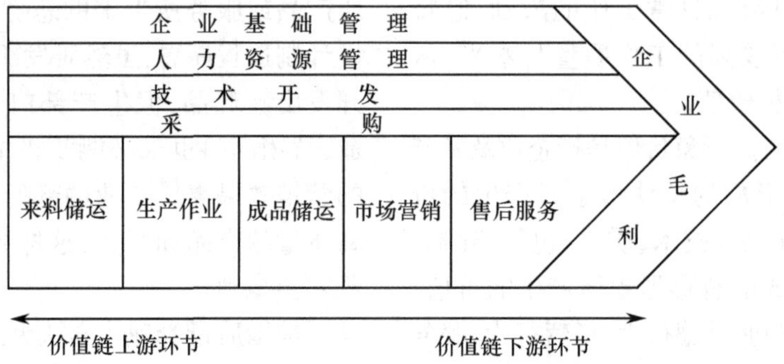

图 1-1 企业价值链及其构成

为使企业价值链协调系统运作，克服各部门利益最大化的倾向，企业必须加强核心业务流程管理，主要包括以下流程：

1. 新产品实现流程 该流程包括识别、研究、开发和成功推出新产品等各种活动，这些活动创造产品的价值，与产品技术特性紧密相关，要求快速、高质并达到成本预定控制目标。

2. 存货管理流程 该流程包括开发和管理合理储存的所有活动，以使原材料、中间产品和制成品实现合理供给，避免库存量过大或库存量不足影响生产。

3. 订单-付款流程 该流程包括接受订单、核准销售、按时送货以及收取货款所涉及的全部活动。

4. 顾客服务流程 该流程包括使顾客能顺利地找到本公司的适当当事人(部门)，能得到迅速而满意的服务、答复以及解决问题的所有活动。

(二) 供销价值链

这是指企业之外的，由供应商、分销商和最终顾客组成的价值链，包括原料或零件供应商、制造商或装备商、批发商、零售商和顾客。如图 1-2 所示。

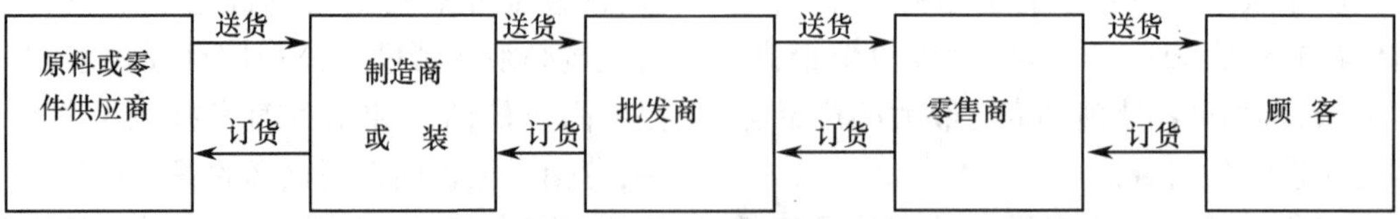

图 1-2 供销价值链构成

笔记栏

供销价值链上的各企业的合作非常重要，只有整个供销价值链上的成员共同努力提高绩效，才能提高价值链的竞争力，才能最终创造顾客的高度满意。过去，企业总是将供应商、经销商视为导致成本上升的主要对象，而现在，它们开始仔细选择伙伴，制定互利战略，锻造供销价值链，以形成更强的团队竞争能力，赢得更多的市场份额和利润。

本章小结

医药市场是指对某种或某类医药产品现实的和潜在的需求总和，由人口、购买力和购买欲望三个要素构成。医药市场可以从多种角度进行分类。由于医药产品的特殊性决定了医药市场具有不同于其他产品市场的特点。

医药市场营销是个人和组织通过创造并同他人交换医药产品和价值以满足需求和欲望的一种社会和管理过程。其核心是交换，其基本精神是满足需求，顾客满意，其主要任务是向个人和组织创造、推销、传递医药产品和价值。医药市场营销的主要概念有医药营销者、需要、欲望、需求、产品和价值等。医药市场营销是医药企业最基本的职能，不同于推销，其实质是一种社会管理过程。医药市场营销管理的实质是需求管理，营销者应在识别需求的时机、水平、构成的基础上，采取相应的医药营销措施。

市场营销学依次经历了萌芽、形成、发展和进一步发展四个阶段，医药市场营销学是伴随着市场营销学的发展而发展起来的，并且在中国得到了广泛传播和应用。

医药市场营销学是市场营销学的分支学科，是一门建立在经济学、数学、行为科学、管理学、医药学等理论基础上的综合性的应用科学。其研究对象是医药企业的营销活动及其规律。本教材的研究内容分为五个部分，主要是从微观角度进行分析的。研究医药市场营销学的主要方法有医药产品研究法、历史研究法、管理研究法和系统研究法等。

随着市场营销活动而产生和发展起来的市场营销哲学经过了几个阶段：以企业为中心的观念、以消费者为中心的观念、以社会长远利益为中心的观念。以企业为中心的观念包括生产观念、产品观念和推销观念，它们的共同特征是忽视消费者的需求。以消费者为中心的观念被称为市场营销观念，它将顾客的需求放在首位，企业的一切活动围绕满足顾客的需求进行。以社会长远利益为中心的社会营销观念除了考虑消费者的需求之外，还重视消费者的长远利益和社会整体利益；绿色营销则注重对环境的保护。顾客满意的关键是创造顾客最大让渡价值、实行全面质量管理以及构造合理的价值链。

思考题

1. 试从营销的角度理解医药市场。
2. 什么是市场营销和医药市场营销？
3. 医药市场营销管理的实质和任务是什么？
4. 医药市场营销学是怎样产生和发展的？
5. 医药市场营销学的研究对象是什么？有哪些研究方法？
6. 简述市场营销哲学的演变及其背景。
7. 企业怎样才能达到顾客满意？
8. 评述价值链理论及其对企业营销的指导意义。

案例分析

太极睡宝片——成功？失败？

2002年4月，人们期待已久的脑白金的对手出现了。太极睡宝片经过周密的策划，以高调的新锐姿态出场。中外市场的规则显示，第一个轰开市场，抢先进入消费者头脑的产品，将占据第一份额，如可口可乐、麦当劳、排毒养颜胶囊、红桃K等。后来者往往针对某一特定细分市场，通过产品差异化、概念性攻击来进行市场占位。脑白金是睡眠市场的第一品牌，主打中老年人群，其改善睡眠的功能已深入人心，睡宝片无法对脑白金进行概念性和差异化攻击,因为其成分也是褪黑素(MT)。为避开脑白金锋芒,找寻链条上最薄弱的一环,睡宝片另辟蹊径,以青年女性为目标人群,以“女人的美丽睡出来”进行感性诉求。这一策划思路与血尔挑战红桃K极其相似。

不过睡宝片的人群定位遭到了人们的质疑:青年女性往往是睡不够,而非睡不着。长期陷入失眠的青年女性少而又少。女性市场当然可以做,但很难达到睡宝片“3年做6个亿”的目标。据称,太极睡宝片是想通过占据女性市场,然后向中老年市场推进,这就是所谓的“太极推手”。这种策略究竟能否行得通呢?睡宝片通过品牌广告、路演活动、终端形象设计、聘请知名女星舒淇为产品代言人,使其“女性专用”的形象沉淀下来,如果要利用“太极推手”改变这一产品形象,扩大消费人群,其功力是否足够?

入市初期,睡宝片通过“午夜送宝”等活动,在全国各大城市赠送,以功效验证快速拉拢第一批消费者。

6月份足球世界杯直播期间,太极集团不惜重金取得央视上下半场的首个广告段位。睡宝片热歌劲舞的广告,赚足了眼球。有人再度质疑:看世界杯的多是男人,睡宝片定位在白领女性,它的广告到底是打给谁看?太极当然不会犯这样的低级错误,惟一的解释是,这些广告是打给经销商看的招商广告,将产品“推进”销售渠道,而非“拉式”的产品广告。

令大家印象深刻的是,太极睡宝片的公关新闻相当成功,对进入和扩大经销渠道十分有利。报纸上持续出现“利好消息”,诸如睡宝片市场份额逼近脑白金,正在成为第一睡眠产品,睡宝片使消费者对保健品产生信心,睡宝片在市场上捷报频传,等等。再如2003年2月的某医药行业大报,刊登整版文章《2002年全国药品零售市场总体情况分析》,系列监测数据显示:太极集团在《企业销售百强榜》上高居第一;在《品种销售百强榜》上,太极集团的曲美胶囊位居第一,补肾益寿胶囊、睡宝片分别列14、31。在这张表上,脑白金居第五。

在看似公正客观的短篇幅行业评述里,特别出现这段文字:“值得一提的是睡宝片,虽然4月份上市,但势头直逼脑白金,是脑白金上市以来首次碰到的强大对手,可见太极集团在零售市场终端销售的确有一手。”正是这些倾向性的“新闻”和软文章,为睡宝片营造了有利的口碑氛围,甚至迷惑了一些行业专家,将睡宝片列为2002年成功营销案例。然而,有这么几个现象需要关注:

(1) 数据显示,睡宝片上市初期,在零售渠道的占有率达到2.25%,逼近脑白金的2.29%,以此证明睡宝片正在抢占第一地位。需要说明的是:这里的铺货率是指在药店的占有率,而在保健品市场上,大品牌绝大部分的销售额,是在商(场)超(市)渠道完成。睡宝片在商超渠道,市场几乎空白。

(2) 睡宝片在世界杯之后,广告戛然而止。根据市场特点,如果一个新产品处于迅猛上升状态,广告攻势会更加猛烈,绝不能断。为什么会出现这个局面呢?

(3) 睡宝片是按批发价的7.8折给总经销商,实际可能更低,每盒(30片)还要给代其加工的西南药业8元,再去掉产品原料成本,睡宝片所剩的利润不多。

(4) 在保健品消费最大的江浙沪市场,江苏中华多宝的睡宝珍维胶囊已扎下厚实根基,同样的“睡宝”标志,是睡宝片前进道路上的最大障碍。不能占据江浙沪市场,太极睡宝片要持续发展,难而又难。

(5) 2003年初,太极集团再出重拳,推出16粒装的新睡宝片,价格为28元,单粒消费不到1.8元,想以巧妙的降价手段来刺激市场。

案例讨论

1. 太极集团选择睡眠市场推出“睡宝片”产品的决策是否正确?

2. 请对太极集团的营销手段做简单评价。

3. 根据以上资料请你判断,太极集团的“睡宝片”市场销售能否成功?请说出你的理由。

4. 结合案例说明你对医药市场营销含义的理解。

笔记栏

第二章 医药企业战略规划

学习目标 通过本章的学习，了解医药企业战略的含义、层次和特点；熟悉医药企业战略规划的一般过程；掌握医药企业总体战略和经营战略规划的步骤，并能运用BCG法、GE法、SWOT法等分析实际问题；掌握医药市场营销组合的内容。

引导案例

从美丽“太太”到健康行业领跑者“健康元”

1993年3月8日第一批太太口服液上市，当时中国的保健品市场，特别是女性口服液还比较少，消费者对保健品的认识还停留在简单的蜂王浆、青春宝等一般性产品上。因此，太太药业定位于需要治疗黄褐斑、气血虚，月收入1500元以上的年轻女性，这部分人群是女性保健品的消费主力，由于抓住了这部分人群，产品一上市就占领了女性保健品领导品牌的地位。在此基础上，太太又推出了“静心口服液”，针对40岁以上、有更年期症状的女性，适当的产品定位加上适当的营销手段，该产品上市头一年回款就达7200万元，2001年即达1.7亿，成为继“太太口服液”后的又一拳头产品，奠定了太太女性保健品的领导地位。

1997年太太药业斥资2.8亿元收购名列深圳制药业第三位的海滨制药厂，这标志着太太药业正式从保健业转向医药业。这一收购被业内称为当时中国医药行业最大的收购案。2000年太太药业的意可贴上市，宣告了太太正式进军医药OTC市场。口腔溃疡占口腔疾病门诊病例的10%~15%，市场较大，但缺少全国性的知名品牌，太太药业针对这一市场推出的意可贴产品虽然是个小品牌，却有惊人的表现，上市仅9个月就实现销售回款3000多万元，并迅速成为该行业的领导品牌。

2001年6月8日，深圳太太药业股份有限公司在上海证交所挂牌上市，融资17亿元。有了资金来源后，2002年4月，太太完成了两大战略扩张行为：

(1) 2002年4月3日，太太宣告收购健康药业中国有限公司100%的股权及购买鹰牌注册商标所有权。鹰牌商标至今有30年的历史，涉及药材、健康产品等多个门类，是香港十大品牌之一，借助鹰牌在亚洲的品牌声誉来铺设太太的“亚洲之行”，并为未来的“世界之行”建立前哨站，是其最大的目的。

(2) 2002年4月，太太药业通过收购丽珠药业股份成为丽珠药业的第一大股东。此次收购惊心动魄、险象环生，吸引了包括医药行业人士、经济学专家、营销专家、证券市场A股、B股投资者等众多眼球，各类媒体纷纷关注报道，为太太药业赚足了眼球，最终以太太药业的成功成就了其“中药、西药、保健品三位一体”的发展战略。丽珠在医药行业的优势显而易见，其拳头产品丽珠得乐占当时市场份额的40%，多年的发展已形成了化学制剂、中药、生化药、生物制药以及半合成原料药五大板块，并有极为广泛的新药储备和良好的研发能力，对太太药业意欲在医药市场大展拳脚极为有利，从市场销售能力来看，太太在保健品及OTC方面较为成功，而丽珠在处方药的门诊市场及住院市场极为有利，这种优势互补将对企业品牌的提升产生强大的促进作用。

基于企业的发展战略及产品结构的重新布局，从2003年12月11日起，太太药业更名为健康元药业。

笔记栏

第一节 医药企业战略及其规划

随着中国加入世界贸易组织，我国医药产业的发展更加迅速，市场竞争日趋激烈，市场结构也随之发生重大变化。市场环境的变化、竞争格局的重塑要求医药企业树立起基于战略的系统性思维。医药企业能否在愈加开放和竞争愈加激烈的市场上求得生存和发展，很大程度上取决于企业的营销活动能否适应外部的环境变化，而联结企业与环境的是企业的战略规划。"凡事预则立，不预则废。"对于医药企业而言，"预"就是企业战略规划。只有将战略构思同企业具体运作有效结合起来，使战略能够落地生根，使战略思想能够被战术化执行，才能增强企业市场竞争力，提高市场运作效率，最大限度地挖掘企业的发展潜能，最终使企业更具生机和活力。

信息框

普华永道咨询公司在一项关于企业经营趋势的调查中发现：世界上快速发展的企业当中，三分之二的企业都是制定了企业营销战略规划的。这项调查还表明：

(1) 制定了营销战略计划的企业在新产品或新服务中获胜的比例明显高于那些没有制定计划的企业。

(2) 有战略计划的企业在过去 5 年内的销售增长率比没有战略计划的企业要高 69%。

(3) 总经理通过推动营销战略的落实，致力于解决对企业至关重要的问题。

(一) 企业战略的概念

战略一词来源于希腊语 Strategos，其含义是"将军指挥军队的艺术"。而战略一词与企业经营联系在一起并得到广泛应用的时间并不长，最初出现在巴纳德(C. I. Bernad)的名著《经理的职能》一书中，但该词并未得到广泛的运用。企业战略一词自 1965 年美国经济学家安索夫(H. I. Ansoff)著《企业战略论》一书问世后才被广泛运用，也是从那时起，"战略"一词还被广泛应用于社会、经济、教育和科技等领域。

目前对什么是企业战略有各种不同的见解，综合国内外的各种解释，可归纳为以下三个学派的观点。

1. 目标战略学派 该学派的主要代表人物有安德鲁(KR Andreus)、钱德勒(AD Chandler)和魁因(J. B. Quinn)等。目标战略学派将企业战略理解为：企业战略所要解决的问题是企业的长期目的和目标。

笔记栏

2. 竞争战略学派 该学派的主要代表人物是迈克尔·波特(Michael Potter)。波特将企业战略理解为：企业战略的关键是确立企业的竞争优势。他在《竞争优势》一书中，用一章的篇幅讨论"市场信号"的问题，而发出市场信号实际上是一种竞争战略，竞争战略就是"公司为之奋斗的一些终点与公司为达到目标而寻求的途径的结合物"。

3. 资源配置学派 该学派的主要代表人物有安索夫(H. I. Ansoff)、申德尔(DE Shendle)和霍夫(CW Hofer)等。资源配置学派将企业战略理解为：企业战略的核心是资源配置。通过合理的资源配置，使企业的资源配置与环境要求相适应，并指导和解决企业发展中的一切重要问题。

从上述三大战略学派的解释来看，对企业战略下一个标准定义确实很难。综合上述理论，从广义角度讲，企业战略可以理解为：在内外环境急剧变化和激烈竞争的市场经济条件下，对企业发展的宗旨和使命，企业的经营领域和发展目标，以及实现发展目标的保障措施等做出具有根本性、全局性和长远性的总体谋划。

(二)医药企业战略的层次

要理解战略规划,就必须认识公司的战略层次结构。一般现代大型医药企业存在三个战略层次(如图 2-1):公司战略(corporate strategy)、业务战略(business strategy)和职能战略(functional strategy)。

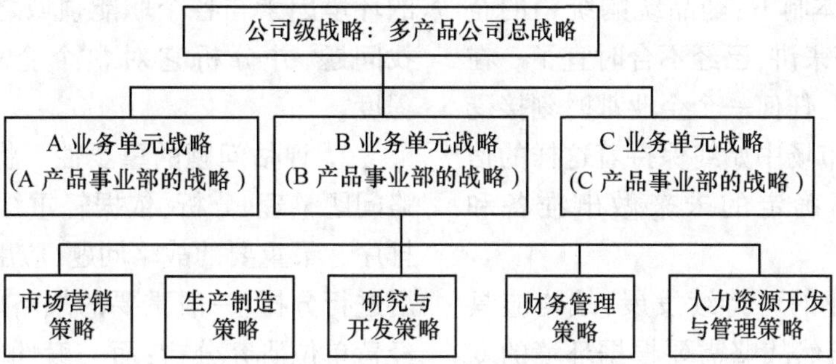

图 2-1 大型医药企业战略系统

1. 公司战略 公司战略的概念首先由安索夫提出,它研究的对象是几个相对独立的业务组合而成的企业总体战略,是在充分考虑资源能力和协同作用的条件下,解决企业应在哪些领域里从事经营活动的问题。公司战略的制定,实际上是对经营领域结构的优化和整合。企业总体战略依据不同的角度大致可以分为三种类型:扩张型战略、稳定型战略和收缩型战略。

2. 业务战略 又称"业务单元战略"(business unit strategy),它是在公司战略的指导下,研究某一个特定战略经营单位的分战略。对于大型医药企业或医药集团,某一领域的战略表现为某一战略单位(如事业部或分公司)的战略。在中小型医药企业表现为某一类甚至某一个产品的经营战略。业务战略主要有低成本战略、差异化战略和集中化战略。

3. 职能战略 它是为贯彻实施上述两个层次战略而研究、制定的某个具体职能管理的子战略。它是使笼统的战略内容更加具体化,以指导具体的业务决策,为实施上述两个层次的战略服务。所以,没有明确的职能部门战略,企业战略也只能是空中楼阁。职能部门战略大致可以分为:产品战略、市场战略、资源战略、技术开发战略、财务战略、人力资源战略等。

(三)医药企业战略的特征

医药企业的营销管理活动的本质就是要使企业的目标和资源与营销环境相适应。医药企业以市场为导向的战略规划就是为实现这种适应而制定的长远的总体规划。医药企业的战略规划是这样一个管理过程:企业的最高管理层通过规划企业的基本任务、经营目标及业务组合,使企业的资源同不断变化的市场环境之间保持战略适应性的活动。其目标是塑造和调整企业业务,以期获得相当的利润和发展。因此,医药企业战略具有全局性、长期性和相对稳定性、适应性的特征。

1. 全局性 全局性是从空间角度进行分析。对于任何企业而言,总要遇到各种各样的情况,处理各种各样的问题,其中一些决策涉及整个组织范围,另外一些可能只与局部利益相关,而且在很多情况下,组织的整体利益和下层组织的局部利益并不完全一致,有时甚至产生矛盾,这就需要领导者善于运筹,做出适当的决策。研究发现,高明的企业家总是能在复杂的条件下把握全局,进而做出正确的战略部署。

同样,医药企业的战略规划是具有指导意义的经营策略。它是以企业的全系统作为控制对象,它不是各项经营活动的简单相加,而是在综合平衡的基础上确定优先发展项目、权衡风险大小并实现企业整体效益的优先。虽然在某一时刻,它可能着重于某一部门的活动,但最终属于整体的一部分,企业战略涵盖了企业的各个单项活动。

2. 长期性和相对稳定性 长期性是从时

间角度进行分析。战略规划的根本目的在于提高企业的适应能力,保证企业的健康发展。因此它要求企业必须用长远的眼光看待企业的发展。我国经济体制改革已走过了20多个年头,在计划经济体制下,药品统购统销的企业行为对市场经济来讲,已经不合时宜了。在激烈的市场竞争中,任何一个企业都时刻接受着市场的考验,在市场中始终保持着这样的信念,才能对企业不确定的未来做出准备和规划。

为了实现企业的可持续发展,战略应具有相对稳定性。虽然战略需要根据环境的变化做适当调整,但这种调整不应过于频繁,尤其是不能朝令夕改。因为战略体现的是组织的长远利益,而这种目标的实现本身需要较长的时期,甚至要以牺牲短期利益为代价。因此,若企业的战略不能保持相对稳定性,不仅难以实现长期目标,还可能使为此付出的努力付之东流,带来组织成员的失望以及组织凝聚力和效率的下降,造成无法弥补的损失。

3. 适应性 适应性是从运动的角度进行分析。企业战略制定后保持一定的稳定性,是必要的,但并不是说一成不变。这是因为市场环境是变化的,企业资源和能力是变化的。一个好的战略总是力求实现稳定性和适应性的统一,前者意味着战略在较长时期内保持相对稳定性,能够稳定组织成员的情绪,增强他们的信心;而后者意味着所确定的战略目标既要简单明确,又不过分僵化和具体,保持适当的张力。换句话说,医药企业在制定战略时,应考虑建立资源缓冲地带,保证资源分配的灵活性,使战略与环境变化及资源之间保持必要的协调性,这是战略目标最终能够实现的必要条件。所以说,企业战略应该根据环境、资源等市场因素的变化而做出适当的调整,即营销学所说的“战略适应”(strategic fit)。

从上述企业战略的概念和特征可知,这种能使企业适应和改造未来环境、决定企业前进方向的决策是企业的最高决策,也是企业最高领导者的基本任务。

(四) 医药企业战略规划的一般过程

笔记栏

1. 发现问题 通过三种基本的信息来源,发现并判定在医药企业运行中即将发生的战略问题:医药企业外部环境的变化趋势,内部环境的演变趋势,经济效益的发展趋势。医药企业可以从相互依存、彼此影响的环境因素与各个职能领域之间的变化上寻找问题,并分析它对整个企业发展的影响程度。

2. 评估问题的重要性 将医药企业的战略问题整理、分析,依据轻重缓急的不同加以排序。最重要的战略问题,应由医药企业最高层进行分析;一般重要的战略问题,可由战略经营单位研究分析;而一般性问题,只须加以注意,不一定详加分析。

3. 分析问题 将问题排序后,应对重要问题进行分析,将战略问题层层分解。

4. 提出与问题有关的战略 分析问题以后,必须考虑是否提出和由谁提出战略的事宜。

5. 发展战略计划并形成行动方案 根据所提战略,考虑和决定如何及时、有效地实施,从而增进或避免减少医药企业的效益。

第二节 医药企业总体战略规划

医药企业战略规划过程,或称战略管理过程,是指医药企业为了保持企业的目标与变化的环境之间的“战略适应”,而制定长期战略所采取的一系列重大步骤。主要包括:确定医药企业的任务;确定医药企业的目标;制定规划投资组合战略;规划成长战略等。

(一) 医药企业任务的确定

企业任务是指企业的经营范围和领域,是企业寻求和识别战略机会的活动空间和依据。企业任务不是固定的,随着市场环境的变化而变化。一个制药企业以药品生产为主营业务,随着业务规模的发展,为了提高自身抗击风险的能力,或企业战略的调整,企业的任务可能向制药之外的业务去拓展;也可能一个多元化的企业进行业务收缩,将原先业务范围缩小,这些都需要对自身的任务进行重新界定。任何一个企业在界定自身的任务时,必须能够明确回答以下几个问题："本企业是干什么的？""本企业的主要市场在哪里？""谁是我们的客户？""我们的客户需要什么样的产品和服务？""本企业通过什么方式去满足自己的客户？"通过对这些问题的回答，就能够准确界定出企业的任务。

1. 确定医药企业任务的影响因素 确定医药企业任务，应考虑以下四个因素：

（1）企业的发展历史及其特色：医药企业任务确定时必须尊重历史。在企业的发展过程中，会积累不少经验，留下不少可利用的资源。例如，企业的品牌、企业拥有的专业技术人员、企业拥有的专利技术等。在新的竞争环境中，即使面对一个市场机会，如果不能充分发挥企业的优势，那么也未必能充分利用。正视企业的发展历史，在制定新的战略任务时，才能充分利用企业资源，并发挥企业优势。

（2）管理者偏好：企业主要管理者有其特有的性格、业务专长、文化背景和管理风格，由此形成其对企业当前发展和管理的偏好。若一个企业的管理者追求稳健经营，则在面对那些具有一定风险性的市场机会时，很可能不会采取什么行动。

（3）市场环境：企业生存于环境之中，并利用环境机会得到发展。企业能否达到目标必然受环境影响，战略任务应该能够充分利用环境机会，并有效避开环境威胁。

（4）企业资源：企业资源，不仅指传统意义上的人、财、物等硬件资源，也包括企业的人员（素质）、社会形象、管理能力、研发能力等软件资源。企业任务能否完成，必然受到企业资源的限制。企业制定的战略任务应该是充分利用企业资源，而不能超过资源负荷，当然也不可使资源浪费。

2. 撰写医药企业任务书 在充分考虑企业任务的影响因素的基础上，企业应以书面报告的形式提出本企业的任务，即企业任务书（见表2-1）。

表2-1 企业任务书摘要

	企业任务书摘要
美国礼来公司（Eli Lilly and Company）	致力于为全人类提供以药物为基础的创新医疗保健方案，使人们生活过得更长久、更健康、更有活力。
百时美施贵宝公司（Bristol Myer Squibb）	通过提供最优质的医药和相关保健产品来延长人类寿命，提高生活质量。
强生公司 Johnson & Johnson	我们认为自己对于医生、护士、病人、父母们和其他使用我们产品和服务的客户负有第一责任。 为了满足他们的每一个要求，我们必须高质量地完成工作。 我们必须持之以恒地努力削减成本以保持合理的价格。 我们必须及时而准确地满足顾客的要求。 我们的供应商和销售商必须有合理的赢利空间。 我们要对员工负责。

一份有效的医药企业任务书应该体现以下要求：

（1）贯彻市场营销观念：随着市场经济的发展，企业的经营哲学由"产品导向"转变为"市场导向"，由"以企业生产为中心"转变为"以满足消费者需求为中心"。任务书中关于经营范围和结构的表述，要能够体现本企业是以市场为导向、消费者为中心的特点。如"本企业生产各种药品"的描述，应表述为"本企业为患者解决病痛，提高生命质量"更确切。

（2）切实可行：按照企业自身的资源能力来规定自己的业务范围，做到宽窄相宜。过宽，则力所不及；过窄，则不能展现企业的发展远景，应该是随着业务能力的增长和业务范围的扩大，逐步扩大自己的经营范围，这样才能稳扎稳打。

（3）鼓舞人心：通过任务书，应该让企业员工清晰认识到本企业的任务是企业未来的发展和对社会做出贡献。如辉瑞中国公司提出："我们要成为世界上对患者、客户、同事、投资者、商业伙伴及我们工作和生活所在的社区最有价值的公司。"使员工切身体会到自己的工作对社会的重要性，同时也使其明确自己的责任，从而将企业目前的任务与企业远景联系起来，激发员工的工作激情。

(4) 简洁明确：任务书中所提出的方针和措施是明确而具体的，以尽量限制个人任意解释的范围和随意处理问题的权限，使企业全体工作人员在重大问题上有共同的标准可遵循，使员工对企业的任务看得明白，正确理解并自觉贯彻。

信息框

企业任务书的特点：

(1) 集中在有限数量的目标上。

(2) 强调公司的主要政策和崇尚的价值观。政策规定了公司如何处理股东、雇员、顾客、分销商、供应商和其他利益集团的关系。

(3) 明确公司要参与的主要竞争范围，如行业范围、能力范围、市场细分范围、垂直范围、地理范围等。

(二) 医药企业目标的确定

企业目标是指企业未来一段时期内所要达到的一系列具体目标的总称。企业作为一个社会经济组织，它的目标是多元化的，既有经济目标，也有非经济目标；既有定性目标，也有定量目标。概括而言，主要包括：①市场目标，如市场占有率；②利润目标，如利润率、投资回报率；③技术目标，如新产品开发等；④人力资源目标，如人力资源的获得、对个人能力的挖掘和发展；⑤职工积极性目标，如对职工的激励、报酬；⑥社会责任目标，如公司在社会中的形象和贡献等。不管是什么样的目标，都应当明确、可靠、重点突出，经过努力可以实现。为此，企业制定的目标必须符合下列要求：

1. 多重性 企业不只是追求单一的目标，而是追求多个目标，以反映企业经营的全貌。多个目标就构成一个或多个相互关联的目标体系，可以全方位来考察企业的发展态势。同时，企业各级管理人员都有自己的具体目标并承担实现这些目标的责任，这就形成了如彼得·德鲁克所说的"目标管理"制度。

2. 数量性 企业目标应尽可能数量化，这样的目标易于把握和核查。确定一个量化目标，比简单地确定类似"增加我国医药工业企业的利润"这样的目标要好，量化目标有利于具体工作的安排和经营者最终工作绩效的评价。

3. 时限性 是指各个具体目标的完成必须有时间的规定。很显然，没有时间限制的目标是不具有操作意义的。

4. 可行性 企业目标水平应该是切实可行的，是在对市场机会和企业资源充分分析的基础上确定的，而不是凭空臆造的。如果企业制定的目标过高，经过努力而无法实现，就会挫伤员工的士气；相反，如果目标制定的过低，也不利于激发员工的积极性和创造性。这两种情况都会给企业造成损失。

(三) 规划医药企业投资组合

医药企业发展到一定的规模之后，就会形成不同的业务结构，而每一个业务面临的增长机会是不同的。在企业资源有限的条件下，企业必须在各个业务之间权衡资源分配方案，才能保证企业整体的发展。企业对业务构成进行分析、评价，以决定投资结构。

1. 医药企业战略业务单位划分 现代企业的业务呈现多元化特征，将这些业务按照一定的方式进行划分是企业管理者制定企业整体战略的基础性工作。企业中每一个独立的业务范围就是企业的一个"战略业务单位(strategic business units, SBU)"。一个战略业务单位应该具有以下特征：①它是单独的业务或一组相关的业务；②可制定自身的业务发展计划，并能独立实施；③可以单独考

笔记栏

核业务活动和绩效;④它有自己的竞争对手;⑤它有专职的经理负责制定战略计划,并掌握一定的资源,通过计划的实施来为企业创造利润。

2. 医药企业战略业务单位评价 企业在划分业务单位后,需要对各个业务单位当前的发展趋势进行分析,以决定所要采取的战略。具体的分析方法有波士顿矩阵法、通用电气公司法。下面分别进行说明:

(1) 波士顿公司的成长-份额矩阵:波士顿矩阵(Boston matrix,又称波士顿矩阵咨询集团法、四象限分析法)是由美国波士顿咨询集团公司在20世纪60年代提出的,管理学上简称为“BCG”法(图2-2)。下面我们从四个方面来分析该矩阵。

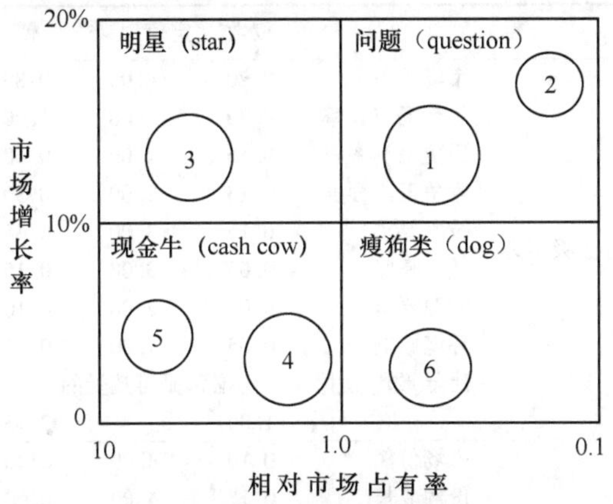

图2-2 波士顿矩阵模型

1) 取“市场增长率”为矩阵的纵坐标,表示企业的各战略业务单位所在市场的年销售增长率,即产品的年销售增长速度。习惯上以10%为界限分为高、低两个部分,10%以上为高增长率,10%以下为低增长率。当然,在不同的地区,不同的行业,面对不同的市场情况,可以取20%、30%等作为高低增长率的界限,以保证能准确反映本行业的增长率水平。

2) 取“相对市场占有率”为矩阵的横坐标,表示企业各战略业务单位的市场占有率与该市场上最大的竞争者的市场占有率之比。为准确理解相对市场占有率,我们首先应该弄清楚绝对市场占有率,即企业某业务在所处行业中占有的比重,那么相对市场占有率的考察对象就是本企业业务单位的市场份额与市场最大竞争者的市场份额的关系,我们用公式来表示相对市场占有率,

$$相对市场占有率 = \frac{业务单位的市场占有率}{最大竞争对手的市场占有率}$$

在坐标系中,习惯用1.0将相对市场占有率分为高、低两个部分。如果相对市场占有率为1,则说明本企业的市场份额与最大竞争对手的市场份额一致;相对市场占有率为10,则说明本企业的市场份额为最大竞争对手的市场份额的10倍;相对市场占有率为0.1,则说明本企业的市场份额为最大竞争对手的市场份额的1/10。

3) 用圆圈来表示企业的各个战略业务单位。圆圈的位置由战略业务单位所在市场增长率及其相对市场占有率的情况来决定,而圆圈的大小则由战略业务单位的销售额来决定。

4) 矩阵图分析。根据“BCG”矩阵图中坐标系的高低指标分为四个象限:

第一象限:“问题(question)类”业务。该类业务具有高增长率和低相对市场占有率的特征,如图2-2中,战略业务单位1和2都属于此类业务。企业中大多数业务都是从问题类开始,即企业力图进入一个已有市场领先者占据的快速成长的市场。该类业务存在的理由:一是市场需求增长较快,但企业在该战略业务单位上的投资过少,导致其占有市场份额少,行业地位较低;二是企业在该业务上,相对竞争者而言,不具有竞争优势,虽然进行了相当的投资,但行业地位没有大的改变,无法成为市场的领导者。

第二象限:“明星(star)类”业务。该类业务当前经营情况比较好、处于市场领先地位,战略业务单位3就属于此类业务。这类业务所处行业的销售增长较快,同时,目前本企业在该业务上的优势比较明显。快速成长的行业往往会吸引更多的投资者加入,使市场主体进一步增多,市场竞争进一步加剧,谁会成为最终的市场领导者将变得很不确定。因此,此时相对市场占有率高,只能说明目前的暂时状况,若想维持这种领先地位,企业应该在该业务上追加投资,使优势能够得到保持甚至进一步提高市场占有率。所以,明星类业务并不是一个现金创造者,而是一个资金消耗者。

第三象限:“现金牛(cash cow)类”业务。该类业务具有高的相对市场占有率和低的市

场销售增长率,战略业务单位4和5属于此类业务。该类业务处于市场领先的地位,同时,业务所处的行业已较为成熟。由于市场销售增长慢,市场前景不被看好,新进入者较少,竞争趋于平淡,所以,企业在该业务上不会追加太多的投资。同时,该业务处于领导地位,市场整体所带来的利润,该企业将获得较多的份额。将该类业务称为"现金牛",即是指该业务单位能给企业带来大量的现金。如果企业的该类业务过少或者是现金牛过"瘦",则说明企业的业务投资组合不够健康。因为企业发展其他业务需要大量资金投入,而该类业务是企业资金来源的主要提供者。

第四象限:"瘦狗类(dog)"业务。该类业务具有双低的特点,即低的相对市场占有率和低的市场销售增长率,业务单位6就属于此类业务。"瘦狗类"业务是进入市场衰退期的业务。因此,"瘦狗类"会占用企业大量的资金,但又不会产生任何的利润,需要决策者下决心放弃该类业务。一个企业,如果"瘦狗类"业务太多,说明企业的业务投资组合不健康。

利用"BCG"矩阵,企业通过计算分析将所有战略业务组合在图中一一标示出来,就会清楚本企业战略业务组合是否合理,以及需要做出怎样的战略调整。

(2)通用电气公司多因素业务组合矩阵:美国通用电气公司(General Electric Company)的方法是采用"多因素业务组合矩阵法(multifactor portfolio matrix approach)",简称为"GE"法。这是企业分析业务组合的又一种方法。"GE"法是通用电气公司在波士顿咨询法的基础上加以改进而提出的,该方法克服了"BCG"法参考因素单一的缺点。"GE"法如图2-3所示。

在多因素组合矩阵中,按"行业吸引力"和企业"业务能力"大小将企业的产品分类。图2-3中标出了该公司的7项产品项目,以圆圈的大小表示这些产品的整体市场规模,其中阴影部分代表公司产品的绝对市场份额,如产品项目A所在市场为中等规模,其市场份额为25%。为确定行业吸引力和企业业务能力的大小,可逐项列出影响它们的因素,如表2-2。

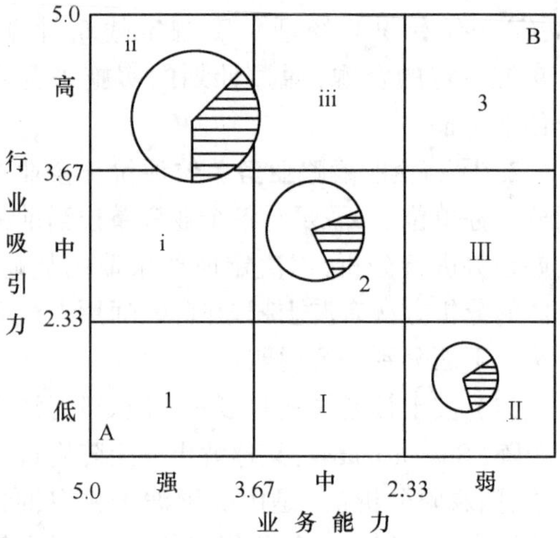

图2-3 多因素业务组合矩阵法

表2-2 通用电气公司多因素业务经营组合模型

		权数	定值(1~5)	值
行业吸引力	市场规模	0.20	4.00	0.80
	年市场成长率	0.20	5.00	1.00
	历史毛利率	0.15	4.00	0.60
	竞争密集程度	0.15	2.00	0.30
	技术要求	0.15	3.00	0.45
	通货膨胀	0.05	3.00	0.15
	能源要求	0.05	2.00	0.10
	环境影响	0.05	1.00	0.05
	社会、政治、法律	必须是可接受的		
		1.00		3.45
业务能力	市场份额	0.10	4.00	0.40
	份额成长	0.15	4.00	0.60
	产品质量	0.10	4.00	0.40
	品牌知名度	0.10	5.00	0.50
	分销网	0.05	4.00	0.20
	促销效率	0.05	5.00	0.25
	生产能力	0.05	3.00	0.15
	生产效率	0.05	2.00	0.10
	单位成本	0.15	3.00	0.45
	物资供应	0.05	5.00	0.25
	开发研究实绩	0.10	4.00	0.80
	管理人员	0.05	4.00	0.20
		1.00		4.30

为确定某产品项目在矩阵中的位置,可如下处理:首先,评价影响行业吸引力的各因素的重要性,对各因素进行加权,权数之和为1。其次,确定某产品项目在每一因素中所处的位置,这种位置要根据管理人员的经验和历史资料来确定。最后,将各权数和各定值相乘,得到某产品项目在某一因素下的期望值,再把各因素的期望值相加,就得到反映该产品项目的行业吸引力的数值,以同样的方法可得到该产

笔记栏

品项目业务能力大小的数值。

通过上述的分析，将“GE”矩阵分为9个区间，我们通过从矩阵的左下角(A)到右上角(B)画对角线，将矩阵分为三个部分，我们会发现处于对角线上方的业务是就是企业最强的业务单位(图2-3左上角的ⅰ、ⅱ、ⅲ区间)；处于对角线上的为中等业务(图2-3的中间的1、2、3区间)；而处于对角线下方的业务为最弱的业务(图2-3右下角的Ⅰ、Ⅱ、Ⅲ区间)。

3. 医药企业业务构成战略 通过“BCG”法或“GE”法的分析，我们清楚企业的各个战略业务单位目前的发展状态。那么，对于处于不同发展状态的业务单位应该有什么样的发展战略呢？可供选择的战略主要有以下四种：

(1) 发展战略：这种战略的目标是为了提高战略业务单位的生产增长率和相对市场占有率，或者增强“业务能力”和提高“行业吸引力”中的某些组成要素。这种战略适用于“BCG”矩阵中的明星类业务和有可能转入明星类的问题类业务，以及“GE”矩阵中处于对角线上的有较大发展潜力的中等业务。这些业务需要加大投资力度，提高其竞争能力。

(2) 维持战略：这种战略的目标是为了保持战略业务单位现有的市场优势。这一战略适用于“BCG”矩阵中强大的现金牛类业务，以及“GE”矩阵中处于对角线上方的最强业务单位。维持市场竞争优势，为企业带来大量的现金。

(3) 收割战略：这种战略的目标是增强战略业务单位的短期现金流量，争取短期内获得更大的利润。该战略适用于“BCG”矩阵中的弱现金牛类业务，以及处于“GE”矩阵对角线上没有太大发展潜力的中等业务单位。

(4) 放弃战略：这种战略的目标是通过清理、变卖某些战略业务，将企业的有限资源用到能产生最大经济收益的业务单位上去。这一战略适用于“BCG”矩阵中没有前途的而又成为企业负担的瘦狗类和问题类业务单位，同样适用于那些处于“GE”矩阵对角线下方没有发展潜力同时耗费企业大量资金的最弱业务单位。

(四) 医药企业成长战略规划

企业在对现有业务组合进行分析和评估之后，下一步就是对未来发展方向做出具体的安排，即制定企业的成长战略。企业的成长战略主要有三种：密集型战略、一体化战略和多元化战略。

1. 密集型战略 当企业的现有产品和现有市场还有发展潜力时，企业可以采取密集型战略。密集型战略包括三个方式：市场渗透、市场开发和产品开发(图2-4)。

	现有产品	新产品
现有市场	1. 市场渗透	3. 产品开发
新市场	2. 市场开发	4. 多元化经营

图2-4 密集型战略的三种方式(图中1,2,3)

(1) 市场渗透：市场渗透(market penetration)即企业通过加强市场营销，如加大促销工作的力度、增加销售渠道、降低产品售价等，努力增加产品在现有市场上占有的份额。企业可以采取的措施主要有三类：

1) 鼓励现有顾客更多的购买。如制药企业在销售产品时，注重向消费者宣传用药安全常识，提醒消费者定期清理家庭药箱中的陈药、过期药和失效药，这样不但可以让药品销售流转速度加快，而且能够得到消费者的好评和认可。

2) 争取竞争者的顾客。若要通过该方法达到市场渗透的目的，企业必须把药品的销售促进工作做到更加具有针对性，抓住消费者的真正需求，做到有的放矢。特别是在OTC药品的促销中，准确把握本企业产品的特点并将其有效传递给目标消费者就显得尤为重要。

3) 设法吸引新顾客。随着行业发展，医药企业越来越多，提供的产品也愈加丰富，而且药品的成分和疗效非常相似，在争取那些首次使用者时，企业必须能够将相关信息进行更有效的传递。企业可以举行一些活动，如卫生知识讲座、义诊等促销手段，在提高国民健康意识的同时也达到了吸引新顾客的目的。

(2) 市场开发：市场开发(market develop-

ment)即企业尽力为产品寻找新的市场,满足新市场对产品的需要。企业可采取的措施主要有三种:

1) 寻找目标市场的潜在顾客。这些消费者尚未购买本企业产品,当然原因很多,可能他们还不知道有这样一种产品,或者他们还没有意识自己需要这种产品等。出现诸如此类的情况时,企业应该加大宣传力度,或者调整宣传手段,使消费者知晓该产品。如探究某种胃药销售不力的原因时,发现原来普通百姓对一般的胃痛、胃酸根本不当一回事,当然也不会专门为之吃药。发现原因后,企业将宣传口号变为"××胃药,常备良药",口号内容就是提醒消费者胃病也是病,必须长期吃药调理才行。新口号一经宣传,市场就有了起色。

2) 寻找新的销售渠道。药品随着临床使用一定时期之后,可能由处方药转变为非处方药,也可能会由非处方药再转为处方药,企业原本在医药销售的非处方药,可以增加药店销售路线,提高销售量。

3) 扩大销售区域范围。该方法在药品销售活动中运用比较普遍,目前制药企业一般将国内市场按地理位置进行划分,在各个片区设立办事处,并在当地招聘医药销售代表开展业务。如果某产品在华东市场取得成功,取得经验之后,就可以考虑在其他有条件的地区设立销售机构,使产品的销售区域进一步扩大。

(3) 产品开发:产品开发(product development)即企业向现有市场提供改进产品或新的产品,以吸引消费者,增加销量。目前,我国医药企业越来越重视新药的研究开发工作,也更加注重投入资金开发新产品,这也是提高医药企业实力的最根本途径。如天津中美史克制药公司在原有的市场上推出了"新康泰克"产品,使"PPA事件"得到很好的化解,巩固了自己的市场地位,给消费者留下深刻的印象。

2. 一体化战略 如果企业所在行业的吸引力和发展潜力大,而且企业在供、产、销等方面有能力实行一体化,并且实现一体化能够带来规模效益,则采取一体化战略。具体形式有三种:

(1) 后向一体化:后向一体化(backward integration)即生产制造企业通过收购或兼并策略来控制一个或几个原材料供应商。后向一体化可以解决原材料来源不稳定、价格波动大等问题,提高最终产品的市场竞争力。现代中药事业发展迅速,有不少中药制药企业,通过与药材产地的药农进行合作,传授种植技术,提供资金支持,并负责药材收购。这种方式很好地控制了原材料来源,而且在一定程度上保证了原料的质量,有利于形成有序的产业链,提高行业整体水平。

(2) 水平一体化:水平一体化(horizontal integration)即企业拥有或控制同行业的竞争企业,实现企业规模化生产或增加产品种类,达到强强联合的目的。现代企业往往通过兼并策略来实现水平一体化。近年来,制药企业并购案例不胜枚举,例如本章引导案例中,太太药业收购健康药业和丽珠集团,实行其"大医药"发展战略。收购健康药业,拓宽了公司在保健品市场的经营领域,而丽珠集团在消化道用药、心脑血管用药和抗感染用药上有一定优势,并具有较为完善的处方药销售渠道,这与"太太"较为成熟的OTC渠道形成有效互补;再如广药集团入主白云山后,双方充分发挥优势互补、资源共享、实现了全面整合,发挥出了"1+1>2"的效应。这一系列兼并收购措施,使我国制药企业小、散、弱的局面向规模化、集团化方向发展。随着国外制药巨头的不断涌入,水平一体化战略成为内资制药企业做大做强的有效途径。

(3) 前向一体化:前向一体化(forward integration)即生产制造企业控制商业销售企业,即控制销售渠道。在"渠道为王"的商业时代,高效的销售渠道是企业发展壮大的保证。制药企业在完成制造工作的同时,兼营药品商业贸易较为常见,以前单纯的药品制造企业,在原始积累完成之后,也纷纷向药品流通领域进军,控制销售终端,实现产销合壁。2003年11月,石药集团正式成为石家庄乐仁堂的第一大股东,作为制药企业的石药集团掌握了销售终端。目前,通过合作、并购等方式,在中心城市和农村开办连锁药店、建立配送中心成为医药连锁企业规模化发展的主要方式。

3. 多元化战略 随着全球经济的相互融合,行业间相互渗透,竞争加剧,越来越多的企业开始选择多元化发展道路,即同时经营几种不同类的产品。多元化战略可以充分发挥企业的资源优势，使企业整体抗击风险的能力增强。多元化战略也有三种方式：同心多元化、水平多元化和集团多元化。

（1）同心多元化：同心多元化（concentric diversification）即企业研发与现有产品具有相似技术特征的新产品，来吸引更多的新顾客。同心多元化战略风险相对较小，基本实现在熟悉的领域，做熟悉的产品，开拓熟悉的市场，用较少的投入获得尽可能多的收益。药品生产领域中采取同心多元化的策略比较普遍。如太极集团的主要业务是中成药的生产销售，麾下还有以分销业务为主的重庆桐君阁医药科技开发有限公司等，通过前向一体化的垂直兼并的策略实现了大医药同心多元化的战略。

（2）水平多元化：水平多元化（horizontal diversification）即企业利用不同的技术生产开发与现有产品不同的新产品，在现有市场上组织销售。以前国内制药企业普遍有产品单一的缺点，一个产品在同一市场上卖几年甚至十几年都没有大的改变，这种不合理的产品结构造成了企业竞争能力低下。在市场需求大，竞争小的情况下，企业可以得到发展，但市场情况一旦发生变化，如替代产品的出现或市场需求下降等等，都可能造成企业一蹶不振。如今制药行业在我国是一个有巨大发展潜力的朝阳行业，但医药市场是瞬息万变的，各企业都有自己的弱势，如何充分挖掘市场潜力，充分利用市场的销售空间，是每一个制药企业必须直面的问题。制药企业必须不断研制开发新的产品，充分利用已有的销售网络来销售新产品，以取得更好的市场效益。

（3）集团多元化：集团多元化（conglomerate diversification）即企业开发与现有产品完全不同的新产品，并在全新的市场上组织销售。随着生物医药的发展，很多制药企业已经不拘泥于药品制造行业，开始向其他有发展潜力的新行业进军。现代企业实行集团多元化经营较为普遍，如协和医药集团经营范围十分广泛，主要包括：研究开发新的合成药、新抗生素、天然植物药、新生物制品、新的临床检验方法及试剂、先进的医疗技术方法的推广应用以及医疗保健用品和仪器设备；开展医药科技成果的技术开发、技术转让、技术咨询、技术培训和技术服务；组织医学技术劳务输出和智力引进；组织医药技术国际交流与合作；开拓国际市场，组织高新技术、产品、原材料和试剂的进出口等。

需要注意的是，医药企业在多元化战略与专业化战略之间进行选择时，应该谨慎，不能一味的贪大求全，必须在拥有一定的技术资源、资金资源等条件下，经过充分的市场调研后，才能决定是否向其他方向进军，一旦进入应确保成功，不可将摊子铺得太宽、太大，以免无谓的耗费精力、浪费资源甚至拖垮企业。

第三节　医药企业经营战略规划

医药企业经营战略的成功是企业整体战略能否成功的保障。所以，在我们完成了医药企业整体规划后，应该进一步明确医药企业的经营战略，医药企业的经营战略往往由业务单位的经理来完成。医药企业的经营战略管理包括战略分析与制定、战略实施与控制、战略评价与选择三个阶段，三者形成一个完整的、相互联系的管理过程，见图 2-5。

医药企业的经营战略规划的具体步骤见图 2-6。

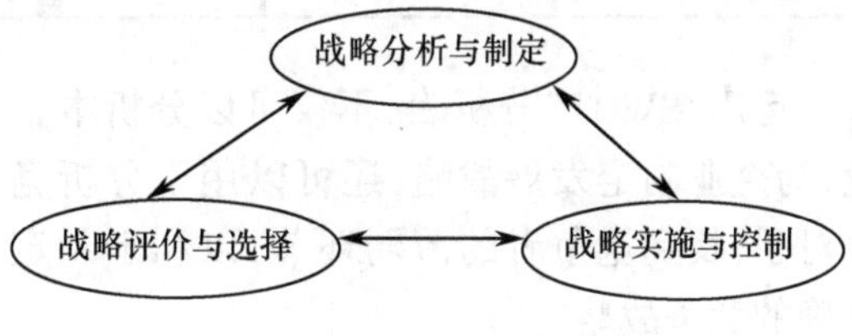

图 2-5　企业经营战略管理图

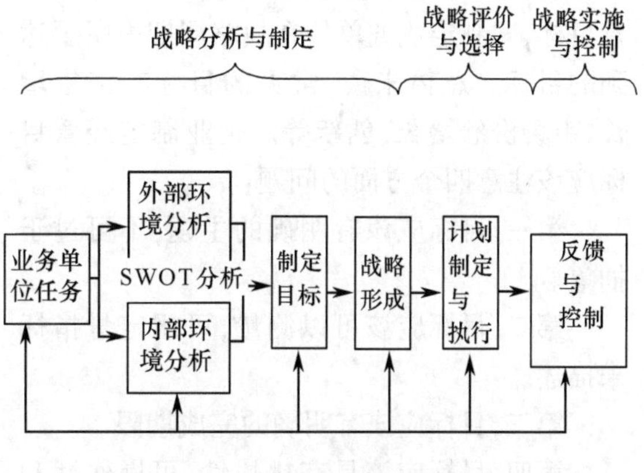

图 2-6　医药企业经营战略规划步骤

1. 明确业务单位任务 在企业总体规划过程中,我们规定了企业的任务,在制定医药企业经营战略时,我们同样需要明确业务单位任务。业务单位的任务应该处在企业任务的范围之内,参照企业任务,由业务经理根据本部门(或负责区域)的资源条件来确定。在具体的经营任务中,应该明确这样一些问题,如本部门提供何种药品、以何种价格提供、提供给哪些客户,等等。同时,必须明确在规定时间内,该业务的经营目标。

2. 内外环境分析 随着市场的进一步开发,作为市场竞争的一个参与者,医药企业受环境的影响越来越大。市场环境通常分为外部环境和内部环境。外部环境包括微观环境(物流机构、经销商、医疗机构、消费公众、广告与咨询机构等)和宏观环境(人口、经济、科技、政治、法律、社会和文化等)两个部分。而内部环境主要指企业自身的能力(营销能力、资金能力、生产能力和组织能力等)。变化中的外部环境带来各种威胁和机会,医药企业应该根据自己的内部环境特征,做到充分利用机会的同时努力避开威胁。我们认为,外部环境不是医药企业所能决定的,只能适应。要利用好外部环境带来的机会,医药企业必须具备一定的能力。进行内部环境分析,就是对医药企业自身优势与劣势进行分析,以预测企业经营能力对外部环境的适应能力。我们通常采用"SWOT"分析法来完成环境分析。"S"指企业的内部能力(strengths),"W"指企业的薄弱点(weakness),"O"指来自企业外部的机会(opportunities),"T"表示企业面临外部的威胁(threats)。

表 2-3 是以某企业为例提出一个关于运用"SWOT"方法的参考。

表 2-3 SWOT 分析列表

企业内部环境		企业外部环境	
企业优势(S)	企业劣势(W)	环境机会(O)	环境威胁(T)
生产成本的优势	战略方向不明确	潜在消费者增加	替代产品问世
产品研发能力强	促销手段落后	竞争环境改善	顾客议价能力提升
资金来源充足	产品线过窄	开发新市场	原材料供应紧张
管理效率高	竞争能力弱	市场销售增长	出现新的竞争者
企业凝聚力高	技术落后	其他	其他
规模效益显著	其他		
其他			

运用"SWOT"分析表,不仅可以分析本企业,为企业制定发展战略,还可以用于分析竞争对手,找到竞争者的薄弱环节,以利于制定准确的竞争战略。

3. 制定经营目标 通过环境分析,医药企业还应该将经营战略任务转化为具体的经营目标,即制定业务单位在战略周期内所要达到的目标。总体来说,常见的目标有销售增长、市场份额增长、创新等。企业制定经营目标应该注意四个方面的问题:

第一,目标应该有明确的主题,不可过于抽象。

第二,目标应该可以测量,可用定量指标来描述。

第三,目标应该有明确的完成期限。

第四,目标应该具有挑战性、可操作性和可实现性。

4. 经营战略形成 战略目标表明企业的发展方向,经营战略则说明如何达到目标。医药企业的每一项业务都应该制定相应的经营战略。通常有三种战略选择:总成本领先战略、差异化战略和集中战略。这三种战略将在以后的相关章节详细阐述。

5. 计划制定与执行 业务经营确定后,接着应该采取相应的措施,制定执行战略的具体计划。当然,战略和计划的制定并不代表市场营销就一定能够取得成功。美国麦肯锡咨询公司提出"7S 理论",即战略(strategy)、结构(structure)、制度(systems)、人员(staff)、作风(style)、技能(skills)及共同的价值观(shared values),见图 2-7。"7S"中前三项构成一个平台,只有后四项能够在这个平台上成功运行,经营战略和计划才能够落到实处,并最终取得市场营销的成功。

笔记栏

6. 反馈与控制 在制定营销计划过程中,医药企业应该随时检查计划的落实情况,并对环境的变化做出必要的预测。一旦计划在执行过程中出现偏差,应该进行必要的调整,以保证经营目标的最终实现。如果环境发生大的变化,企业需要重新评价战略计划,并做出必要的修正。

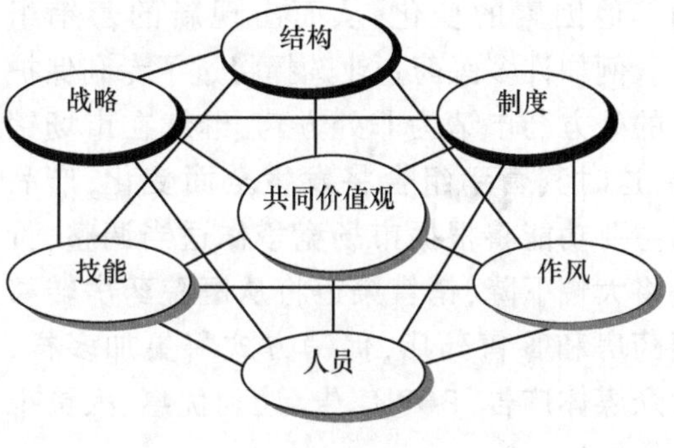

图 2-7 麦肯锡"7S"模型

第四节 医药市场营销组合

医药企业在分析市场环境、研究消费者需求之后,就要充分利用本企业的人力物力资源,进行市场营销决策,制定最优的综合营销方案,以便达到企业的预期目标。因此,企业经营成功与否很大程度上取决于对市场营销因素的选择和运用。

(一) 市场营销组合的概念

市场营销组合(marketing mix)是市场营销学中一个十分重要的概念,最先是由美国哈佛大学商学院教授鲍敦(N.H.borden)于 1964 年提出来的。市场营销组合是指企业可以控制的、用来影响市场需求的各种市场营销因素和手段的综合运用与最佳组合。

影响市场需求的因素很多,大体可分两大类:可控因素和不可控因素。不可控因素是指企业不能完全控制或完全不能控制的外部环境。如我们在前面章节中所研究的人口环境、经济环境、自然环境、技术环境、政治法律环境和社会文化环境等。可控因素指的是企业为达到市场营销目标,针对不同的市场环境所采取的能满足目标市场需求的市场营销要素。美国市场营销学家麦卡锡教授(Y.J.McCarthy)把各种营销要素归为四大类:产品(product)、价格(price)、分销(place)和促销(promotion),简称"4P",市场营销组合也称"4P 组合"。

信息框

1990 年美国学者 Lauteborn 从消费者角度出发,提出了与传统营销的 4P 相对应的 4C 理论,即消费者的需要与欲望(customer solution)、消费者愿意付出的成本(cost)、购买商品的便利(convenience)以及沟通(communication)。4C 理论成为后来整合营销传播的核心。

4C 以客户需求为导向,但片面追求满足客户,企业将付出更大的成本,针对上述问题,唐 E.舒尔茨提出了 4R 营销理论,即关联(relevancy)、反应(response)、关系(relationship)、和回报(reward)。4R 理论着眼于企业与客户互动与双赢,体现和落实了关系营销的思想。

(二) 医药市场营销组合的特点

1. 医药市场营销组合是企业可控因素的组合 作为市场营销手段,企业可以自由选择不同的市场营销组合方案,进行最佳组合,使它们互相协调。企业可以根据市场分析,针对消费者的需求,调整产品结构和服务,不断研制开发新产品,剔除疲软滞销产品,改进和革新包装、商标等;企业也可以根据产品特点选择最有效和最经济的渠道类型,加速商品流通过程;企业可以根据市场竞争状况,制定本企业的定价目标、定价方法和定价策略;企业还可以针对不同消费者,展开立体的、不同层次的促销活动,迅速提高产品知名度,以影响消费者的购买行为和消费方式。企业要善于发挥自身优势,制定最佳市场营销组合策略。

但是,在实际的市场营销活动过程中,企业不是在真空中生存,市场营销组合还要受到外部营销环境因素的影响和制约。对这些环境因素企业难以控制,它们既影响消费者,也影响市场营销组合。一方面,市场营销环境影响消费者的生活方式、生活标准以及对商品的需求和爱好。由于市场营销的职责在于不断发展和调整市场营销组合,以满足消费者不断变化的需求,所以,外部环境因素对消费者的影响也必然影响到市场营销组合。另一方面,市场营销环境也会直接影响企业的某些营销活动。

虽然外部环境会给营销工作带来一定困难,但也会给企业创造新的市场机会。因此,市场营销人员必须经常监测市场营销环境的变动,既要善于利用新出现的市场机会,又要及时调整市场营销组合策略,以适应新的市场环境,这是企业能否在市场占据主动,能否成功发展的关键。

2. 市场营销组合是多层次的组合 市场营销组合是产品策略、价格策略、渠道策略、促销策略四大营销因素的大组合,而每一种策略内部又包括许多具体的营销因素,如产品策略又可分为产品设计、质量、商标、包装、专利、服务等具体因素。这些具体因素形成每一营销因素的次级组合(图 2-8)。围绕目标市场,市场营销活动就形成了多层次的大系统。医药企业进行市场营销活动,可以用图中 4P 各个子因素组成多层次、多维度、多角度的市场营销组合,然后从中选择最佳组合,以适应目标市场的需求和企业外部环境的要求。

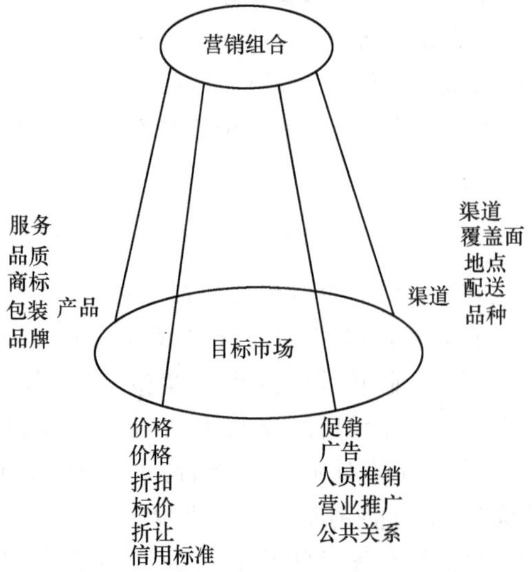

图 2-8 营销组合 4P 及各子因素

3. 市场营销组合是动态的组合 企业所面临的营销环境不是固定不变的,因此市场营销组合应是一个变化多端的动态组合,而且营销组合中某一因素发生变动,也会带动其他因素的变化,从而出现新的营销组合。例如许多医药企业选择将过了专利保护期的处方药申请为非处方药,继续在市场销售,这时其营销组合将发生全面变化,产品的主要功能将根据市场竞争作适当调整,价格将大幅下降,销售渠道将从医院药房转移至药房和零售药店,促销方式将更加多样,大众媒体广告、POP 广告、让利优惠、人员推销等层出不穷。

4. 市场营销组合是整体的组合 市场营销组合理论首次运用系统概念和理论指导营销实践,强调营销工作的整体性,从而提高营销工作的整体运作水平,提高营销效果。强调在对每一因素进行分析的基础上,把它们综合起来运用,突出整体效果,而不是各自为政,单兵作战。具体来说,企业在开展营销工作时,首先考虑为顾客提供什么样的产品,随即进行定价,然后考虑分销网点,最后考虑采取什么促销措施激发顾客的购买行为。因此市场营销组合是紧密相连的,应整体运用。

(三) 医药市场营销组合的作用

市场营销组合具有特别重要的意义,从某种程度上说,现代市场营销学就是以市场营销组合中的产品策略、价格策略、分销策略、促进销售策略及其构成的整体市场营销战略决策作为其主要研究内容的。

1. 市场营销组合是制定营销战略的基础 制定市场营销组合是为了完成企业的战术(短期)目标,而完成战术目标则是为完成企业的战略(长期)目标打下良好基础。对于贯彻市场营销观念的企业,营销战略本质上就是企业经营管理的战略,它主要是由企业目标和市场营销组合的各因素协调而成。市场营销组合的制定过程和组合状况,在很大程度上决定了企业营销活动的效果。在激烈的市场竞争中,企业充分评估自己的优势与劣势,合理运用市场营销组合,可以更有效地扬长避短,夺得优势地位。市场营销组合作为企业营销战略的基础,既可以将四个因素综合运用,也可以根据产品和市场的特点,分别侧重使用一两个因素。如一般的普药,因消费者往往希望能较方便地购买和使用,可侧重于方便型包装(改百片瓶装为 10 或 20 片的泡眼包装)、购买方式、销售网点和服务等方面;而对于新特药品,则应侧重于产品的品牌、质量、价格等方面。

2. 市场营销组合是应付竞争的有力手段 医药企业在运用市场营销组合时,要善于分析自己的优势与劣势,扬长避短,出而战之,战而胜之。市场的需求是确定医药产品特点和质量的出发点。在使用市场营销组合作为竞争手段时,要特别注意以下问题:一是医药行业的产品与其他行业的产品不同,有其特殊性,因而侧重使用的营销因素应当有所不同,应主要考虑产品因素;二是必须了解竞争企业市场营销组合的能力及其效率。市场营销组合中能力水平(销售人员数量、广告费用支出、可使用的运货车辆数等)越高,这种能力的效率越高(选择正确的广告媒体、雇用效率较高的销售人员、购买损坏率低而效能高的运输车等),企业完成战略目标的可能性就越大。反之,与竞争企业的能力水平及其效率相比较,企业的能力及其效率越低,则完成战略目标的可能性也就越低;三是企业在侧重使用某一营销因素时,要重视其他因素的协同配合作用。例如,企业在推出一种新药产品时,要同时根据产品的特点,选择适当的分销渠道,制定合理的价格,才能取得理想的效果。

3. 市场营销组合是协调企业内部各部门工作的纽带 运用市场营销组合,不只是市场营销部门的职责,还要涉及企业的生产、管理、财务、人事等各个部门。为全面贯彻市场营销观念,企业内部各部门工作要统一协调成为一个整体,彼此分工协作,共同满足目标市场的需求,实现企业的战略目标。例如,市场营销部门根据市场需求的变化,要研制某种新产品或者改变现有产品,生产技术部门就必须考虑企业现有技术开发力量和资源设备的能力;如果需要增加研究人员,人事部门就要负责招聘引进工作;如果需要添置新机器设备,财务部门就要考虑企业的财务能力。

4. 市场营销组合有助于合理分配营销费用 医药企业的营销费用预算,通常是以一定营销战略目标下的预期利润为根据的。总的营销费用预算确定以后,如何对影响营销的各因素进行预算分配,是一个十分复杂的问题。通常企业内部各部门都强调自己工作的重要性,要求分配较多的预算。

本章小结

1. 医药企业战略是医药企业为实现各种长期发展目标而设定的全局性的行动纲领。根据企业组织结构可分为公司战略、业务战略和职能战略,各层级战略都有自己的特点和要求。医药企业战略具有全局性、长期性和相对稳定性、适应性等特征。其战略规划的一般过程包括:发现问题、评估问题的重要性、分析问题、提出相关战略、发展战略计划和形成行动方案。

2. 医药企业的总体战略规划程序为:确定任务、确定企业目标、分析战略业务单位并分配资源、选择发展战略。明确企业任务后可形成企业任务书,企业目标是企业战略的核心。医药企业可运用“BCG”法或“GE”法分析业务单位,对不同产品业务可选择或发展、或维持、或收割、或放弃的战略。医药企业根据自身实力,选择三种不同的成长战略:密集型战略、一体化战略和多元化战略。

3. 医药企业的经营战略管理包括战略分析与制定、战略实施与控制、战略评价与选择三个阶段,三者形成一个完整的、相互联系的管理过程。

4. 市场营销组合是企业可以控制的、用来影响市场需求的各种市场营销因素和手段的综合运用与最佳组合。包括产品策略、价格策略、渠道策略、促销策略四大营销因素的大组合。市场营销组合是企业可控因素的组合、多层次的组合、动态的组合和整体的组合。市场营销组合具有特别重要的意义,是企业和现代市场营销学研究的主要内容。

思考题

1. 什么是企业战略？医药企业战略具有哪些基本特征？

2. 波士顿矩阵模型的缺陷在哪里？试用“GE”法分析某一医药企业的现有业务，并提出相应的战略。

3. 运用SWOT法分析评价医药企业的内外环境。

4. 什么是医药市场营销组合？医药企业如何制定市场营销组合？

案例分析

三九集团与多角化经营

KU企业的多角化经营既是企业资产重组的重要手段，同时也是降低单一业务风险、回避业务萎缩和获得整体规模优势的重要途径。多角化经营能否成功在很大程度上将取决于企业能否把握环境的变化，正确选择相关业务，将资源进行有效的组合。三九集团作为中国百强企业中的著名企业集团，拥有涉及药业、食品加工业、酒业、现代农业、旅游服务业、包装印刷业、房地产开发业和汽车工业等产业的200多家全资、控股、参股企业，在其多角化经营的过程中有很多经验教训值得我们借鉴。三九集团的多角化经营可以分成三个阶段。

一、“多角化”探索

1989年，当时中药产品的科技含量和投资开发的成本不高，中药行业的进入壁垒很低。为了规避风险，南方制药厂决定要发展多种经营，既要以一业为主，也要有东方不亮西方亮的准备，因此决定走出药品的范围，实施多角化经营。管理者认为多角化经营既可以有效地分散经营风险，又可以通过输出三九的品牌、管理机制和销售等使无形核心竞争能力得到最大限度的发挥。同时，集团通过涉足各个产业最快地获得最新发展资讯，可以在最短时间内发现和介入新的经济增长点。

——进入包装印刷业。这种垂直多角化经营稳定了药品包装的供货渠道，保证了质量的稳定性，同时，由于在深圳高档次的印刷厂缺乏，建立印刷厂也可以满足周边地区的客户对高质量印刷的需求。正是基于以上考虑，南方制药厂投资500万人民币，香港越秀公司投资100万美元合资筹建了九星印刷厂。到1996年为止，其社会定单总量已占其产品总量的67%，创利润2000万元。

——进入西药行业。1980~1994年，西药的生产量以每年16%的速度增长，而中药的生产量每年的增长速度是10%，西药的总产值占到了药品行业总产值的79%。西药巨大的市场容量和发展速度使三九集团投资兴建了深圳九新药业有限公司。1997年，公司的销售额达到了23亿元，上缴利税3780万元。

——进入房地产及汽车贸易市场。邓小平南巡讲话后，房地产开发和汽车贸易变得红红火火。南方制药厂将原厂后勤部改为房地产部，后又注册了三九物业公司、三九房地产开发公司和三家以汽车贸易为主的汽车公司。

——进入酒店业。两年内三九集团在各地建立连锁酒店达到18家，采取相同的吊牌和经营模式经营。

二、“多角化”快速发展

1994年在“三九胃泰”被国家列为自费药后，药厂的生存出现危机，也直接威胁到集团的生存，因为三九集团90%的利润来自南方制药厂。三九集团制定了把单纯的产业型企业发展成为多种产业并举的综合性产业，把一个核心企业发展到两个核心企业，把单纯的产业型企业发展成为产业与金融相结合的高级组合型企业的新的集团发展战略。把南方制药厂和三九汽车工业作为核心企业，把利润在1亿元以上的35个企业作为支柱企业，并发展利润在500万元以上的骨干企业一个。这期间，运用资本运营手段进入了汽车、农业、大食品、旅游业。到1997年6月，共兼并企业41家，集团总资产也达到97亿元。

在这段快速发展过程中，多角化经营中的一些问题也暴露了出来：

(1) 由于受国民经济大环境的制约，酒店业的客源锐减，同时租赁费用过高，管理水平也未能跟上酒店的扩张速度，所以，酒店只能在无钱可赚或亏损的情况下运营。

(2) 1995年国家实行适度从紧的货币政策，宏观经济发展放慢，直接导致三九的房地产专案陷入困境。同时，汽车市场开始降温，价格逐步回落，三九汽车公司的业务也转向低潮。三九集团总裁赵新先认为，造成三九房地产现状的原因除了对国民经济的发展把握不准之外，专案投资的随意化和法律纠纷也是主要的原因。

(3) 农业公司由于扩张过快，兼并的程式和手续不完备，导致对被兼并企业缺乏实际控制能力，致使有的企业最终退出了三九集团。

(4) 地方保护主义者和企业联手弄虚作假，把主业的高额负债隐藏起来，以达到被兼并的目的。

三、"多角化"的调整

面对在多角化发展中出现的问题，有人提出，多角化经营使集团本来就无固定来源的有限资金被迫分散使用，降低了资金的使用效率；三九集团给人的形象是医药行业，在其他领域发展不一定能充分发挥作用，甚至有品牌稀释的风险；同时，集团的有关领导对非药品行业陌生，增加了经营中的不确定性；另外，国内的人口平均医药消费量较发达国家有十倍以上的差距，这说明医药行业本身仍然有很大的发展潜力，花很大力气在不熟悉的领域进行探索，不如集中力量做好自己的主业。

最终，三九集团及时调整了战略思路，从资产扩张为重点向效益扩张为重点转变，重新调整了多角化方向，多角化经营的目标集中在相关多角化。集团的工作重点调整为大力发展主营业务等，原则上停止了非药业企业的兼并。集团先后撤销了三九旅游公司、三九农业公司和三九汽车公司，其产业发展战略也调整为以医药为核心，包括保健品、大食品、医疗器械、文化等产业在内的生命健康产业。从此，三九集团走上了良好的发展轨道。

在三九集团多角化经营过程中，有很多成功和失败的教训值得思考。

(1) 在经营战略选择的过程中，应该有"先做实，再做大"的思想。盲目进行多角化扩张，在资金、技术和管理各方面跟不上的情况下，新业务反而会成为企业的包袱，甚至会产生多米诺骨牌似的连锁反应而危及到企业的生存。

(2) 企业有两种成长方式：规模成长和多角化成长。实施多角化经营要具备四个条件：资金、人才、技术和管理。一般而言，对于实力一般的中小企业来说，除非现有产品市场已经饱和，需求下降，或竞争对手太强而难以维持销量，否则不要盲目进行"多角化"。

(3) 在从事新的业务之前，一定要对新业务进行内外环境的分析，特别要注意到国家的产业政策、宏观经济环境、竞争态势和未来业务前景分析，决策要慎重。本案例中，正是由于在1992~1994年期间在酒店业和旅游业上的盲目扩张，导致了当经济政策调整时，酒店业经营发生困难。

(4) 进行多角化经营，尤其是进入陌生领域的，要考虑现有的资源和新的业务是否匹配，是否拥有资金、人才、管理等方面的积累。不但要考虑多角化经营在协同作用、分担风险、获得规模优势、利用闲置资源等方面的优点，还要充分预计经受风险以及由于企业资源分散产生的机会成本。

(5) 选择多角化经营时应该首要考虑相关多角化，这样做有利于原有业务核心能力的传递并充分利用协同作用，由此成功的机会也大。三九集团正是在生命健康产业和印刷业取得了成功，而在房地产、汽车等领域遭遇了失败。

笔记栏

(6) 在新业务的整合过程中,应该充分利用现有业务的核心能力。三九集团长期以来在中药行业形成的品牌优势、销售优势和管理机制优势是整合新业务的基础。

(7) 从中国企业的多角化经营实践来看,多角化的效果并不理想。根据1996的统计,上市公司中85%以上都在开展多角化经营。而按净资产收益排名的前100名中,97家公司的利润以主营业务为主。净资产收益率高于30%的公司利润都是以主业经营为主,126家以非主营业务为主的公司有三家的收益率高于20%。这些都说明多角化经营虽然可以在一定程度上改善主营业务的不足,增加赢利能力,但是对整个公司的利润贡献不大。

目前,许多公司在积极地进行资产重组,走多角化经营的道路。但是多角化经营并不是解决所有企业问题的灵丹妙药,弄不好还会陷入更大的泥潭而不能自拔。企业只有在把握环境变化的基础上,充分整合现有资源,在提高企业核心竞争力的前提下实施多角化经营,才可能获得成功。

摘编自《中国物资流通》

案例讨论

1. 分析本案例,三九集团在企业战略规划上体现出何种特征?

2. 三九集团多角化经营的实质是什么?有何利弊?

3. 结合当前企业经营实际,分析本案例传达的经验和启示。

笔记栏

第三章　医药市场营销环境

学习目标

通过本章学习，能够了解市场营销环境的本质与重要性；微观环境与宏观环境的区别；掌握各种环境因素对医药市场营销活动的具体影响；学会以科学的方法对环境威胁和市场机会进行分析。

引导案例

"神方前列欣胶囊"的市场环境分析

济南宏济堂制药有限公司（原山东济南中药厂，以下简称宏济堂）是国家21个重点中药企业之一，创始于1907年，迄今已有近百年悠久历史，主要生产胶囊、片剂等118个品种，年营业额近亿元。1996年该公司推出纯中药制剂——神方前列欣胶囊，主治前列腺炎、前列腺增生，2001年该药的全年销售额为3000多万元。但在进一步开拓市场时，厂方深感竞争品众多、竞争激烈，运作中缺乏有效的新营销模式。即使在山东境内，宏济堂花了几年的时间开发青岛市场，然而截至2001年底前列欣产品在其市场上每月的回款也只有2万元。

2001年底，宏济堂通过在全国范围内广为筛选，最终选择北京四夫营销策划公司作为其进一步开拓市场的营销顾问。宏济堂高层领导希望利用四夫公司在医药保健品市场的丰富经验，通过引进全新的市场推广模式，将前列欣做成强势品牌。

一、深度市场调研

经研究，决定将济南、青岛作为试点市场。为提供科学的市场营销方案，四夫公司历时一个多月，对前列欣的营销现状进行深度调研。

（1）市场潜量。济南男性人口284.2万人，30岁以上男性占一半左右，其中前列腺患者发病率在20%。若发病人群10%购买前列欣一个疗程，则可实现销售收入901.63万元。

青岛男性人口为356.1万人，按上述方法计，则可实现销售收入1137.74万元。

（2）消费者需求状况。消费者选购药品容易受广告影响，但以医生专家推荐最为可信。购药所考虑的因素按重视程度排序依次为：药品疗效、有无副作用、品牌、价格、服用方便等。而购药多选择大药房而非医院药房，两者在调查对象中所占比例分别为53.59%和36.36%。

（3）整体竞争状态。调查中发现市面有50余种同类药品出售，其中共有13种药品均为治疗前列腺炎和前列腺增生的药品。而泽桂癃爽与前列欣属国家三类新药，进口保列治、哈乐获得多数医生的认可。而市场份额占有率最高的则是前列康。

山东是人口大省，且经济发展良好，青岛为山东的经济龙头，济南是山东的省会，因此该类药品在这两个城市的市场竞争非常激烈，可以说该市场处于诸侯割据，前列欣处于竞争品的大包围下，欲"出人头地"实属不易。

（4）主要竞争对手。主要是前列康、癃闭舒、泽桂癃爽、保列治、前列回春及安尿痛等。前列康具有低价和品牌的优势；保列治具有缩小前列腺体积，降低急性尿潴留的危险性，降低良性前列腺增生相关手术危险性等显著特色；癃闭舒为国家基本医疗保险品种，与医院有较多特殊关系；泽桂癃为最近几年来新批准的同类优质药品，在医院销售较好。

（5）前列欣市场表现。宏济堂内部员工认为前列欣疗效好，但普遍认为价格高，宣传力度不够。

笔记栏

消费者调查显示，济南的消费者对前列欣的提及率占总体的12.34%，青岛的消费者对前列欣的提及率仅占1.8%。在药店调查中显示，济南药店反映同类产品中前列欣销售好的占30.59%，而青岛该数据仅为4.88%。

(6) 形式与选择。目前我国有各类前列腺疾病患者约8000万，山东省约有300万人左右，随着人口结构进入老龄化，使前列腺患者群体呈不断增加的趋势。根据有关数据估算山东市场潜量为1.47亿元，济南市场潜量为901万元，青岛市场潜量为1137万元。

面对如此充满诱惑的市场，国内外厂家纷纷染指，力争一席之地。前列康、癃闭舒、泽桂癃爽、保列治等在山东市场上气势逼人，在医院、药店等销售终端已取得了一定的市场优势。如果它们在市场上的扩张态势得不到遏制，将使前列欣处于非常危险的境地。尽管如此，前列康治疗慢性前列腺炎的效果一般，而癃闭舒、泽桂癃爽、保列治则主要强调了治疗和抑制前列腺增生，而忽视了治疗慢性前列腺炎的宣传，所以它们也并非是无懈可击的。

青岛市场对商家开拓整个山东市场非常重要。前列欣目前必须加大青岛市场开拓的力度，强力占领青岛市场，是实现该产品在山东做强的关键点。

前列欣在青岛各药店的销售很不理想，临床又有保列治和癃闭舒等牢牢盘踞。前列腺疾病是男性常见病，患者自发到药店购买此类药品的习惯基本成熟。因此，综合考虑后，前列欣首攻OTC市场。

二、制定营销策略

竞争策略：正面攻击OTC市场占有率最高的前列康。这是因为前列康的低价位策略导致该产品利润空间小，不可能在受到攻击时做出强烈反击，攻击的风险较小而成功后的收益巨大。

根据深度调研的结果及细致的分析，给产品的营销做了以下几个方面的定位。

(1) 强攻区域：青岛。

(2) 人群定位：患前列腺病的中老年男子。

(3) 渠道定位：药店为主，医院为辅。

(4) USP：治疗慢性前列腺炎效果好。

(5) 价格策略：维护高价格不变，灵活运用让利不让价方法。

(6) 促销：在高铺货率的情况下，主要利用非人员手段进行促销。以事件行销为主，常规广告为辅。

第一节 医药市场营销环境概述

(一) 医药市场营销环境

任何营销活动过程都是在一定的动态环境中进行的。环境的变化既可以给企业营销带来机会，也可以形成某种威胁。企业营销人员应当密切关注营销环境的变化，正确地分析影响企业营销的各种环境因素，并据以调整企业的市场营销决策，充分利用有利环境因素对企业营销带来的机遇，尽量降低环境风险因素造成的损失，使企业的营销活动能与营销环境相适应。因此，这一章我们要介绍的就是市场营销环境（marketing environment）。

笔记栏

1. 医药市场营销环境的含义 菲利普·科特勒指出：“市场营销环境就是影响企业的市场和营销活动的不可控制的参与者和影响力。”具体地说，医药市场营销环境就是：在营销活动之外，对医药营销活动产生影响和冲击的不可控制的各种因素和社会力量的总和，它是影响医药企业生存和发展的各种外部条件。

2. 医药市场营销环境的分类 企业市场营销环境的内容既广泛又复杂。不同的因素对营销活动各个方面的影响和制约也不尽相同，根据医药企业的营销活动受制于营销环境的紧密程度来划分，医药市场营销环境可分为微观环境和宏观环境。图3-1表明，医药企业运营中相互作用的市场营销环境。内圈表示微观环

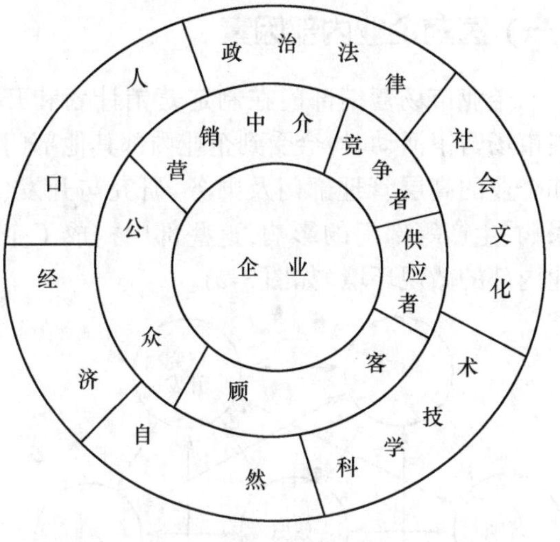

图 3-1　企业市场营销环境

境,外圈表示宏观环境。

(1) 医药市场营销微观环境(micro-environment):所谓的微观环境是指与医药组织关系密切,直接影响企业为目标市场顾客服务的各种因素。它一般包括两个方面:

1) 组织内部因素。如自身综合实力、其他部门与营销部门的关系、营销部门在组织中的地位等。

2) 组织外部因素,主要包括以下几方面:供应者、竞争者、营销中介、顾客与公众压力集团。

(2) 医药市场营销宏观环境(macro-environment):所谓医药市场营销宏观环境是指那些影响企业微观环境中所有行动者的大范围的社会力量,主要包括人口环境、经济环境、自然环境、科学技术环境、政治法律环境和社会文化环境。

显然,这并非环境因素分类的惟一方法,还有很多其他分类方法存在。我们采取此分类方法仅仅因为这一方法为讨论医药市场营销环境提供了一个简便可操作的基础。微观环境直接影响和制约医药企业的市场营销活动,而宏观环境主要以微观营销环境为媒介间接影响和制约医药企业的市场营销活动。微观营销环境受制于宏观营销环境,宏观营销环境通过微观营销环境对医药企业起作用。

(二) 医药市场营销环境的特征

医药市场营销环境是一个多因素、多层次而且不断变化的综合体,所以医药市场营销环境具有如下特点:

1. 客观性　医药企业总是在特定的社会经济和其他外界环境条件下生存、发展的。因此,医药企业只要从事市场营销活动,就不可能不面对着这样或那样的环境条件,也不可能不受到各种各样环境因素的影响和制约。在一般情况下,医药企业的营销环境,尤其是宏观营销环境往往不是一个或几个企业、组织就能控制的。例如,人口增加或减少、经济形势好转或恶化等,企业只能够适应外界环境,而不能够改变外界环境。因此,如果企业所处的外界环境发生了变化,企业就应及时调整自己的市场营销组合策略,否则就不可避免地会被外界环境所淘汰。

2. 复杂性　医药市场营销环境是一个系统,在这个系统中,影响企业市场营销活动的外界环境因素:不是单一的,而是多方面的;不是孤立的,而是相互联系的。首先,每一种因素对企业影响力的大小各不相同,并且影响方式也各有差别;其次,各种因素之间相互联系,相互影响,一种因素的变化会导致其他因素的变化,从而形成新的营销环境。例如,药品的价格不仅受市场供求关系的影响,还受到当地经济水平、政府政策等的影响。因此,既要单独研究每一种环境因素对企业营销活动的影响,又要综合分析各种环境因素对企业产生的共同影响。

3. 变化性　市场营销环境的变化性:一方面是指医药企业市场营销环境不是一成不变的,而是不断变化的;另一方面是指这种变化是随时随地的和永无止境的。例如,国家经济政策在不断调整,新的法律法规不断出台,新技术层出不穷等。环境的变化可能是企业营销的一种威胁,也有可能是一种机会。美国经济学家 J W. 卡德纳(Jone W. cardner)说,问题是伪装的很巧妙的机会。因此,企业市场营销人员对于外界环境的关注和分析不能一劳永逸,而应当形成制度,建立适当的系统和采取适当的措施,密切关注外界环境的变化并且收集有关信息。

(三) 分析医药市场营销环境的意义

现代营销学认为,企业经营成败的关键,

在于企业能否适应不断变化着的市场营销环境。当代企业外部环境的变化速度远远超过企业内部因素变化的速度。因此,医药企业的生存和发展,愈来愈决定于其适应外界环境变化的能力。

具体来说,分析外界环境的重要性表现在以下三个方面:

(1) 有利于发现新的市场机会。外界环境变化有时候会给某些企业带来一些新的发展机会,企业通过分析外界环境,就能够寻找到这些新的发展机会,从而为企业所利用。例如,通过对人们收入和支出变化的分析或预测,就可以发现新的消费热点,从而为企业确立新的投资方向提供依据。

(2) 有利于避开环境威胁。外界环境变化也可能给某些企业带来威胁,企业通过分析外界环境,就能够及时发现环境威胁,从而采取适当措施避开环境威胁或减轻环境威胁的严重性。例如,某药品生产企业如果了解或预测到了国家将出台新的药品质量标准的话,就能及时调整自己的产品结构和改进既有产品,以避免将来产品上市受阻。

(3) 有利于扬长避短,发挥优势,从而在竞争中取胜。任何企业都有自己的优势和劣势,企业通过对外界环境和自身资源状况的分析,就能够找到自己的长处和不足,在生产经营活动中用其所长,避其所短,从而有助于取得营销的成功。

因此要想合理利用有利的营销环境,就需要我们随时了解到各种市场营销环境的变化,根据这些科学地制定企业的营销策略。“知己知彼,百战百胜”,这句话流传了几千年之后,在现代营销战场中,依然发挥着它的作用。

第二节　医药市场的微观环境

每个企业的营销目标都是在赢利的前提下为目标顾客服务,满足目标市场的特定需求。但是,营销部门仅靠自己的力量是不能完成这项任务的,他们必须依赖于公司微观环境中的其他因素——本企业的其他部门、供应商、营销中介、顾客、竞争对手和各种公众因素。这些因素构成了企业的微观营销系统。

(一) 医药企业内部因素

企业市场营销部门在制定营销计划和开展市场营销活动时,会受到企业内部其他部门如企业的高层管理部门及财务、研究与开发、采购、生产等部门的影响,这些部门构成了企业内部的微观环境(如图 3-2)。

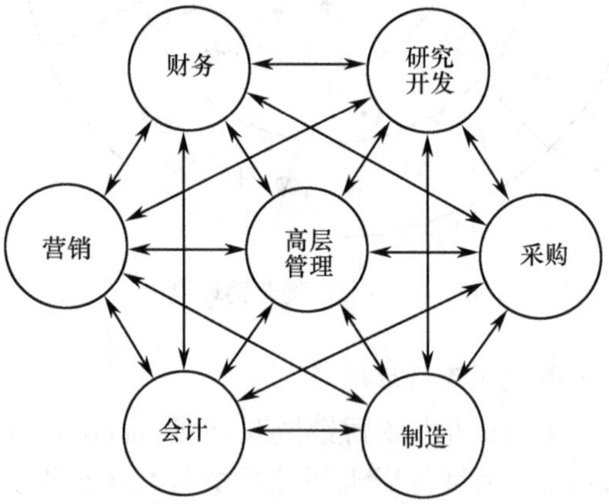

图 3-2　企业的内部环境

企业市场营销部门的市场营销活动和财务、研究与开发、采购和生产等部门的业务活动密切相关。因此,市场营销部门在制定营销计划时,应该与公司的其他部门密切合作,征求这些部门的意见,取得这些部门的密切配合,才能收到预期的效果。正如市场学家克里斯丁·格朗鲁斯所说:“市场营销部门与组织内的其他部门相隔绝,会给其他部门的人员带来灾难性的心理影响,对企业建立和发展市场导向十分不利。这样一种组织形式可能会导致其他部门的人失去对顾客的兴趣。”

(二) 供应商

供应商(supplier)是指向医药企业及其竞争者提供生产产品和服务所需资源(如卫生材料、医疗器械、卫生人力等)的企业或个人。如果没有供应商提供的资源作为保障,组织就无法正常运转,也就无所谓提供市场所需要的商品。因此,供应商是影响企业营销的微观环境的重要因素之一。

供应商对企业营销活动的影响主要表现在:

1. 供货的稳定性与及时性　原材料、设备等货源的保证,是医药企业营销活动顺利进行的前提。供应量不足或短缺,都可使企业无法按期交货,从而导致销售额损失及企业信誉损害。

2. 供货的价格变动 医药企业最重要的目的之一就是赢取利润,即以最小成本获得最大产出。但是,供货的价格毫无疑问将直接影响企业的成本,进而影响到企业的销售量和利润。比如,现在随着中药原材料价格的降低,中药在价格方面占有明显优势,这是中药企业具有的竞争优势。

3. 供货的质量水平 供货的质量包括两个方面:一是供应商所提供的商品本身的质量,它是保证医药企业生产出合格产品的前提;二是各种售前和售后服务水平,比如医院的CT不能得到提供者的及时维护,就有可能导致无法为患者提供服务或合格的服务。

针对上述影响,企业在寻找和选择供应商时,应特别注意两点:第一,企业必须充分考虑供应商的资信状况。要选择那些能够提供品质优良、价格合理的资源,交货及时,有良好信用,在质量和效率方面都信得过的供应商,并且要与主要供应商建立长期稳定的合作关系,保证企业生产资源供应的稳定性。第二,企业必须使自己的供应商多样化。企业过分依赖一家或少数几家供货人,受到供应变化的影响和打击的可能性就大。为了减少对企业的影响和制约,企业就要尽可能多地联系供货人,向多个供应商采购,尽量注意避免过于依靠单一的供应商,以免当与供应商的关系发生变化时,使企业陷入困境。

(三) 营销中介

营销中介(marketing intermediaries)是指协助医药企业促销、分销其产品给最终购买者的公司,包括中间商(拥有商品所有权的商人中间商和不拥有商品所有权的代理中间商)、实体分配公司(运输企业、仓储企业)、营销服务机构(广告公司、营销调研企业、营销咨询企业等)和财务中间机构(银行、信托公司、保险公司等)。企业要达到实现潜在交换、满足顾客需要的目标,离不开这些营销中介的共同配合,所以说营销中介是医药市场营销活动中不可缺少的环节。

1. 中间商(middleman) 是指协助医药企业寻找顾客或把产品卖给顾客的公司、企业、个人。中间商一般可分为批发商和零售商两类。选择中间商并与之合作并不是一件容易的事情。现在小规模的独立的医药中间商越来越少,取而代之的是大规模的中间商组织。这些集团有足够的力量要求医药企业接受其条件,否则就将企业逐出这些市场。医药企业为了争取"货架空间",往往要花费很大功夫。

2. 物流公司(physical distribution firm) 物流公司帮助公司在从原产地到目的地的过程中存储和移送货物。因为它们往往也是营利性的组织,所以也会努力提高利润,这就挤压了医药企业的利润空间。在与仓库、运输公司打交道的过程中,公司必须综合考虑成本、运输方式、速度和安全性等因素,从而决定运输和存储货物的最佳方式。

3. 营销服务机构(marketing service agency) 指协助企业寻找正确的目标市场并为其促销产品的机构。包括营销调查公司、广告公司、传媒机构和营销咨询公司等。如果企业决定利用这些营销服务机构,就必须对其进行评估,谨慎选择,并定期考核其业绩,及时替换那些不具有预期服务水平和效果的机构。因为这些机构的可信度、质量、服务、价格等诸多方面变化较大。

4. 金融中介(financial intermediaries) 包括银行、信贷公司、保险公司和其他协助产品交易融资及减低风险的公司。在现代经济生活中,医药企业与金融机构有着不可分割的联系,大多数公司和客户都需要借助金融中介来为交易提供资金,资金成本的高低与信贷额度都会影响营销的绩效。因此,企业必须与重要的财务机构建立良好的关系。

同供应商一样,营销中介也是公司整个微观环境系统中重要的组成部分。在使顾客满意的努力过程中,公司不仅要使自己的业绩最好,也应当保持和发展与供应商及中间商的互利关系。正如菲利普·科特勒说:"如果一个公司不适当地从它的供应商处挤取利润,如果它过多地把产品塞给分销商,如果它使合作者输在供应环节上而获得胜利,那么,这个公司就会失败。精明的公司将通过与供应商和分销商合作，以更好地为最终顾客服务。”

(四) 顾客

医药企业的一切营销活动都是以满足顾客的需要为中心的，因此，顾客是医药企业营销活动中最重要的环境因素。顾客是医药企业服务的对象，也就是医药企业的目标市场。顾客市场一般可以分为五种（如图 3-3）。

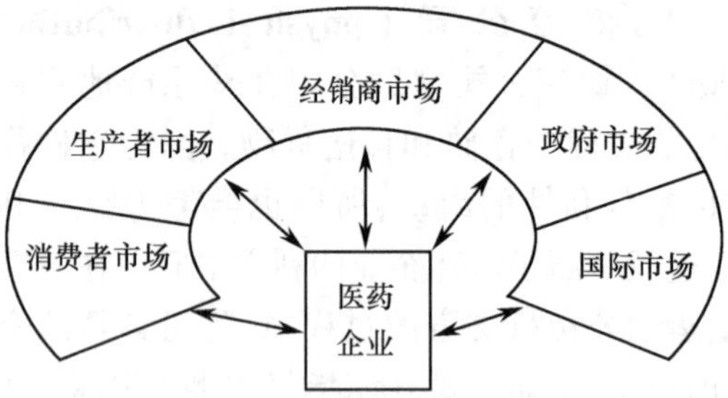

图 3-3　医药企业顾客市场

1. 消费者市场　指为满足个人或家庭需要而购买商品和服务的市场。由于药品的特殊性，导致消费者在购药时，利益聚焦在产品对其健康的益处，因而更注重功效和品牌，并且需求弹性比较小。

2. 生产者市场　指为赚取利润或达到其他目的而购买商品和服务来生产其他产品和服务的市场。

3. 中间商市场　指为利润而购买商品和服务以转售的市场。由于医药的特殊性，各国对医药经销商的运作、资格等往往都有比较多的限制条件。

4. 政府市场　指为提供公共服务或将商品与服务转给需要的人而购买商品和服务的政府和非营利机构。

5. 国际市场　指国外买主，包括国外的消费者、生产者、中间商和政府等。

上述每一种市场都有其独特的顾客。而这些市场上顾客变化着的需求，必定要求医药企业以不同的服务方式提供不同的产品或服务，从而制约着企业营销决策的制定和服务能力的形成。因此，企业要认真研究自己的顾客群，研究其类别、需求特点、购买动机等，使企业的营销活动能针对顾客的需要，符合顾客的愿望。

(五) 竞争者

竞争是商品经济的基本特性，一个组织很少能单独做出努力为某一顾客市场服务。公司的营销系统总会受到竞争对手的包围和影响。

对营销有重要意义的划分是从消费者需求角度看，把医药企业的竞争者分为愿望竞争者、普通竞争者、产品形式竞争者和品牌竞争者。

1. 愿望竞争者　是指提供不同产品以满足不同需求的竞争者，如生产药品的厂商可以将生产医疗器械、卫生材料等满足不同需求的厂商作为自己的竞争者，因此，如何使顾客首先购买药品、更多地消费药品是这种竞争的实质所在。

2. 普通竞争者　是指提供能够满足同一种需要的不同产品的竞争者。例如生产青霉素 G 的厂商可以将生产先锋霉素、头孢氨苄的厂商作为自己的竞争对手。

3. 产品形式竞争　是指生产同种产品但不同规格、型号、式样的竞争者，例如生产青霉素 G 的公司可能认为所有青霉素生产者都是自己的竞争者。

4. 品牌竞争者　是指生产相同产品，并且规格、型号、样式也相同的竞争者，例如，生产青霉素 G 的公司的主要竞争者是生产价格、规格、剂量、档次相似青霉素产品的一些企业。

这些不同的竞争对手与医药企业形成了不同的竞争关系，对组织开展营销活动有着不同的影响，是组织开展营销活动的制约力量。这里还需要注意一个问题，就是有些竞争对手是潜在的，这就要求医药企业在分析竞争对手时不仅要考虑到现有的竞争对手，还要考虑到现在不是但将来可能成为竞争对手的潜在对手。

(六) 公众

公众是指对企业实现其目标的能力有兴趣或有影响力的各种团体或个人。公众对于医药营销具有十分重要乃至决定性的意义。一般来说，对医药营销有决定性的公众主要有以下几种：

1. 政府　指负责监控医药企业的生产、经营活动的政府机构及医药企业主管部门，如卫生部、国家食品药品监督管理局等。作为市场规则的制定者和市场的规制者，政府在市场经济中起的作用之大，是不言自明的。

2. 媒介公众　指那些联系医药企业和外界的大众媒体，包括报纸、杂志、电视台、电台等。在信息时代，媒介公众的作用比现象中要大得多。

3. 自发的民间组织　指有权指责医药企业经营活动破坏环境质量、生产的产品损害消费者利益、经营的产品不符合民族需求特点等行为的团体和组织，包括消费者协会、环境保护协会等。

4. 地方公众　指医药企业周围居民和团体组织，他们对企业的态度会影响企业的营销活动。

5. 一般公众　指并不购买医药企业产品，但深刻地影响着其他消费者对医药企业及其产品的看法的个人。

第三节　医药企业宏观营销环境

企业与它们的供应商、营销中介、顾客竞争者和公众，都在一个更大的宏观环境中运作，它们创造机会，也带来威胁。这些力量不可控制，但企业必须监测并对此做出反应。为了应付迅速变化的宏观环境，营销者必须监测六个主要的环境力量：人口、经济、自然、技术、政治法律、社会文化。

一、人口因素

人口是构成市场的基本要素之一，而人口因素又是企业不能够控制的。在人口统计中，营销者必须认识到世界性的人口增长，大量的人口迁移，变化着的年龄组合，民族构成和教育水平，非传统家庭的发展等因素。

一般来说，企业应从以下四个方面分析人口因素：

1. 人口规模和增长率　人口规模是指一个国家或地区人口数量的多少；人口增长率是指一个国家或地区人口出生率与死亡率的差，它反映了一个国家或地区人口增长速度的快慢。一般来说，一个国家或地区人口规模的大小和增长速度的快慢，基本上反映着这个国家或地区市场规模的大小以及发展潜力。因此，企业在决定投资方向和投资规模时，一定要考虑所进入市场人口数量的多少以及人口增长速度的快慢。

2. 人口地理分布和流动性　人口地理分布是指人口在居住地区上的疏密状况，它对企业营销活动的影响表现在两个方面：一是直接影响着各个地区市场需求量的大小；二是影响着购买对象和需求结构。人口流动性是指人口流动的多少以及流向等，伴随着人口的流动必然引起购买力的转移，从而引起各个地区的市场需求量发生变化。因此，企业在拓展各个地区市场时，不仅要分析当地登记人口的多少，而且还要分析流入和流出人口的多少，从而才能够制定出有针对性的营销对策。

3. 人口自然构成和社会构成　人口自然构成包括人口的年龄结构，性别比例等；人口社会构成包括人口的受教育程度、职业状况、民族构成等。人口构成状况一是影响着购买对象和购买力大小；二是影响着消费档次和购买行为。因此，企业在制定营销策略时，必须研究和分析人口的构成状况。

4. 家庭规模　是指家庭人口的多少，它影响着家庭消费量和购买量以及家庭用品的结构等。如大家庭就要购买大套住房，而小型家庭则正好相反。

当前我国的人口环境有以下几个特点：

(1) 人口众多。我国是世界上人口最多的国家，人口总数近13亿。这一方面说明我国是一个极具发展潜力的市场，尤其是对基本生活必需品和基础教育的需求量很大，这为企业提供了很好的发展机会；但另一方面也造成了人均资源紧张、环境污染严重等问题，这又不利于企业的发展。

(2) 出生率大幅度下降。由于计划生育政策的实行和人们所受教育程度的提高，当前我国出生率大幅度下降，尤其是城市出生率下降更大。

(3) 人口流动性增大，表现为从农村流向城市、从内地流向沿海和从不发达地区流向发达地区。这一方面意味着城市、沿海和发达地区的需求量增大了,另一方面,这些地区的购买力也会大量转移到农村、内地和不发达地区,从而在这些地区产生大量的现实需求,为企业拓展农村、内地和不发达地区市场提供了更好的机会。

(4) 人口趋于老龄化。随着我国生活水平的提高和医疗条件的改善,人的寿命不断延长,从而老年人所占比重越来越大。2000年人口普查显示,中国65岁以上的老年人有8810万,占总人口的7.4%;年龄在60岁以上的人口有1.3亿,占总人口的10%,而且目前的老龄人口正以每年3%的速度增长。老年人口增加将直接刺激药品销售量上升,这为医药企业提供了很好的发展机会。

(5) 家庭规模趋于小型化。由于出生率下降和家庭观念的变化,当前我国家庭越来越趋于小型化。

二、经济环境

市场不仅需要人口,还需要购买力。经济环境(economic environment)是那些能够影响顾客购买力和消费方式的因素。它是医药企业营销活动所面临的外部社会条件,其运行状况及发展趋势会直接或间接地对企业营销活动产生影响。在经济领域,营销者把目光集中于收入分配和储蓄的水平、债务和信贷的应用。

(一) 直接影响营销活动的经济环境因素

1. 消费者收入水平 消费者收入,是指消费者个人从各种来源中所得的全部收入,包括消费者个人的工资、退休金、红利、租金、赠予等收入。消费者的购买力来自消费者的收入,但消费者并不是把全部收入都用来购买商品或劳务,购买力只是收入的一部分。

2. 消费者支出模式和消费结构 随着消费者收入的变化,消费者支出模式会发生相应变化,继而使一个国家或地区的消费结构也发生变化。西方一些经济学家常用恩格尔系数来反映这种变化。恩格尔系数表明,在一定的条件下,当家庭个人收入增加时,收入中用于食物开支部分的增长速度要小于用于教育、医疗、享受等方面的开支增长速度。食物开支占总消费量的比重越大,恩格尔系数越高,生活水平越低;反之,食物开支所占比重越小,恩格尔系数越小,生活水平越高。

长期以来,由于政府在住房、医疗、交通等方面实行福利政策,从而引起了消费结构的畸形发展,并且决定了我国居民的支出模式以食物、衣物等生活必需品为主。随着我国社会主义市场经济的发展,以及国家在住房、医疗等制度方面改革的深入,人们的消费模式和消费结构都发生了明显的变化。企业要重视这些变化,尤其应掌握拟进入的目标市场中支出模式和消费结构的情况,输送适销对路的产品和劳务,以满足消费者不断变化的需求。

3. 消费者储蓄和信贷情况 消费者的购买力受储蓄和信贷的直接影响。

消费者个人收入不可能全部花掉,总有一部分以各种形式储蓄起来,这是一种推迟了的、潜在的购买力。企业营销人员应当全面了解消费者的储蓄情况,尤其是要了解消费者储蓄目的的差异。储蓄目的不同,往往影响到潜在需求量、消费模式、消费内容、消费发展方向的不同。这就要求企业营销人员在调查、了解储蓄动机与目的的基础上,制定不同的营销策略,为消费者提供有效的产品和劳务。

消费者信贷,就是消费者凭信用先取得商品使用权,然后按期归还贷款,以购买商品。这实际上就是消费者提前支取未来的收入提前消费。消费者信贷主要有:短期赊销,购买住宅分期付款,购买昂贵的消费品分期付款,信用卡信贷等几类。信贷消费允许人们购买超过自己现实购买力的商品,从而创造了更多的就业机会、更多的收入以及更多的需求。

信息框

美国学者罗斯顿根据他的“经济成长阶段”理论，将世界各国的经济发展归纳为五种类型：传统经济社会，经济起飞前的准备阶段，经济起飞阶段，迈向经济成熟阶段，大众高消费阶段。不同发展阶段的国家在营销策略上也有所不同。以分销渠道为例，国外学者认为：经济发展阶段越高的国家，其分销途径越复杂而且广泛；进口代理商的地位随经济发展而下降；制造商、批发商与零售商的职能逐渐独立，不再由某一分销路线的成员单独承担；批发商的其他职能增加，只有财务职能下降；小型商店的数目下降，商店的平均规模在增加；零售商的加成上升。随着经济发展阶段的上升，分销路线的控制权逐渐由传统权势人物移至中间商，再至制造商，最后大零售商崛起，控制分销路线。

(二) 间接影响营销活动的经济环境因素

1. 地区与行业发展状况　地区经济发展的不平衡，对企业的投资方向、目标市场以及营销战略的制定等都会带来巨大影响。在我国，地区经济发展很不平衡，逐步形成了东部、中部、西部三大地带和东高西低的发展格局。同时在各个地区的不同省市，还呈现出多极化发展趋势。这种地区经济发展的不平衡，对企业的投资方向、目标市场以及营销战略的制定等都会带来巨大影响。比如在西部建立医药企业可能劳动力成本比较低，但将产品推向东部储运等费用增高。同时行业和部门发展由于政府支持程度等不同也有所不同，因此企业应根据行业、地区情况选择自己的投资领域和市场定位。

2. 城市化程度　城市化程度是指城市人口占全国总人口的百分比，它是一个国家或地区经济活动的重要特征之一。改革开放二十年来我国城市化进程有较大发展，城市化率逐步提高，1978 年的城市化率为 17.91%，1989 年为 26.21%，而自 20 世纪 90 年代则进入加速期，1990 年城市化率为 26.41%，2000 年为 36.22%，2005 年我国城市化水平达到 43%，2006 年则升至 45%。有关专家预计到 2012 年我国城乡人口将持平，2020 年全国将有 60% 的人口居住在城市。虽然我国的城市化率进程发展较快，但由于基础较低，在世界范围内横向比较，仍然不容乐观，2001 年诺贝尔经济奖获奖者之一的斯蒂格列茨认为：新世纪对于中国有三大挑战，居于首位的就是中国的城市化，他提出“中国的城市化将是区域经济增长的火车头，并产生最重要的经济利益”。

城市化是影响营销的环境因素之一：一方面城乡居民之间存在着某种程度的经济和文化上的差别，进而导致不同的消费行为，比如城市居民一般受教育较多，思想较开放，容易接受新生事物，故而一些新产品、新技术往往首先被城市所接受；另一方面，城乡人民健康水平有诸多不同，健康状况和疾病谱存在较大差异，这些对我国这样一个城乡“二元制”非常明显的国家的医药企业来讲，意义显而易见。

(三) 自然环境

一个国家、一个地区的自然环境（natural environment）包括该地的自然资源、地形地貌和气候条件等，这些因素都会不同程度地影响企业的营销活动，有时这种影响甚至对企业的生存和发展起决定作用。企业要避免由自然地理环境带来的威胁，最大限度利用环境变化可能带来的市场营销机会，就应不断地分析和认识自然地理环境变化的趋势，根据不同的环境情况来设计、生产和销售产品。

1. 物质自然环境　自然资源是进行商品生产和实现经济繁荣的基础，它和人类社会的经济活动息息相关。比如，中药企业设置在中药种植基地附近一般会降低原材料价格及运输成本等，这样在其他方面类似的情况下，选择在基地附近建厂其产品价格方面就具有竞争优势，这会给企业营销带来好处。现代社

笔记栏

会，环境污染已成为举世瞩目的问题。针对严重的污染问题，各个国家(包括我国)、地区政府都采取了一系列措施，对环境污染问题进行控制。这样，就限制了某些行业的发展，比如某些医疗器械生产厂家被责令停产。但是也为企业造成了两种营销机会：一是治理污染的技术和设备；二是不破坏生态环境的新的生产技术和包装方法。与此同时政府对自然资源管理的干涉逐步增多。如许多国家都成立了环境保护组织，对破坏环境的行为进行制止；许多新的关于环境保护的法律法规得以通过，对破坏环境的单位和个人进行制裁。面对着原材料数量的日益短缺、能源成本急剧上升、环境污染不断加剧、政府对自然资源管理的干涉日渐增多，医药企业组织应该有所准备。

2. 地理环境 一个国家或地区的地形、地貌和气候，是企业开展市场营销所必须考虑的地理环境因素，这些地理特征对市场营销活动有一系列影响。例如，安徽、江西等省份是血吸虫病的高发地区，所以在这些地区，针对血吸虫病的药品和医疗服务就有较大的营销空间，而在东三省、山东等地区就基本没有血吸虫病，那么这些地区上述产品和服务就难以有生存空间。再比如，从经营成本上考虑，平原地区道路平坦，运输费用比较低，而山区丘陵地带道路崎岖，运费自然就高。因此，医药企业开展营销活动，必须使其营销策略能适应当地的地理环境。

(四) 技术环境

科学技术是现代社会生产力中最活跃的因素，每一种新技术都是一种“创造性的毁灭力量”，可能给企业造成环境威胁，同时也可能给企业带来新的市场机会。在技术领域，营销者应该考虑技术变化的步伐，创新的机会，变化着的研究与开发预算，由技术变化而带来的不断增加的政府规定。

科学技术对医药企业营销的影响主要表现在以下几方面：

1. 科学技术的发展直接影响企业的经济活动 在现代，生产率水平的提高主要依靠设备的技术开发(包括原有设备的革新，改装以及设计、研制效率更高的现代化设备)，创造新的生产工艺、新的生产流程。同时，技术开发也扩大和提高了劳动对象的利用广度和深度，不断创造新的原材料和能源。这些不可避免地影响到企业的管理程序和市场营销活动。科学技术既为市场营销提供了科学理论和方法，又为市场营销提供了物质手段。

2. 科学技术的发展和应用影响企业的营销决策 科学技术的发展，使得产品更新换代速度加快，产品的市场寿命缩短，从而造就一些新的行业、新的市场，同时又使一些旧的行业与市场走向衰落。例如，基因工程使基因药品成为时尚，却对传统制药业造成了一定威胁。科学技术的进步可以改变人们的生活方式、消费模式和消费需求结构，因而对消费者行为具有重要影响。科学技术的发明和应用对行业、市场分布、消费者行为的这种影响最终会对组织的营销决策产生重要影响。

3. 科学技术的发展为提高营销效率提供了更新更好的物质条件 首先，科学技术的发展，为企业提高营销效率提供了物质条件。例如，新的交通运输工具的发明或旧的运输工具的技术改进，使运输的效率大大提高。其次，科学技术的发展，可使促销措施更有效。例如，广播、电视、传真技术等现代信息传媒的发展，可使企业的商品和劳务信息及时准确地传送到全国乃至世界各地，这将大大有利于本国和世界各国消费者了解这方面的信息，并起到刺激消费、促进销售的作用。最后，现代计算技术和手段的发明运用，可使企业及时对消费者的消费需求及动向进行有效的了解，从而使企业营销活动更加切合消费者需求的实际情况。

(五) 政治法律环境

政治与法律环境(有时简称为政治环境 political environment)是指在特定社会中影响和限制各个组织与个人的法律、政府机构和压力集团。政治因素像一只无形之手，调节着企业营销活动的方向；法律则为企业规定商贸活动行为准则。在政治法律环境领域，营销者必须遵守法律对业务活动的规定并与各种特殊利益集团和平共处。

1. 政治因素 政治环境指能够给医药企业的市场营销活动带来或可能带来影响的外部政治与经济体制、政治形势和状况以及国家方针政策等。它对营销活动的影响主要表现在如下方面:

(1)政治、经济体制以及政府与医药企业的关系:政治、经济体制等对医药企业营销也有影响,比如在经济、政治体制改革之前我国的医药企业可以说是政府的附属物,没有多大自主权,而在进入市场经济后才真正成为独立的市场主体,自主经营、自负盈亏。

(2)政府方针政策:医药行业直接与人们的生命健康状况相联系,是一种特殊行业,所以政府对其宏观指导甚至管制非常多。比如制药行业必须通过 GMP 认证,药品经营企业必须通过 GSP 达标,药品进入医院应该进行招标,药品经营场所必须实行药品分类摆放,药品的广告设计符合法律规定等都对医药企业营销产生一定影响。

信息框

GMP 是英文 good manufacturing practice 的缩写,中文的意思是"良好作业规范",或是"优良制造标准",是一种特别注重制造过程中产品质量与卫生安全的自主性管理制度。它是一套适用于制药、食品等行业的强制性标准,要求企业从原料、人员、设施设备、生产过程、包装运输、质量控制等方面按国家有关法规达到卫生质量要求,形成一套可操作的作业规范帮助企业改善企业卫生环境,及时发现生产过程中存在的问题,加以改善。

GSP 是英文 good supply practice 的缩写,意即良好供应规范,是控制医药商品流通环节所有可能发生质量事故的因素,从而防止质量事故发生的一整套管理程序,医药商品在其生产、经营和销售的全过程中,由于内外因素作用,随时都可能发生质量问题,必须在所有环节上要取严格措施,才能从根本上保证医药商品质量。

(3)政治局势:政治局势指医药企业营销所处国家或地区的政治稳定状况。一个国家的政局稳定与否会给企业营销活动带来重大的影响。如果政局稳定,生产发展,人民安居乐业,就会给企业造成良好的营销环境。相反,政局不稳,社会矛盾尖锐,秩序混乱,这不仅会影响经济发展和人民的购买力,而且对医药企业的营销心理也有重大影响。

目前,政府对医药市场监管力度加大。2006 年中,国务院部署了为期一年的药品市场秩序整治行动,把建立、规范、维护药品市场秩序、保障公众用药安全作为一项长期的任务。国务院直接布置在全国范围内开展整顿和规范药品市场秩序专项行动,其范围之广、力度之大前所未有,显示出政府对市场监管力度的进一步加大。

2. 法律环境 对企业来说,法律是评判企业营销活动的准则。只有依法进行的各种营销活动,才能受到国家法律的有效保护。因此,企业不管是在本国还是在其他国家开展市场营销活动,都必须了解并遵守所在国家或政府颁布的有关经营、贸易、投资等方面的法律、法规。

我国在改革开放以来,为了适应经济发展和对外开放的需要,陆续制定和修订了如《中华人民共和国反不正当竞争法》、《中华人民共和国广告法》、《中华人民共和国专利法》、《中华人民共和国商标法》、《中华人民共和国消费者权益保护法》、《中华人民共和国产品质量法》、《中华人民共和国食品卫生法》、《中华人民共和国药品管理法》、《中华人民共和国价格法》、《中华人民共和国中医药条例》等一系列法律和许多相关法规,进一步完善了我国的经济立法,保障了经济活动的正常运行。

信 息 框

国家药品监督管理局颁布《凭处方销售的药品名单》,2006 年 1 月 1 日起须凭处方销售的 11 类药品:注射剂、医疗用毒性药品、第二类精神药品、其他按兴奋剂管理的药品、精神障碍治疗药、抗病毒药、肿瘤治疗药、含麻醉药品的复方口服液、曲马多制剂、未列入非处方药目录的激素及其有关药物、未列入非处方药目录的抗菌药;药店不得经营的 8 类药品:麻醉药品、第一类精神药品、终止妊娠药品、蛋白同化制剂、肽类激素品种、药品类易致毒化学品、放射性药品、疫苗。处方药限售不仅是事件,而是国家政策法令趋紧的标志,据闻 2007 年国家还有可能把药品分类管理办法上升为国务院法令,进一步加强其强制性。

(六) 社会文化环境

社会文化环境(cultural environment)包括一个社会的基本价值、观念、偏好和生活准则等。它对市场营销的作用不像其他环境那样显而易见和易于理解,但却无时无刻不在影响着市场营销活动。营销者必须了解人们对待自己、他人、组织、社会、自然和宇宙的观点,以制造符合社会核心和价值的产品。

对社会文化环境影响比较大的主要有以下几方面:

1. 教育水平 一方面,教育水平高,人们更容易接受医疗服务、药品、保健品等,这会给企业带来机遇;另一方面,由于教育使人们自我保护、自我预防意识增强,这会降低卫生服务等待需求。

2. 价值观念 是人们对社会生活中各种事物的态度、评价和看法。人们的价值观念差别是很大的,而消费者对商品的需求和购买行为深受其价值观念的影响。

3. 宗教信仰 比如在印度作广告是不能用牛的,就是因为在印度牛是神的化身,不能乱动。所以说不同的宗教信仰有不同的文化倾向和戒律,从而影响人们认识事物的方式、价值观念和行为准则,影响着人们的消费行为,带来特殊的市场需求,与医药企业的营销活动有密切的关系。

4. 风俗习惯 不同的国家、不同的民族有不同的风俗习惯,它对消费者的消费嗜好、消费模式、消费行为等具有重要的影响。

5. 生活形态 生活形态可以以人们的活动、兴趣、意见来加以表示。某些生活形态有其特定的名称,例如嬉皮、雅痞、保守派等。

信 息 框

AIO 量 表

最早以这三者来测量生活形态的为芝加哥大学教授 Wells and Tigert(1971)所编制的 300 题 AIO(activity, interest, opinion)量表。根据 Reynolds and Darden(1972)的定义,AIO 变量的意义如下:

活动(activity):指一种具体明显的活动,通常是可以直接观察到的,但其理由很难加以直接衡量。

兴趣(interest):指对于某些事物、事件或主题的兴奋程度,可以使人产生特别且持续的注意。

意见(opinion):指个人对于某些问题刺激的情景下,所给予的口头或书面陈述的反映。可以用于描述个人对事物的解释、期望与评估。

笔记栏

第四节　医药营销环境机会威胁及对策分析

按系统论和生态学的观点，企业与外部环境共同形成一个大系统。医药企业是在客观存在的环境中求生存和发展的，而这些不断变化的环境因素，有可能给企业带来意想不到甚至是致命性的打击，但是又有可能给企业带来无限的机遇，所以企业必须经常对自身系统进行调整，才能适应外部环境的变化，这正像生态学中生物体与外界环境关系一样，也遵循"适者生存，优胜劣汰"的原则。

（一）医药环境威胁与医药市场机会分析

外部环境变化对任何一个企业产生的影响都可以从三个方面进行分析。一是对企业市场营销有利的因素，即它对企业市场营销来说是环境机会；二是对企业市场营销不利的因素，它是对企业市场营销的环境威胁；三是对该企业市场营销无影响的因素，企业可以把它视为是中性因素。对机会和威胁，企业必须采取适当的对应措施，才能在环境变化中生存下来。

1. 环境威胁与市场机会　环境威胁是指对医药企业组织营销活动不利或限制医药企业组织营销活动发展的因素。这种环境威胁，一般表现为两方面：一方面，环境因素直接威胁着医药企业的营销活动，如政府颁布有关药品生产、流通等方面法律，诸如 GMP，它对医药生产、经营企业来说，就构成了巨大的压力和威胁；另一方面，企业的目标、任务及资源同环境机会相矛盾，如因为西药的成本增加、毒副作用越来越明显，人们对西药的需求转为对中医药的需求，使西药企业的目标与资源同这一环境机会形成矛盾。因此西药企业要将"环境威胁"变成"企业机会"，需对原来产品、设备进行调整，只有这样才能立于不败之地。

环境机会的实质是指市场上存在着"未满足的需求"，它既可能来源于宏观环境也可能来源于微观环境。随着消费者需求不断变化和产品寿命周期的缩短，导致旧产品不断被淘汰、要求开发新产品来满足消费者的需求，从而市场上出现了许多新的机会。但是环境机会对不同企业是不相等的，同一个环境机会对这一些企业可能成为有利的机会，而对另一些企业可能就造成威胁。环境机会能否成为企业的机会，要看此环境机会是否与企业目标、资源及任务相一致，企业利用此环境机会能否比其竞争者带来更大的利益。

2. 医药环境威胁与市场机会分析　如前所述，医药市场环境是成为医药企业的威胁还是机会主要看这种环境是否与企业目标、资源及任务等相一致。所以组织有必要对组织营销的环境威胁与机会进行分析。对环境的分析也可以有不同的角度。比如，一种简明扼要的方法就是 PEST 分析，另外一种比较常见的方法就是波特的五力分析。本章将介绍最常用的方式，即 SWOT（strength、weakness、opportunity、threat）分析，即组织自身优势、劣势，组织外环境提供的机遇、受到的威胁。

最常用的分析方法就是威胁与机会分析矩阵。如图 3-4、图 3-5 所示。

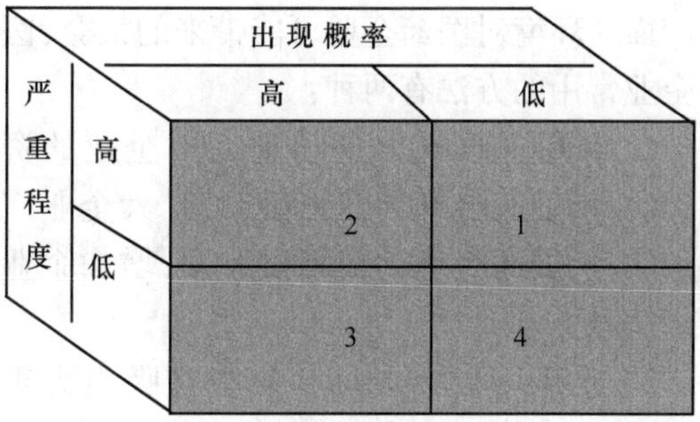

图 3-4　环境威胁分析图

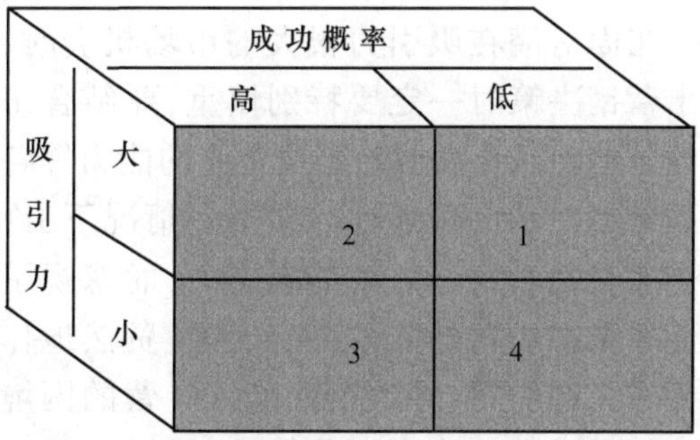

图 3-5　环境机会分析图

将图 3-4 和图 3-5 联系到一起进行分析，就得到环境威胁与机会分析图，如图 3-6 所示。

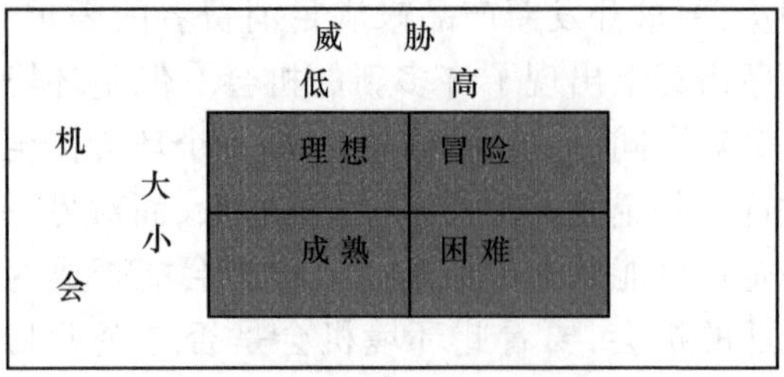

图 3-6 环境威胁与市场机会分析图

图中出现的四种不同业务是:

(1) 理想业务,即高环境机会和低环境威胁的业务。

(2) 冒险业务,即高环境机会和高环境威胁的业务。

(3) 成熟业务,即低环境机会和低环境威胁的业务。

(4) 困难业务,即低环境机会和高环境威胁的业务。

(二) 医药企业市场营销对策

经过分析了解到环境因素对医药企业的威胁与机会,就必须采取相应的对策。

面对环境对医药企业可能带来的机会,医药企业常用的方法有两种:

1. 利用 即充分调动和运用企业的资源,利用市场机会开展营销活动,扩大企业产品的销售,提高企业的市场占有率,增加企业的经济效益。

2. 放弃 当市场机会的潜在吸引力很小、成功的可能性也小的情况下,企业可以放弃这一机会,将有限的资源用到能够给企业带来更大效益的方面。

在面对潜在吸引力很大的市场机会时,作出营销决策时一定要特别慎重,要结合市场竞争的现状和发展趋势及企业的能力等各方面考虑成功的可能性。在很多情况下,许多企业只是看到了市场的吸引力,而忽视了企业要取得成功的其他决定因素,贸然地作出了进入的决策,导致企业陷入经营的困境甚至招致失败。许多产业的重复投资、重复建设,其原因之一也和对市场机会作出了错误的评价,因而导致作出错误的决策有关。在这个问题上,美国著名的市场学家西奥多·莱维特曾指出:"这里可能是一种需要,但是没有市场;或者这里可能是一个市场,但是没有顾客;或者这里可能是一个顾客,但是没有推销员。例如,这里对大规模控制污染有很大需要,但目前实在不是一个市场。又如,这里对新技术培训是一个市场,但是没有那么多的顾客购买这种产品。那些不懂得这种道理的市场预测者对于某些领域(如闲暇产品、住房建筑等)表面上的机会曾作出惊人的错误估计。"

面对环境对医药企业可能造成的威胁,医药企业常用的方法有三种:

(1) 对抗策略:也称抗争策略,即试图通过自己的努力限制或扭转环境中产生威胁的不利因素。如通过各种方式促使(或阻止)政府通过某种法令或有关权威组织达成某种协议,努力促使某项政策或协议的形成用以抵消不利因素的影响。

(2) 减轻策略:也称削弱策略,即企业在反抗不能实行或无效时,企业调整营销组合,加强对环境的适应,以减轻环境威胁的严重性和危害性。如国际营销企业针对东道国严格的产品检验标准,对产品进行适应性改进,以便顺利地进入目标市场。

(3) 转移策略:也称转变或回避、放弃策略,指企业在无法反抗或减轻的情况下,通过放弃或转移、调整某项业务,避免环境变化对企业的威胁。通常包含以下不同的"转移":第一,企业原有销售市场的转移;第二,对自身行业方面作调整;第三,企业依据营销环境的变化,放弃自己原有的主营产品或服务,将主要力量转移到另一个新的行业中。

本章小结

医药市场营销环境,是指在医药营销活动之外,能够影响医药营销部门建立并保持与目标顾客良好联系的能力的各种因素和力量的总和。医药市场营销环境具有客观性、差异性、相关性、不确定性、不可控性等特点。

营销微观环境包括组织内部因素、供应者、竞争对手、营销中介、顾客与公众压力集团。组织内部因素主要是组织结构、企业文化等。供应商是指向医药企业及其竞争者提供生产产品和服务所需资源的企业或个人。营

笔记栏

销中介是指协助医药企业将其产品促销、销售和配销给最终购买者的企业或个人，包括经销商、储运商、营销服务机构和金融中间机构。医药企业的竞争者分为愿望竞争者、普通竞争者、产品形式竞争者和品牌竞争者，在同行业竞争中，对竞争状况有明显影响的是卖方密度、产品差异、进入难度，所以医药企业必须建立竞争对手情报信息收集系统。公众是指对企业实现其目标的能力有兴趣或有影响力的各种团体或个人。

营销宏观环境主要包括人口环境、经济环境、自然环境、科学技术环境、政治法律环境和社会文化环境。人口数量增长，人口结构包括人口的年龄结构、性别结构、家庭结构、职业结构、民族结构、人口的地理分布及区间流动等都会对企业营销有重要影响。经济发展水平、经济体制、地区与行业发展状况、城市化程度以及消费者收入水平的变化、消费者支出模式和消费结构的变化、不同收入水平的消费者支出模式、消费者储蓄和信贷情况的变化等会直接、间接地影响企业的营销。自然环境对营销的影响主要体现在物质自然环境与地理环境两个方面。科学技术的发展为提高营销效率提供了物质条件，也影响企业的营销决策。政治与法律环境是指在特定社会中影响和限制各个组织与个人的法律、政府机构和压力集团。社会文化环境对营销的影响主要体现在教育水平、价值观念、宗教信仰、风俗习惯等。

SWOT 实际上分别是 strength、weakness、opportunity、threat 的第一个英文字母的组合，即组织自身优势、劣势、组织外环境提供的机遇、受到的威胁。通过分析，可以得到四种业务：理想、冒险、成熟、困难业务。面对环境对企业可能造成的威胁，企业常用的方法有对抗、减轻、转移三种策略。

医药企业应该充分重视当前面临经济全球化、现代生物技术的飞速发展、天然药物热潮涌起、居民生活水平提高、人口老龄化、“科教兴药”蔚然成风等新环境趋势。

思考题

1. 什么是微观环境和宏观环境？企业为什么要进行市场营销环境分析？

2. 市场的微观环境和宏观环境各包含了哪些内容？

3. 环境分析的方法有哪些？如何运用？

4. 医药企业营销分析的目的是为了解决什么问题？

5. 医药企业对环境机会的营销对策有哪些？对环境威胁的营销对策有哪些？举例说明。

案例分析

通常人们所称的“伟哥”，其英文音译名为“万艾可”(Viagra)，是美国辉瑞制药有限公司生产的产品。它是一种治疗男性勃起功能障碍即 ED(erectile dysfunction)的药物，其活性成分是西地(Sildenafil)。据称其研发投入超过 10 亿美元。1994 年 5 月 13 日，辉瑞公司向中国国家知识产权局申请专利，2001 年 9 月 19 日，国家知识产权局公告授予“伟哥”发明专利权。由于此前国内有不少于 20 家企业投入了高达数亿元的资金进行同类产品的研发，有的甚至已经完成了临床研究，故“伟哥”的授权尚未满月，国内的 12 家医药企业就联名向国家知识产权局提出该专利属无效申请。这样，一颗小小的蓝色神奇药片成了一场“中美较量”的导火索。

伟哥专利纠纷案真可谓一波三折：1994 年 5 月 13 日，辉瑞公司向中国国家知识产权局申请了“伟哥”的用途专利。2000 年 7 月(“伟哥”获得中国专利前)，它正式获得中国国家药品监督管理局的批准，进入中国市场。2001 年 9 月 19 日，国家知识产权局公告授予“伟哥”发明专利权。根据我国专利法的规定，“伟哥”专利一旦正式生效，其保护期将延续到 2014 年。在“伟哥”被授予发明专利权的 1 个月内，12 家国内企业联名向国家知识产权局提出申请，请求专利复审委员会宣告“伟哥”专利无效。理由是该药品专利不具有创造性、新颖性，及信息披露公开不充分。2002 年 9 月 3 日，国家知识产权局开始对该项专利进行复审。2004 年 7 月 5 日，国家专利复审委员会作出第 6228 号无效宣告请求审查决定书，认为该专利不符合专利法的有关规定，决定宣告其发明专利权无效。同月底，国内17家能够生产“伟哥”的药企老总聚首北京，商议组成联盟并成立一家联合股份公司来生产销售国产“伟哥”。2004年9月8日，辉瑞公司向中国国家知识产权局提出“要求重新考虑其决定”的请求。随后，辉瑞就“伟哥”专利案以国家知识产权局专利复审委员会为被告正式向北京市第一中级人民法院提起诉讼。请求法院撤销被告作出的决定书，责令被告重新做出决定，并维持专利有效，同时将国内的有关同类药企列为第三人。同年10月18日，北京市第一中级人民法院正式受理此案。2005年3月31日，北京市第一中级人民法院知识产权庭首次开庭审理此案。2006年6月2日，法院作出一审裁决：撤销专利复审委员会所作的辉瑞药品“伟哥”专利权无效的决定，同时要求该委员会就“伟哥”发明专利权重新做出审查决定。目前，国内的有关企业已决定向北京市高级人民法院提起上诉。“伟哥”案4年争战之后，因法院的裁定又重新回到原点。（资料来源：伟哥引发的“中美较量”终归中小企业科技2006.09第29页）

案例讨论

1. 国内研发土“伟哥”的企业每家投入少则几百万元，多则上千万甚至几千万元。一旦辉瑞申请的“伟哥”专利有效，对国产“伟哥”而言无疑是致命的打击。这一案例对国内企业的教训有哪些？

2. 试探讨在当前法律环境下，国内中药生产企业如何有效保护自身的知识产权？

笔记栏

第四章 医药消费者购买行为分析

学习目标

通过本章学习，掌握医药消费者市场的概念和特点，了解医药消费者的一般需求特征及其形成规律；了解医药市场上的市场失灵与信息失衡；掌握影响医药消费者行为的因素和行为类型，掌握医药消费行为决策过程。

引导案例

给顾客创造购买产品的理由

伴随着医药市场的激烈竞争，消费者的消费心理从稚嫩逐渐走向了成熟，消费行为也从盲动变的越来越理性。这里的“理性”并不是说消费者像医生一样正确认识自己的身体和需要，而是要让他购买就必须先从道理上说服他。对于医药企业而言，意味着除了要有知名度宣传外，还要有功效宣传，要从概念上说服他，告诉消费者这些方面很重要，不能像以前那样忽视，这样消费者才会去购买。医药市场的消费者主要有三大类：生病用药、预防用药、保健，因此消费者购买的是对他的身体情况有帮助的产品，比如糖尿病患者肯定就会对降糖方面的药品感兴趣，他不可能对减肥药感兴趣，即使减肥药效果非常好，他也不会买。

医药产品利益点的挖掘是患者购买的首要理由，只有对患者有良好作用的产品，才会有长久的生命力，靠短时间的炒作只能适得其反。

送礼也成为消费者购买医药产品的一大理由，不是给自己买，是给亲戚朋友买，送保健品就是送健康的理念已深入人心，成为节假日医药保健品市场的一大亮点。

很多医药产品的消费者与产品宣传受众不一定相同，比如针对孩子的产品，消费者是孩子，而宣传受众是父母；针对老年痴呆疾病的产品，消费者是老年痴呆患者，而宣传受众只能是儿女，所以情感也是顾客为亲人购买医药产品的理由。

此外，医药产品不仅仅是卖给顾客就结束了，后期的跟踪服务非常重要，是顾客持续购买和介绍新顾客的理由。可以说，谁的服务做得好，谁就能最终取得成功。

医药企业销售产品，不是采用某一项购买理由就能让产品销售红火，需要有效的整合，将顾客的所有购买理由灵活机动的运用，不同时期采用不同的策略，才会使购买理由的效用得到最大发挥。

医药消费者购买行为是一种为了实现治疗疾病、维护健康的目的，获得、使用和处置医疗卫生服务、药品和相关产品的消费活动。

著名的消费者决策模型是霍金斯（Hawkins）、贝斯特（Best）和科尼（Coney）在其著作《消费者行为》（*Consumer Behavior*）中创立的。这个模型描述了消费者生活方式对消费者的消费决策的影响，其中主要的影响因素是外部因素和内部因素，这两个因素通过对消费者购买决策过程的影响，最后影响到消费结果的选择。由于医药产品的特殊性，医药消费者的消费行为与他们在普通商品和服务的消费行为有着极为显著的区别，一般消费者行为理论不能很好地解释人们消费医药卫生服务产品的行为。

第一节 医药消费者购买行为概述

医药消费者购买行为过程是复杂的、多层

笔记栏

面的。积极适应并引导医药消费者行为,是医药企业成功的基础。

一、医药消费行为

(一) 行为

关于行为的定义,不同的学科有不同的界定。这些理论从不同的角度来反映人类行为的特征。

心理动力理论认为行为是内在的心理活动的外部表现。

行为主义理论认为行为是机体对环境各种刺激所做出的反应,其行为可以分为显性行为和隐性行为。

人本主义理论认为行为是反映机体各种内在需要的外部活动。

社会学习理论认为行为是机体在特定环境下通过自我控制和观察学习而形成的反应模式。

认知学习理论认为行为是机体对环境刺激经过一系列的认知活动所做出的适应性反应。

综上所述,可以看出人的行为既有生物性动机,也有社会性动机,不仅具有基本的生理需求,还包括复杂的社会需求。因此,我们可以把行为分为本能行为和社会行为两大类型。由于遗传因素决定的行为是本能行为,是与生俱来的,例如摄食、睡眠、性、追求刺激等行为。人的本能行为同时也受到个人主体意识的支配,它存在一个正常表达的问题。如果这种表达失控或者是超过正常范围,就会带来危害,例如药物滥用、性乱等。

人们在社会化过程中形成的行为是社会行为,主要由社会情境来决定。例如合理营养、适当的体育锻炼、吸烟和酗酒等。

在现实社会中,很多行为既具有本能属性,又具有社会属性。例如聚餐本来是解除饥饿的本能性的摄食行为,但是在社交聚会时这种场合下往往出现饮酒过度或摄食过量的情况,这又与社会因素有关。

(二) 医药消费者市场的概念和特点

医药市场指有购买力、有购买愿望的顾客群体。按照顾客购买目的或用途的不同,医药市场可分为医药组织市场和医药消费者市场两大类。医药组织市场指以某种组织为购买单位的购买者所构成的市场,购买目的是为了生产、销售、维持组织运作或履行组织职能;医药组织市场是由医药生产企业、医药商业企业、药品零售企业、各级各类医院和诊所、政府机构等所组成的组织市场。医药消费者市场是指个人或家庭为了满足其防病、治病、强身健体等生活需要而购买药品和接受服务所形成的市场。

医药市场需求是随着社会、经济、政治和文化的发展而不断地产生和发展的。它尽管由于受到各种因素的影响而千变万化。但是从总体上分析还是存在着一定的趋向性和规律性的。所谓医药市场需求,是指在一定的社会条件下,在一定的范围内,人们为了治病、防病和医疗服务对医药产品的要求与欲望。由于消费者的需要不同,使得医药消费者市场要求呈现不同的特点。

1. 多样性 由于各个消费者所患疾病的种类、购买药品和医疗服务的要求不同;又由于医药消费者的收入水平、文化程度、职业、性格、年龄、生活习惯不同,因而对同一类药品甚至是对同一种药品的需求、关注程度,也是千差万别的。正由于每个人在剂型、质量、规格、价格上的需求都不尽相同,从而决定了医药消费者市场的多样性。医药消费者需求的复杂性,要求药品供应品种要齐全。

2. 发展性 随着社会经济发展和人们生活水平的不断提高,人们对药品和医疗服务的需求,不论是数量上还是质量上都在不断地发展。医药市场总的趋势也是由低级向高级发展,由简单向复杂发展,由被动消费向主动消费过渡,许多潜在需求,不断地变成现实的购买行为。例如,随着人们的生活水平和人均用药水平的不断提高,消费者对营养滋补品和防衰老药品的需求越来越大。因此,医药消费者对医药产品和医药市场服务的需求,是随着商品经济的发展和消费者人均收入的提高而不断发展变化的。过去未曾消费过的高级滋补品进入消费;过去消费少的滋补营养品开始大量消费。医药企业应该正确认识医药消费者市场需求的发展性,认真搞好市场预测,不断开发出新的医药产品,使医药企业的发展与医药消费者市场需求的发展相适应。

3. 伸缩性 医药产品的需求受内因和外因的影响,具有一定的伸缩性(即弹性)。内因包括消费者本身的身体健康情况、货币支付能力和认识判断能力等;外因包括药品的价格、广告宣传、促销措施、医保制度等。这些都可能对消费需求产生促进或抑制作用。一般而言,人们对医药产品的需求总量是相对稳定的,但就某一具体药品来讲,其市场需求量决定于多种因素。从外因来讲,包括该药品供应数量的多少、价格的高低、广告宣传的程度、销售服务的优劣等;内因则包括医药消费者取得药品或服务的迫切性和自己的货币支付能力。只要上述因素发生了变化,就会引起医药消费者市场需求的相应改变。这种改变既可能变多,也可能变少。从而表现出医药市场需求的伸缩性。

4. 替代性 医药消费者需求的药品有些是相关产品,相关产品分为相互补充品和相互替代品。有些药品往往配伍使用,它们是互补品,如利福平与乙胺丁醇,这样一种药品的销售会带动另一种药品的销售。因此,生产和经营互相补充的药品,不仅给消费者带来方便,还能扩大药品的销售额。而有些药物之间存在着此消彼涨的关系,它们是替代品,如青霉素钠盐与青霉素钾盐,又如金银花与连翘,茯苓与猪苓等,这些功效相近的药物在一定情况下可以相互替代。此时一种药品的销售会限制另一种商品的销售。这就要求医药企业及时把握市场发展趋势,适应市场需求变化,有目的有计划地根据医药市场需求规律组织药品供应,更好地满足医药消费者的需求。

5. 诱导性 由于大多数医药消费者缺乏专门的医药知识,在购买医药产品和服务时,需要有一个了解和认识的过程。因此,医药消费者的需求也是可以引导和调节的,即具有一定程度上的可诱导性。医药企业可以通过成功而有效的市场营销工作,引导、诱发医药消费者的需求,使无需求变为有需求,潜在需求变为现实的需求,未来的购买欲望转变为近期的购买行为。因此,医药企业不仅应努力做好各种营销工作,还要合理引导医药消费者和医生的用药需求,使药品的销售市场逐步扩大。只要对自己的医药产品通过广告等手段多加宣传,提高其在医药消费者当中的知名度,即使治疗的功效、质量与其他医药产品一样,也会有较多的人去购买。

6. 广泛性 生活中的每一个人都不可避免的会生病,人生病才会吃药,就会发生医药消费行为和医药消费品购买行为,成为医药消费者市场的一员。因此,医药消费者市场人数众多,范围广泛。

7. 季节性 因为疾病的发生与季节具有密切的关系,在易发病的春、冬等季节,医药产品的消费需求量就会大增,所以说医药消费者市场需求也是有一定的季节性。

8. 特殊性 药品是人们用来防病、治病的一种特殊商品。医药消费者在消费过程中如果使用不当或误用、误服不仅延误疾病的治疗,加重病情,而且还会对人民生命安全产生直接影响。市场对药品的要求总的来说是疗效好、毒副作用小。这种有别于一般日用消费品的特征,使医药企业在生产经营时,不仅要在生产过程中严格执行国家有关规定,保证药品质量,而且要在销售过程中对消费者负责,指导其科学合理用药,并提供售后服务。药品的这种特殊性直接关系着每一个人的身体健康和生命安危,关系到千家万户的幸福与安宁。主要表现如下:

(1) 药品作用的两重性。药品可以防病治病、保健康复,但多数药品又有不同程度的毒副作用。如管理得当,使用合理,可以治病救人,保护健康,造福人类。反之,管理混乱,使用不当,则危害人们的生命安全和身体健康,破坏社会生产力,甚至祸国殃民,产生严重后果。这两重性说明加强药品管理防止误用滥用的重要性。

(2) 药品很强的专用性。大部分药品只有通过医生的检查、诊断后,并在医生的指导下合理使用,才能达到防病治病和保护健康的目的。若滥用药物就很可能造成中毒或产生药源性疾病。

(3) 药品质量的重要性。药品质量关系到病人的安危,因此至关重要。符合质量标准要求,才能保证疗效,不符合标准要求,则意味着疗效得不到保证。所以,进入流通渠道的药品,只允许有合格品,绝对不允许有次品或等

笔记栏

外品。为此,国家授权卫生部组织医药专家制定并颁布药品标准,未经卫生部批准,任何个人或单位都不得更改。所有不合格的药品不准出厂、销售或使用。

信息框

2006 年 4 月,齐二药"亮菌甲素注射液"事件波及 8 个省份,11 位病人死亡。事件被定性为一起不法商人销售假冒药用辅料,采购和质量检验人员严重违规操作,使假冒药用辅料制成假药投放市场进而致人亡的恶性案件,企业因此被吊销药品生产许可证,收回 GMP 证书,药品被查封,犯罪嫌疑人和相关责任人受到严肃查处。

2006 年 8 月,安徽华源制药生产的"欣弗"事件引起的不良反应波及 12 个省,430 多人出现不良反应,9 位病人死亡。药品监管部门根据有关规定,对其产品按劣药论处,企业的大容量注射剂《药品 GMP 证书》被收回,产品批准文号被撤销,"欣弗"药品被要求限期召回销毁,相关责任人被撤职。

在短短的几个月里,就连续发生两起震惊全国的药品安全质量事故,反映出药品生产、流通和使用环节中存在各种隐患,让整个行业蒙羞,使舆论为之哗然。

(4) 药品时效的限时性。药品是治疗疾病的物质,这就要求药品生产、经销部门及医疗卫生单位对药品要有适当的储备。但因为药品有一定的有效期,凡过期的药品,一律不能销售和使用。

(5) 药品等级的一致性。一般商品往往有等级之分,所谓一等品、二等品、等外品,等等,甚至残次品亦可削价销售。而药品只有合格与不合格之别,凡不合格的药品绝不能出厂、销售和使用,否则,就是违法。

(6) 药品管理的科学性。药品质量的优劣、真伪,一般消费者难以辨别,必须由专门的技术人员和专门机构,依据法定标准,应用合乎要求的仪器设备、可靠的方法,才能做出鉴定或评价。世界各国均设有专门的药品检验机构,负责对药品质量的检测。

必须指出的是,许多药品,特别是新药,还需要通过上市使用一段时间后,经过长期的、大量的调查、统计和分析,进行再评价,才能发现其毒副反应。为此,我国已经在努力逐步完善药品不良反应监测和药品质量信息反馈系统。

二、医药消费行为主要内容

笔记栏

医药消费者的消费行为是由内外因素影响过程和消费者心理活动影响过程的双重影响构成的。内外因素共同作用,首先影响人的生活方式和基本价值观,如果这时出现生理上的异常,就产生医药服务与产品的需要,这种需要通过决策过程而最终变成需求。

医药消费者的年龄、性别、职业、收入、居住条件、家庭,结构、社会阶层、参照群体等客观因素影响到最终的消费决策,同时来自消费者的内部生理和心理因素,诸如生理和心理需要、动机、个性、态度、观念、习惯等也影响到最终的消费者决策。医药消费者在种种刺激因素的作用下,经由复杂的心理活动过程,产生购买动机,在动机的驱使下,做出购买决策,采取购买行动,并进行购买评价,由此完成了一次完整的购买行为。这里需要指出,购买者心理活动过程是在其内部自我完成的,因此,心理学家称之为"暗箱"或"黑箱"。

医药消费者购买行为的一般模式,是医药企业销售部门制定销售计划,扩大产品销售的依据。它能帮助医药企业认真研究和把握购买者的内心世界,认识消费者的购买行为规律,并依据本企业的特点,向消费者进行适宜的"刺激",以便使外在的刺激因素与消费者的内在因素在心理上发生整合作用,以便形成购买决策,采取购买行为,实现满足需要、扩大销售的目的。

当潜在的医药消费需要转化为现实时，就形成了需求。医药消费需求是消费者的需要和购买动机在利用医药服务和产品过程中的具体表现，它较之需要动机有着更加直观、具体、丰富的内容。医药需要主要反映消费者为什么购买，以及由需要指向的购买对象，而需求则具体地表现消费者在何时、何处、如何以及由谁购买。

1. 何时购买 普通的消费购买时间，受商品性质、季节、假日和消费者闲忙影响，有一定的习惯和规律。一般说来，生活日常消费品，以工作之余和休息日购买较多；季节性商品比较集中在当季购买。而医药服务产品只有产生可观需要时，才有可能形成需求。医疗卫生服务是针对疾病提供的，健康的时候是无法利用这些服务的；药品及其他物品是对异常的生理现象的调整，也不可能在没有疾病的情况下使用。时间影响到社会生活节奏，影响到疾病发生的条件，所以一些疾病是具有季节性特点的。例如夏季易发生腹泻等疾病，而冬季则易引发呼吸道感染性疾病。研究和掌握病人利用医药服务及产品的时间习惯和规律，据以适时提供服务，集中销售服务的力量，既可满足病人需求，又可以提高社会和经济效益。

2. 何处购买 由于药品是特殊商品，在我国药品消费中最基本的购买地点是两个：一是医院（医疗单位），二是药店。因为药品销售场所的不同，从而导致医药企业营销策略也各异。在医院销售的药品一般以处方药为主，由于需要专业知识作后盾，消费者自主消费的情况很少发生，所以以服从型消费为主。消费者在购买药品时，品种、数量等除了由医生说了算外，还要受当地《基本医疗保险目录》的限制。因此，医药企业所要做的工作是一方面力争使本产品进入医保目录中，另一方面做好对医院和医生的推广宣传工作，从而达到扩大药品销售的目的。病人也可以根据自身情况和掌握的医药知识进行自主决策，在药店购买药品，因此，医药企业也要做好对广大消费者的推广宣传工作，从而促进药品的销售。

3. 购买什么 在研究消费者购买什么时，除了要回答企业目标顾客最想得到的产品和服务以确定企业的市场营销定位外，更重要的是市场营销人员要掌握企业目标市场中的消费者在购买药品时所关心的是什么、考虑的是什么、担心的又是什么等。由于医药消费者的差异，使同一类药品的不同消费者在购买药品时所关心考虑的内容不可能一样，有人关注疗效，有人关心价格，有人关心品牌，也有人注重广告宣传或完全听从医生的建议。掌握了这些情况，就可使医药企业在市场营销中很好地把药品与消费者的需要结合起来，解决其根本问题，使需要得到充分满足。

4. 由谁购买 医药产品的使用似乎是一个人的行动，但实际上，其中有倡议者、影响者、决策者、购买者和使用者之分。倡议者——首先想到并提出要购买某种药品的人；影响者——对最终的购买决定有直接或间接影响的人；决策者——最后决定整个购买意向的人，如买不买，买什么，买多少，怎么买，什么时候买或到哪里买；购买者——购买行动的实际执行人，使用者——所购药品的最终使用者。到医院就诊的基本上是最后的医药服务与产品的使用者，但是到药店的购买者，可能本身是决策者，也可能只是一个执行者而不是决定购买的主体。研究购买主体的目的，在于分析和找出在消费行为中谁是购买的决策者。例如：家庭日用品、化妆品、摆设品等，决策者通常是妻子；而耐用消费品的决定者通常是丈夫；文体用品则多是子女。找出购买的决策者，从而采取有针对性的广告宣传和销售服务，以诱导影响消费者，争取决策者，促使购买行为的实现。

第二节　影响医药消费者行为的因素

与普通的商品消费影响因素有很大不同的是，医药消费的影响因素更多是客观的，这是由于疾病的客观性所决定的。绝大部分疾病的发生，是不以人的主观意志为转移的，而疾病又是必须得到及时解决的，基本的文化要求是社会有责任帮助那些看不起病的人得到及时的救治。在这样一种文化的背景下，影响医药消费者行为的因素中，可以分为三个层次。直接作用导致对医药服务和产品需求的核心因素是个人的健康观念和生活方式。第二个层次是病人的经济承受能力、遗传、生理基础、心理情绪与人格、环境与居住条件、家庭与配偶、健康知识、药物知识等因素。第三个层次是文化与亚文化、医学临床技术、医疗服务体系、社会保障制度与医疗保险、人口学与流行病学、邻里与学校的影响、政治、社会经济与社会发展等因素。

一、经济承受能力影响

经济承受能力是指为了治疗疾病，在利用医疗卫生服务和消费药品和其他物品的过程中，支付相关费用的能力。可以看到，在现代的社会收入结构与收入水平条件下，治疗疾病的费用远远超过普通居民的收入水平，除了疾病带来的痛苦之外，这种远远超过收入水平的经济负担，对于个人和家庭来说，所带来的破坏性作用是毋庸置疑的，极大地影响了医药产品的市场需求。

二、疾病的严重程度及其认知水平

影响人们不能及时使用医药产品的第一原因是自认为病情较轻，不用服药或就诊，这里面涉及疾病所带来的痛苦程度是否被病人本人认可的问题。

第一是疾病带来的痛苦到底是否影响到了正常的工作和生活，如果病痛超出了人们的忍受程度，人们就会使用医药产品。

第二是病人对感觉到的症状的可能性结果的推测与预期。尽管一些症状带来的痛苦并没有超过忍受程度，但是这些信息可能与一些不好的结果，或者是与严重的疾病有非常密切的关系，那么病人还是愿意使用医药产品的。

第三是人们对那些尚未出现不良征兆，但是已经发生了可能导致疾病发生的一些事件给与的关注程度。如果这些事件恰好是疾病的重要起因，就容易引起人们的重视。例如尽管没有可信的证据证明化妆品对胎儿的影响，一些孕妇还是在孕期改变了过去的生活习惯，不再化妆。

第四是人们的健康知识和自我保健意识的影响。那些掌握一定健康知识的群体，更容易采取健康行为，在没有疾病发生或没有诱发疾病的条件存在的前提下，仍然预防性的使用药品、服用一些营养保健品、有计划地参加体育锻炼。

三、社会环境影响

1. 社会文化因素的影响 文化是一个社会的特征，它影响到人们的行为和思想，规定了大多数人的行为举止的范围，是人们思考和行为的指南，在消费者决策中起至关重要的作用。

中国向来以“礼仪之邦”著称于世，最重视人与人之间的关系和感情联系。这在消费上也有显著的反映。人们习惯于与周围环境和别人保持一致，而不愿意“鹤立鸡群”，注重别人的评价和看法。因此，在消费时，表现出一种求同心理，往往向别人“看齐”。所以，在中国市场上，大众化的商品比较受欢迎。当今中国人的消费，特别是在穿着上敢于“标新立异”的人逐渐多起来了，但是其程度仍受到传统的影响。中国人比较重视人们之间感情的联系，喜欢请客，讲究送礼。西方人的习惯就和我们不同，朋友见了面到饭馆吃饭也常常是各付各的钱；送礼也很简单，一支鲜花，一包巧克力即可。

2. 消费价值观的影响 人的价值观是一种多维度、多层次的心理倾向系统。消费价值观是指人们对消费行为、消费方式的价值取向。不同的消费者对同一种消费品的价值评价是不一样的，由此会影响到他们的消费行为。每个消费者的消费价值观都会有差异，具体有：

（1）节俭价值观。崇尚节俭消费，不骄奢浪费，消费以能满足个人基本需求为标准。

（2）功能主义价值观。注重产品的核心价值，不注重外形包装等产品的形式价值，讲究消费的效率。

（3）骄奢价值观。崇尚过度消费，铺张浪费，追求高等级的品牌，注重排场，关注产品的形式多于关心其实际价值，以金钱的挥霍为

笔记栏

满足。

(4) 时尚消费价值观。追求时髦,紧跟消费潮流,以不落后于、甚至超前于时尚为满足。

消费价值观对消费者的消费行为起着强烈的动机和引导作用。消费者有什么样的价值观,就会有什么样的消费行为。商家的大减价,季节性打折,会吸引有着节俭价值观或功利主义价值观的消费者,却不可能招揽来有着骄奢价值观的消费者;不言而喻,新产品、新的消费方式的早期购买者,应该是有着时尚消费价值观的消费者。

3. 消费习俗的影响 消费习俗则是人们在日常生活消费中,由于自然环境、物质生活条件、经济发展水平和民族发展历史等原因,形成了各个国家、各个民族独具特色的约定俗成的消费习惯。它影响着人们的价值观念、消费观念,具有较强的稳定性。消费习俗是以国家、民族和地区为基础形成的,不同国家、民族的不同消费习俗,直接影响着消费行为,影响着个体消费者对商品的选择。这种影响是深远的,很难改变的。尽管近年来随着国际交往的日益频繁,国家、民族间文化交流增多,在许多商品的消费方面差异明显缩小,但涉及消费习俗方面的消费行为,却难以被改变、被同化。例如,儒家文化统治中国两千年之久,形成了整个中华民族中庸、平和、忍让、谦恭的价值观取向,反映在消费行为中,体现为重规范、重形式、讲传统、随大流等特点,推崇含蓄美;而西方人则崇尚张扬、外展、冲突的美,在消费行为中强调个性。具体来看,西方各国又各不相同。如英国人重视经验、保持传统、讲求实际,而法国人则热情、浪漫、注重艺术性。因此,英国人的时装庄重、大方、实用、简便,而法国时装潇洒、飘逸、抽象,更具艺术性。因此,医药企业必须注意研究各国家、各民族不同的消费习俗,用以指导自己的生产和经营,否则就可能遭受失败。

4. 宗教信仰对消费行为的影响 宗教信仰也是影响消费行为的重要因素。宗教信仰对消费行为的影响具体表现为:影响消费者对商品价值的判断;影响消费者对所需消费商品种类的选择;影响消费者对所消费商品品牌、包装、式样及色彩等方面的选择;影响消费者选购商品的行为方式。因宗教信仰不同,各宗教禁止教徒消费的商品也有所不同。例如,基督教的教徒,一般忌讳“13”这个数字,认为不吉利。在西方国家,楼房的层数、房间号、电影院、剧院等公共场所的座位号、商品的编号等一般很少用“13”这个数字。向这些国家出口商品,应特别注意这个忌讳,尽量避免使用这个不吉利的“13”;再比如,回族的一些信奉伊斯兰教的少数民族,在饮食上有些禁忌。所以,医药企业必须了解目标市场消费者的宗教信仰,把握各宗教信仰对消费行为的影响,在此基础上生产适销对路的医药产品,采取适当的营销策略,否则,就可能遭到失败。

四、家庭因素的影响

家庭与消费活动有着极为密切的关系。据统计,大约80%的消费行为是由家庭控制和实施的。因此,有必要分析家庭对消费行为的影响。影响家庭消费行为的主要因素是家庭决策类型、家庭生命周期、家庭收入水平等。

1. 不同决策类型家庭的分析 家庭是消费活动中的基本单元,但购买决策的制定,通常不是家庭这个集体,而可能是家庭中的某一个人或几个人。一般来说,家庭购买决策者,往往是家庭收入来源主要提供者。不同家庭由于决策类型不同,其购买行为也会有所区别。家庭决策类型可以分为以下四种:

(1) 各自做主型:即家庭中的每个成员都有权相对独立地做出有关商品的购买决策。这类家庭属于开放型,一般文化层次较高,收入较为宽裕。

(2) 丈夫支配型:即家庭主要商品购买决策由丈夫决定。这类家庭属于中国传统的家庭形式,农村家庭的大部分属此类家庭。文化水平相对较低,家庭主要经济收入靠丈夫提供,也有少数情况是因丈夫料理家务,有比较丰富的购买决策经验。

(3) 妻子支配型:即家庭主要商品购买决策由妻子决定。这种家庭类型形成的原因比较多,或是由于丈夫忙于工作或其他事务,家务劳动绝大部分由妻子来承担;或是由于妻子精明能干,有丰富的购买经验和较强的决策能力。

笔记栏

(4) 共同支配型:即购买决策由夫妻双方共同协商决定。这种类型在现代家庭中最为普遍,这是由于现代人受教育水平较高,夫妻双方都有经济收入,思想开放,适应时代,夫妻在家庭中具有同等的地位。随着社会的进步、妇女地位的提高,这种类型的家庭将成为家庭决策类型的主要形式。

不同的家庭决策类型,其购买行为带有明显的主要决策者的消费心理特征。另外,家庭中主要决策者或权威者,对家庭中其他成员的购买行为往往也会产生很大的影响。研究谁是产品购买的决策者,并熟悉不同决策类型,可以改善医药企业的服务方式和态度,使医药企业的产品在市场上占有更多的份额。

2. 家庭生命周期分析 家庭生命周期是大多数家庭所必经的历程,是指家庭从建立到结束全过程所经历的时间。从家庭整体来说,生命周期是根据年龄、婚姻状况、子女及其成长状况来进行的。一般分为六个阶段:一是新婚阶段——指年轻夫妇,刚刚组成家庭,尚未有小孩;二是满巢期一——指年轻夫妇,有一个6岁以下的小孩;三是满巢期二——指年纪稍大的夫妇,有6岁以上的小孩;四是指满巢期三——指年纪较大的夫妇,有能自立的子女;五是空巢期——指年纪大的夫妇,身边无子女;六是鳏寡期——指老年单身独居。处在不同阶段的家庭,对产品的需求和构成有极大的差别。如新婚夫妇需要添置床上用品和各种生活用品,有小孩的家庭需要增加玩具,老年家庭需要增加营养保健品。对医药企业而言,应对家庭生命周期不同阶段进行具体分析,区别对待,从而做出有效的销售决策。

3. 家庭收入的分析 家庭收入是家庭支出的源头,是家庭消费的经济基础。它在很大程度上决定家庭的消费行为。有了收入才有可能产生消费支出,收入水平的高低也直接影响着消费状况。根据恩格尔定律,家庭的食物支出占家庭收入的比例,反映着该家庭的消费水平。一个收入水平高的家庭,在满足了食物支出之后,剩余的可任意支配的收入较高,故而它就有较高的消费水平,现实的购买力很强。当家庭成员产生某种消费愿望时,他们在较短的时间内就可以形成购买决策、实施行为以满足消费需要。这类家庭在选择商品时多选择一些高品质、高档次的名牌商品。相反,一个家庭如果收入偏低,那么除去食物方面的必要支出外,可任意支配的收入很少,其消费水平很低,现实购买力也不大。当这类家庭进行购买时,他们对商品的价格非常敏感,购买决策很慎重,一般追求物美价廉的商品。由于受经济收入的限制,此类家庭对高档次商品的需求很小。一旦产生需求,也需经过全家人周密、仔细的评价商议才能做出购买决策,并需要较长时间进行准备之后才有能力实施购买,总之,消费行为理智性强,较难受到各种促销手段的影响。

五、社会阶层的影响

社会生活中,每个消费者都归属于一定的社会阶层,他们的消费观念、生活方式必然要受到所属阶层的制约与影响,因而同一社会阶层的消费者在消费心理与行为表现上会有许多相似之处,而不同社会阶层的消费者则表现出明显的差异。这种心理上的差异会直接影响消费者的消费选择,具体表现为:

1. 对信息的利用和依赖程度的差异 高社会阶层的消费者因受教育程度高,读书、看报、翻阅杂志的时间与机会较之低社会阶层者要多,因而可充分利用不同媒体获取有价值的商品信息;而低社会阶层的消费者,因受教育程度低,平时读书看报少,电视广告成为其获取信息的主要来源。而我国农村消费者,获取商品信息的渠道窄。另外,不同社会阶层的消费者购买商品时对广告的依赖也有很大差异,上层的消费者大多依赖广告指导商品选择,而下层消费者其依赖程度则要低得多。

2. 对商店选择的差异 高社会阶层的消费者喜欢到高档、豪华的商店去购物,从而产生优越感和自信,得到一种心理上的满足;而低社会阶层的消费者在高档、豪华商店则会产生自卑、不自在的感觉,因而他们通常选择与自己的地位相称的商店购物。

3. 商品投向的差异 处于不同社会阶层的消费者在购买商品的类型、特征上也有很大的差异。例如,在西方发达国家,少数商界富豪或贵族世家是名贵珠宝、古董、著名绘画作品等的主要购买者以及高档消费、娱乐方式的主要顾客。他们对其他阶层的消费者具有示范消费的作用。而律师、医生、大学教授、科学家等专业人员，这个阶层消费者也具有较高的收入，但他们非常重视教育的作用，注意家庭的智力投资，偏爱高品质、高品位的商品，注重商品与自己的身份地位相匹配。

六、相关群体的影响

相关群体指能够影响医药消费者购买行为的个人或集体。总言之，只要某一群人在消费行为上存在相互影响，就构成了一个相关群体，不论他们是否相识或有无组织。某种相关群体的有影响力的人物称为“意见领袖”或“意见领导者”，他们的行为会引起群体内追随者、崇拜者的仿效。

日常生活中影响消费者的常见相关群体包括：

1. 家庭 家庭是消费者最重要的相关群体，它包括了消费者的血缘家庭和婚姻家庭。家庭成员的个性、价值观以及成员之间的相互影响，对消费者的行为起着直接的影响作用。

2. 同学、同事 由于长期共同学习或在一个单位里合作共事，消费者常受到来自同学或同事的影响。

3. 邻居 俗话说“远亲不如近邻”。在消费者活动中，左邻右舍的消费倾向、价值评价、选择标准等往往成为人们决策的重要参照依据。

4. 亲戚朋友 亲戚朋友也是影响消费者行为的主要相关群体。在某些情况下，由于具有共同的价值取向，朋友的看法往往更具说服力。

5. 社会团体 各种正式与非正式的社会团体，也在一定程度上影响着消费者的购买行为。

6. 名人专家 如政界要人、专家学者、影视明星、歌星、体育明星等，都可能成为影响消费者行为的参照系。

七、药物因素的影响

药品质量是药品的生命，在相同的市场和相同的医药产品结构条件下，药品的质量也是影响医药消费者购买的重要因素。医药消费者使用药品的最终目的是获得身体的康复，所以衡量一种药品是否具有生命力和市场竞争力的标准之一就是其疗效。影响药品疗效的主要因素是：

1. 药物的构效关系 指药物化学结构与药效的关系，这是药物作用特异性的物质基础。化学结构相近似的药物一般能产生相似的作用，称拟似药，产生相反作用的，称对抗药。药物的化学结构完全相同的光学异构体，其作用可能完全不同。

2. 药物的量效关系 药物的药理效应，一般是随药物剂量的大小而增减，两者之间的规律性变化，称为量效关系。与此相关的指标有：最小有效量、治疗量、极量、最小中毒量、致死量等。

3. 药物与剂型的关系 剂型是药物应用的形式，对药效的发挥作用极大，表现在：

（1）剂型可改变药物作用的性质。例如硫酸镁口服可作泻下药，但25%硫酸镁注射液10ml，用10%葡萄糖注射液稀释成5%的溶液静脉滴注，能抑制大脑中枢神经，有镇静、镇痉作用。

（2）剂型能调节药物作用速度。不同剂型，药物作用速度不同。如注射剂、吸入气雾剂，属于速效制剂，可用于急救。丸剂、缓控释制剂、植入剂等属于慢效或长效制剂。

（3）剂型的改变可降低或消除药物的毒副作用。如芸香油片剂治疗咳喘病，药效发挥慢，且疗效不佳，但改成气雾剂后则药效发挥快，副作用小。

（4）某些剂型有靶向作用。如静脉注射乳剂、静脉注射脂质剂等，是具有微粒结构的制剂，在体内能发挥靶向作用。

（5）剂型直接影响药效。如药物的晶型、药物粒子的大小不同，会直接影响药物的释放，进而影响药效。

4. 机体因素 患者机体方面的差异与药物效应的关系密切，有时是对药物起决定作用的因素。主要有：

（1）年龄与性别。年龄的不同对药物的反应有很大差别，老年人生理功能减退，少年儿童生理功能尚不完善，必然会影响药物的吸收、代谢和排泄。性别差异也很明显，如妇女月经期和妊娠期对泻药及强烈刺激性药物敏感，如不注意可引起月经过多或早产、流产的危险。

（2）个体差异。个体的差异对药物反应不同，表现在某些高敏性患者、对某些药物产生依赖性和成瘾性的患者，个体的耐药性程度不同，对药物的反应也不同。

（3）遗传因素。遗传因素是影响药物疗效的重要因素，有时起决定作用。体内缺乏某种酶或存在异常酶的先天性生化缺陷或机体免疫功能发生异常，都可能引起有关药物的代谢障碍。

（4）病理状态。病理状态能直接影响机体功能和药物作用。如降压药能使高血压病人降低血压，对正常人血压影响不大；有肝肾功能障碍者，某些药物的副作用会增强或延长甚至引起中毒。

（5）精神状态。病人的精神状态对药物疗效和恢复健康有密切关系。乐观情绪对治疗可产生积极影响，而忧郁悲观则不利于治疗，还可能影响药物的疗效。

因此，医药企业必须仔细分析这些影响因素，把握医药消费者购买行为的规律性，为营销决策提供依据。

第三节　医药消费者购买行为类型

医药消费者与普通消费者之间有很大的差别，其购买行为表现出独特之处。这种差别来源于医药产品消费的主体是病人，而病人对医药产品的消费初衷是来自于生理上的需要。这种需要不是可有可无的，如果不能及时使用医药产品，极有可能造成健康的损失，甚至是殃及生命。同时，病人不可能有足够的时间或者有极为合适的代言人来寻找相关的决策信息，他们不得不在有限的时间里面做出后果难料的决策，选择他们知之甚少的医药产品。

不同医药消费者购买过程的复杂程度不同，究其原因，是受诸多因素影响，其中最主要的是购买介入程度和品牌差异大小。购买介入程度指消费者购买风险大小或消费者对购买活动的关注程度。如果医药产品价格昂贵，消费者缺乏产品知识和购买经验，购买具有较大的风险性和高度自我表现性，则这类购买行为称为高度介入购买行为，这类消费者称为高度介入购买者；如果产品价格低或消费者有产品知识和购买经验，购买无风险或无自我表现性，则称为低度介入购买行为，这类消费者称为低度介入购买者。同类产品不同品牌之间的差异大小也决定着消费者购买行为的复杂性，差异小，无须在不同品牌之间精心选择，购买行为就简单。因此，同类产品不同品牌之间的差异越大，产品价格越昂贵，消费者越是缺乏产品知识和购买经验，感受到的风险越大，购买过程就越复杂。阿萨尔（Assael）根据购买者的购买介入程度和产品品牌差异程度区分出四种复杂程度不同的购买类型，见表 4-1。

表 4-1　购买行为的四种类型

购买介入程度 品牌差异程度	高	低
大	复杂的购买行为	多样性的购买行为
小	减少失调感的购买行为	习惯性的购买行为

一、复杂的购买行为

如果医药消费者属于高度介入，并且了解现有各医药产品的品牌、质量、品种和规格之间具有显著差异，则会产生复杂的购买行为。复杂的购买行为指医药消费者购买过程完整，要经历大量的信息收集、全面的药品评估、慎重的购买决策和认真的购后评价等各个阶段。比如，感冒药，不同品牌之间差异大，某人想购买，却对不同品牌之间的功效、质量、价格等无法判断，贸然购买有极大的风险。他要广泛收集资料，弄清很多问题，解决很多难题，逐步建立对此药品的信念，然后转变成态度，最后才会做出谨慎的购买决定。

对于复杂的购买行为，营销者应制定策略帮助购买者掌握医药产品知识，运用印刷媒体、电视媒体和销售人员宣传本品牌的优点，发动药店营业员和购买者的亲友影响最终购买决定，简化购买过程。

二、减少失调感的购买行为

如果医药消费者属于高度介入，但是并不认为各品牌之间有显著差异，则会产生减少失调感的购买行为。减少失调感的购买行为指消费者并不广泛收集产品信息，并不精心挑选品牌，购买过程迅速而简单，但是在购买以后会认为自己所买药品具有某些缺陷或其他同类药品有更好的效果而产生失调感，怀疑原先购买决策的正确性。某些药品价格不高，不常购买，但是消费者看不出或不认为某一价格范围内的不同品牌有什么差别，不须在不同品牌之间精心比较和选择，购买过程迅速，可能会受到与药品质量和功能无关的其他因素的影响，如因价格便宜、销售地点近而决定购买。购买之后会因使用过程中发现产品的缺陷或听到其他同类药品的优点而产生失调感。

对于这类购买行为，营销者要提供完善的售后服务，通过各种途径经常提供有利于本企业和产品的信息，使顾客相信自己的购买决定是正确的。

三、习惯性的购买行为

如果医药消费者属于低度介入并认为各品牌之间没有什么显著差异，就会产生习惯性购买行为。习惯性购买行为指医药消费者并未深入收集信息和评估品牌，没有经过信念——态度——行为的过程，只是习惯于购买自己熟悉的品牌，在购买后可能评价也可能不评价产品。

对习惯性购买行为的主要营销策略是：

1. 利用价格与销售促进吸引医生试用 由于医药产品本身与同类其他品牌相比难以找出独特优点以引起消费者的兴趣，就只能依靠合理价格与优惠、展销、示范等销售促进手段吸引医生试用或医药消费者购买。一旦医生了解和熟悉医药产品，就可能经常开该产品的处方并建议病人使用该产品以至形成购买习惯。

2. 开展大量重复性广告加深医药消费者印象 在低度介入和品牌差异小的情况下，医药消费者并不主动收集品牌信息，也不评估品牌，只是被动地接受包括广告在内的各种途径传播的信息，根据这些信息所形成的对不同品牌的熟悉程度来决定选择。医药消费者选购某种品牌不一定是被广告所打动或对该品牌有忠诚的态度，只是熟悉而已。购买之后甚至不去评估它，因为并不介意它。购买过程是：由被动的学习形成品牌信念，然后是购买行为，接着可能有也可能没有评估过程。因此，企业必须开展大量广告使顾客通过被动地接受广告信息而产生对品牌的熟悉。为了提高效果，广告信息应简短有力且不断重复，只强调少数几个重要论点，突出视觉符号与视觉形象。根据古典控制理论，不断重复代表某种医药产品的符号，购买者就能从众多的同类医药产品中认出该产品。

3. 增加购买介入程度和品牌差异 在习惯性购买行为中，医药消费者只购买自己熟悉的品牌而较少考虑品牌转换，如果竞争者通过技术进步和产品更新将低度介入的产品转换为高度介入并扩大与同类药品的差距，将促使消费者改变原先的习惯性购买行为，寻求新的品牌。提高介入程度的主要途径是在不重要的医药产品中增加较为重要的功能和用途，并在价格和档次上与同类竞争性产品拉开差距。比如生发水若仅仅有营养头发的作用，则属于低度介入产品，只能以低价展开竞争；若增加功效，则介入程度提高，提高价格也能吸引购买，扩大销售；若增加长发生发的功能，则介入程度和品牌差异都会进一步提高。

四、多样性的购买行为

如果医药消费者属于低度介入并了解现有各医药产品品牌和品种之间具有显著差异，则会产生多样性的购买行为。多样性的购买行为指消费者购买产品有很大的随意性，并不深入收集信息和评估比较就决定购买某一品牌，在消费时才加以评估，但是在下次购买时又转换其他品牌。转换的原因是厌倦原口味或想试试新口味，是寻求产品的多样性而不一定有不满意之处。

对于寻求多样性的购买行为，市场领导者和挑战者的营销策略是不同的。市场领导者力图通过占有货架、避免脱销和提醒购买的广告来鼓励消费者形成习惯性购买行为。而挑战者则以较低的价格、赠送样品和强调试用新品牌的广告来鼓励消费者改变原习惯性购买行为。

第四节　医药消费者购买决策过程

消费者的购买决策过程是一个从产生需

要到买后感受的长过程，而不单单是购买行为实施的短暂时间。消费者的购买过程可归纳为以下六个阶段，如图 4-1。

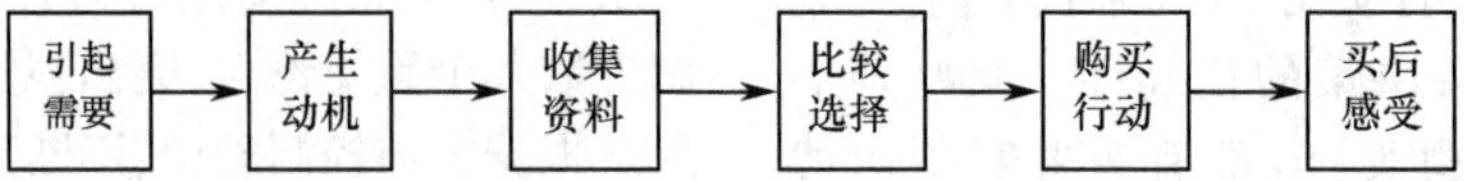

图 4-1　消费者购买行为过程

1. 引起需要　需要引起后，往往会延长一段时间，并随时上下波动。由内因引起的需要，延续时间越长，需要越强烈；由外因引起的需要，在短期内见效，时间越长，需要反而减弱。在商业营业活动中，要研究如何利用外在因素，去引起消费者的内在需要。营销人员应首先了解本企业经营商品的种类、特点以及与此有关的消费者现实或潜在的需要，并了解这些商品在不同时间里的需要程度，这种需要被哪些诱因所引起。这样就可以设计诱因。引起消费者的诱因是多方面的，可以是时间的、地点的、经营方式的，布局陈列的，也可以是产品本身的质量、价格、花色品种、规格、包装等。这些诱因可以单独使用，也可以综合使用。

2. 产生动机　需要产生动机，动机又分为各种各样，作为营业人员，主要应了解消费者产生什么样的动机，以优质的产品和良好的服务来满足消费者的需要。

3. 收集资料　人们产生购买动机后并不一定马上就买。在这种情况下，作为记忆的资料收集起来，并通过收集其他资料，来完成从知觉到坚定的心理程序，做出购买决定。

人们取得的资料大多数来源于同事朋友间的交流、广告、商品包装、参观、实践或使用商品的体验等。

对于营销人员来说，要加强广告宣传，积极向消费者提供可选择的资料，为向决定购买阶段的发展创造条件。

4. 比较选择　消费者在取得各方面的信息后，就要对其进行比较，从中选出自己要买的商品。不同消费者评价商品的标准和方法有很大的差距。消费者进行比较选择时一般有以下几个步骤：

(1) 需购商品的性质、特点。

(2) 品牌。

(3) 根据各自的喜好提出选择方案。

营销人员必须了解消费者对资料是如何处理的，以便掌握消费者的购买意向，同时应注意增加花色品种，供消费者选择，在消费者选择购买方案时应发挥参谋作用。

5. 购买行动　从引起需要到比较选择这几个阶段都是购买行为的准备阶段，正是在这些活动的基础上，做出购买的决策即把购买活动付诸实施。在这一阶段服务质量特别重要，否则，不仅损害企业的声誉，也会影响顾客的购买。

营销人员应注意，一方面，向消费者提供更多更详细的有关产品的信息，消除消费者的风险感觉；另一方面，要通过各种销售服务形成方便顾客的条件，诱导消费者坚定的实施购买意向。

6. 买后感受　在商品买回来后，消费者往往要通过使用，通过家庭成员和亲友的评判，来检验自己的购买是否正确，因而就产生不同的感受。消费者会产生满意和不满意两种感受。产生满意的感受以后，还会买此商品或其他商品（重复购买）；产生不满意感受以后，不会再来买并会影响亲友。

可见，消费者的购买活动是一个长过程，因此，作为营销人员千万不能仅仅在购买行为的瞬间上下功夫，而必须系统地研究整个购买过程，采取有效的对策吸引潜在顾客。

本章小结

医药消费者市场与医药组织市场具有不同的特点，医药生产经营企业只有深刻认识和掌握其特点，才能制定相应的营销策略，从而实现医药企业的营销目标。影响医药消费者购买行为的要素主要包括了经济因素、社会环

笔记栏

境因素、人们对疾病的认识、家庭因素、社会阶层的影响以及相关群体的影响等，这些相关因素都为如何有效地赢得消费者和为消费者服务提供了线索，为营销策略提供了依据。医药消费者购买决策过程包括引起需要、产生动机、收集资料、比较选择、购买行动、买后感受六个阶段，了解不同阶段可以采取不同的营销策略。

思考题

1. 什么是医药消费者市场？有哪些特点？

2. 购买行为的类型有哪些？各自的营销策略是什么？

3. 分析影响医药消费者购买行为的因素。

案例分析

解读 OTC 肝药市场的销售危机

自 2004 年，整个 OTC 肝药市场的销售危机就已经出现，“老三样”营销模式的弊端凸显，这“老三样”就是“租专柜、打广告、接咨询”，同时整个 OTC 肝药市场需求在收缩，这种收缩不是萎缩，市场依然大量存在，而是因为肝药市场的营销模式造成肝病患者的严重信任危机，从而使得肝药市场收缩，而且某些非规范运作的肝病医院被媒体曝光也加剧了这种危机。各肝药产品在 OTC 市场上夸大宣传造成消费者与产品提供者的矛盾，这种矛盾冲突的日益加剧，导致市场需求量相对收缩。

现在，在乙肝用药市场上，肝药企业数量不断增多，乙肝新药的品种也层出不穷，让患者无从适应。乙肝药物的良莠不齐，监督管理机制的不完善，患者乙肝知识的缺乏，专业咨询的普及度低等主客观原因，使肝药市场的众多肝药产品违背其作为药物的基本原则，采用保健品的手法来进行宣传，让肝药市场呈现一片虚假繁荣的现象，所以市场急切呼唤诚信和新营销模式的诞生。

在这种形势下，某医药企业（以下简称 A 企业）的一个抗乙肝新药在湖北孝感地区的推广很具有典型意义。

1. 老三样败走滑铁卢 A 企业在刚开始推广这个抗乙肝新药时，只是简单地沿用了以前成功的市场操作经验，觉得只要把“老三样”模式复制一下就能卖货了。而事实证明，“老三样”失灵了，为什么同样使用这老三样，A 企业有时能取得成功，而有时会一败涂地，难道真应了这么一句话：成功的经验往往是阻碍下一个成功的最大障碍。

经过短暂的失败后，A 企业又重新做了市场调查和分析，发现市场环境变了，要重新认识消费者。肝药的消费者已经经过了许多肝药营销的洗礼，普遍都表现的很成熟了，所谓“久病成良医”，肝病患者可称得上半个专家，他们翻阅的相关书籍并不比专业人员要少，如果 A 企业用老一套治疗理论去与他们沟通，反馈回来的就是他们根本不信，这样何谈卖货呢？于是，A 企业在与消费者沟通之后，找到了解决办法：要从治疗机理上寻求创新。市场分析中 A 企业发现，很多肝药在宣传的过程中与产品本身的说明书出入很大，消费者往往看了说明书之后就觉得企业的宣传不可信，很多肝药都是宣传药物本身的成分能直接杀死人体内乙肝病毒，而事实上是患者通过自己查阅了大量书籍后明白：世界上还没有直接在人体内杀死病毒的药物，否则艾滋病就不是不治之症了，这些都是他们上当受骗多少回后才明白的道理。

2. 新三斧劈开凯旋门 A 企业通过在孝感这个市场分析出上面的问题关键后，又重新审视了抗乙肝这个新药，发现它的说明书本身很好，而且治疗机理就没有谈到直接杀死病毒之说，抗乙肝新药是一个生物药，治疗的机理是从生物免疫学上讲的，就是激发人体的 T 细胞来达到杀伤病毒的作用，这和人体注射疫苗防病的“疫苗原理”很相似。

在后来的市场推广中，A企业又发现消费者一直在关注着治疗性乙肝疫苗的问世，说是这可以从根本上解决乙肝难题。于是，一个大胆的宣传攻势形成，在广泛征求了临床专家的意见后，A企业立即着手准备了广告宣传的所有物料，这就诞生了新三斧：电视教育片《科技之光》、书籍《乙肝革命》、小报《科技快讯》。这三斧经过严密的媒体整合投放后马上见到了效果，向目标人群发放《科技之光》500套后，每天陆续接到咨询电话二十个左右，这在以前是不可想像的，在县电视台的垃圾时段投放这个教育片后，就只一个新药上市的好消息通知，就能吸引100多个消费者到专柜参加咨询活动，两个月后，销售人员捷报频传，销售出现赢利迹象。

取得上面的业绩，A企业全体营销人员松了一口气，这在OTC肝药越来越难做的今天，这些创新而取得的效益是很难得的，而且这个经验完全可以总结出来后向全国市场推广。

案例讨论

1. A企业采用“老三样”在湖北孝感地区推广抗乙肝新药为何失败？

2. 试分析A企业后期推广抗乙肝新药获得成功的可能因素。

第五章 医药组织市场购买行为分析

学习目标

通过本章学习，使学生了解医药组织市场的概念和类型；熟悉医药组织市场的特征和购买行为模式；掌握医药生产者市场的购买行为类型，影响因素和决策过程；掌握医药中间商市场、医疗机构市场的购买行为类型，影响因素和决策过程。

引导案例

药品招标采购创新之路——"宣威"模式

宣威市是云南省人口最多的一个县级市，从2004年下半年开始，宣威市放弃了"跟标"模式——跟随并依照上级药品招标价格为参照采购药品的做法，创造性地开展了招标采购的尝试，把全市所有定点医疗机构的常用药品捆绑在一起竞价，由市卫生局药品配送中心直接与供药方谈判开展招投标。明确竞标价即为采购价，无需中标方再行"公关"医疗机构，使该市药品中标价格比省集中招标价格降低了35%。

"宣威模式"的招标采购就此形成。从2004年下半年实施后，宣威市所有"官办"医疗机构进药均通过卫生局药品配送中心向中标的云南科汇公司申购，药价大幅降低。一瓶云南大理生产的鱼腥草注射液，公开竞价前采购价35元，零售价50元，现在采购价降为每瓶2.64元，零售价5元。2g的头孢他啶粉针，竞价前采购价102元，现在13元。由于价格竞争优势明显，全市各定点医疗机构的就诊病人明显增多，医疗业务收入大幅增长。

"这说明药品水分大的同时，也说明只要规范措施，完善政策，我们的药品集中招标采购是可能搞好的"，宣威市卫生局局长说。宣威市副市长认为，集中招标采购必须是阳光工程，如果仅仅是成交信息公开，那只不过是刺破药品交易黑幕的一缕阳光，还不能使药品交易过程阳光普照。宣威市的实践正是完善了药品集中招标采购政策，实现了药品采购全过程的信息公开，从而打开了药品交易的暗箱，使药品采购成为了真正的阳光工程，取得降低药价、减轻患者负担和遏制不正之风的效果。

第一节 医药组织市场的类型和特点

按照购买者购买医药商品的目的和用途不同，医药商品市场可以分为医药消费者市场和医药组织市场两大类。医药消费者市场与医药组织市场是相互联系，相互影响的。医药消费者市场是医药组织市场的起点，医药组织市场的发育水平和完善程度反过来影响和制约着医药消费者市场的发展。对于医药企业来说，尽管医药商品最终是由消费者使用，但他们的大部分商品还是首先出售到医药组织市场去，然后经过流通最后进入消费领域的。所以，医药企业仅仅掌握医药消费者市场的特征和规律是不全面的，还必须掌握医药组织市场的特征和规律，才能使医药商品得以顺利实现。

一、医药组织市场的概念与类型

1. 概念 所谓医药组织市场是指医药企业和单位为了生产、销售医药商品或提供医疗服务，购买医药商品和劳务而形成的市场。医药企业和单位是指医药生产企业、医药批发企业、医药零售企业、医疗机构和政府机构等。

笔记栏

2. 医药组织市场的类型及其相互关系 按购买主体不同，医药组织市场分为：医药生产者市场、医药中间商市场、医疗机构市场、政府机构市场（如图 5-1）。

（1）医药生产者市场：是指医药产品生产企业购买医药原材料或半制成品、制成品，生产医药产品以供销售获取利润而形成的市场。医药产品生产企业既可以向医药原材料供应企业购买医药原材料或半制成品，又可以向其他医药产品生产企业购买医药制成品进行生产。

（2）医药中间商市场：是指处于医药商品生产者和消费者之间，专门从事医药商品流通经营活动的医药中间商购买医药商品进行转售以获取利润而形成的市场。按医药中间商在流通中所起的作用不同，医药中间商市场包括医药批发商市场和医药零售商市场。

（3）医疗机构市场：是指医疗机构购买医药商品为消费者提供医疗服务而形成的市场。医疗机构包括各级各类医院和诊所。

（4）政府机构市场：是指为了履行国家职能和满足公共医疗需要或为了满足各政府机关的从业人员的医疗需要，维护政府的正常运转，各级政府机构及机关单位购买医药商品而形成的市场。政府机构既可以向医药中间商购买，也可以向医疗机构购买，必要时也可从医药生产企业进行直接调货，以应对紧急情况。例如对紧急救灾药品的购买。政府机构购买受政府财政约束，受社会公众监督，具有公开性，一般实行招标采购。对于一般的医药企业来说，政府机构市场不是营销重点。这里我们就不详细阐述了。

医药生产者市场、医药中间商市场、医疗机构市场和政府机构市场之间是相互联系，相互依赖，相互作用的（如图 5-2）。

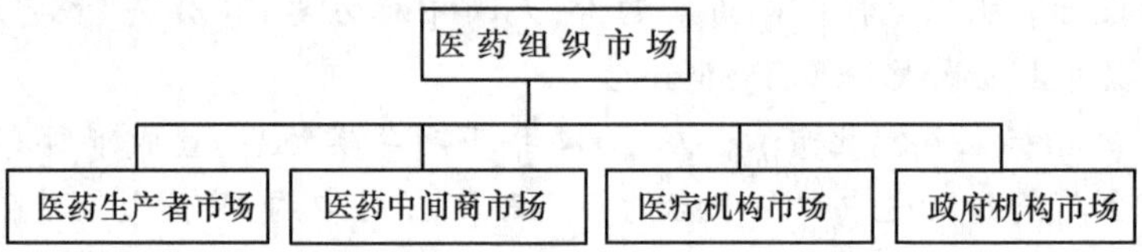

图 5-1 医药组织市场构成图

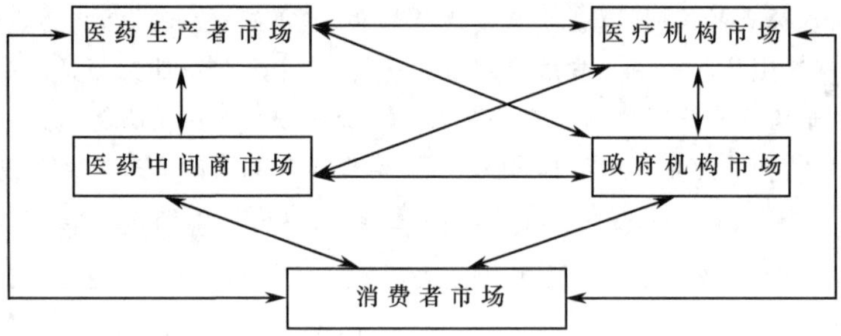

图 5-2 医药组织市场关系图

（1）医药消费者市场是医药组织市场的起点。医药组织市场的发育水平和完善程度反过来影响和制约着医药消费者市场的发展。

（2）医药中间商市场的需求水平和需求结构影响医药生产者市场的采购量和采购结构，医药生产者市场反过来促进或制约医药中间商的经营和发展。

（3）医疗机构市场的需求影响着医药生产者市场和医药中间商的采购活动，医药生产者市场和医药中间商的发展反过来影响医疗机构的经营和发展。

（4）政府机构市场的需求水平和结构影响着医药生产者、医药中间商和医疗机构市场的采购，医药生产者、医药中间商和医疗机构市场的发展反过来影响政府机构市场的发展。

二、医药组织市场的特点

医药组织市场与医药消费者市场相比具

有不同的特点。

1. 购买的目的是再生产或销售 消费者市场的消费者购买医药商品是为了满足个人或家庭的消费，而医药组织市场的购买目的是为了生产或销售。

2. 购买者的数量相对少，容易明确 医药组织市场的购买者是法人，法人组织通常都具有一定的规模，它的成立需要通过合法的程序，有具体的登记记录，所以购买者数量相对较少而且能够具体明确。

3. 购买规模相对大，业务相对稳定 医药组织市场购买目的是为了生产和销售，生产的规模效应和销售所面对的广大市场范围决定了医药组织市场的购买规模较大。而且为了保证生产和销售的稳定性，医药组织市场的购买也比较稳定。

4. 购买者地理位置集中 医药组织市场的分布和规模，因各地区的自然资源、经济发展水平和投资环境不同而具有较大的差异。一般经济发达地区、医药自然资源丰富地区、投资环境良好的地区，都是医药组织市场集中地区。例如我国的医药企业密集的地区以东部沿海经济发达地区为主，如天津、山东、江苏、浙江等。大型医药商业企业、零售企业和大型医院都集中在大中城市。而一些中药材产地则是中药材批发市场聚集的地方。

5. 购买需求具有派生性，弹性小 医药组织市场的购买动力最终取决于医药消费者市场的需求水平。医药生产者市场的需求水平直接受医药中间商市场、医疗机构市场和政府机构市场的需求水平的影响；而医药中间商市场、医疗机构市场、政府机构市场的需求水平又直接受消费者的需求水平的影响。由此可见医药组织市场的需求具有派生性。

另外，由于医药组织市场需求的派生性，决定了医药组织市场的需求变动总是滞后于医药消费者市场的需求变动。而由于医药商品的特殊性，医药消费者市场的需求弹性相对于其他消费品来说弹性小，所以医药组织市场的需求弹性就更小了。

6. 购买专业性强，程序复杂 由于医药组织市场购买的规模大、技术性强、质量要求高，而且需要控制购买的成本，所以医药组织市场的购买需要成立专门的购买中心，配备专业的购买人员，规定各部门在采购工作中的职责，制定严格的采购程序。

三、医药组织市场购买者行为模式

医药生产者、医药中间商、医疗机构和政府机构组织医药商品购买的模式相同，都经历了三个阶段(如图 5-3)：

第一阶段是信息刺激阶段，包括宏观环境信息和微观环境信息刺激。医药组织市场的购买主体，通过分析宏观环境形势，了解供应商所提供的产品、价格、渠道、促销和服务信息以及市场竞争态势，为采购决策做准备。

第二阶段是组织决策过程阶段。医药组织市场的购买主体和各相关部门，依据外界环境信息，按照购买决策程序进行决策，决定是否购买。

第三阶段是组织反应阶段。如果决定购买，则确定什么时间采购、向谁采购、采购什么、采购多少、按什么价格采购、采购交易的条件是什么，等等。

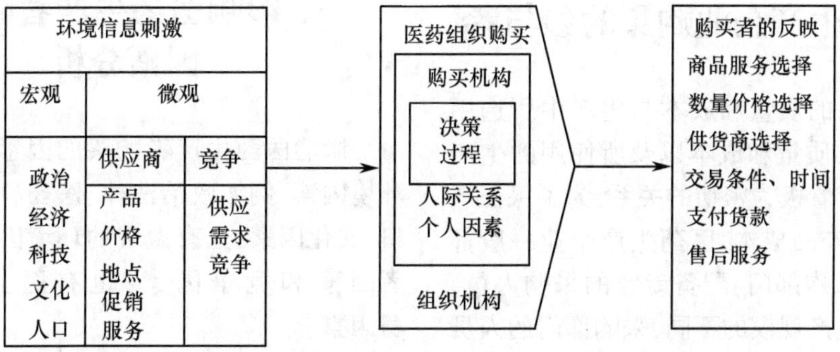

图 5-3 医药组织市场购买模式图

但究竟医药生产者、医药中间商、医疗机构和政府市场在购买医药商品的过程中，有谁参与决策，如何进行决策，决策的过程是什么，却各有不同。

第二节　医药生产者市场与购买行为分析

一、医药生产者购买行为类型

依据医药生产者购买活动的稳定性来分，医药生产者的购买行为分为以下三种类型：

1. 重复购买　是指医药生产企业与供应商之间有着稳定的业务关系，购买对象、购买方式、购买活动相对都比较稳定。在这种情况下，供应商应该注意保证现有的产品质量和服务水平，并且不断根据市场发展的需要提高产品的质量和服务水平，保持已有的地位。

2. 调整购买　有两种调整：一是对原有的供应商调整产品购买的种类、价格、质量、数量等。二是寻找新的供应商。在这种情况下，原有的供应商应该积极的把握医药生产企业的采购新要求，尽快改进产品、提高质量、降低成本，保持业务关系。而新的供应商则应充分把握机会，参与竞争。

3. 创新购买　指医药生产企业第一次购买某种医药产品和服务，对所购产品不甚了解，缺乏购买经验，需要获得大量的购买信息。为了保证购买的质量，降低购买的风险，购买的程序比前两种情况要复杂的多。这就要求供应企业及时地传送供应信息，并进行跟踪，抓住市场机会。

二、医药生产企业购买的参与者

医药商品的质量和成本与生产中所选用的原辅材料的质量和成本以及所使用的生产设施的质量有着极为密切的关系，为了保证产品质量，降低产品成本，医药生产企业一般都设立专门的采购部门，配备专业的采购人员。但依据企业生产规模的不同，采购部门的人员数量也有所不同。但采购决策（尤其是创新购买决策）并不是由采购部门独自进行决策，其他部门例如生产部门、技术部门、质检部门、财务部门、企业高层管理人员也都担任着采购决策的任务，在购买决策中发挥不同的作用。现在以大型医药生产企业的采购工作为例说明各部门在购买中的作用。

1. 提出购买者　医药生产企业中的生产部门是采购产品的直接使用者，他们对采购产品的数量和质量的认识最为直观。通常由他们根据医药生产企业销售部门反映的需求信息，结合企业医药商品生产计划提出采购的要求。

2. 影响者　是指对决策结果具有影响作用的相关人员。医药生产企业的技术部门、质检部门和财务部门的负责采购评价的相关人员，在购买决策中，对采购产品的技术、质量和价格进行评价，为决策者提出决策依据。

3. 决策者　是指有权决定采购医药商品的价格、规格、数量、品种及供货商的人员。通常是医药生产企业的生产部门、技术部门、质检部门、财务部门、采购部门的负责人。

4. 控制者　是指对采购决策拥有最终控制权的人员。通常是医药生产企业的总经理或副总经理，或高级主管。他们综合考虑生产部门、质检部门、技术部门、财务部门和采购部门报送来的信息后，最终审批是否采购。

5. 采购者　是指实际完成采购任务的人员。医药生产企业的采购部门是医药产品采购活动的直接执行部门，它在供应商和本企业之间起着桥梁作用。通常负责寻找供应商信息，与供应商进行业务磋商，并完成采购任务。

在实际的采购活动中，以上五种角色并不是固定不变的。在不同的采购活动中，相关人员的角色也有所不同。例如，在重复采购活动中，采购部门的负责人就是最终的控制者。

三、影响医药生产者购买的因素分析

影响医药生产者购买的因素既有宏观的环境因素，例如政治法律、医药科技、经济、人口、文化因素；又有微观的环境因素包括供应者因素和竞争因素；也有医药生产者自身因素。

1. 宏观环境因素　影响医药生产企业购买的宏观环境因素包括自然环境、政治法律、医药科技、经济、人口、文化因素等。在通常情

况下，在一定的时期内，宏观环境因素具有相对的稳定性，但是医药生产者必须了解宏观环境的变化与发展，因为它们既可以为企业提供市场机会，也会带来威胁。例如自然环境的变化，会使中药材的产量发生变化；国家的药品管理政策发生改变，直接影响着药品的经营变化；医药科技水平的不断提高，对医药生产企业提出新的挑战；人口结构的变化，预示着医药生产结构的变化；不同文化背景下，医药产品的选择趋向有所不同。医药生产者的供应商必须了解这些情况，才能紧跟市场趋势，为生产者提供更优质、更合理的产品和服务。

2. 微观环境因素 影响医药生产企业购买的微观环境因素，相对于宏观环境来说，具有一定的变动性。主要包括：

(1) 供应企业因素：供应企业的规模、信誉、产量、技术水平和提供产品的质量、价格、促销、服务等直接影响着医药生产企业的决策。一般医药生产企业在选择供应商之前，首先要对供应企业是否具有法定的生产经营资格进行确定，然后对供应商的规模、产品质量保证体系、生产能力、市场信誉进行考察。在确定这些条件合格后，才会就供应商提供产品的具体条件，例如价格、服务等进行磋商。所以供应企业应不断增强实力，提高产品的质量和服务，这是重中之重。

(2) 竞争因素：在买方市场条件下医药生产企业采购的议价能力增强，相反在卖方市场条件下，供应企业的议价能力增强。另外，医药生产企业的下游市场的需求水平越高，医药生产企业的采购需求水平也就越高。

3. 医药企业自身因素

(1) 企业组织因素：包括企业的组织结构、采购程序、采购目标、采购制度等。在不同的组织结构下，参与采购决策的相关部门所起的作用有所不同。例如有的企业的采购部门的决策权很大，而有的企业的采购部门更多地是承担着联系和沟通的职责。作为供应企业必须明确参与采购决策的相关部门在组织结构中的地位和作用，了解医药生产企业的采购程序、目标、制度，才能有的放矢，做好营销工作。

(2) 企业人际关系因素：参与采购决策的各部门人员之间的人际关系情况，直接影响到采购决策的最后结果。企业的人际关系不像组织结构那样明确具体、容易掌握。对于营销人员来说，了解和把握企业的人际关系是比较困难的，既要求营销人员有较强的洞察力，又要求营销人员要多与企业保持联系，才能逐渐把握。

(3) 企业人员因素：参加采购决策的相关人员的年龄、个性特征、心理因素、收入水平、文化水平等直接影响着他们对事物认识的态度，影响具体的购买决策过程，所以供应企业除了了解医药生产者企业的组织情况，还必须了解各部门人员的具体情况（如图 5-4）。

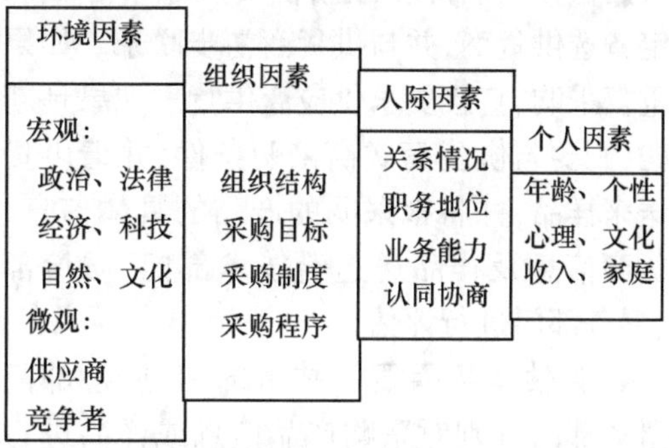

图 5-4 影响医药生产企业购买的因素

四、医药生产企业的购买决策程序

医药生产企业的购买决策是按照一定的程序来进行的，现在以大型医药生产企业购买为例，来说明购买程序（如图 5-5）。

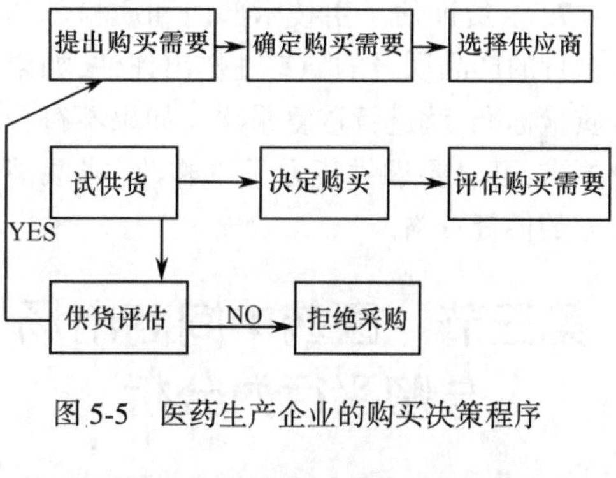

图 5-5 医药生产企业的购买决策程序

医药生产企业采购的程序比较复杂，涉及许多部门，采购的一般流程是：

1. 提出购买需要 可以由医药产品使用

者——生产部门根据生产计划，结合库存提出采购产品的品种和数量。也可以由销售部门根据市场需求趋势向采购部门提出采购建议。前者是经常性计划采购，不需要其他部门论证采购的必要性。后者是对前者的补充，需要其他部门对采购的必要性和可行性进行论证。

2. 确定购买需要 采购部门根据生产部门和销售部门的要求和建议，确定具体的采购品名、规格、数量。如果是新购商品还需要征求技术部门、财务部门、质检部门的意见，最终确定采购商品的品名、规格、技术标准等。

3. 选择供应商 确定所要采购的商品的品名、规格、数量后，采购部门的相关责任人从已有的供方资料库中或新供货厂家中寻找以确定备选供货商，并与供货商初步联系。如果是重复采购，直接要求供应商供货。如果是新采购，则要与供货商磋商采购条件，并请供货商送来样品，并将拟采购的产品的具体信息、供货商信息及样品送达给技术部门、质检部门、财务部门进行评估。

4. 评估购买需要 技术部门、质检部门和财务部门分别对采购产品信息或样品进行评估，确定购买产品的质量标准、技术标准和价格，并将结果送达企业高级主管，例如总经理或副总经理。

5. 决定购买 由企业高级主管根据各部门的评估，结合企业发展目标，最后确定是否采购。

6. 试供货 采购决策决定后，采购部门与供货商签订试供货合同，并且将采购产品小批量投入生产。

7. 供货评估 由技术部门和质检部门对试供货的产品质量的稳定性作出评估，如果符合质量标准，就进行重复采购。如果不符合质量要求，可以要求供货方予以整改，或取消供货方的供货资格。

第三节　医药中间商市场与购买行为分析

我国医药法规规定，医药生产企业不能直接将自己的医药产品送进医院，只能通过医药中间商或者是通过医药企业自己注册的销售公司才能将医药产品送达医院。而有些医药生产企业尽管有自己的销售公司，但由于对目标市场的控制力弱，大部分医药商品还是要通过医药中间商才能打入目标市场。所以，对于医药生产企业来说，了解医药中间商市场的购买行为，对顺利开展医药商品的招商工作，加速医药商品流通速度，开拓医药市场，促进医药销售具有重要的意义。

一、医药中间商市场的类型

医药中间商的购买主体包括医药批发企业和医药零售企业。根据医药中间商市场的购买主体不同，医药中间商市场可以分为医药批发商市场和医药零售商市场。

1. 医药批发商市场

(1) 定义：医药批发商市场是指医药批发企业大规模购买医药商品进行转售获取利润而形成的市场。医药批发企业采购医药商品既可直接向医药生产企业购买，也可以从其他医药批发企业调货。医药批发企业的转售对象包括医药零售商、医疗机构、其他的医药批发商或其他医药生产企业。医药批发企业的医药商品销售后，有的还处于流通领域，有的又重回到医药生产领域。医药批发市场的需求水平间接受消费者市场需求水平的影响。

(2) 医药批发市场的特点：医药批发市场作为医药组织市场，除具备医药组织市场的共性外，还具有自己的特点。

1) 购买主体的特定性。由于药品是关系人民健康和生命安危的特殊商品，我国《药品管理法》规定，药品批发业务必须由国有医药商业的主渠道，即符合条件的国有医药专业批发公司及其所属的批发机构经营，其他行业以及集体、个体单位，不准经营药品批发业务。在确保国营医药主渠道经营和市场稳定的前提下，只有少数符合药品批发条件的非国有医药单位，经过严格的审批程序批准，才能从事药品批发业务。

2) 购买规模大。医药批发企业所面对的客户主要是各医药零售商、医疗机构、其他的医药批发商或其他医药生产企业，所以医药批发企业比医药零售商和医疗机构的采购规模要大。

笔记栏

信息框

北京有了第一家保健品批发市场，该市场将成为北方保健品的集散平台。据了解，以往老百姓购买保健食品、成人用品等产品的渠道通常有四种：药店、商场超市、保健品零售店、人员或会议直销。这些购买方式最终价格偏高，消费者的支出很大。当零售商群体达到一个相当的规模就孕育出批发商，进而集合成批发市场，可使商家降低运营成本，产品销售价格要比其他渠道低约20%。

新出现的批发市场坐落在十里河，可影响东北、西北、华北、华中保健品企业的产品销售。

中国保健协会网(2006-12)

2. 医药零售商市场

(1) 定义：医药零售商市场是指医药零售企业为了获得利润从医药生产企业或医药批发企业零星购买医药商品以出售给最终消费者而形成的市场。医药零售企业的类型包括个体医药零售药店、社区便利药店、平价药品超市或连锁药店、专业药房等。

(2) 特点：医药零售企业的购买相对于医药批发企业的购买来说，数量较小，频次较高，它是医药商品流通的最后一个环节，所以医药零售企业的购买需要直接受消费者市场的影响。

信息框

2005年10月8日，国家食品药品监督管理局(SFDA)官方网站公布了《互联网药品交易服务审批暂行规定》：自今年12月1日起，具备相应资质的企业可以在互联网上为药品生产企业、药品经营企业、医疗机构及个人提供药品交易。而此前，网上药品交易一直属于非法行为。2004年7月8日，SFDA发布了《互联网药品信息服务管理办法》，禁止在网上经营药品，所有“网上药店”都属违法经营。

二、医药中间商的购买类型

依据医药中间商购买活动的稳定性来分，医药中间商的购买行为可以分为以下几种主要类型：

1. 直接重购 指医药中间商按照已有的订货目录和交易条件，向原有的医药供货企业购买医药商品。这种购买一般比较稳定，但医药中间商会时刻关注市场变化，并对现有供货企业进行评估。因此医药商品供货企业应该注意保持或提高供货条件，以确保供货地位。

2. 调整购买 指医药中间商调整购买医药商品的条件，要求供货企业改善产品质量、服务或变动供货价格等，或者是对原有医药商品供货企业进行调整，取消或减少那些销售不畅的商品的企业供货。所以医药供应商应该保持与医药中间商紧密联系，把握医药市场和中间商的购买变动趋势，不断调整自身，以适应中间商的调整需要。

3. 全新购买 指中间商购买从未采购过的药品或向新的医药商品供货企业进行采购。中间商做出这种购买决策是经过充分考虑的，比较慎重。为了降低经营风险，中间商会全方位地对医药商品的市场前景、产品的情况、供货方的情况等进行详细了解，并严格按照采购决策程序进行采购。

三、医药中间商购买的参与者

为了降低采购成本，提高采购质量，一定规模的医药批发企业和医药零售企业都设立专门的采购部门，配备专业的采购人员。参与医药批发商与医药零售商采购决策的人员，也有以下五种角色：

1. 具体出售人员 在医药批发企业中，是指承担医药批发业务开发的具体业务人员。而医药零售企业中则是负责销售和开票工作，与消费者直接接触的店员。由于他们在销售一线，所以对消费者的需求具有很强的洞察力。

2. 影响者 在医药批发企业中，通常是指采购部门、财务部门的相关人员。他们对拟采购的医药商品的价格和供货方具有建议权。而在医药零售企业中则是指卖场的执业药师、柜组长，他们有权根据市场需求情况对采购医药商品的品种、数量和价格进行评估，为决策者提供决策依据。有的大型商业企业，还配备质量检验部门。质检部门对采购医药商品的质量评估，也会影响决策者的决策。

3. 决策者 在医药批发企业中，通常是指分管业务经理，采购部门、财务部门的负责人。而在医药零售企业中则是采购部门、财务部门的负责人和零售店的店经理或副经理。他们有权确定采购医药商品的品种、数量和价格。

4. 控制者 医药批发企业和医药零售企业的法人代表或者是企业高级管理人员。他们拥有对决策者的决策进行审批的权利，是采购活动的最终控制者。

5. 采购者 是医药批发企业和医药零售企业的采购部门的具体业务经办人。

以上这几种角色是针对大型医药批发企业和医药零售企业来进行说明的。有些小型的医药批发企业和医药零售企业，或者一些称不上企业的小型医药柜台或便利药店采购的参与者比较少，甚至由一人担任以上几种角色。

四、影响医药中间商市场购买的因素分析

笔记栏

影响医药中间商市场购买的因素也包括宏观的环境因素（政治、经济、文化、科技等）和微观的环境因素。而医药中间商市场作为医药生产企业的下游市场，更多的还是考虑具体市场的变化。影响医药中间商购买决策的主要因素有：

1. 医药供货商因素

（1）是否提供合法手续。医药生产企业或医药批发企业主体是否合法；企业的规模、信誉如何；能否提供合格的产品报验资料、药检报告、授权委托书、增值税发票等。

（2）医药商品情况。医药商品的生产或经营是否符合国家政策法规；医药商品的质量如何；医药商品的价格是否合理；包装是否有利于保证质量和进行销售。

（3）市场支持情况。医药生产企业能否提供全套的市场开发操作计划；广告力度、促销支持和服务水平如何；有无严格的市场保护措施以杜绝窜货和不正当竞争；有无完备的退货制度；医药生产企业或医药批发企业的付款是否具有优惠条件。

2. 下游购买者因素

（1）市场需求水平：医药商品的市场覆盖范围如何；目标市场的需求量大小；消费者对药品的评价如何；拟采购的医药商品是否得到医疗机构的青睐。一般医疗机构比较看好的药品，医药批发商和医药零售商也比较热衷。

（2）购买者的要求：下游购买者的具体要求是否能够满足。医药批发商与医药零售商通过与下游市场的接触，能够了解医药消费者市场的消费趋向，从而对采购提出新的要求。

3. 竞争者情况 医药商品面临的竞争是否激烈；同行采购同种医药商品的情况如何；供货方的竞争是否激烈。

4. 业务联系情况 医药生产企业与医药批发企业或医药零售企业与医药批发企业之间是否建立了稳定和谐的供货机制；相关人员的业务联系是否建立了忠诚感。

5. 中间商本身因素

（1）医药批发企业和医药零售企业的采购程序、组织机构、采购目标等因素。

（2）中间商企业的人际关系因素。

（3）中间商企业采购工作相关人员的个

人因素。

五、医药批发企业和医药零售企业的购买决策过程

(一) 医药中间商的购买决策

医药中间商的主要购买决策包括三个方面:一是配货决策,即中间商决定经营的医药商品的品种组合;二是医药供货商组合决策,即中间商是选择一家供货商还是选择多家供货商;三是供货条件的组合决策,即中间商在采购医药产品时的价格、质量、服务、促销等条件的组合。

1. 医药中间商的配货决策 医药中间商的配货决策有四种:

(1) 独家配货。即医药中间商只经营一家医药企业的医药商品,例如独家经销商和医药专卖店。

(2) 专深配货。指医药中间商经营多家医药企业生产的同类医药商品。例如都经营中药产品或都是 OTC 药品。

(3) 广泛配货。指医药中间商经营多家医药企业生产的多种医药商品。但这些商品都是医药商品,没有跨越医药行业界限。

(4) 杂乱配货。指医药中间商经营的商品关联度小,既有处方药品,又有非处方药、又有保健品或又有食品,还有家庭生活用品等。例如有些平价医药超市。

2. 供货商的组合 除了独家配货以外,一般医药中间商都会选择几家供货商作为自己的主要供货方。一则是为了供货稳定,二则是为了加强医药商品经营的多样性。对于广泛配货和杂乱配货的中间商来说,会选择多家供货商作为自己的供货方。一般医药中间商都会对供货商有所安排。按供货商供货的稳定性来分,可分为:

(1) 长期供货商。指医药中间商对某一供货商的医药商品比较满意,与此供货商有着长期的良好的业务关系,并且建立了业务情感。

(2) 随机供货商。指医药中间商在经营长期业务过程中,为了应对市场或其他外在条件的有利时机,随机向供应商进行采购。随机供货商有可能转化为长期供货商。

(3) 最佳交易供货商。指医药中间商在经营的过程中,并不是一成不变的按固有的交易条件从长期供应商采购商品。他们会关注市场动向,改变交易条件,从而选择最佳交易条件的供货商。如果长期供货商能够满足这些条件,他们仍然会选择长期供货商供货。否则,将会减少或不从长期供货商那进货,而重新选择供货商。

(4) 创造性供货商。指医药中间商根据市场需求提出一些创造性的想法,并且想把此种想法付诸于实践中。他们或向原有的供货商提出要求,或寻找新的供货商。

3. 供货条件的组合 指医药中间商对医药供应商供货的具体条件例如产品、价格、渠道、促销进行组合。比如,如果采购产品价格高,那么医药供应商在服务、渠道、促销方面是否能够提供支持,如果能够提供,中间商可能会接受供货价格,否则不接受。

(二) 医药中间商的采购决策程序

医药商品批发企业和医药商品零售企业的采购决策工作也具有一定的程序性,但为了加速商品流通速度,把握市场机会,获取更多利润,医药中间商的采购决策比起医药生产企业程序相对简单些、速度相对快些。

1. 医药批发企业采购流程 见图 5-6 及表 5-7。

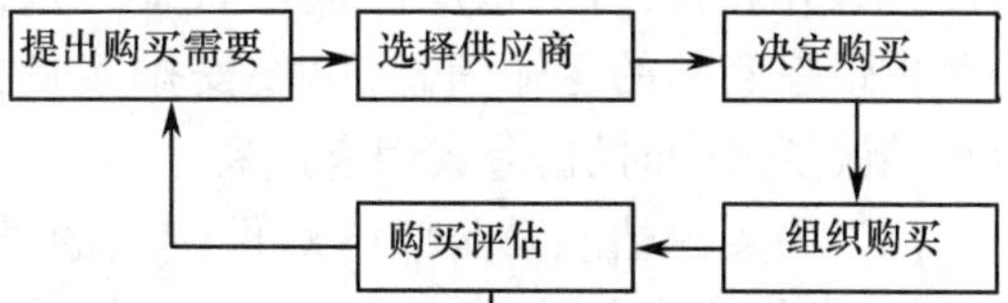

图 5-6 医药中间商采购流程图

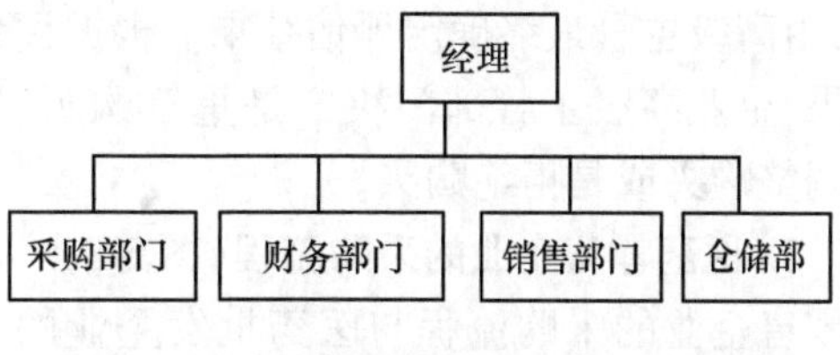

图 5-7 医药批发商的部门组织机构图

(1) 提出购买需要。在医药批发企业中,

医药批发企业的销售人员作为医药批发企业和它的销售业务客户包括医药零售商、医疗机构或其他批发企业、医药生产企业之间的业务联系人，可以根据销售业务客户的购货要求和医药商品市场需求的趋势，提出采购建议。而医药商品库管人员，也可以根据医药商品库存情况，提出购买需要。

（2）选择供应商。采购部门对库管人员和销售人员的采购要求和建议进行简单评估，确定拟采购的商品的品名、数量、规格等信息。如果是重购商品，则直接按已有的商品目录和合同确定的交易条件，向原有的供应商采购。如果是属于新购商品，则需要寻找新的供应商并向供货商询问拟采购商品的具体品名、规格、数量、价格等信息和供应商的具体信息，并进行整理，上报企业高级主管（企业经理）进行分析。

（3）决定购买。上级主管部门根据采购部门报来的采购信息和供应商名单，进行审核与评估。如果是重复购买，依据已有的采购目录对采购部门报来的信息进行审核，准确无误，便可签字同意。如果是全新购买，企业高级主管（企业经理）则需要召集销售部门、财务部门、采购部门专门召开采购论证会议。论证拟采购商品的营利水平、市场前景、供货商的合法性等。有必要的情况下还要亲自与供货商进行业务联系，以确定是否采购商品，以及采购谁的商品。

（4）组织购买。经高级主管部门审核通过后，采购部门便可与供应商进行联系订货，并负责跟踪商品的运输信息，以便安排接货，以免贻误了采购时机，造成销售损失。

（5）购买评估。采购部门对供应商的供货时间、供货的稳定性、服务的水平进行评估。销售人员通过下游市场的反映对供应的商品的质量、销售状况进行评估。财务部门对所采购的商品的销售利润进行评估。综合这些信息，由高级主管最终确定评估结果。根据评估结果，企业高级主管部门决定是重复购买、还是调整购买或是拒绝购买。

2. 医药零售企业的采购流程（图5-8） 医药零售企业的采购流程与医药批发企业的采购流程是相同的，但具体内容有所不同。现以大型医药零售企业的采购为例予以说明。

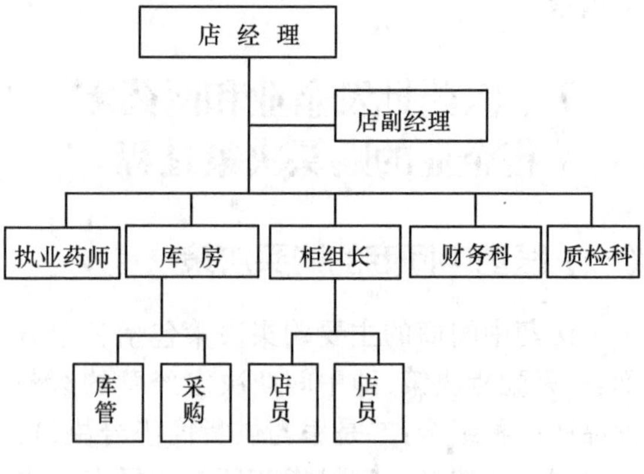

图5-8 零售药店组织机构图

（1）提出购买需要。由医药零售企业营业部门的库管人员，根据营业门市的库存，提出购买需求。或者店员（执业药师）根据消费者的潜在需求，提出购买建议。他们把信息反映给各营业门市的柜组长。各营业门市的柜组长汇集整理采购要求，并送达采购部门。

（2）选择供应商。采购部门根据采购要求，并结合以往的采购经验，结合总库存量，最终确定采购数量，并明确采购医药商品的品名、规格等具体信息。如果是重复采购，就按既定的采购条件和已确定的供货商，填制定货申请表，直接进行采购。如果是全新购买，应该收集新采购商品所必需的商品信息并与供货商进行联系，初步磋商，了解供货的条件，并对这些信息进行整理，然后交给店经理或副经理进行审核。

（3）决定采购。店经理或副经理根据采购部门送来的信息，结合市场情况，结合财务部门、质检部门的意见，确定是否进行采购。

（4）组织采购。经店经理或副经理审核通过后，采购部门便可与供应商的销售业务人员进行联系定货，并跟踪采购商品的运输信息，积极与供货企业保持联系。确保商品及时、按质供货。

（5）购买评估。由各门店、财务科、质检科对医药商品的销售、医药商品的质量、医药企业的服务质量等进行评估。结合市场发展趋势，对采购的医药商品进行评价。根据评估结果，企业高级主管部门决定是重复购买，还是调整购买或是拒绝购买。

以上是针对大规模的医药批发企业和医药零售企业的采购程序来说明的。有些小规模的医药批发零售企业的采购程序比较简单,甚至由一个人进行决策。

第四节 医疗机构市场与购买者行为分析

根据药品品种、规格、适应证、剂量及给药途径不同,药品分为处方药与非处方药。我国医药法规规定,处方药必须凭执业医师或执业助理医师处方才可调配、购买和使用。而非处方药不需要凭执业医师或执业助理医师处方即可自行判断、购买和使用。但是由于医药商品的特殊性,消费者为了用药安全,在生活中即便是购买非处方药,也大多听取医生的用药指导。所以,对于医药生产企业和医药经营企业来说,能否把握好医疗机构市场,直接关系着医药商品的市场命运。

一、医疗机构市场的定义与分类

1. 定义 医疗机构市场是指医疗机构购买医药商品为消费者提供医疗服务而形成的市场。根据我国的医药法规规定,生产企业不能直接将医药商品送往医疗机构。所以医疗机构只能从医药生产企业自己注册的销售公司或从医药中间商那里购买医药商品。医疗机构购进医药商品的目的是为消费者提供医疗服务。

医疗机构市场、医药生产者市场和医药中间商市场最大的不同在于:医疗机构直接承担着治病救人的实际工作,它更关注医药商品的质量、疗效和副作用,所以无论是哪种购买类型,医药商品的质量与疗效是第一位的。

2. 分类

(1) 根据医疗机构的发起人不同,医疗机构可以分为国有医疗机构、合资医疗机构、私营医疗机构、股份制医疗机构、个体诊所。不同性质的医疗机构经营的目标有所不同,有的是营利性的,有的则是非营利性的。

(2) 根据医疗机构的规模不同,分为大型医疗机构、中型医疗机构、小型医疗机构。规模不同的医疗机构,购买的程序繁简程度有所不同。

(3) 根据医疗机构的治疗范围不同,可以分为综合型医疗机构和专科医疗机构。综合性医疗机构比专科医疗机构的采购范围要广些。

鉴于医疗机构的多样性,医药企业和营销人员在开拓医疗机构市场前,必须要调查清楚目标市场的医疗机构的情况,弄清医疗机构的性质、医疗机构购买的参与者以及医疗机构的购买决策程序等。

二、医疗机构购买的类型

1. 依据医疗机构购买活动的稳定性划分 依据医疗机构购买活动的稳定性,可将医疗机构的购买类型分为三种:

(1) 直接重购。例如对基本目录药品的采购。

(2) 调整购买。调整常规用药和基本目录药品或调整供货商。

(3) 新购买。对新特药品的采购。医院新特药品,是指不属于《医院基本药品目录》品种范围内的,虽然国家已有生产或进口,但医院临床使用很少或国内上市不久,临床使用经验不多,或医院尚无使用先例或虽有使用先例但使用经验不足以推广于临床的药品及制剂。

2. 按医疗机构参与购买活动的权限不同划分

(1) 自主购买。是指医疗机构的采购活动完全由医疗机构单独完成,医疗机构拥有自己的一套采购程序与制度。

(2) 集中招标购买。我国从 2000 年开始进行了药品集中招标采购试点工作,而且经过六年发展后,药品集中招标的范围不断扩大。我国的最新文件又规定进入医院的药品 80% 以上要进行药品集中招标采购,今后将会增加到 100%。今后,越来越多的医疗机构将采用集中招标的方式进行采购。国家特殊管理的药品仍按有关规定采购供应。

(3) 医药分家。是指医院不再承担供药责任,只承担提供医疗服务的责任,而提供药

笔记栏

品的责任则由医药商业企业承担，给予患者更大的购药选择权。这是继集中招标购买方式后，又一种新的购买方式，目前仍然在试验和探索阶段。

三、医疗机构购买的参与者

按照医疗机构参与者在购买活动中所承担的任务不同，医疗机构购买的参与者共分为五种角色。

1. 医药商品的使用者 是指医疗机构在为患者提供医疗服务过程中，实际使用某种医药商品的人员。通常是指临床医生和护士。他们与患者接触较多，容易掌握医药商品的临床反映。根据临床反映，形成对医药商品的评价。尤其是临床医生，可以使用自己的处方权，直接决定给患者使用哪种医药。

2. 医药商品购买的影响者 是指在医疗机构购买活动中，对购买决策起影响作用的人员。例如医药临床科室主任、药剂科主任。他们承担着对拟购买的医药商品的质量、疗效进行审核把关的职责。

3. 医药商品购买的决策者 指有权决定药品数量、规模、品种、价格及供货厂家的人。例如药剂科主任、主管进药的院长或副院长。

4. 医药商品购买的控制者 指在医药商品采购活动中，对医药商品采购做出最终决策的人员。通常是一个由多人组成的机构。例如在医院自主采购活动中医院药事委员会。一般来说，其成员包括：院长或主管医药购买的副院长、药剂科主任、临床科主任、知名专家和教授等。在有的医疗机构，没有成立专门的医药委员会，则院长和副院长就承担了决策者角色而不再是影响者角色。而在医药集中指标采购活动中，则是招标委员会。招标委员会一般由各医院业务院长和药剂科主任组成，他们代表医院制定招标的规则，进行决策。

5. 医药商品购买的执行者 是指与医药供货商进行联系，负责具体的采购工作，完成采购任务的人员。

在不同的医疗机构、不同的采购活动和不同的采购方式中，以上人员所能发挥的作用有所不同，所以角色会有所变动。例如在对医院基本目录药进行采购时，药剂科主任和院长就有决策权，而不需要通过药事委员会。而对于新药的采购则必须通过药事委员会进行决策。医院自主采购与实行集中招标采购中，以上人员的作用也有所不同。而在医药分家的采购模式中，医疗机构的相关部门在采购决策中的作用将会降低，甚至不再起作用。

笔记栏

四、影响医疗机构购买的因素分析

影响医疗机构购买的因素包括宏观环境因素和微观环境因素。

1. 宏观环境因素 宏观环境因素包括政治法律、经济、医药科技、人口、社会文化等。宏观环境因素对医疗机构是一种硬约束，医疗机构无法改变它，只能顺应宏观环境。但医疗机构可以通过调整自身的发展，从而对宏观环境因素产生一些反作用。

一定时期内，宏观环境既可以为医疗机构提供发展的机会，也可以成为医疗机构发展的桎梏。医疗机构为了寻找发展的机会，摆脱发展的桎梏，一定会依据宏观环境，做出经营调整。因此，医药生产企业和经营企业必须关注宏观环境的发展，判断宏观环境发展的趋势，以便对医疗机构的购买活动做出正确的判断，及时调整营销策略，把握医疗机构市场。

2. 微观环境因素 相对于宏观环境因素来说，微观环境因素是影响医疗机构购买的具体因素。在相同的宏观环境下，医疗机构购买只考虑微观环境因素。微观环境因素包括以下几个方面：

（1）供应企业因素：医疗机构采购和中间商采购一样对供应企业的规模、信用、产量、技术水平和提供产品的质量、价格等都比较重视。但不同之处在于，医疗机构采购更注重疗效，对广告和促销的敏感度相对较低。因为医疗机构在提供医疗服务时，消费者对医生的指导是十分重视的，几乎是“惟方是从”，所以供应企业营销人员在与医疗机构相关人员进行业务磋商中，更要注重对实际质量和疗效的介绍。另外，价格也是一个重要的因素。

（2）竞争因素：对于医疗机构市场来说，如果供应企业之间的竞争越是激烈，那么采购同一药品的可回旋度就越大，而采购条件就越有利于医疗机构。反之，对于一些特效药品和专利药品的采购，医疗机构的选择空间就很小。

为了争取消费者，医疗机构之间也有竞争。为了不在竞争中失败，医疗机构总是很关注对新的效果更好的医药商品的使用，以提高医疗机构的专业水平，提高声誉。如果医疗机构之间的竞争激烈，那么一些新的效果更好、质量更高的医药商品供货商的利润空间就很大。究竟市场形势有利于供货商还是有利于医疗机构，取决于买卖双方的竞争态势。

消费者之间的竞争。消费者在一定时期内，对医药商品的需求量增大，直接影响到医疗机构采购量的增大。例如，在非典期间，板蓝根出现脱销，则医院的采购量就很大。

3. 医疗机构内部因素

（1）医疗机构组织因素。包括医疗机构的组织结构、采购程序、采购目标、采购制度等。不同的组织结构下，部门的作用有所不同，采购决策的相关部门的作用也有所不同。作为供应企业必须明确目标医疗机构的具体情况，才能有的放矢。

（2）医疗机构人际关系因素。参与采购决策的各部门人员之间的人际关系情况，直接影响到采购决策的最后结果。

（3）医疗机构人员因素。医疗机构参与购买的相关人员的职务地位、业务水平、个性特征、心理因素、文化水平直接影响着他们对医药商品的态度。一般职务地位较高和业务水平较高的人员，对决策的影响力也较大。如果相关人员对某一种医药商品极其厌恶，就会或轻或重地影响购买决策。因此医药生产企业或经营企业的营销人员必须对相关人员的个人信息有所了解。这些个人信息包括：姓名、性别、年龄、学历、籍贯、爱好、性格、人际关系、家庭情况、业务水平、工作习惯等。只有了解相关人员，才能在营销业务活动中，趋利避害，最大限度内得到相关人员对拟采购商品的认可，使商品顺利进入医疗机构市场。

五、医疗机构的购买决策程序

（一）医院自主采购程序（图 5-9）

（1）由医院临床医生根据患者用药的需要，或因医疗、教学和科研需要，结合对药品临床疗效的判断，提出用药要求，送达医院药剂科。

（2）医院药剂科一般下设采购机构、药库、门诊药房和住院药房等。也有的医院把这几个部门分开。这里，我们以前一种组织结构为例。由药剂科的采购部门根据临床医生的申请，结合药品的库存情况，确定拟采购药品的品种、规格和数量等，填写药品购买申请单（药品计划申购单或新特药品计划申购单）。然后由药剂科主任对拟采购的药品进行梳理，决定能否进药、进哪种药，对药品的质量进行把关。决定后，由采购部门根据确定的采购计划，联系供货商。如果是基本目录的药品采购，采购部门便可直接执行采购工作了。如果是新特药品的采购，或是新采购药品，药剂科还必须将采购信息再送达给主管进药的院长或副院长进行审批。

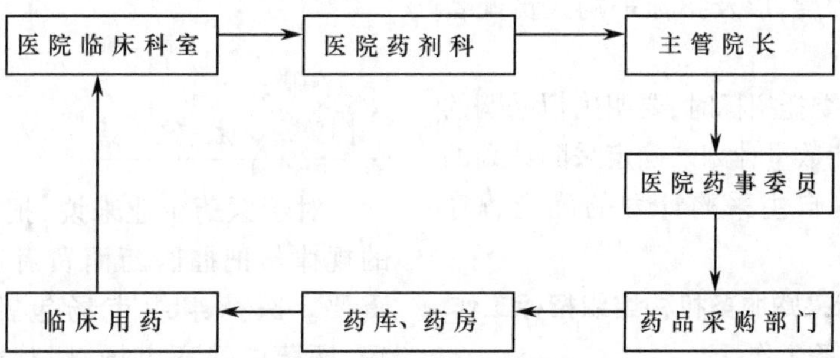

图 5-9　医院自主采购程序图

（3）主管进药的院长和副院长根据临床医生和药剂科所提出的申请，结合自己的认识，对申请进行审核。如果医院没有设立药事委员会，经院长或副院长审核后，药剂科的采购部门便可进行采购，如果设立了药事委员会，则还必须上报给医院药事委员会共同决议。

（4）医院药事委员会一般由临床科室主任、药剂科主任、主管进药的院长和副院长、知名专家和教授组成。当医院采购新品牌、新品种、新剂型时，都必须经药事委员会论证通过。

（5）经医院药委会论证通过后，医院药剂科的采购部门便可进行采购，并且跟踪药品运输情况，直到药品入库。

（6）药品入库后，由药库负责对药品的管理，并将根据用药要求将药品分发到门诊药房和住院部药房。

（7）门诊药房和住院部药房根据医生处方要求，将药品配发至患者用于临床。

（8）如果临床用药效果好，获得临床医生的青睐，临床医生将会重复采购。如果临床效果评价不好，临床医生可能会降低用量，或转向其他用药而拒绝使用该药。

（二）招标采购程序

为了控制药价虚高现象，根据国家有关规定，属于城镇职工基本医疗保险或公费医疗药品目录的药品及医疗机构临床使用量比较大的药品，原则上都需要实行集中招标采购。

药品集中招标采购的程序是：

1. 委托招标　医疗机构委托医药招标采购服务机构，对外公开招标采购所需药品。医药招标采购服务机构既可以是医疗机构联合组织的招标采购机构，也可以是依法设立、从事药品集中招标代理业务的社会中介机构。医疗机构进行招标委托时，要了解招标单位的资质信誉、公正程度，以及招标采购人员配备情况。

医疗机构在委托招标时，要明确拟采购的药品品种、规模和数量计划。确定采购计划的程序同医疗机构自主采购计划的确定程序相同。

2. 药品招标采购服务机构组织招标工作

（1）招标准备工作。

笔记栏

A. 汇总招标采购委托。将各医疗机构的采购计划进行汇总，编制目录。

B. 组织专家委员会。专家委员会的成员主要是相关医疗机构的专业人员。

C. 确定招标方式。公开招标、邀请招标。

所谓公开招标是指招标人以招标公告的方式邀请不特定的法人或其他组织投标。也叫无限竞争性招标，是一种由招标人按照法定程序，在公开出版物上发布招标公告，所有符合条件的供应商都可以参加投标竞争，从中择优选择中标者的招标方式。公开招标采购适用于医疗机构普遍应用、采购批量较大、没有品牌限制的品种。

邀请招标又叫限定招标，是指招标人以投标邀请书的方式邀请特定的法人参加投标竞争，从中选择中标者的招标方式。限定招标无须发布公告。限定招标采购适用于医疗机构普遍应用、采购批量较大但具有品牌限制的品种。

D. 编制招标文件。

（2）发出招标公告或发出招标邀请信。

（3）审标。审核投标人的合法性及其信誉，及投标药品的相关批准文件和有效质检证明文件。

（4）评标和议标。组织招标委员会进行评标和议标。

（5）开标。确定中标企业并公布中标结果。

3. 签约阶段　由中标人在招标办规定时间内，与各委托招标医疗机构之间按中标的条件进行签约。

4. 履约阶段　由中标人按照合同进行履行供货职责。

集中招标采购适用于医院必需的、常用的《医院基本药品目录》品种范围内药品的采购工作，医院新特药品的采购工作一般不适用。

本章小结

对于医药企业来说，把握医药组织市场的规律与把握医药消费者市场的规律同等重要。医药组织市场包括医药生产者市场、医药中间商市场、医疗机构市场和政府机构市场。这几种医药组织市场之间是相互联系、相互信赖、相互作用的。医药组织市场购买的目的是用于生产和销售，它相对于医药消费者市场来说具有购买数量大、业务关系稳定、购买专业性程序复杂、购买者数量少且比较集中、需求具有派生性弹性小的特点。医药组织市场的购买都经历了三个阶段：第一是信息刺激阶段；第二是组织决策过程阶段；第三是组织反应阶段。医药组织市场购买的参与者、影响因素与决策过程大体上具有相似性，但究竟医药生产者、医药中间商、医疗机构和政府市场在购买医药商品的过程中，有谁参与决策，如何进行决策，决策的过程是什么，却各有不同的内容。

思考题

1. 医药组织市场购买的特点是什么？
2. 影响医药组织市场采购的因素有哪些？
3. 医药组织市场采购的参与者有哪些？
4. 医药批发企业采购流程？
5. 医药零售企业采购流程？
6. 医疗机构集中招标采购的流程？

案例分析

海虹控股从1999年底就开始涉足药品集中招标采购电子化的代理服务，同时在2000年初，海虹控股开始在全国各地进行“圈地运动”，以美国GHX的模式成立众多子公司，即地区交易中心。2004年12月10日，美国broadlane总裁查尔斯·桑德斯低调来京，broadlane是交易量在全美排名第三位的集团购买组织，查尔斯·桑德斯此行的目的是进一步与国内最大的医药电子商务平台拥有者海虹接触。他满怀信心地希望自己与海虹的合作能够顺利，这样他将有可能顺利进入中国这个巨大的市场。而这对于经历了与迪斯尼的“牵手”、“分手”，又在网络游戏上沉沉浮浮的海虹控股来讲，broadlane所取得的成功像是一盏烁烁放光的照明灯，令其无比神往。此时的海虹，似乎在苦心经营了5年之久的医药电子商务上又看到了新的希望。

成立于1999年的broadlane，主要为医疗保健产业提供业务集成服务，改进运作效率和财务水平。在美国，该公司已有45家供应商与其电子商务平台broadlink完全联网集成；在医疗机构方面，有455家医院和broadlink联网集成，其中312家可以处理定单。

“自2001年4月以来，broadlink已经处理的客户定单超过44亿，2004年预计总值24亿美元的定单将通过broadlink电子平台来处理。”谈起在美国取得的成功，查尔斯·桑德斯不无得意地说。他在带领公司成功进入英国和印度的市场后，又把目光投向了中国。

“查尔斯·桑德斯没想到国内已有企业与医疗机构建立了这么好的合作关系。”海虹控股总裁康健说，“目前，全国有16000家医院，我们建立联系而且有生意来往的已经达到1万多家。”

一直在网络游戏领域动作较大的海虹从2000年就已经开始在医药电子商务领域排兵布阵，五年中海虹投入了将近10个亿，在全国29个省、市、自治区建立了分支机构，建成了全国最大的医药电子商务平台。海虹的意愿是要构筑一个覆盖全国的“中国医药电子交易市场”。

这使查尔斯·桑德斯的目光落在了海虹身上，他显然是希望通过与海虹的合作在最短的时间内切入中国的医疗市场。尽管双方均拒绝透露合作模式，但业内人士分析双方可选择的合作模式大约为以下几种：

第一，broadlane向海虹注资，主要经营仍由海虹掌控。但该公司对医院等单位的集成服务概念包含了对整个供应链的整合，而海虹目前只是医药采购，注资对于broadlane推广自己的理念帮助有限。第二，海虹将医药电子商务业务拆分出来，与broadlane建立合资公司。第三，broadlane买下海虹的医药电子商务业务。对于broadlane来说，第三种方案是最彻底的，但可能性不大。

笔记栏

而对于海虹控股总裁康健来说，目前海虹各项业务的经营状况使得他对此次与 broadlane 的合作更为迫切。

目前海虹控股已经形成了医药电子商务、数字娱乐及化纤工业三大支柱产业。该公司财报显示，医药电子商务增长甚猛，而曾为海虹发展奠定稳定基础的其余两项——网络游戏和化工，已经不再是支柱增长点。回头来看，海虹在数字娱乐领域一路走来坎坷颇多。也许正因为如此，几年来海虹一直希望在网络新经济业务上能两条腿走路，让数字娱乐和医药电子商务齐头并进。

显然，海虹希望通过医药电子商务的转型来塑造自己稳定的赢利增长点。

而目前海虹医药电子商务业务其实是药品集中招标代理中介业务，即组织一定地区的医院集体招标采购药品，双方按照招标结果的品种和价格进行采购——海虹在全国 29 个省份的分公司负责自己区域的招标采购，然后收取代理服务费，从 3‰到 6‰不等。

但是，海虹的目的不是招标代理中介，而是完全的医药电子商务，该公司高层一直在努力推行另一种模式——药品网上采购，也就是海虹现在主要做的“网上采购平台”。

两者的区别就在于，招标代理有明确收费，而关于网上交易的收费目前还没有批下来，这部分目前是没有收入的，但却是海虹转型的方向——毕竟，政府支持的招标采购是临时性的，而电子交易是市场化的工作。换句话说，现在海虹是靠政策收入，将来能不能靠电子交易挣钱，还是个悬念。

“海虹希望能对外谈合作，是想融资，利用更多的资金占住市场的强势地位。如果真的卖了，对公司也不是坏事，可以收回前期投入，也能避免短期不能有好的效果。”一位海虹员工告诉记者。

除此之外，政策风险也是海虹应考虑到的因素。比如，政府主管部门文件的变更，招标各方包括医疗机构和医药企业的反对意见，等等。

现在的海虹医药电子商务正在转型期中煎熬，对稳定收益的迫切需要使海虹更向往 broadlane 的赢利模式。

“broadlane 的赢利模式是通过代表医院进行集中采购，这样买方和卖方都会给 broadlane 一定比例的回报。”查尔斯·桑德斯向记者透露，2004 年 broadlane 的客户直接和间接购买产品和服务价值高达 71 亿美元。

但是，海虹是否能顺利复制 broadlane？政策帮助能否支持海虹度过转型期？中国的医院及产业链上的其他成员企业是否能接受这种无法获得更多“油水”的商业操作方式？事实上，除了这些风险之外，还有市场选择的风险——国内已开展 b2b 电子商务业务的企业除了海虹控股之外，还有中国金药网、上海医贸网、中国医药信息西南经贸网和中国医药市场网等。

案例讨论

海虹是否能顺利复制 broadlane？

笔记栏

第六章 医药市场调研与预测

学习目标

通过本章学习，要求了解医药市场信息系统的含义和构成；熟悉医药市场调查的内容和分类，掌握医药市场调查的方法和程序；熟悉医药市场预测的概念和分类，学会运用市场预测的主要方法对医药市场进行预测，解决医药企业的营销管理决策问题。

引导案例

决胜市场　调研为先

中国古代兵法云：知己知彼，百战不殆。一个企业要想在激烈的市场竞争中生存，随时把握市场变化至关重要。但是，怎样才能准确及时地把握市场状况呢？国际上通行的方法是通过市场调研。

宝洁公司对调研的重视是出了名的，它的每一个大动作都以调研为依据，每一个新产品上市几乎都是调研的结果。公司之所以如此重视调研，是因为其有过惨痛的教训，吃过"自以为是"的亏。宝洁公司出产的"安卡普林"是一种不伤胃的止痛剂，运用定时释放的新技术，可以在药剂溶化前通过胃部。这种止痛剂对需要频繁使用止痛药的患者来说本该是一种不错的选择。但该药有一个缺点，必须每4小时服用一次，可事实上大部分患者只是在疼痛时才会服用止痛药，而且希望立竿见影。由于宝洁公司自我陶醉于产品的独到技术，忽视了消费者的想法，跳过了正常的市场调研测试，直接就进行了大范围销售。结果，"安卡普林"在市场竞争中惨败。因此，现在宝洁公司非常注重调研，如果一个品牌无法通过市场测试，就绝不上市。

企业经营最怕的就是动荡与失误，有时仅仅一次失败就足以拖垮一个企业。在不了解市场的情况下，直接把产品拿到市场做实验，就等于是拿企业的生命做赌注，这是现代企业经营最忌讳的。宝洁、强生等国际知名公司之所以重视调研，是因为调研可大大提高品牌成功的安全系数。

随着企业对市场调研的重视，很多企业也尝到了重视市场调研的甜头。例如江苏启东盖天力制药股份有限公司，通过市场调研发现，当时市场上的感冒药都存在着服用后易瞌睡的现象，使人白天工作学习没有精神，影响了人们的日常生活。针对这种情况，盖天力公司开发出了白加黑感冒片，并在广告中大力宣传"白天服白片不瞌睡，夜晚服黑片睡得香"。结果白加黑感冒片迅速占领了感冒药市场，头一年就创下销售额2亿多元的佳绩。

第一节　医药市场信息系统

当今是信息时代(information age)——一个知识成为生产力的时代。信息给人类社会带来了充满生机的、快节奏变化的经济环境，商家正在比以往更多地利用信息，以获得竞争优势，在商业竞争中取胜。

一、医药市场信息的概念和特点

(一) 医药市场信息的概念

何谓信息？信息(information)是指事物的存在方式、运动状态及其对接收者的效用的综合反映。从信息描述的内容来看，信息可能是内部的或外部的，客观的或主观的，也可能

笔记栏

是几者兼而有之。

市场信息(marketing information，MI)是市场经济运行中各种事物发展变化和特征的真实反映，是反映事物的实际状况、特征、相互关系的各种消息、情报、数据、资料等的总称。市场信息是商品经济的产物，而且随着商品经济的发展而发展，具有广泛性和多样性的特征。现代企业市场营销的信息需求可概括为外部信息和内部信息两大类。医药市场信息(medical marketing information，MMI)是指在一定时间和条件下，与医药市场营销活动相关的各种消息、情报和数据资料的总称。医药市场信息反映医药市场营销动态，包括消费者心理、竞争状况及市场供求态势等，是医药企业了解医药市场及其消费者，提供医药产品和服务的重要资源。

信息框

比较知识

信息与消息：信息以消息(massage)作为载体来传递，并且在传递的内容中，只有那些对接收者具有一定价值、能够满足接收者某种特殊需要的部分才是信息。

信息与情报：情报(intelligence)是一种特定的信息，是传递着的能为接受者理解并对接受者有用的反映人类社会某项事物动态的信息。

信息与知识：信息是知识(knowledge)的一部分，人们在社会实践中，通过思维活动，对普遍存在的大量的信息进行选择、处理而组成系统化的知识。因此，信息是知识的原料，知识是信息的结晶。

信息与数据：信息与数据(data)息息相关，数据是信息的载体，信息是对数据的解释。信息是经过加工后的数据，对接收者存在着直接或潜在的价值。对于任何一个子系统来说，它接受的总是数据，输出的总是信息。

医药市场信息是医药企业进行市场营销的必要因素，企业是否能及时有效地掌握市场信息将关系到其营销的成败。具体表现在：

1. 医药市场信息是医药企业经营决策的前提和基础 医药企业在营销过程中，不仅面临着战略目标、发展方向等战略问题的决策，还面临产品、价格、分销渠道、促销措施等战术问题的决策，企业只有在准确地获取市场信息的基础上，才可能做出正确决策。如某医药企业的某种药品近期市场占有率下降，要改变这种情况，进行正确的决策，就必须以相关医药市场信息为依据。如果没有掌握足够的信息，很难做出正确的决策。

2. 医药市场信息是医药企业制定营销计划的依据 企业在市场营销中，必须依据市场需求的现状和发展趋势，在营销决策的基础上，制定营销计划，以确定实现营销目标的具体措施和途径。而不了解市场信息就无法制定出符合实际需要的营销计划。

3. 医药市场信息是医药企业进行内外协调的依据 由于在市场营销中，外部市场环境和内部经营条件都是动态变化的，企业要不断地收集、加工市场信息，来协调内、外部环境与企业目标间的关系，以实现企业经营目标。

4. 医药市场信息是医药企业进行营销控制的必要条件 营销控制是指按照既定的营销目标，对企业的营销活动进行监督、检查，以保证营销目标实现的管理活动。只有及时掌握有效的市场信息，依据市场条件的变化来调整和修改营销计划，才能有效控制企业的营销活动，使营销活动按企业预期目标进行。

(二) 医药市场信息的特点

医药市场信息：一方面，具有所有信息的共有特征，如可感知性、可识别性、可储存性、可转换性、可分析性与载体的不可分割性等；另一方面，医药市场信息还有着与其他信息及

笔记栏

市场信息不同的特点,具体表现为:

1. 医药市场信息具有明确的来源和用途 医药市场信息产生于医药市场经营活动和与此相关的事物的动态变化之中。参与医药市场经营的各类医药企业和医疗机构的各种交易行为、医药商品供求关系及其变化、国家相关政策、行业法律法规及其对医药市场主体的影响,等等,都构成了医药市场信息的直接来源。相应地,医药市场信息是直接为提高医药市场营销活动的有效性和维持市场的正常活动服务的。

2. 医药市场信息具有复杂性和多样性 信息时代的信息正以前所未有的速度不断生成、集聚、发展和膨胀,医药市场信息在数量急剧增长的同时,内容和形式上也呈现出复杂性和多样性,囊括了医药商品市场的信息、生产要素市场的信息、市场活动主体的信息、医药市场服务者的信息等一系列信息。信息的内容不仅包括与交易活动直接相关的商品需求量、供应量、销售量、产品种类、质量和价格等,还包括间接影响交易行为的市场需求潜力、销售前景、市场占有率、商誉、广告效果、市场竞争状况和消费趋势、消费者心理等。

3. 医药市场信息具有特殊性和集中性 由于医药市场中的消费者是受各种疾病困扰的特殊群体,并且医院等医疗卫生机构是医药市场信息集散的枢纽,所以医药市场信息具有一定的特殊性和集中性。

4. 医药市场信息具有双向驱动性 从某种程度上来讲,医药市场是双驱动市场:一是疾病驱动药品研发;二是研发药品上市后,药品驱动市场。这是医药市场信息的双向驱动性所致。

5. 医药市场信息具有较高的不可控性 造成医药市场信息在准确度、时效度等方面难以控制主要原因有两种:一是由于目前医药市场销售环节长、销售渠道复杂多样、管理制度不健全,极易造成营销信息反馈失真;二是医药产品涉及人的生命安全。各级政府的有关规定政策限制多,使得市场信息受到政策干扰较多。

二、医药市场信息系统的含义和构成

(一) 医药市场信息系统的含义

营销大师菲利普·科特勒(Philip Kotler)在《市场营销教程》中对营销信息系统(marketing information system, MIS)的定义为"能够为营销决策者及时准确地收集整理、分析评估并分送转达所需信息的人员、设备和程序"。

医药市场信息系统(medical marketing information system, MMIS)是一个由人员、计算机设备及程序构成的相互作用的人机结合的信息处理系统,它通过连续有序地收集、挑选、分析、评估和分配医药市场信息,为医药企业的营销管理人员制定、执行和改进营销计划提供依据,最终为医药企业整体的管理和决策服务。这一概念至少包涵三层含义:

(1) 医药市场信息系统的目的在于满足营销决策者的信息需求,提高营销决策的效能与效率。

(2) 医药市场信息系统具有整合功能,它不是给营销决策者提供一堆杂乱、无关的信息,而是把各种相关的信息整合处理后提供给决策者。

(3) 医药市场信息系统的运作过程是一个人机互动的过程,它的起始和终端都是信息用户——营销决策者及其他信息使用者。

图 6-1 展示了整个医药市场信息系统。医药市场信息系统处于医药市场营销环境(包括宏观环境和微观环境)与市场营销管理人员(即信息使用者)之间。市场信息资料经由市场营销环境流入企业市场信息系统;市场信息系统对流入的信息资料进行加工转换,提供信息流程传导给市场营销管理人员;市场营销管理人员依据这些信息资料制定各种计划、方案,然后又通过市场营销决策与沟通流程回到市场环境中。

(二) 医药市场信息系统的构成

医药市场信息系统主要由四个子系统构成:

1. 医药企业内部报告系统 企业要获取的营销信息包括内部信息和外部信息。内部报告系统提供的是企业的内部信息,是市场信息系统中最基本的子系统。该系统的主要特点是:

(1) 信息来自企业内部的生产、销售、财务等部门。

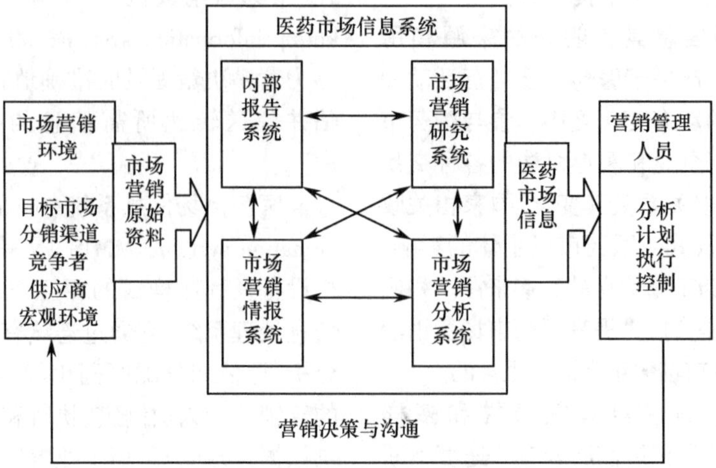

图 6-1 医药市场营销系统

(2) 通常是定期提供信息,用于日常营销活动的计划、管理和控制。

内部报告系统是以会计系统为主,同时辅之以销售报告系统,它的作用在于报告订货、库存、销售、成本、现金流量、应收应付账款等各种反映企业经营状况的信息。通过分析这些信息,能够帮助管理者分析市场机会,找出经营中存在的问题。

会计报告系统的核心是订货—发货—开出收款账单的循环。这一循环的信息传递可分若干步骤,其实质就是订货处理、发货处理和账务处理。

销售报告系统也是内部报告系统的一个重要部分,它向公司决策者提供及时、全面、准确的销售报告,帮助管理者了解公司的生产经营情况,以便做出科学的战略决策。销售报告应力求精练、准确、系统和及时,其中准确性是最基本的要求。

2. 医药市场营销情报系统 医药市场营销情报系统是医药企业决策者和营销管理人员用以获得外部营销环境发展信息的一整套来源和程序。营销情报的质量和数量决定着企业营销决策的灵活性和科学性,进而决定着企业的竞争力。

市场营销情报系统与内部报告系统的主要区别是:后者是为管理人员提供营销结果信息的,而前者则为管理人员提供正在发生的信息,且多为外部信息。

为了更好地支持企业的营销决策,企业可以通过以下途径来获取有效的营销情报:

(1) 训练和鼓励本企业的销售代表去发现和报告新情报。作为企业"眼睛和耳朵"的销售代表具有收集信息和情报得天独厚的优势,但管理者应注意对其从事情报收集工作给予有效的激励,来提高情报的质量和可靠性。

(2) 利用中间商和其他伙伴来收集情报。因为他们既是本企业的合作伙伴,又最直接接触消费者,所以其发言权较大;同时,通过他们还可以了解竞争对手的动态。

(3) 向外界的情报供应商购买信息。随着市场经济的发展,一些调查公司、情报供应公司应运而生,他们的信息全面而及时,企业也可以向他们购买信息或雇佣其进行调查收集情报。

(4) 自己建立信息情报中心。由于企业对信息的需求是连续的,管理人员的每一决策都需要准确及时的信息情报,所以企业自己也应该建立信息情报中心,收集、处理并向决策者提供信息情报。

3. 医药市场营销研究系统 上述两个系统都是收集、传递和报告有关日常的和经常性的情报信息,但是医药企业有时候还需要经常对营销活动中出现的某些特定的问题进行研究。医药市场营销研究系统的任务就是研究企业面临的这些特定问题。它系统而客观地识别、收集、分析和传递有关市场营销活动各方面的信息,提出与问题有关的研究报告,以帮助管理者制定有效的营销决策。

一个成功的医药市场营销研究应具备以下特征:

笔记栏

（1）方法科学。研究过程中的调查方法、分析方法、计划方法、管理方法等应力求科学，做到与研究对象和目的吻合。

（2）具有创造性。因为营销研究所要解决的问题和所要达到的目标是多种多样的，所以应具体问题具体分析，发挥主观能动性和创造性，以创新的方法和态度来解决问题。

（3）综合运用多种方法。在营销研究中，不应过分依赖于一种方法，而应综合运用多种方法，扩展信息来源，以提高可信度。

（4）模式与数据匹配。模式是为科学有效地处理数据而建立的，不同特征的数据要求相应的模式与其匹配。好的模式设计应简单明了，且能对要收集的信息起指导作用。

（5）经济性。营销调研应注意经济性，也就是说调研结果的价值要高于调研成本，否则就失去了调研的意义。

4. 医药市场营销分析系统 市场营销分析系统，也称营销管理科学系统，它的任务是通过对复杂现象的统计分析，建立数学模型，帮助市场营销管理人员分析复杂的市场营销问题，做出最恰当的市场营销决策。

一个完善的市场营销分析系统应由资料库、统计库和模型库三部分组成。

（1）资料库（data base）。资料库有组织地收集外部环境资料和企业内部记录的有关营销资料，随时提供给营销管理人员进行研究分析。

（2）统计库（statistical base）。统计库采用各种统计分析技术从大量的数据中提取有意义的信息。其重要性在于：首先，有些原始资料固然可以直接展示和运用，但在多数情况下，资料必须经过统计分析，方可供管理人员做决策之用；其次，管理人员有时还需要测量各变数之间的关系，这就需要多种多变数分析技术；再次，统计库分析的结果，除展示给管理人员利用及储存于资料库外，还可以提供给模型库作为重要投入资料。

（3）模型库（model base）。模型是一组代表某种系统和变数真正关系的关系式，它是管理科学家运用科学方法，为对某一管理问题达到理解、预测和控制而建立的。模型库收集和储存能够帮助营销管理人员解决各种营销计划和决策问题的各种模型，如新产品销售预测模型、广告预算模型、竞争策略模型、产品定价模型以及最佳营销组合模型等。因此，当营销管理人员需要解决“在某种情况下应采取何种方案”、“什么是最佳方案”等问题时，就会求助于模型库。

第二节　医药市场调查

在现代市场营销环境中，医药企业面临激烈而复杂的竞争。为了获得持续生存和发展，医药企业要不断地开拓市场，满足消费者日益增长和变化的消费需求。因此，如何有效地运用市场调查手段，汇集市场信息，并对未来市场走势做出正确的判断，成为决定医药企业在市场竞争中保持稳步发展的重要环节。

一、医药市场调查的概念与特征

（一）医药市场调查的概念

市场调查（marketing research），是指系统地设计、收集、分析和报告与企业面临的特定市场营销问题有关的活动。市场调查为企业的决策者提供所需的决策信息，是企业的主要营销职能之一。市场调查是一项系统性的工作，它根据企业所要解决的市场营销问题设计调查计划，根据调查计划的要求收集相关的信息，再对收集到的信息进行分析处理，最后向相关的决策部门提供调查报告。

医药市场调查（medical marketing research，MMR）是指以科学的方法系统地设计、收集、分析和报告与医药企业所面临的具体营销情况相关联的数据和信息，为医药企业制定市场营销战略提供参考依据。

医药市场调查对于医药企业的营销活动有着重要的作用。在企业市场营销活动过程中，针对不同的营销问题，决策所需的信息也有所不同。如新产品开发决策，需要临床用药信息、市场现有产品信息、企业技术能力信息和原料供应信息等；选择销售渠道决策，需要产品的药理特性信息、药品销售法规政策信息、销售渠道成本费用信息、竞争对手销售渠道信息等。而这些信息只有在市场调查基础上，才能提出正确和切实可行的产品计划，进而正确选择销售渠道、制定出合理的价格、设计最佳促销方案。

医药市场调查还为医药企业市场预测提供必要的资料。通过市场调查取得市场信息，人们便可以利用它进行市场预测，从而掌握医药市场动向和发展趋势。

总之，做好医药企业的市场调查工作，对于进行科学预测、制定营销决策、提高经济效益有着非常重要的作用。

（二）医药市场调查的特征

医药市场调查除了具有一般市场调查的系统性、科学性、创造性、应用性等特点之外，还具有以下特征：

1. 专业性要求高 在医药市场调查过程中，问卷设计、现场访谈、数据统计、分析研究等各环节往往涉及许多医学、药学和临床治疗等方面的专业知识，因此要求调研人员不但要有扎实的统计和营销管理知识，而且要有良好的医学、药学背景。

2. 被调查群体特殊 一方面，医药市场调查的访谈和研究对象主要为医生、药剂师等医疗专业人员，尤其是医生在处方药的消费中起着决定性的作用；另一方面，医药市场调查所研究的消费者往往不是健康的人，其消费行为也可能是非理性的，被调查群体的特殊性增加了医药市场调查的难度。

3. 调查地点集中 由于调查对象的特殊性，医药市场调查实施调查的地点主要集中在医院、药店、医药公司等医疗卫生和医药流通场所。在这些场所，企业可以接触到医生、药剂师、患者以及医药流通渠道中的经销商、批发商和零售商，通过调查、访问获取市场营销决策中需要的主要信息。

4. 政策限制性强 医药产品关乎人的生命安全，所以国家观念上医药产业是带有公共事业性质的行业，各级政府的有关政策、法规等限制多，涉及产品价格、销售渠道、广告宣传、促销等。因此，在医药市场调查中应充分考虑到这一影响因素。

二、医药市场调查的内容与功能

（一）医药市场调查的内容

笔记栏

医药企业的市场调查包括一切与医药企业营销活动有关的经济、社会、文化、政策法规以及医生和患者用药需求、用药习惯等的内容。具体来说，医药市场调查的内容可以概括为以下几方面：

1. 医药市场营销环境因素调查 包括与医药企业营销活动有关的政治法律环境、经济环境、竞争环境、科学技术环境和社会文化环境等因素的调查。

2. 医药市场需求调查 包括医药产品总体需求的变化及某种产品的市场需求情况。市场需求是企业营销人员最关心的信息，因为需求是营销管理的核心，企业只有在确定和捕捉到市场需求之后，才有可能采取适当的营销组合满足需求，并最终实现企业目标。

3. 竞争对手的调查 正所谓“知己知彼，百战不殆”，只有了解竞争对手的状况，企业才能制定出积极的竞争战略，在市场竞争中争取主动。竞争状况的调查主要包括竞争企业的数量、竞争产品的市场占有率、竞争产品的销售渠道、竞争产品价格、竞争企业的生产效率和成本费用、竞争企业的优势和劣势等。

4. 医药产品的调查 包括：分析现有产品的生命周期，从而针对不同的周期阶段采取不同的产品策略；调查现有产品临床使用情况，研究如何改进老产品，扩大老产品用途；如何提高疗效或缩短疗程，以提高产品的适应能力和竞争能力；如何改进和提高包装质量，以新的包装设计提升产品档次等。

5. 医药消费者的调查 药品有双重的消费者，即直接消费者—患者和间接消费者—医生。对医药消费者的调查包括分析医生和患者的具体特征及发展变化趋势；患者的用药动机、用药心理、用药习惯；医生的处方习惯、影响医生处方习惯的因素分析；医生和患者对处方药和非处方药的要求和反应，等等。

6. 产品的价格调查 包括同类产品之间的价格比较；不同产品间价格与需求的关联度；各种医药产品定价方法与定价策略的优劣等。

7. 企业销售活动的调查 包括企业现行销售政策的执行情况与存在的问题；现行的销售渠道是否通畅，销售网点的布局是否合理；现行各种促销手段效果如何，广告媒体选择和广告活动性价比如何；人员促销规模与效果等。

(二) 医药市场调查的功能

市场调查对于医药企业的营销活动有着重要的作用。在企业市场营销活动过程中,市场调查为企业各种不同的决策类型提供有针对性的信息。于是,医药市场调查被赋予多种不同的功能,主要归结为以下几类:

1. 帮助医药企业发现市场机会 市场机会与市场营销环境的变化密切相关,通过市场调查,可以使企业随时掌握市场营销环境的变化,并从中寻找到企业的市场机会,为企业带来新的发展机遇。例如,近几年来,新型农村合作医疗制度的深化,使许多医药企业在农村找到了广阔的市场发展空间。随着处方药和非处方药分类管理法规的出台,处方药销售限制范围将逐步扩大,医药企业在非处方药的经营方面将有望获得更快速成长的机遇。如果不通过市场调查从环境的变化中捕捉市场机会,企业的发展将面临很大的风险。

2. 为项目投资决策提供有效参考 为了确定项目的可行性和投资方向的准确性,对项目相关行业高瞻远瞩,把握行业整体现状与未来发展,进行投资项目的行业研究是十分必要的。医药行业研究内容主要包括市场需求量、生产企业、主要品牌、市场占有率、总体产销量、市场动态、竞争态势、市场价格以及国内外的研发动态、市场发展潜力与趋势等。所需信息涉及面较广,信息的收集渠道也要求比较广泛,因而需要采用多种调研方法组合调研。

通过多种调研方法收集的信息,有时可能会出现同一种信息由于来源于不同的渠道在数据上存在差距的情况,这时需要凭借经验判断及复核来进一步考证,过滤掉数据中的水分。多种渠道的信息要整合起来分析,才能得出较为正确的结论。还有一些信息中的某些数据,如市场占有率,一般不能于二手信息中完全收集到,可利用渠道调研进行推断或证实。

最终,企业根据市场调查收集到的信息,对市场需求量、当前的市场供应量、市场竞争态势、未来发展趋势等关键指标进行分析,并结合自身的优势、劣势来分析投资收益和投资风险,确定项目的投资可行性。

3. 为国家项目的申报收集相关信息 医药企业经常在新产品研发之前,向国家申报研究项目,以实现某类新药的独家研制生产或取得国家项目拨款支持。国家项目的申报通常需要对项目的市场前景、技术上的创新与优势等方面进行阐述。为了使项目申报书有理有据,并且保证申报的项目切实可行,企业必须合理运用各种市场调查手段来收集与之相关的数据和信息。例如,利用专家访谈法来了解关于药品的应用前景和未来技术及市场发展趋势的信息;利用二手信息的收集来获取国内外的研发动态、市场需求、同类药品应用状况。

在项目申报过程中,根据市场调查收集到的相关信息,企业将对以下内容进行着重分析:国内外的相关技术发展状况、本项目技术上的创新点、相似产品的市场前景及本企业自身相对的技术优势等。

4. 指导新产品的开发和研制工作 企业在确定开发某一类医药产品后,在正式投入研发之前,还需要掌握较多的信息来指导产品的研究和设计,主要包括概括对该类药品的期望和研发技术信息。这里的顾客期望,指广义的顾客期望,也就是说,既包括直接消费者的期望,也包括医生的用药期望以及销售渠道(经销商、批发商及零售商)的期望。

根据对消费者、医生及流通渠道的需求分析,企业研发部门可以建立药品的基本功能及形态模型,在形态模型的建设中,也尽量从技术上避免或改进竞争产品的不满意点,保留其顾客满意点,使产品最大限度地适应市场需求。

5. 为产品营销策略的制定提供充分依据 医药产品上市时,需要确定一系列的上市营销策略,包括定价、包装、销售渠道及产品推广等。为了支持这些营销策略的制定,企业通常将采取多方位、多形式的市场调查。如,对药店采用观察法调查,了解竞争产品的价格及POP广告等促销信息;查看统计部门、行业协会、市场调查机构等关于此类药品的销售分类统计,查询报纸杂志关于此类药品的报道来收集二手资料;对医院和销售渠道进行访问,以掌握销售渠道对该类药物的通路政策、扣率、广告及促销等方面的支持情况;对医生和消费者进行访谈,掌握医生和消费者各自的用药心理、用药习惯等。

笔记栏

在掌握这些数据的基础上,主要通过分析目前市场的竞争态势、竞争对手的市场策略、各条通路的流通成本和流通效率,以及医生用药的心理和需求、消费者对药品的了解渠道和认知水平等,从而为企业产品制定全面的营销策略提供充分的依据,并针对各通路环节确定相应的通路政策与战术,制定有的放矢的营销计划和营销管理制度。

6. 指导企业对其营销策略进行有效控制 医药企业面临的市场环境是变化多端的,并且是企业不能控制的。企业即便在制定市场营销策略之前,已经进行了深入的市场调查,也很难完全把握市场环境的变化。因此,在企业的市场营销策略实施过程中,必须通过市场调查,充分掌握所没有预料到的环境条件的变化,研究环境条件的变化对企业市场营销策略的影响,并根据这些影响对企业的营销策略进行调整,以有效地控制企业的市场营销活动。

三、医药市场调查的分类与方法

在医药市场调查过程中,根据调查的目的和具体的研究目标,要求调查者对恰当的调查对象提出恰当的问题,并采用恰当的方法进行调查。

(一)医药市场调查的分类

由于各个调查项目研究的问题、目的、性质和形式等不尽相同,不同的调查项目要求采用不同类型的调查。医药市场调查一般分为以下四种类型:

1. 探测性调查 探测性调查用于探询企业所要研究的问题的一般性质,是研究者对市场情况很不清楚,或对研究的问题范围很不明确时采用的方法。这种调查主要用来发现问题和提出问题,以便确定调查的重点。

2. 描述性调查 描述性调查,就是通过详细的调查和分析,对市场营销活动的某个方面进行客观描述。大多数调查都属于描述性调查。如,某种药品的市场占有率和市场潜力调查,消费群结构调查,竞争企业的现状调查等。描述性调查比探测性调查细致、具体,但也只是限于描述问题本身,至于问题产生的原因究竟是什么,还必须通过因果关系调查进一步研究。

笔记栏

3. 因果关系调查 因果关系调查,是在描述性调查的基础上进一步分析问题发生的因果关系,并弄清原因和结果之间的数量关系的调查。例如,某种药品为什么会畅销,为什么会有大量的消费者青睐于某个品牌,产品的质量、价格、包装等对销量的影响到底有什么影响及影响程度,等等。

4. 预测性调查 预测性调查是指为了预测市场供求变化趋势或企业生产经营前景而进行的具有推断性的调查。对市场需求的预测是企业制定市场营销方案和市场营销决策的基础,准确的市场预测可以使企业制定有效的经营计划,避免较大的风险和损失。

(二)医药市场调查的方法

医药市场调查的方法主要有三种:访问法、观察法和实验法。

1. 访问法 访问法是营销调查中最常用的一种调查方法。它把调查人员事先拟定的调查项目或问题以某种方式向被调查者提出,要求给予答复,由此研究获取所需资料。按照调查人员与被调查者接触方式的不同,访问法又分为个人访谈、电话访问、邮寄调查、留置问卷调查等方式。

(1)个人访谈法。即面谈法,是市场调查中最常用的访问法。调查人员与被访问者面对面交谈,能够观察到被访者的反应,并通过双方的互动使调查不断深入,从而获得其他方法难以收集到的资料。这种方法的缺点是费用高,对调查人员的调查技术、专业水平要求高。如就某个医学专业问题访谈该方面的专家,调查人员必须掌握该方面最基本的医学知识。

(2)电话访问法。电话访问是由调查人员根据抽样的要求,在样本范围内,通过电话向被调查者提问以获取资料的调研方法。其优点是成本低,速度快,并能以统一格式进行询问,所得资料便于处理。不足之处在于使用范围上有局限性,且不易取得被调查者的合作,不能询问较为复杂的问题,调查不甚深入。

(3)邮寄调查法。又称通讯调查法,是将事先设计好的调查问卷邮寄给被调查者,让其回答后再寄回的调查方法。这种方法调查范围较广,被调查者有充裕的时间来考虑回答问题,不受调查者的影响,收集意见、情况较为真实。但往往由于问卷的回收率低,时间拖延长，影响调查效果。

(4) 留置问卷调查法。由调查人员将问卷当面交给被调查者，并说明回答要求，留待被调查者自行填写，然后由调查人员定期收回。这种调查方式的优缺点介于个人访谈和邮寄调查之间。

2. 观察法 观察法是由调查人员直接或通过仪器在现场观察调查对象的行为动态，并加以记录而获取资料的一种方法。比如研究人员可以通过观察记录消费者的购买行为来测定其品牌偏好。医药市场调查中的观察地点通常在医院、药店等购买和使用现场。观察法可以观察到消费者的真实行为特征，调查结果比较客观可靠。但缺点是只能观察到外部现象，而无法观察到调查对象的一些动机、意向和态度等内在因素，且调查花费时间较长。

3. 实验法 实验法来源于自然科学的实验求证法，它是指在给定的实验条件下，在一定的市场范围内，通过试验对比的方法观察分析影响研究对象的各因素之间的因果关系及其变化过程，从中获取有关信息的调查方法。实验法在市场调查中应用范围很广，如医药产品在改变价格、包装、广告、陈列方法等时，都可以应用这种方法。例如，某医药企业欲对其产品是否需要改良包装进行实验。方法是：首先选定四家规模、条件大体相同的药店，第一二周把新包装的产品给甲、乙两店出售，把原包装产品给丙、丁两店出售；第三四周进行互换，甲、乙店售原包装产品，丙、丁店售新包装产品。如果实验结果新包装产品销量远高于原包装产品，则企业可以决定更换新包装，以扩大销量。

运用实验调查法获取的信息排除了主观估计存在的偏差，数据资料可靠准确，在定量分析中有很重要的作用。但实验法调查需要时间较长，调查成本高，而且不易找到社会经济因素类似的实验市场，市场环境干扰因素多，实验结果往往受到影响。

四、医药市场调查的程序

市场调查是用科学的方法，系统地收集和分析资料的过程。为使医药市场调查符合科学方法的要求，在调查时就要尽可能依据一定的程序进行。有效的医药市场调查通常包括四个步骤（图 6-2）。

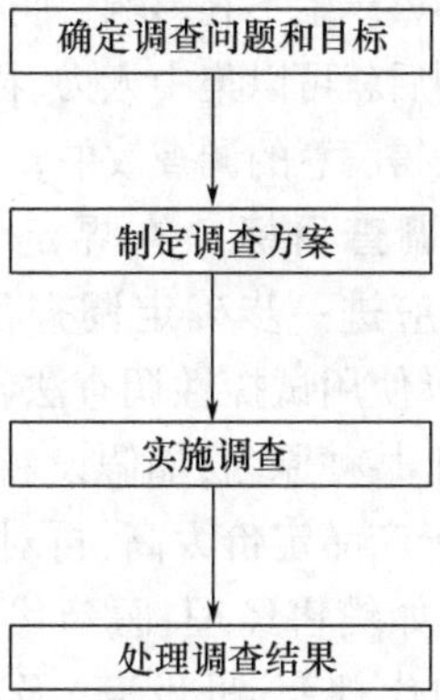

图 6-2 医药市场调查的程序

（一）确定调查问题和目标

市场调查的首要工作是界定清楚需要研究的问题，明确调查目标，这项工作对后续各项工作的影响很大。如果对要调查的问题做了错误的说明和界定，研究结果就可能失去应有的效用，从而影响企业的营销决策。

调查问题的选择应该符合有用性、经济性及合理性原则。有用性是指问题对企业营销活动有重要影响，解决此类问题能为企业提供较高的经济效益。受资源所限，企业不可能对每个营销问题一一开展调查，这时，就要考虑调查问题的经济性。经济性原则就是要依次筛选出投入产出比最高、对企业经营最有意义的问题，优先考虑。合理性原则是筛选在现有条件下有较大可能实现调查目标的问题。市场调查受企业资源、技术条件的限制，不是每一个有用的问题都能调查，都能马上解决，应选择实现可能性大、经济性能高、调查效果好的问题优先研究。

1. 进行企业情况分析 企业情况分析就是要了解开展市场调查的背景，以便找出企业经营中存在的问题。分析内容包括企业的内部情况、医药行业状况、竞争企业分析、市场环境分析等。

2. 明确调查范围 市场调查的主要目的是通过收集、分析企业资料，研究解决企业在市场营销中存在的问题，针对问题寻求正确可行的改进措施。因此，市场调查先要找出问题所在及其调查范围。如，某医药企业存在上市新药销售情况不佳的问题，其原因可能是销售渠道选择不当、广告力度不够、产品疗效问题、定价不合理,或国家政策调整产生不利影响。明确调查问题、界定调查范围后就可以集中人力、物力、财力,以最小的代价获得满意的调查效果。

3. 确定调查目标 在界定调查范围之后,调查人员应进一步确定调查目标。这时,调查人员可以使用试探性调查法:先假设问题的产生是出于某种原因,如假设新药的销售情况不佳是由于产品定价太高,再对本企业内部的有关人员(如销售经理、医药代表)、销售渠道的人员(如代理商、批发商)及少数有代表性的医生和患者进行调查,听取他们对这个问题的看法和意见。通过这种非正式调查,使问题进一步明朗化,缩小调查范围,便于调查主题的确定。

(二) 制定调查方案

制定调查方案需要做好以下工作:

1. 选择资料收集方法 市场营销的信息来源,大体上可分为两大类:第一手资料和第二手资料。第一手资料是指通过调查者本人直接实地调查所获得的原始资料,比如通过实地采访、与医生和患者交流、参加医药产品交易会等活动所获得的资料。第一手资料具有很强的针对性、时效性,并且生动、可靠、直观。第二手资料是指通过他人搜集并整理的现成资料,一般通过文献检索和委托咨询获取。收集二手资料简便、快捷、调查成本低,但二手资料的缺点是适用性不强,与调查目的有相当的距离,并且有错误的可能。所以调查人员在使用二手资料前,必须对资料进行严格的审查和评估,确认其公正性、有效性和可靠性。

一般企业进行市场调查活动时,往往把收集的一手资料和二手资料结合起来,能获取可靠的二手资料时尽量使用二手资料,以节约成本和时间。

信息框

补充知识

获取可靠的二手资料主要有哪些渠道?

1. 政府权威机构的定期出版物,如政府部门的各种统计年鉴、统计报告、调查报告等。
2. 定期公开出版的行业协会的报告。
3. 企业内部的资料。
4. 专业的市场咨询公司的研究报告。

2. 选择调查方法 前面讲过医药市场调查的三种调查方法:访问法、观察法、实验法。调查方法的确定与调查地点和调查对象有关。由于调查地点直接影响调查资料的代表性及调查方法的选择,也影响调查费用的预算,故在确定调查地点时,既要符合调查目的的要求,又要考虑调查费用的承受能力;调查对象则要完全根据调查目的和内容进行选择,以保证调查资料的准确性和代表性。调查地点和对象确定后,就可选择相应的调查方法收集资料。

3. 选择调查手段 市场调查中常用的调查手段有问卷和仪器。

(1) 调查问卷。由一系列问题组成,目的是通过征求被调查者的意见获取所需信息。调查问卷是收集第一手资料最常用的工具,问卷设计的水平对调查结果影响很大。问卷设计必须符合五个基本要求,即:

目的明确——问卷要明确说明调查的目的、要求和回答的方式等有关事项;

重点突出——问题应紧密围绕调查目的,突出重点,简单明了,切忌模棱两可,并避免列入无关紧要的问题;

讲究方式——提问的方式要能激发被调查者的兴趣,使之乐于回答;

难易适度——问题不能超过被调查者的

知识水平,并应尽量避免使用过分专业的术语;

易于统计——设计问题时,应考虑事后统计和整理的方便。

问卷设计没有统一的格式和程序,一般来讲有图 6-3 所示的几个步骤。

(2) 仪器设备。市场调查中所使用的仪器是指一切可以用来记录信息的仪器设备,如摄像机、照相机,以及各种测试仪器等。调查中使用这些仪器设备,能够减少人为因素的影响,更为客观地反映被调查事实。

采用何种调查手段要依照资料类别和收集方法而定。如果要用访问法收集一手资料,就需要设计问卷,并合理安排问卷的调查时间,以便于修改和完善问卷;如果准备用观察法,就要设计记录表,同时要准备有关的仪器设备;如果计划用实验法,则要选择实验所需的各种设备、表格等。

4. 抽样设计 大多数的市场调查都是抽样调查,即从调查对象总体中选取有代表性的部分个体或样本进行调查,并根据样本的调查结果去推断总体。抽样设计要解决三个问题:抽样总体、样本大小和抽样方法。

(1) 抽样总体。抽样总体由调查对象总体构成,其具体范围由调查目的和调查特性决定。抽样总体可以是具有某种特性的一群人,如农村老年消费者;也可以是一类事物,如市场上目前正在销售的感冒药。无论是哪种类型的抽样总体,在抽样前都要明确界定其范围。

确定需要的信息

为达到研究目的需要哪些信息?

以便在问卷中提出一些必要的问题以获取这些信息。

↓

确定问题的内容

在问卷中要提出哪些问题或包含哪些调查项目?

在保证能够获取所需信息的前提下,要尽量减少问题数量,并使问题容易回答。

↓

确定问题的类型

开放式问题使被调查者能够各抒己见,可以获得较多的较真实的信息,但问题回答的难度大,也不易统计;

封闭式问题可设计为是非题、多项选择题、顺序题、评判题等形式,这种方式的问卷比较易于回答、便于统计,但答案的伸缩性较小。

↓

确定问题的词句

对于问题的设计要斟词酌句,以免调查结果失真。

因为问题的语句和用词对应答者影响很大,有时由于字眼使用上的差异,会使应答者对问题做出不同的反应。

↓

确定问题的顺序

原则上开始的问题应容易回答且能引起应答者的兴趣,涉及应答者个人资料的问题放在最后;要注意问题排序的相关性和层次间的逻辑性。

↓

问卷的试答

一般在正式调查前,设计好的问卷应选择小样本进行预试,目的是发现问卷的缺点,提高问卷的质量。

图 6-3 医药市场调查问卷设计步骤

(2) 样本大小。样本的大小对调查结果的准确性有一定影响。样本越大,调查结果越可靠;反之,则调查结果的代表性越差。但样本越大调查成本也越大。因此,要根据抽样误差的要求合理确定样本数。一般来说,样本数要根据调查费用的限制、允许的抽样误差,以及被调查问题的基本性质等因素来确定。

(3) 抽样方法。抽样方法基本分为两大类,即随机抽样和非随机抽样。随机抽样也叫概率抽样,其抽样遵照随机原则,即总体中每一个体都有相同的被抽中的机会。随机抽样是一种客观的抽样方法,具体做法有简单随机抽样、分层随机抽样、分群随机抽样等。非随机抽样是按照调查的目的和要求,根据一定的标准来选取样本,总体中的个体被抽取的几率是不等的。非随机抽样受主观因素影响较大,一般当总体太大、太复杂,无法采用随机抽样时才用。非随机抽样的主要方法有任意抽样法、配额抽样法、判断抽样法等。

5. 确定调查预算 调查预算是市场调查活动的资金安排。为保证调查的顺利进行,做好合理的预算安排是必要的。调查预算需按可能支出的项目逐一列表估算(如表 6-1)。为防止意外情况发生,调查预算应留有一定的余地和弹性。

表 6-1 某调查活动预算表

年 月 日

用途	项目	数量	单价	金额	地点	备注
二手资料收集	人员劳务费					
	交通费					
	通讯费					
	资料费					
	……					
一手资料收集	人员劳务费					
	宣传费					
	培训费					
	交通费					
	通讯费					
	社交费					
	资料率					
	……					
资料加工	数据处理费					
	材料制作费					
	……					
其他						
总计						

6. 安排人员和进度

(1) 人员部署。首先,要组织调查人员进行相应的培训,以帮助他们达到调查活动所需的能力水平;其次,要将调查工作明细化,划分调查小组,明确各调查人员的职责及人员间的相互协调与配合要求。

(2) 进度安排。调查时间是指完成整个调查研究计划所需要的时间。由于市场调查具有较强的时效性,且调查时间与调查预算互有影响,所以调查时间的安排十分重要。网络计划技术是用网络图的形式安排工程计划,控制工作进度和费用,使其达到预定目标的一种科学管理方法。在估计调查时间时,该技术是一种非常有用的工具。

(三) 实施调查

该阶段是市场调查实质性的工作阶段,主要包含两方面内容:

1. 收集二手资料 通过各种有效渠道收集企业内部的统计、财务、业务等资料和外部的二手资料。

2. 收集一手资料 调查人员按照调查方案中确定的调查对象、调查方法和手段进行实地调查,收集一手资料。现场调查工作的好坏直接影响调查结果的准确性和适用性。调查人员应具备一定的医药市场研究知识和工作经验,了解医药企业的基本情况,最好有市场营销学、统计学、医药生产技术等方面的知识,并具备一定的社交能力和较强的语言文字能力,工作认真,有团队合作精神,有克服困难的信心和勇气。

对调查人员的管理与监督也是保证调查顺利进行和资料质量的重要环节。调查团队应制定调查工作制度和纪律,经常监督和检查调查工作情况,对回收的问卷进行审核,对任务完成好和不能完成任务的情况采取合理奖罚。

(四) 处理调查结果

1. 整理分析资料 整理分析资料是将调查收集到的资料进行编辑整理、分类汇编和统计分析。

(1) 编辑整理。资料编辑整理就是理顺收集到的资料,并对其准确性和完整性进行检查核实。准确性检查要对资料的内在逻辑关系进行判断,看是否存在内容矛盾、答案混乱等问题;完整性检查要看计划收集的资料是否齐全,回收的问题中缺项是否较多等。如果检查发现不合格问卷过多,就需要组织补充调查。

笔记栏

(2) 分类汇编。资料分类就是根据资料的性质、内容或特征进行分类,或按照调查目的要求制定统一指标进行分类。在分类时,应尽量分得详细些,以便把资料信息尽可能多地反映出来,提高资料的利用效果。并将分类后的资料编号,便于归档、查找和利用。

(3) 统计分析。资料分析可借助于各种统计方法,其中最常用的就是各类资料的频率分析。另外,在资料分析中,还应争取多用一些先进的统计技术和决策模型,以便于从调查资料中获取更多有用信息。

2. 提出调查报告 调查报告是反映整个调查研究成果的表现形式。对企业来说,开展市场调查活动的目的就是为了获得包含决策所需信息和依据的调查报告。调查报告可以是书面形式,也可以是口头报告,或是二者结合使用。

(1) 书面报告。撰写书面调查报告时,内容要紧扣调查主题,突出重点,并力求客观扼要,观点明确,分析透彻;文字要简练,尽可能多使用图表说明,使决策者可以在短时间内对报告有一个概括的了解。

调查报告的一般格式为:

第一部分,项目基本情况介绍。对调查项目和意义做简要说明。

第二部分,报告主体。包括概括性说明调查的问题,及调查方法、步骤、样本分布情况、统计方法和数据误差,调查结果及其对企业经营活动的影响的分析。

第三部分,附录部分。提供与调查报告有关的资料以供参考。如资料汇总统计表、研究方法详细说明、原始资料来源等。

(2) 口头报告。在提交书面报告的同时,许多调查委托者还要求采用口头形式对研究结果做出汇报。口头报告可以用生动的语言对某些文字阐述不清的内容进行介绍,对听众有疑问的地方进行当面解答。其最大特点是加快了汇报者与听众沟通交流的速度,因而很受工作繁忙的高层管理者欢迎。

3. 跟踪调查效果 提出调查报告后,调查人员还应了解调查报告是否已被采纳,采纳的程度和实际效果如何,以便总结调查工作的经验教训,进一步提高市场调查的水平。

第三节 医药市场预测

医药市场预测(medical marketing forecast, MMF)是在市场调查的基础上,运用科学的方法对医药市场需求和医药企业内部需求以及影响市场需求变化的诸因素进行分析研究,对未来的发展趋势做出的判断和推测。它为医药企业制定正确的市场营销决策提供依据。

一、医药市场预测的概念

(一) 医药市场预测的概念

预测(forecast)是通过对客观事物的历史和现状进行科学的调查与分析,从而对未来事物或事物未来的发展趋势预先做出的推测。也可理解为,预测是借用现代科学技术和方法对客观事物未来发展趋势所作的有科学依据的推理和判断,是对未来环境所做出的估计。如人们通过天气预报,提前知晓今后的天气状况来做出相关的决策;又如,制药企业在投资开发一项新产品前,需要先对该产品未来市场需求量进行预测,来推断其投资价值与投资可行性。

医药市场预测就是在市场调查和市场分析的基础之上,运用逻辑、数学和统计等科学的预测方法,预先对医药市场未来的发展变化做出定性的描述和定量的估计。

医药市场预测是一门掌握医药市场变化规律的科学。它通过广泛收集历史时期内有关社会经济现象的信息,系统地分析研究影响市场的各种因素,掌握医药市场变化的规律性,为医药企业决策提供科学依据。

医药市场预测强调拥有充分、系统而准确的信息,只有当预测建立在充分依据的基础上,预测才是可信的。医药市场预测注重科学的推断,包括科学的预测方法、专业人士的经验以及判断能力。

医药市场预测与医药市场调查既相互联系又相互区别,两者密切相关。

1. 医药市场预测与医药市场调查的联系

医药市场预测是建立在医药市场调查的基础上的。进行医药市场预测,必须先做好医药市场调查,收集大量可靠的医药市场信息,才能做出切合实际的预测。同时,二者都是当代市场营销决策的重要依据。

2. 医药市场预测和医药市场调查的区别

医药市场调查的对象是医药市场过去和现在已经发生和存在的现象和事件,目的是了解过去,认识现实,掌握医药市场发展变化的轨迹、特点和规律。医药市场预测是依据调查掌握的情况,了解和认识医药市场的未来,掌握未来发展趋势,其对象是尚未形成的医药市场经济现象。另外,医药市场调查工作重点是资料收集和处理、总结;医药市场预测则主要运用定性分析和定量分析方法对未来进行估计。

(二) 医药市场预测所依据的原理

在现代预测技术中,科学的推断通常建立在若干原理的基础上,医药市场预测所依据的原理主要有:

1. 惯性原理 所谓惯性原理,是指没有突发因素影响时,任何事物的发展变化都表现出一定的延续性。例如,企业的市场占有率、产品的销售量等都是逐渐变化的,如果没有突发的外部影响,他们将保持原来的发展轨迹逐步变化。

2. 相似性原理 人类社会经过长期的观察与研究,发现许多事物的发展变化具有一定的相似性,即事物发展的某些特征常常是相似的。这种相似性产生的根源在于人类需求结构与过程的发展具有共性,发现和利用这种相似性就可以依据先进国家或地区当前或过去一段时间的发展状态类推相对落后国家或地区当前或将来的发展状态。例如,对于广谱抗菌药物的需求在不同国家或地区就具有较强的相似性。

利用相似性原理进行预测的前提是:两事物间具有很强的类似性;两事物的发展过程有一定的时间差。有了时间差才能有时间去总结先发事物的规律及后发事物的相似特征。

3. 相关性原理 相关性原理指客观事物间普遍存在的相互关联性。世间万物均不是孤立的,其发展变化都是一系列相关因素相互作用、相互影响的结果。例如,保健品的需求增加与社会经济发展、人民生活水平提高和自我保健意识增强有关。因此,我们如果能准确地掌握事物间的这种内在的相关关系,就可以依据某些事物的发展变化来预测另一些相关事物的发展变化。

笔记栏

二、医药市场预测的意义和分类

(一) 医药市场预测的意义

医药市场预测对于医药企业的各种战略决策有重要意义,具体表现在:

1. 有利于企业正确制定与实施营销战略

医药市场营销战略是医药企业为实现既定目标,在复杂的营销环境中对市场营销较长期的全局性的问题所做出的筹划和采取的对策。制定医药营销战略必须要了解和掌握医药市场及其营销环境的基本状况和未来的发展变化趋势,使医药企业的资源和营销目标在可以接受的风险限度内与医药市场营销环境提供的各种机会相协调。因此,确定正确的医药市场营销战略要以医药市场预测为基本前提。

2. 有利于企业正确的市场定位 市场定位就是企业根据自身经营资源和经营能力等内部条件,以及市场需求和市场环境等外部条件,为产品在潜在顾客心目中确定一个合适的位置,从而更好地促使目标顾客接受本企业的产品。企业内部条件和外部条件的分析,均需运用市场预测分析,掌握市场发展变化的趋势。如果离开了市场预测,对企业的内外部条件的分析只能是盲目的主观想像。

3. 有利于企业实行正确的医药产品策略 医药企业的产品开发和产品策略正确与否,直接影响和制约产品能否适销对路,能否取得良好的经济效益,能否满足消费者需要。实行正确的产品开发和产品策略,关键是把握医药市场消费的发展趋势,认知医药产品的生命周期。通过医药市场预测,医药企业能有效地获取和把握医药市场消费的变化,为企业正确的产品开发和产品策略提供可靠的市场依据。

4. 有利于企业实行正确的产品定价策略 价格是调节和诱导市场需求、参与市场竞争、实现营销目标的重要手段。实行正确的产品定价和价格策略,既要考虑企业的定价目标和成本因素,也要充分考虑医药商品的供求关系、医药市场消费需求趋势、医药消费者的消费偏好及国家政策影响等因素。医药企业通过市场预测,能充分占有上述各类信息,为医药产品定价和选择价格策略提供保证。

5. 有利于企业正确选择营销渠道 选择医药产品的营销渠道和渠道策略,既要考虑产品自身因素,同时还要考虑消费者特点、市场区域、市场特点、渠道成员、国家政策和法律等多种因素。通过市场预测,医药企业可以获取上述各种信息,正确做出销售渠道和销售策略选择的决策。

6. 有利于企业有效开展促销 促销是企业向目标市场传递各种信息,改善企业经营环境的综合性策略。促销的基本类型和途径包括广告宣传、营销推广、人员推销和公共关系等。企业无论运用何种促销手段,都必须以掌握充分的市场信息为条件。医药市场预测能够为企业提供开展促销活动的各类信息,促进促销活动的有效开展。

(二)医药市场预测的分类

医药市场预测的种类很多,可以从不同的角度,针对不同的对象,要求不同的结果,采用不同的方法来划分,如表6-2所示。

表6-2 医药市场预测分类

划分标准	细分类别	具体描述	举例
预测范围	宏观市场预测	在广泛市场调查的基础上,对影响市场营销的总体市场状况的预测。	购买力水平预测、市场需求总量及构成预测、经济政策对市场需求影响预测等。
	微观市场预测	又称销售预测,从一个企业或某种商品等局部的角度来预测供需发展前景。	某制药企业第三季度销售量预测、某品牌感冒药2007年华北地区市场占有率预测等。
预测时间	长期预测	指五年以上的预测,为企业制定长远战略提供依据。	制药企业欲投资新建厂房,先要对城市未来的发展前景、规划建设等进行预测。
	中期预测	指一年以上五年以下的预测,为企业中期经营发展战略决策提供依据。	制药企业购进原料,或从事周期性及季节性生产经营时,应进行中期预测。
	短期预测	指一年以内的预测,为企业适时调整产销结构、制定季度和年度营销计划提供决策依据。	医药企业对季度、半年度、年度的市场需求量进行预测。
预测方法	定性预测	根据调查资料和主观经验,通过分析和推断,估计未来一定时期内市场的变化。	预测医药市场供需平衡还是不平衡,是供大于求还是供不应求。
	定量预测	根据市场变化的数字资料,运用数学和统计方法进行推算,对预测对象的变化及趋势做出数量上的推测。	预测某药品的市场占有率,预测下一季度的销售量等。
预测空间	国际市场预测	以国际市场的发展趋势为对象的预测。	全球中药需求量走势预测,某药品2007年在欧盟国家的销售量预测,等等。
	全国性市场预测	以全国范围的医药市场状况为对象的预测。	某制药企业未来五年大陆地区销售量预测及市场占有率预测等。
	区域性市场预测	以某一市场区域为对象的预测,是最为普及的一类市场预测。	某药品在西部地区市场占有率的预测等。

三、医药市场预测的内容和方法

(一)医药市场预测的内容

市场预测服务于企业的战略规划与决策。企业所处行业,企业的规划、决策的具体要求也不同,它们决定了市场预测内容的侧重点。医药市场预测包括宏观预测和微观预测两个方面。宏观方面包括预测医药生产及其发展变化、医药市场需求、医药市场价格、消费需求及其变化、医药产业对外贸易,等等。微观方面则包括在宏观市场预测指导下，根据调查所得资料预测企业目标市场未来发展趋势，预测企业的市场占有率变化等内容。重点包括以下内容：

1. 市场需求预测 市场需求是指在一定的市场范围内，一定时期、一定市场条件下，特定的消费群体可能消费某种产品的总量。影响市场需求的因素有两大类：一是市场营销环境因素，如经济环境因素、政治法律环境因素、社会文化环境因素、科学技术环境因素等，这些环境因素是企业本身不可控制的因素；二是企业营销组合因素，即产品的性能、质量、包装、价格、企业的分销渠道以及促销方式、促销策略、促销费用等企业可控因素。

市场需求预测是预测消费者在一定的市场范围内，一定时期、一定市场条件下，对某种产品有货币支付能力的需求。医药商品市场需求的预测要根据不同的市场营销环境下药品的功能、用法、剂量和人口发病率等统计数据来进行。

2. 商品供应预测 商品供应预测，是对一定的市场范围内，一定时期、一定市场条件下，进入市场的商品资源总量和构成及其各种具体商品的市场可供量的变化趋势的预测。商品供应主要来自于生产部门和进口，以及部分国家战略储备物资。

商品供应预测与生产需求预测结合起来，可以预见未来市场供需状况的变化趋势。从医药企业角度来讲，进行商品供应预测，一是便于本企业分析了解未来医药市场的供求状况；二是可以预见本企业同类产品竞争对手的供货趋向，以便做出准确的经营决策。

3. 市场占有率预测 市场占有率预测，是对一定市场范围未来一定时期内，企业产品市场占有趋势的分析和估计。它是企业产品销售预测的重要内容。在市场需求量既定的情况下，企业的产品销售量大小主要取决于企业产品市场占有率，即取决于企业销售在整个同类市场销售中所占份额的大小。市场占有率高，销售量就大；反之，销售量就小。影响一个企业市场占有率高低的因素主要是企业自身生产经营条件和企业竞争对手的生产经营能力。所以，在预测企业未来销售前景时，必须对市场占有率的变化趋势做出预测。

市场占有率是指在一定时期和市场范围内，企业所生产的某种产品的销售额（量）占市场同类产品总销售额（量）的比例。市场占有率计算公式为

$$S_i = \frac{M_i}{\sum M_i} \times 100\%$$

式中，S_i 为 i 企业的市场占有率；M_i 为 i 企业某时期内市场中某种产品的销售额（量）；$\sum M_i$ 为某时期内市场中同类企业某种产品销售额（量）的总和。

由于市场需求的变化，企业的市场占有率也会随着变化而处于动态之中。预测企业未来的市场占有率，可以为企业投资决策提供更多依据，使决策更具前瞻性。市场占有率变动趋势的预测公式为

$$S_i = \frac{M_i(1+P_i)^n}{\sum M_i(1+P)^n \times 100\%}$$

式中，S_i 为 i 企业若干年后的市场占有率的预测值；M_i 为 i 企业某年市场中某种产品的销售额（量）；$\sum M_i$ 为某年市场中同类企业产品销售额（量）的总和；P_i 为 i 企业产品销售额（量）年平均递增率；P 为市场上产品销售额年平均递增率；n 为预测期年数（期数）。

企业市场占有率受多方面因素影响，要想准确地预测企业的市场占有率，就必须认真分析市场环境、企业形象、产品质量、价格、广告促销等因素的影响，还必须通过企业的积极营销来提高企业市场占有率。

此外，医药市场预测的内容还有产品生命周期预测、消费结构和消费倾向预测等。

（二）医药市场预测方法

由于准确预知未来是人类一直梦寐以求的事情，故而长期以来形成了许多的预测方法。据不完全统计，世界上目前有超过100种正规的预测方法，我们在此仅针对医药市场预测介绍几种常用而又简单的预测方法。

预测方法总体分为两大类：定性预测法和定量预测法。

1. 定性预测法 定性预测法是指那些应用定性信息进行预测的方法，其预测结果可以是一组数据，也可以是关于未来需求本质特征的一种定性描述，诸如“今后中成药的国际市场需求量将逐渐转强”、“明年OTC药品的价

笔记栏

格将趋于稳定”等类型的关于需求发展方向或趋势的论断性描述。

(1) 类推法。类推法主要有对比类推法和相关类推法。①对比类推法就是利用事物之间的相似性，通过先行事物发展变化过程的规律类推后继事物，从而达到预测后继事物未来发展前景的目的。对比类推法可分为产品类推法、区域市场类推法、行业类推法等。②相关类推法即从已知相关的各种市场因素之间的发展变化，来推测预测对象的未来发展趋势。运用相关类推法，首先要根据分析判断和实际经验，分析同预测对象相关的主要因素和次要因素，依据事物间的相关性进行预测。医药市场各类产品之间的相关性可归纳为替代关系、互补关系、先行与后行关系等。配伍使用的药品，如利福平和乙胺丁醇，是互补产品；性能相似的药品，如抗病毒药利巴韦林与干扰素是替代产品；而原料药与制剂之间存在着先行与后行关系。利用产品之间的关系可以预测相关产品的市场需求量。正常情况下，先行后行产品、互补产品之间的需求往往呈同方向变化；而替代产品之间的需求关系往往呈反方向变化。

(2) 经验判断法。经验判断法是一种较为传统的、容易操作的实用预测方法，被医药企业广泛应用。这种方法依靠与预测对象相关的各类人员的知识和经验，对预测对象的未来发展变化趋势进行判断，得出有关结论。主要有经理人意见评判法和销售队伍综合判断法等。

使用经验判断法虽然没有把有关的知识和信息用某种公式或模型表达出来，但却能依据经验给出较为准确的预测，特别是短期预测的精度较高。

(3) 德尔菲(Delph)法。德尔菲法是当今很著名的一种定性预测方法，也称专家意见征询法，由美国兰德公司首创。是采取函询调查方式，征求所涉及专家的意见，经综合整理、归纳等反复反馈，直到获得较为满意的结果为止的方法。

德尔菲法由传统的专家会议法发展而来，形成一套科学的征询方法以及一套严密的循环过程，其特色在于：整个预测过程是背靠背进行的，任何专家之间都不发生直接联系，一切活动都由工作人员与专家单独打交道来进行。从而克服了在专家会议上专家相互影响，或由于地位、声誉及人际关系等因素影响预测结果的缺陷。

采用德尔菲法进行预测，企业首先要拟定预测提纲，明确预测目标，并准备好有关的信息资料及征询表格。还要选择既熟悉业务，又善于与专家打交道和责任心强的工作人员来负责预测工作。德尔菲法向各位专家多次逐轮征询意见，且每次征询都把预测要求和上一轮专家预测意见的分析统计资料反馈给他们。在征询→答复→反馈→再征询→再答复→再反馈……的反复过程中，专家们在背靠背的情况下，了解到所有专家各种预测意见及其理由，可以集思广益，开拓思路，充分发挥专家们的智慧。一般预测问题，在经过三轮的征询后，可达到专家意见的基本一致，如果问题特别复杂，也可能需要第四轮或第五轮的循环。

企业在具体运用中，还应掌握和控制好时间，每一轮循环的时间以 1 周或 10 天为宜，否则易影响分析判断的效果。

2. 定量预测法　定量预测法则通过某些模型的运算给出关于未来需求的数量描述，诸如“明年企业利润增长率为 15%”等。

(1) 时间序列法。时间序列法是将某种经济统计指标的数值，按照时间先后顺序排列形成序列，再运用数学方法分析其变动规律，预测未来的发展变化趋势的方法。运用此方法进行预测，需假定市场环境因素是不变的，但时间序列数据存在着不同规律的变动；在研究预测对象与时间的关系时，重点研究事物的过去和未来的联系。

时间序列预测的具体方法有很多，常用方法有：简单平均法、加权平均法、移动平均法、指数平滑法等。

1) 简单平均法。如果产品的需求形态近似于平均形态或产品处于成熟期，可用此法进行预测。将过去的实际销售数量的时间序列数据进行简单平均，把平均值作为下一期的预测值。其预测模型为

$$Y = \frac{\sum_{i=1}^{n} X_i}{n} \qquad (i = 1,2,3,\cdots,n)$$

式中，Y 为预测值；X_i 为第 i 期的数值；n 为期数。

简单平均法将远期销售量和近期销售量

等同看待,没有考虑近期市场的变化趋势,所以准确度较低,只宜用于短期预测。

2) 加权平均法。当过去的实际销售量有明显上升或下降趋势时,使用此法。即逐步加大近期实际销售量在平均值中的权数,然后予以平均,确定下期的预测值。其预测模型为

$$Y=\frac{W_1X_1+W_2X_2+\cdots+W_nX_n}{W_1+W_2+\cdots+W_n}=\frac{\sum_{i=1}^{n}W_iX_i}{\sum_{i=1}^{n}W_i}\quad(i=1,2,3,\cdots,n)$$

式中,Y 为预测值;X_i 为第 i 期的数值;W_i 为第 i 期对应的权数;n 为期数。

加权平均法克服了算术平均法把观察期历史数据简单地等同看待的缺点,根据对历史数据的具体分析,给予不同程度的重视。因此,它较真实地反映时间序列的规律,并考虑了事件的长期发展趋势。

【例 6.1】 某医药企业 2006 年上半年某产品各月销售量分别为:400,450,420,390,410,480,分别赋予权重为 0.1,0.1,0.15,0.15,0.2,0.3,试用加权平均法预测,2006 年 7 月份的销量。(单位:万盒)

$$Y=\frac{W_1X_1+W_2X_2+\cdots+W_nX_n}{W_1+W_2+\cdots+W_n}$$

$$=\frac{0.1\times400+0.1\times450+0.15\times420+0.15\times390+0.2\times410+0.3\times480}{0.1+0.1+0.15+0.15+0.2+0.3}=432.5(\text{万盒})$$

3) 移动平均法。该方法是根据时间序列的各期数值作出非直线长期趋势线的一种比较简单的方法,连续地求其平均值,再计算相邻两期平均值的变动趋势,然后计算平均发展趋势,进行预测。这种方法较上述两种方法准确度高,实用性强。

4) 指数平滑法。此法是市场预测中常用的方法。它是移动平均法的发展,实际上是一种特殊的加权移动平均法,加权的特点是对离预测期较近的数据给予较大的权数,对离预测期较远的数据给予较小的权数,权数由近到远按指数规律递减。它一般用于观察值有长期趋势变动和季节变动的预测。

指数平滑法可分为一次指数平滑法和多次指数平滑法。在此,我们只介绍一次指数平滑法和二次指数平滑法。

一次指数平滑法就是以时间序列的最后一个一次指数平滑值为基础,建立预测模型,确定市场预测值。其公式为

$$S_t^{(1)}=\alpha X_t+(1-\alpha)S_{t-1}^{(1)}\quad(t=1,2,3,\cdots,n)$$

式中,$S_t^{(1)}$ 为第 t 期观察值的一次指数平滑值;X_t 为时间序列观察值;α 为平滑系数,且$0\leqslant\alpha\leqslant1$。

二次指数平滑法是呈现线性趋势的时间序列数据在一次指数平滑法的基础上,对一次指数平滑值再做一次指数平滑,然后利用两次指数平滑值,建立预测的数学模型,最后运用数学模型确定预测值。二次指数平滑法的基本公式为

$$S_t^{(2)}=\alpha S_t^{(1)}+(1-\alpha)S_{t-1}^{(2)}$$

式中,$S_t^{(2)}$ 为第 t 期的二次指数平滑值;$S_t^{(1)}$ 为第 t 期的一次指数平滑值;$S_{t-1}^{(2)}$ 为第 $t-1$ 期的二次指数平滑值;α 为平滑系数,且$0\leqslant\alpha\leqslant1$。

预测的数学模型为

$$Y_{t+T}=a_t+b_tT$$

式中,Y_{t+T}为第 $t+T$ 期的预测值;t 为预测模型所处的时间周期;T 为由预测模型所处的时间周期至需要预测的时间之间的周期数;a_t、b_t 为参数。

$$a_t=2S_t^{(1)}-S_t^{(2)}\qquad b_t=\frac{\alpha}{1-\alpha}(S_t^{(1)}-S_t^{(2)})$$

(2) 长期趋势法。又称趋势延伸法,即根据已知历史资料数据的发展趋势,寻求市场发展与时间之间的长期趋势变动规律,用数理统计方法找出长期变动趋势增长规律的函数表达式,据此预测市场未来发展的可能水平。商品的销售(或需求)增长规律、耐用品的发展和更新换代过程等均可用其趋势增长来描述和预测。长期趋势法常用的有直线趋势法、曲线趋势法和指数趋势法等。

1) 直线趋势法。根据预测对象具有线性变动趋势的历史资料数据,拟合成一条直线,通过建立直线模型进行预测。直线趋势法的预测模型为

笔记栏

$$Y = a + bT$$

式中，Y 为预测值；T 为时间变量；a 为截距，表示预测对象的初始值($T=0$)；b 为直线斜率，表示预测对象增长速度。

根据最小平方法，先计算预测趋势值的总和，即

$$\sum Y = na + b\sum T$$

式中，n 为历史资料中的年份数或月份数。

再计算 TY 的总和，即

$$\sum TY = a\sum T + b\sum T^2$$

为简化计算，将 $\sum T$ 取0。若 n 为奇数，则取 T 的间隔为1，将 $T=0$ 置于资料期的中央一期；若 n 为偶数，则取 T 的间隔为2，将 $T=-1$ 与 $T=1$ 置于资料中央的上下两期。

当 $ET=0$ 时，上述二式分别变为

$$\sum Y = na$$

$$\sum TY = b\sum T^2$$

由此推算出 a、b 的值为

$$a = \frac{\sum Y}{n}$$

$$b = \frac{\sum TY}{\sum T^2}$$

所以
$$Y = \frac{\sum Y}{n} + \frac{\sum TY}{\sum T^2} \times T$$

【例 6.2】 假设某医药企业 2000～2005 年销售额分别为 4800 万元、5300 万元、5400 万元、5700 万元、5800 万元，运用直线趋势法预测 2006 年的销售额。

由于 $n=5$ 为奇数且间隔为1，故 $T=0$ 置于中央一期即 2002 年，T 的取值依次为-2、-1、0、1、2，TY 依次为-9600、-5300、0、5700、11600，T^2 依次为4、1、0、1、4，所以

$$\sum Y = 27000$$

$$\sum TY = 2400$$

将 $\sum T^2 = 10$ 代入公式得

$$Y = 5400 + 240T$$

预测 2006 年的销售额，则 $T=3$，代入上式，得 $Y=6120$ 万元

2) 曲线趋势法。市场商品的需求与供应，由于受到政策性因素、消费者心理因素、季节性因素等多种因素的影响，其变动趋势并非都是一条直线状态，有时会呈现出不同形状的曲线变动趋势。这时就需要用曲线方程求得曲线趋势变动线，然后加以延伸，确定预测值。市场经济模式下，影响市场的因素很多，使之呈现出不同形状的曲线变动趋势，因此使得曲线方程也多种多样，如二次曲线、三次曲线、戈珀兹曲线法和指数曲线法等。

(3) 相关分析法。在企业营销中，产品的需求量、价格和销售量等均受到一系列因素的影响与制约，如高档药品需求量直接受地区收入水平的制约，药品的价格在很大程度上受同类药品价格的影响，国药销售量直接受药品进口量的影响，等等。如果我们能够掌握相关因素的发展变化数据，就可以利用事物间的相关性进行预测分析，这称为相关分析法。

相关分析预测最常用的方法是回归分析方法。这一方法的思路是：首先根据经验及历史数据的分析，确定相关因素或变量；其次检验它们与预测对象的相关程度。具体步骤为：

第一步，确定相关关系。确定变量之间线性相关的密切程度常通过测算相关系数进行，其公式为

$$r = \frac{\sum (x-\bar{x})(y-\bar{y})}{n\delta_x\delta_y}$$

式中，r 为相关系数；x 为自变量的值；$\bar{x}$ 为自变量的平均数；y 为因变量的值；$\bar{y}$ 为因变量的平均数；δ_x 为自变量数列的标准差；δ_y 为因变量数列的标准差。

已知标准差 δ_x、δ_y 的计算公式为

$$\delta_x = \sqrt{\frac{\sum (x-\bar{x})^2}{n}},\quad \delta_y = \sqrt{\frac{\sum (y-\bar{y})^2}{n}}$$

则相关系数公式可改写为

$$r = \frac{\sum (x-\bar{x})(y-\bar{y})}{\sqrt{\sum (x-\bar{x})^2 \sum (y-\bar{y})^2}}$$

相关系数 $-1 \leqslant r \leqslant 1$，或 $|r| \leqslant 1$。当 $|r|$ 愈接近1时，变量间的线性相关程度愈高；$|r|$ 愈接近0时，变量间的线性相关程度愈低。$r>0$ 时，变量间的相关关系为正相关；$r<0$时，变量间的相关关系为负相关。

第二步，建立回归方程。即用数学表达式表示变量之间的相关关系。

笔记栏

由于变量之间的数量关系不同,回归方程分为线性回归和非线性回归两种。线性回归方程的一般表达式为

$$y = a + b_1x_1 + b_2x_2 + \cdots + b_nx_n$$

当线性回归是一个因变量与一个自变量之间的回归时,称为简单线性回归,即直线回归,其表达式为

$$y = a + bx$$

其他都称为多元线性回归。

第三步,求解方程,确定预测值。

求解方程,首先要计算方程式中的各项参数,如方程 $y = a + bx$ 中的参数 a 和 b。回归方程中的参数常用最小二乘法求得,把求得的各项参数值代入回归方程,即得到可用于预测的实际回归方程,再把需预测其自变量 x 的值代入方程,计算取得所求的预测值。

参数 a 和 b 的计算公式为

$$a = \frac{1}{n}\left(\sum y - b\sum x\right)$$

$$b = \frac{n\sum yx - \sum y\sum x}{n\sum x^2 - \left(\sum x\right)^2}$$

式中,x 为自变量的值;y 为因变量的值;n 为项数。

第四步,评价预测结果。常用的方法有方差分析、相关分析,以及运用正态分布原理测算置信区间等。

四、医药市场预测的程序

医药市场预测的整个过程是调查研究、综合分析和计算推断的过程。一个完整的市场预测过程通常要经过以下程序(如图6-4所示)

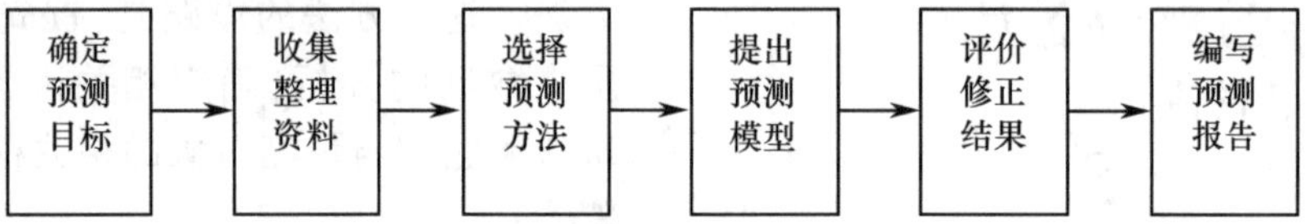

图 6-4 医药市场预测程序

1. 确定预测目标 进行一项市场预测,首先须明确为什么要进行这项预测、预测将解决什么问题。预测的目标关系到预测工作的一系列问题,如搜集什么资料、怎样搜集、采用什么方法等。

2. 收集整理资料 资料是预测的基础,因此,做好资料的收集整理工作十分重要。市场预测的资料包括历史资料和现实资料。历史资料即通过有关媒体获得的二手资料;现实资料是直接对预测对象实地调查所得到的一手资料,这些资料可以通过市场调查获取。收集资料要以预测目标和要求为核心,力求做到收集的资料具有广泛性、适用性。对收集到的资料要进行认真的审核,对不完整和不适用的资料要进行必要的推算和调整,以保证资料的准确性、系统性、完整性和可比性。

3. 选择预测方法 医药市场预测的方法很多,各种方法都有自己的适应范围和局限性,因此在选择预测方法时,应根据预测的具体要求而定。主要考虑以下几个方面:

(1) 预测目的:预测目的不同,要选择的方法也不同。如果要求预测出一个具体的数据,且有误差要求,就必须用定量分析的方法;如果只要求出一个总体发展趋势,则可以选择定性预测的分析方法。

(2) 预测时间长短:短期的市场预测一般采用各种平均法、平滑法;中长期预测一般要采用直线或曲线趋势法。

(3) 资料掌握程度:中长期预测一般要有三年以上的统计资料,如果历史统计资料比较丰富和完整,可以运用多种统计方法进行预测;如果历史统计资料不完整,一般只适宜采用经验判断法、德尔菲法等定性预测法。

(4) 产品生命周期:产品生命周期的不同阶段,有不同的市场特性,经营决策的目标也不同,因此要采用不同的预测方法。例如产品处于成长期,销售增长很快,要用直线式或曲线式最小平方法;产品进入成熟期,销售增长率比较稳定,可以采用移动平均法、平滑法。

4. 提出预测模型 预测模型是对预测对象发展规律的近似模拟。因此,在资料搜集和处理阶段,应搜集足够的可供建立模型的资料,并采用一定的方法加以处理,尽量使

它们能够反映出预测对象未来发展的规律性，然后利用选定的预测技术确定或建立可用于预测的模型。如用数学模型法，则需确定模型的形式并求出模型的参数；如用类推法，则要找到可以应用于本预测的历史的或他人的经验规律；如用概率分析法，则要确定预测对象发展的各种可能结果的概率分布，等等。

5. 评价修正结果 市场预测毕竟只是对未来市场供需情况及变化趋势的一种估计和设想，由于市场需求变化的动态性和多变性，预测值同未来的实际值总是有差距的。表现在：

(1) 预测方法选择不当，建立的预测模型与产品实际需求规律不符合。

(2) 历史统计资料不完整，或有虚假因素。很多企业，由于过去对经济统计工作重视不够，统计资料既不完整又不准确，给预测带来很大困难。在预测时要特别注意对统计资料进行分析处理，剔除虚假因素。

(3) 外部政治、经济、技术条件发生了重大变化，致使市场需求情况发生了重大变化。

(4) 预测人员的经验、分析、判断能力的局限性。

6. 编写预测报告 经过预测之后，要及时写出预测结果报告。预测报告是对预测工作的总结，用以向企业决策者汇报预测结果。编写预测报告要注意：

(1) 把历史和现状结合起来进行比较，既要进行定性分析，又要进行定量分析，尽可能利用统计图表及数学方法予以精确直观表述。

(2) 要做到数据真实准确，论证充分可靠，建议切实可行。

(3) 要对预测结果进行判断、评价，重点要进行预测误差分析。预测是一种预计，很难与实际情况吻合，但预测的误差不能过大，否则就失去了预测的意义。一旦发现误差过大，就要找出原因。如果误差过大的原因是由于预测方法选择不当，就要重新选择预测方法，以求得正确的预测结果。

报告中除了应列出预测结果之外，一般还应包括资料收集与处理过程、选用的预测方法、建立的预测模型及对模型的评价与检验、对未来统计的分析、对预测结果的分析与评价及其他需要说明的问题，等等。

本章小结

1. 医药市场信息反映医药市场营销动态，是进行医药市场调查与预测的基础和依据。医药市场信息系统通过连续有序地收集、加工医药市场信息，为医药企业营销管理提供支持，最终为医药企业整体的管理和决策服务。医药市场信息系统由医药企业内部报告系统、医药市场营销情报系统、医药市场营销研究系统及医药市场营销分析系统四个子系统构成。

2. 医药市场调查以科学的方法系统地设计、收集、分析和报告与医药企业所面临的具体营销情况相关联的数据和信息，为企业制订市场营销战略提供参考依据。做好医药企业的市场调查工作，对于开展科学市场预测、制定营销决策、提高经济效益有着非常重要的作用。

医药市场调查主要包括对医药市场营销环境因素、医药市场需求、竞争对手、医药产品、医药消费者、产品的价格以及企业销售活动等方面的调查。根据调查项目研究的问题、目的、性质和形式等的不同，医药市场调查一般分为四种类型：探测性调查、描述性调查、因果关系调查和预测性调查。其调查方法主要有访问法、观察法和实验法三种。医药市场调查是一项十分复杂的工作，要顺利完成调查计划，必须有计划、有组织、有步骤地进行。但市场调查并没有一个固定的程序可循，一般而言，医药市场调查程序包含四个步骤：确定调查问题和目标、制定调查方案、实施调查、处理调查结果。

3. 医药市场预测在市场调查的基础上，运用逻辑、数学和统计等科学的预测方法对医药市场需求和医药企业内部需求以及影响市场需求变化的诸因素进行分析研究，对未来的发展趋势做出判断和推测，为医药企业制定正确的市场营销决策提供依据。

医药市场预测的方法有很多种，总体划分为定性预测法和定量预测法两种。医药市场预测的整个过程是调查研究、综合分析和计算推断的过程。一个完整的市场预测过程通常要经过确定预测目标、收集整理资料、选择预测方法、提出预测模型、评价修正结果、编写预测报告等程序。

思考题

1. 医药企业何时需要进行市场调查和预测？调查、预测的主要信息有哪些？

2. 在医药企业市场调查中怎样判断二手资料的可靠性？你认为要达到预期的调查效果必须注意哪些事项？

3. 医药企业应依据哪些因素来选择市场预测方法？是否采用定量预测一定比定性预测的结果准确？

案例分析

“百郁宁”，走进市场好心情

“解郁安神冲剂”是由北京银象集团生产的一种舒肝解郁、安神定志的产品，其在市场上的零售价格仅为几元，但由于在药店长期滞销，导致企业长期亏损。为此，企业领导决定对产品进行重新策划。

信息框

背景资料（策划前百郁宁小资料）

原产品名称：解郁安神冲剂（国家准字 Z 22022640）

主要成分：柴胡、郁金、栀子（炒）、胆南星、茯苓、石菖蒲、远志（制）、百合、酸枣仁（炒）、龙齿、浮小麦、干草（炙）等十六味。

性状：本品为棕褐色的冲剂；气微腥，味甜，微苦。

主治功能：舒肝解郁、安神定志。用于神志不舒，肝郁气滞等神经刺激所导致的心烦、焦虑、失眠、健忘、更年期侯症群，神经官能症等。

（注：“百郁宁”为策划后的药品新名称，在下文中直接称“百郁宁”。）

一、通过调研，重新定位

市场调研人员历经一个多月的市场调研发现：百郁宁在市场上类似于板蓝根、心神宁等中药产品，在包装上一般以小包装居多，以普药的形式在各大药店均有售。此类产品其主诉求一般都放在治疗安神、失眠上。

调研发现：安睡是一个大市场，但市场产品极多，安定片、心神宁等产品占据了大部分市场。而百郁宁在国家药监局获批的主治功能上不是安睡，它在治疗安睡的功能上也不温不火，与安定片、心神宁等产品相较效果不是特别明显。由此得出百郁宁的主诉求不能放在安睡上，它没有足够的产品差异来与其他产品竞争。

那么，百郁宁的主诉求到底应该落在哪方面呢？

在药品组方中的石菖蒲本身具有对中枢神经的整体调整作用，既有定志宁神之功，又有通关复苏、开窍去痰、益智健脑之效。除石菖蒲外，其他的 15 味中草药，如茯苓、酸枣、柴胡等也均为《中华大药典》中的名贵药材，治疗抑郁的功能明显。大量分析得出，百郁宁在治疗失眠的同时，对解郁清肝、醒脑有特效，尤其是对于受精神刺激等方面的情绪稳定有特效。因此公司将百郁宁的功能重新定为“解郁、排忧、安神定志”。

笔记栏

二、市场容量分析

据市场调查发现,目前市场上单纯的治疗抑郁方面的纯中药物还没有,而治疗抑郁的西药不仅种类少,而且价格高,毒副作用大,易成瘾。因此治疗抑郁的纯中药药物还是一片无人开发的处女地。而据有关资料显示,我国重性"心病"患者已经达到4200万以上,心理障碍者超过12亿人口,心理病症患病率是5%~8%,精神分裂症的患病率是千分之八,精神残疾的数量占了残疾人的三分之一。

如此巨大的抑郁市场,为什么无人开拓呢?主要原因在于在传统观念中,人们总是把抑郁与精神病混淆,认为二者是同一回事。经大量调查发现,在网上购买精神抑郁类的药物人群远大于药店的购买人群,其主要原因就是为了不让别人发现自己的隐私,尤其是怕别人误认为自己是精神病人。因此,开拓抑郁市场需要对消费者进行大量的教育说服,这样就需要产品经销商投入大量的时间和资金,这是一个长期且耗资大的过程,所以有许多产品都避开了此定位卖点。

调查小组同时还发现,百郁宁上市将会引发两个市场:

首先是个体消费需求市场,"有病就要看医吃药"这是千年不变的古理,人们已经形成了习惯,因此,此市场是固有的。其次为送礼市场。随着社会的发展,由送礼送烟酒到送鲜花、书籍等整个过程的变化,可见人们礼尚往来的精神境界在不断提高。事实上面临巨大的社会压力的每一个人都渴望有一份好心情,所以送礼就送好心情,将迎合消费需求的巨大市场。由此,策划小组提出了"百郁宁,送给朋友最好的礼物——一份好心情!"

三、人群市场分析,产品高定位,寻求最大利益点

从人群角度,调研小组做了具体详细的分析。随着人们物质生活的丰富和社会节奏的加快,因焦虑、心理压力增大造成身心疾病的人群增多。而随着人们生活水平的提高,人们也越来越意识到心理问题的危害。

经大量调查发现,企业老板、经理人、各级党政机关干部、大学生、职业高级白领等不同人群,他们从不同角度上有不同的压力,如:大学生的就业压力、职业白领的工作压力、企业老板的企业风险决策压力等等都构成他们对百郁宁的强需求。

为此,调研小组针对一些生活节奏快、压力大的人群进行了为期三个月的百郁宁人群追踪测验,并且具体分类。如失眠类,压力大、心情烦躁、有心理障碍等不同症状表现的人群,发现服用百郁宁的人群,最明显的就是所有的被测试者的情绪明显温和,脾气不那么暴躁了。三个月后,被测试人员像完全变了个人,与服用百郁宁前相比,各个群体都显示出了良好的状态。所以确定在治疗抑郁方面百郁宁有特效。由此更进一步增强了产品的利益点。

企业经过近三个月的调查、分析和策划,制定了相应的营销策略,使得百郁宁的销量从一个月仅销售10盒,上升为一天销售近300盒,一跃成为了好心情市场的领头军!(摘自:第一营销网)

案例讨论

1. 该企业是如何对其产品及消费人群市场进行定位的?

2. 如果你是咨询公司的一员,根据调查得到的信息,你会为"百郁宁"制定出怎样的营销策略呢?

笔记栏

第七章 医药目标市场营销

学习目标

通过本章学习，了解医药企业进行市场细分的依据、要求和意义；掌握医药企业选择目标市场的主要方法及其特点；理解医药企业进行市场定位的步骤和战略；熟悉医药市场营销组合的特点和作用。

引导案例

十三亿人口，十三亿个嗓子。咽喉用药是继胃药、感冒药后百姓消费最多的药品种类之一。在咽喉药市场上，广西“金嗓子”以6亿元的年销售收入和30%的市场份额稳居市场龙头老大的位子。紧随其后的是西瓜霜含片及喷剂，江中草珊瑚在市场上位居老三，各占13%和6%。其他产品如华素片、黄氏响声丸、健民咽喉片、咽利爽滴丸等产品的年销售收入不足1亿元，靠部分优势市场占得每年4000万~8000万元的份额。虽然它们无法与前三强中的任何一个抗衡，但却共同占据了过半的市场份额。

笼统地讲，消费者购买利咽产品的目的都是解决咽喉不适，但在做进一步分析时可发现，咽喉不适的人群，其产品购买目的大致可分为两种：一种是非疾病式的，如烟酒过度和用嗓过度等，一般症状较轻，可选择药品，也可选择食品或保健食品。因此，他们倾向于购买保健型的咽喉药。另一种是疾病式的，如因感冒、咽喉炎所引起的咽喉不适，这种情况一般症状较重，消费者多选用治疗型的药品。各大制药企业正是利用这种消费者需求的差异，纷纷推出咽喉药类产品。后起之秀在进入市场时多采用细分市场的方式，来瓜分老三甲没有渗透的领域。最典型的是亿利甘草良咽，它通过详实的市场调查，准确地切入到一个全新的烟民市场，并以其特有的营销策略——针对“吸烟引起的喉部不适”，曾一度进入同类产品的前五名；桂龙药业的慢咽舒宁则是从疗效方面切入，依靠大规模的广告投放带来了市场份额的不断攀升；华素片经过对产品内涵的进一步提炼和包装改进后，明确提出“可以消炎的口含片”，立即引起了消费者的共鸣，取得了不错的销售效果。

——资料来源：刘达霖. 细分市场捕捉机会——品牌咽喉药营销特点和消费取向分析. 中国医药报

现代医药企业面临的是越来越广阔而复杂多变的市场。医药市场营销管理人员发现和选择了有吸引力的市场机会后，就需要进一步进行医药市场细分和目标市场的选择。在营销理论中，市场细分（segmenting）、选择目标市场（targeting）与市场定位（positioning）是企业营销战略的要素，被称为STP营销战略。

第一节 医药市场细分

一、医药市场细分的涵义

市场细分是由美国的市场营销学家温德尔·斯密（Wendell R.Smith）在1956年发表的一篇文章，题为“市场营销战略中的产品差异化与市场细分”中首次提出的一个概念。它是企业营销思想的新发展，顺应了卖方市场向买方市场转变的这一新的市场形势，是市场营销理论与方法论方面的重要里程碑。

所谓市场细分（segmenting或market segmentation），是指根据消费者需求的差异性，选用一定的标准，将整个市场划分为两个或两个以上具有不同需求特征的“子市场”的工作过程，它由在一个市场上有可识别的相同的欲望、购买能力、地理位置、购买态度和购买习惯的大量人群所组成。每一个这样的“子市场”

笔记栏

称为一个细分市场或细分(market segment 或 segment)。市场细分不是通过产品分类来进行,而是划分不同的消费者群体来细分市场。因此,所谓医药市场细分,就是指医药企业按照一定的细分变量,即影响医药市场购买者的欲望和需要、购买习惯和行为等因素,把整个医药市场细分为若干个需要不同的产品和市场营销组合的市场部分或亚市场的过程,其中任何一个市场部分或亚市场都有一个有相似的欲望和需要的购买者群,都可作为医药企业的目标市场。

二、医药市场细分的层次

在我们讨论市场细分前,先来谈一下大众化营销。大众化营销并不属于市场细分,但因为在市场细分的产生过程中经历了大众化营销,所以有必要先对其进行介绍。

在大众化营销中,卖方在生产观念的指导下,为所有的买主进行大量生产、大量分配和大量促销同一种产品,这一营销方式产生于19世纪末20世纪初。

大众化营销观念认为,它的成本最低,这又转化为较低的售价和较高的毛利,从而能创造最大的潜在市场。然而市场是分裂的,人们在购买产品的动机、偏好、习惯等各方面均存在着不同程度的差异,这给大众营销造成很大困难。广告媒体和分销渠道的多元化使"所有人都适用一种规格"的营销方法越来越难以适用,因此越来越多的公司正在放弃大众化营销。

根据市场细分的程度不同,可以将市场细分为四个层次:细分营销、补缺营销、本地化营销、个别化营销。

1. 细分营销(segment marketing) 在20世纪50年代,处在买方市场条件下的西方企业纷纷接受现代市场营销观念,改变原有的大众化营销,对大众市场进行细分。相对于大众化营销,细分营销有几个优点:首先,公司能创造出针对目标受众的更合适他们的产品和服务;其次,公司将面临较少的竞争者,而且能较清楚地分析出竞争者的面目;同时,选择分销渠道和促销方式更具针对性。

2. 补缺营销(niche marketing) 补缺营销是通过营销者把细分市场再细分,去满足大的市场细分片所忽视的、某些市场碎片中的顾客需求来实现的。例如,保健品市场的细分营销一般能辨认出较大的群体,如儿童、老人、女性等,而补缺营销则将细分市场再进行细分,如将女性保健品市场细分为有美容养颜目的的女性和身材偏胖想塑形的女性等细分市场。

一个有吸引力的补缺市场的特征有:补缺市场的顾客有明确的一组需求;他们愿意为提供最满意服务的公司付溢价;补缺市场有足够使进入公司赢利的规模和成长潜力。

3. 本地化营销(local marketing) 营销者采用地区和本地化的营销方法,制定符合各地区顾客需要和欲望的计划。本地化营销在地区差异大的国家特别重要。

4. 个别化营销(individual marketing) 个别化营销是市场细分的最后一个层次,又称为"定制营销"或"一对一营销"。其依据是每个人都有独特的需要和兴趣。

所谓的医药市场细分,就是指医药企业按照一定的细分变量,即影响医药市场购买者的欲望和需要、购买习惯和行为等因素,把整个医药市场细分为若干个需要不同的产品和市场营销组合的市场部分或亚市场的过程,其中任何一个市场部分或亚市场都有一个有相似的欲望和需要的购买者群,都可作为医药企业的目标市场。

三、医药市场细分的理论基础

1. 消费需求的异质性 消费需求的异质性是市场细分的内在依据。由于顾客需求千差万别和不断发展,即顾客需要、欲望和购买行为呈现异质性,使得顾客需要的满足呈现差异性。根据消费者对产品不同属性的偏好程度,假如某消费者就某一产品的属性(如保健品的功效和价格),会出现三种不同的偏好模式,即同质型偏好、分散型偏好、集群型偏好(如图7-1)。

(1)同质型偏好(homogeneous preferences):图7-1(a)显示了一个所有消费者有大致相同偏好的市场。该市场表现出"无自然分市场",至少对这两种属性而言是如此。

可以预见，存在的品牌具有相近的属性，产品定位一般都在偏好的中心。在这种情况下，企业可以不进行细分，但是必须同时重视价格和质量两种属性。例如食盐市场，所有的消费者对这一生活必需品的需求基本相同，定期购买量、购买频率也大致相同。在同质市场上，不同的生产者向市场提供的商品和使用的营销策略大致相同，竞争的焦点主要集中在价格上，企业无需采用更多的促销手段。但在现实生活中只有很少一部分商品市场属同质市场，而大部分商品市场，消费者对商品的质量、特性等要求大相径庭。

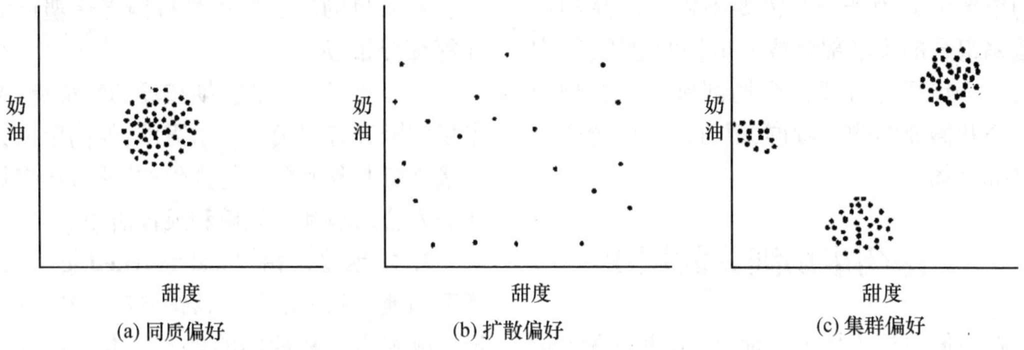

图 7-1　不同的偏好模式

（2）分散型偏好（diffused preferences）：在另一个极端，购买者的偏好可能在空间到处分散，而无任何集中现象。这表示购买者对产品的偏好有所不同。这时进入市场的品牌可以有两种选择：一种是兼顾两种属性，定位在市场的中心，以便迎合最多的购买者，使总体购买者的不满足感减少到最低限度；另一种选择是侧重于某一属性的偏好，即将产品的属性定位于某些角落，以吸引那些对属性位于中心的品牌不满的购买者群。如果市场上有多个品牌，则它们很可能定位于整个空间的各处，各显示其差异，以迎合不同偏好消费者。

（3）集群型偏好（clustered preferences）：市场上不同偏好的购买者会形成一些集群。譬如，有的购买者偏重于价格，有的购买者偏重于质量，各自形成几个集群，称为“自然分市场”。首先进入市场的品牌可以有三种选择：它可以将产品定位于中心，以迎合所有的群体（无差异营销）；也可以将产品定位在最大的细分市场（集中营销）；还可以推出好几种品牌，分别定位于不同的细分市场内（差异营销）。

需要注意的是，过去一些同质产品、同质市场，现在正逐渐演变为异质产品、异质市场。营销人员要牢记：只要存在两个以上的顾客，市场需求就会有所不同。

2. 消费需求的相似性　在社会经济生活中，人们的基本消费需求既有相差异的一面，也有相似的一面。受地理人文环境的影响和民族文化传统的熏陶，人们在生活习惯、需求爱好等方面表现为一定的相似性。这种相似性又使划分出来的不同消费需求再次进行聚集，形成相似的消费者群体，每个相似的消费者群体，就构成具有一定个性特点的细分市场，这也是企业进行市场细分的一个基础条件。每个细分市场，其消费需求都是相似的，但不可能达到纯粹的同类，并且也不是一成不变的。随着市场的变化，细分市场相似特性、消费者重视的商品属性也在不断发生变化，需要进行再次细分。

3. 企业资源的限制和有效的市场竞争　企业资源的限制和有效的市场竞争是市场细分的外在条件。现代企业规模再大，都不可能占有人力、物力、财力、信息等一切资源，不可能向市场提供所有的产品，满足市场所有的购买或消费需求。我国医药企业普遍存在产品科技含量不高、产品结构老化，且缺乏自己的产品特色和企业特色的情况。在医药产品普遍产大于销、生存压力增大的情况下，由于营销手段单一，致使市场份额下降，严重影响企业的经济效益。在药品的广告宣传中，往往给人以“包治百病”的印象，这恰恰是没有对医药市场进行深入研究和细分，没有找准目标市场的表现。在日益激烈的市场竞争中,为求生存、谋发展,医药企业应树立市场营销观念,运用市场细分原则,针对消费者的不同需求,开发新品种、新剂型,更好地拓展医药市场,积极参与国际竞争,使消费者的需求得到真正的满足。

四、市场细分的程序和方法

市场细分的程序包括七个步骤。

1. 选定产品的市场范围 即确定要进入的市场或是生产什么产品,如医药企业在进行生产之前需要确定进入处方药市场、非处方药市场或是保健品市场。

2. 列举潜在顾客的基本需求 通过调研了解潜在消费者对产品的基本要求,可能包括药品或保健品的安全、疗效、合理性等。

3. 理解不同潜在用户的不同要求 对于列举出来的基本要求,不同顾客强调的侧重点可能会存在差异。比如,在保健品市场上,有的顾客特别重视保健品的疗效,有顾客特别注重保健品的安全性。通过这种差异比较,不同的顾客群体即可初步被识别出来。

4. 抽掉潜在顾客的共同要求,而以特殊要求作为细分标准 如保健品的安全性是顾客的基本要求,是保健品企业所需要达到的最基本的目标,就不能作为细分市场的标准。

5. 细分市场 根据潜在顾客基本需求上的差异,将其划分为不同的群体或子市场,并赋予每一个子市场一定的名称。如,把购买保健品的消费者划分为美容养颜而使用保健品的消费者、因身体偏胖或偏瘦为进行身体塑形而使用保健品的消费者等,并据此采用不同的营销策略。

6. 分析细分市场 进一步分析每一个细分市场的需求与购买行为特点,并分析其原因,以便在此基础上决定是否可以对这些细分出来的市场进行合并,或做进一步分析。

7. 估计每一个细分市场的规模 即在调查的基础上,估计每一个细分市场的顾客数量、购买频率、平均每次的购买数量等,并对细分市场上产品竞争状况及发展趋势作出分析。

企业在进行市场细分时,可以采用一项标准,即单一变量因素细分,也可采用多个变量因素组合或系列变量因素进行市场细分。

五、医药市场细分的变量

市场细分要依据一定的细分变量来进行。细分变量是根据个人、群体或企业的特征将市场细分。例如,地理位置、年龄、性别都是细分市场的基础。市场细分的变量也就是影响消费需求差异性的因素。消费者市场与生产者市场由于其影响需求的因素不同,市场细分的变量也不一样。

(一) 消费者市场细分的变量

消费者需求的差异性是市场细分的基础。消费者市场的细分变量主要有地理变量、人口变量、心理变量和行为变量等四类。消费者的生理特征、健康意识、医药知识、社会经济地位、心理性格都各不相同,他们对产品的信赖、品牌偏好、追求的利益、广告感受度、价格的承受能力和对销售渠道的信任程度也各不相同,因而消费需求存在很大的差异,这些都可以作为市场细分的变量。具体内容包括:

1. 地理变量 医药企业按照消费者所处的地理位置、自然环境等来细分市场。这是一种传统的划分市场的方法,但是市场营销学中把地理变量作为细分市场的标准是从消费需求的角度出发的。这是因为地理分布不同对药品需求会产生极大的影响。由于各地的水土风情各异,人们的体质、饮食习惯不同,流行病学方面的特点也不同,致使各地的病患者人数差异较多。相对而言,较为重要的地理变量有:

(1) 地理位置。在我国生活在南方和北方的消费者,东部与西部的消费者对许多产品的要求有极大的差别。以营养滋补药品为例,生活在北方的人比生活在南方的人更偏爱补酒。一般说来,城市居民对营养保健滋补类用品、新药特药、进口药的需求多;而广大的农村对普药、中草药、中成药的需求相对较高。目前全国各地农村医药市场除了少数经济发达地区以外,几乎都存在一个普遍的规律,即从用药总量、用药的数量、用药品种、用药档次、单位药品价格、新品种普及率等几个方面,都按照逐级递减的方式发展。

(2) 自然环境。由于气候、环境、生活方式等因素的影响,心脑血管病及肿瘤病成为我国的高发病之一。因此,心脑血管类药、抗肿瘤药和抗生素类药物应是医药行业研究、开发和生产经营的重点。我国东南部地区炎热潮湿,而北部地区气候严寒干燥,这就使人群的疾病具有地域性特征。高原、平原、森林、盆地地区的居民,也有不同的生活方式和发病特点。一些地方病、传染病及突发性疾病与气候条件密切相关,这些都应引起医药企业足够的重视,以生产出适销对路的产品。

但是,简单地以地理特征区分市场,不一定能真实地反映消费者的需求共性与差异,特别是在流动人口比较多的大城市,营销者在选择目标市场时,还需结合其他细分变量进行综合考虑。

2. 人口变量 人口细分是指按照人口统计变量(如年龄、性别、收入、家庭规模、家庭生命周期、职业、文化水平、宗教信仰、民族、国籍、社会阶层等因素)来细分消费者市场。人口变量很久以来一直是细分消费者市场的重要变量,这主要是因为人口变量比其他变量容易衡量,有关数据相对容易获取。消费者对商品的需求、爱好和使用频率,常常与人口因素有着密切的关系。

(1) 年龄。根据消费者的年龄结构,可以细分成许多各具特色的医药市场,如老年人医药市场、成人医药市场、青少年医药市场和儿童医药市场,等等。不同年龄层次的人群,对药品有着不同的需求。

(2) 性别。性别经常被用以细分诸如服装、个人服务、化妆品及滋补品等产品的市场。资料表明女性比较关心保健与容颜等方面,这一特点随着生活水平的提高而日趋明显。不少企业为此开发出大量的美容化装用品,最近几年又推出美容新概念:外敷内服。市场上便出现乌鸡白凤丸、太太口服液、中华乌鸡精等产品。此外,男性和女性的生理特点和社会角色不同,对于药品的需求以及购买行为也有着明显的差异。

(3) 收入。用购买力来细分市场是一种长期的习惯做法。收入水平影响人们的用药结构、用药习惯和消费观念。高收入阶层的消费水平较高,选择药物时,较多考虑疗效,接受新特药的观念较强;而低收入阶层则用药水平较低,选用药时多考虑价格因素。

笔记栏

(4) 家庭生命周期。家庭生命周期表示了一个家庭生活的变化过程,在周期的不同阶段,家庭生活时段的变化带来了对家庭支出模式的影响。家庭生命周期实际包含了婚姻状况和孩子情况两方面。一个典型的家庭生命周期分为不同的阶段:青年单身;新婚未育;满巢但孩子还小;满巢孩子成人;空巢孩子独立生活;退休;孤寡生活。各阶段消费者的经济负担不同,因而对医药商品的需求也有差异。

此外,还有家庭规模大小、文化程度、民族等多种变量可以分析。一个国家或地区家庭单位的多少及家庭规模的大小,对于市场规模影响很大。文化程度的高低,直接影响消费构成。在一般情况下,受教育程度愈高,购买时的理性程度也愈高,喜欢格调和品质较高的产品。我国是个多民族国家,各民族有着各自独特的风俗习惯和生活方式,与传统的中医药一样,蒙、藏等医药也有着一些独特的医治疑难病症的方式和用药,这些都是祖国源远流长、博大精深的宝贵医药财富。

3. 心理变量 所谓心理细分,就是按照消费者的社会阶层、生活方式、个性等心理变量来细分消费者市场。当人口和社会经济因素难以清楚地划分出细分市场时,结合考虑顾客心理因素将会变得非常有效。

(1) 社会阶层。社会阶层是影响消费者购买行为的因素,因此也是细分市场的重要变量。社会阶层指社会的某一集合,在集合内的人、家庭或团体通常具有相似的价值观、生活态度与方式、兴趣爱好与行为规范。显然,不同的社会阶层其需求是明显不同的。企业可以通过产品属性、设计特点、分销方式与广告等营销组合把产品送达以社会阶层细分的目标市场。

(2) 生活方式。指一个人或群体对工作、生活、消费和娱乐活动的特定习惯和方式。来自相同的亚文化群、社会阶级、职业的人们可能有不同的生活方式。人们的生活方式不同,对商品的爱好与需求就有差异。生活朴素型的消费者更看重商品的内在价值,崇尚时髦的消费者追求包装新颖独特的商品。企业从事市场营销活动,应注意不同购买者的生活方式,善于细分出某些追求相同生活方式的购买者,为他们专门设计、开发能更好满足其需求的产品。

(3) 个性。人的个性是多种多样的,有的消费者追求商品的实际效用,重视商品的内在质量,讲究实惠;有的消费者追求新颖、时尚商品,讲究商品的个性特点和象征意义;有的消费者对价格特别敏感,专门选择价格低廉的商品,而有的消费者专门选择高价商品,以示其具有与众不同的消费水平。根据消费者的个性和多种多样的价值观,所追求的商品就有明显的差别。因此,个性细分也是重要的细分市场的变量。

4. 行为变量 企业按照消费者购买或使用某种产品的时机、消费者的期望利益、使用者情况、消费者对某种产品的使用率、消费者对品牌的忠诚度、消费者待购阶段和消费者对产品的态度等行为变量来细分消费者市场,就叫做行为细分。

(1) 购买时机。在现代市场营销实践中,许多企业往往通过时机细分,试图扩大消费者使用本企业产品的范围。例如,生产感冒药的企业在春秋季感冒易发、多发期大量做广告,以促进其感冒药的销售。

(2) 期望利益。消费者往往因为各有不同的购买动机、追求不同的利益,所以购买不同的产品和品牌。以购买感冒药为例,有些消费者购买泰诺,注重缓解感冒症状;有些服用维生素C,注重提高免疫力。因此,企业可以按照不同消费者在购买产品时所追求的不同利益来细分消费者市场。企业可根据自身条件,权衡利弊,选择其中某一个追求某种利益的消费者群为目标市场,设计和生产合适的产品,并且利用适当的广告媒体和广告词,把这种产品的信息传达给追求这种利益的消费者群。

(3) 使用者。许多商品的市场都可以按照使用者情况,即从未使用者、潜在使用者、初次使用者、经常使用者等来细分。资金雄厚、市场占有率高的公司,一般对潜在使用者发生兴趣,着重吸引潜在使用者,扩大市场销量;小企业资金薄弱,往往注重保持经常使用者。

(4) 使用率。消费者对某种商品的使用数量和购买频率,也可以作为细分市场的变量。可以把某种市场按经常购买、一般购买和不常购买来细分。管理学中的20/80原则在这里得到体现。大量的消费往往是由少数人来完成的。

(5) 购买习惯。消费者购买商品往往在购买地点和时间上有不同的习惯。消费者购买商品往往是根据商品在家庭消费中的地位、重要性做出购买决策的。耐用品、价值高的商品,要经过在家庭中反复商量作好决策才去购买,而对大量的常用品则是即兴购买,随时随地作出购买决策。消费者购买商品的时间习惯有时受商品特性所影响,如有的商品是季节性消费的,消费者购买时间有一定的规律性。企业应根据消费者的购买习惯来细分出子市场,采取不同的营销策略。如对OTC药品要加强售前售后服务,提供购买方便,包括送货上门、用药指导,在宣传上应借助电台、电视台等大众媒体广为宣传,提高产品知名度,以促进销售。

(6) 忠诚度。是指消费者对价格、服务、广告等的敏感程度以及对品牌、分销渠道的信任程度。消费者对一个品牌忠诚度的高低是影响其购买的重要因素。企业应注意塑造企业形象,并注重根据消费者不同的购买偏好,从商品形式、品牌设计、价格制定、销售方法和广告宣传等各方面,去满足消费者的需求。

根据购买者的忠诚状况可将他们分成四组,公司可以从分析他的品牌忠诚程度中学到很多东西:

1) 坚定忠诚者,即始终不渝地购买一种品牌的消费者;研究坚定忠诚者的特征,公司可以确定自身的产品战略。

2) 中度的忠诚者,即忠于两种或三种品牌的消费者;此类消费者可以帮助公司确认对自己最有竞争性的那些品牌。

3) 转移型的忠诚者,即从偏爱一种品牌转换到偏爱另一种品牌的消费者;公司通过考察从自己的品牌转移出去的顾客,可以了解自己营销方面的薄弱环节,并且试图改变其薄弱环节。

4) 经常转换者,即对任何一种品牌都不忠诚的消费者。

(7) 待购阶段。消费者对某种商品或某个品牌的商品处于不同的认识阶段。例如,

笔记栏

有的根本不知道有这种商品;有的对这种商品详细了解而且有兴趣;有的正打算购买,等等。企业对于处于不同购买状态的消费者要进行细分,采取不同的营销策略。如对毫无了解的消费者,做广告时要内容简要,但必须增加广告频率,广告用语力求切中消费者心理,以引起他们的注意;对已经了解的消费者,广告中要突出商品带给他们的利益;对于打算购买者,要告诉他销售地点及服务项目等。

(8) 态度。消费者对产品的态度有五种:敌视、否定、不关心、积极、热情。企业对待不同态度的消费者群,应斟酌使用不同的市场营销措施。如对那些不感兴趣的消费者,企业要通过适当的广告媒体,大力宣传介绍本产品,使他们转变为感兴趣的消费者。

地理细分、人口细分和心理细分这三种方法是事后描述性变量,建立在对构成细分市场人群的事后分析之上,属于静态细分变量,因此对未来购买者的行为不能进行有效的预测,但是未来购买行为正是营销者关注的重点。因此,行为变量更是市场细分中的一个比较重要的细分因素。医药企业必须根据消费者购买行为的变化,随时进行调查研究,才能获得可靠的衡量数据,以确定企业的目标市场。

信息框

东盛科技用以治疗各种感冒症状的白加黑,其定位的差异化如:"白天服白片不瞌睡,晚上服黑片睡得香,"就是一个细分市场的典型例子。又如再林阿莫西林胶囊,其定位目标消费群是7岁以上儿童及成人服用,再林阿莫西林颗粒剂则细分为6岁以下儿童服用,从胶囊与颗粒上的剂型差异来突出细分的目标消费群。而河南宛西药业主要针对男性消费者的六味地黄丸的功能定位为滋阴补肾、头晕耳鸣、腰膝酸软,针对女性的仲景牌逍遥丸则针对烦躁易怒、郁闷消沉、心慌气乱等。除此之外,山东正大福瑞达制药推出的缓解视疲劳的产品系列,其中润洁滴眼液其功能为消除眼痒、充血等症状,滴眼露功能则是消除眼部干涩、酸胀等不适症状,这些产品针对功能结构上的差异化或症状表现上的多样化来确定目标消费群的不同定位,能极大地刺激目标受众的心理认同度和个性化需求的满意度,对形成产品的消费忠诚度,刺激市场潜在需求,进一步延伸或拓展重复性和持续性购买有良好的帮助。

保健品中如安利纽崔莱"营养套餐"就进一步将目标消费者细分为儿童、老人、男士和女士四类消费族群,并根据这四类消费群体不同的身体机能特点,制订出了四个营养食品组合,并分别找到了独特的诉求主张。再如黄金搭档,诉求定位是"为中国人专业设计",并分别推出了不同类型的年龄装。其他如康复来的脑轻松,在高考、中考期间专门推出以改善记忆功能为主的儿童盒装,平时则是以老年瓶装产品为主,更趋实惠和实用。

——资料来源:肖予.细分市场创造商机.中国医药报

(二) 生产者市场细分的变量

与消费者购买的目的不同,生产者的购买目的是为了再生产再销售并从中获得利润,生产者市场与中间商市场、政府市场一样,都是有组织的市场,属于集团性购买。生产者市场细分的变量除了运用前述消费者市场细分变量外,还可应用的细分变量主要有:

1. 最终用户的要求　这是生产者市场细分最通用的变量。生产者市场的购买活动是为了不同的生产需要或为了出售,满足最终用户的需求。最终用户往往有不同的要求,追求不同的利益,从而对产品提出不同的质量标准和使用要求。有时,最终用户的直接要求就是一个细分市场。

2. 用户规模与购买力大小　用户规模是生产者市场细分的重要变量。用户的经营规模决定了其购买力大小,大用户数量少,但其

笔记栏

生产和经营规模大,购买的数量和金额就多。小的用户数量多,分散面广,购买数量和金额有限。企业应针对大、小用户的特点,采取不同的营销策略。工业用户规模和购买力的大小,可以通过用户的财务支出或营业额来衡量,也可通过对用户内部情况进行分析而得出。如对于规模大、市场占有率高、销售面广的用户,企业易于直接联系,直接供应,在价格、信用等方面给予更多优惠,以便建立和保持长期稳定的购销关系。对于规模较小的用户,应采取适当的促销策略,加强联系。

3. 用户的行业特点 某类行业市场往往具有同类性质的需求,因此可以作为生产者市场的细分变量。如我国零售药品销售结构与医院用药结构差异较大,大多数高价进口、合资企业生产的药品主要通过医院药房消耗。按行业特点细分市场,使得目标市场更加集中,容易分析研究市场的变化,及时掌握市场动态,有助于节省企业的研制和开发支出以及节省促销宣传费用。

对于上述生产者市场的细分变量,同消费者市场的细分变量一样,企业并不只用一种单一的标准来进行细分,而是有层次地交错使用一系列变量来细分。

六、医药市场细分的有效性

如上所述,我们可以用很多的变量来细分一个大市场。但是,市场细分的目的是为医药企业找到合适的目标市场。如果把感冒药的消费者按照身高来细分显然并无意义。要想细分的市场部分有意义,必须具备以下的要求:

1. 可衡量性 市场细分的特征应该是可衡量的,医药企业对细分市场的购买力、规模和市场的其他特征等必须能够测定。这样,企业才能决定相应的生产规模,进行合理定价,决定渠道类型和促销方式。相反,如果一个细分市场不可测定,则实用性就很差。

2. 可进入性 是指企业根据拥有的资源,通过市场营销组合能够有效进入细分市场,并较好地满足细分市场的需要。一方面细分后的市场范围不能太小,必须有一定的人口和购买力,否则就没有开发的价值;另一方面如果细分后的市场是企业现有能力所达不到的,就不能贸然去开拓,否则会造成不应有的损失。同时,目标市场上的消费者能够了解企业的产品,并且能通过销售渠道购买到企业的产品。

3. 可赢利性 即要求细分市场有一定的规模和发展潜力,或有足够的需求。因为对每个细分市场需要运用不同的市场营销组合战略,即要为每个细分市场制订不同的价格,开辟相应的流通渠道,开展不同促销活动,需要花费一定的费用。细分出来的市场,其容量或规模要大到足以让企业获利。

4. 相对稳定性 指细分出来的市场必须具有相对的稳定性,能保证企业有足够时间实施营销方案进入市场、获取赢利。如果市场变化太快,企业还没来得及实施其营销方案,目标市场已面目全非,这样的市场细分就没有意义了。

七、医药市场细分的意义

在市场营销学中,市场细分是一个十分新颖且具有革命性的观念。市场细分对医药企业正确制订营销计划和策略、顺利实现营销目标有着极其重要的意义。

1. 有利于医药企业发掘新的市场机会 市场机会是指市场上客观存在的未被满足或未被充分满足的消费需求。医药企业在市场营销中,可以根据市场竞争现状和已经上市的产品在满足社会需求方面不足的情况,发掘新的市场机会,开拓新市场。例如,市场上通常以一种廉价快速的普通胶片来满足放射性医疗的需要,但是柯达照相器材公司经过调查发现这种需求并没有充分得到满足,许多医院和医疗单位需要更加节省时间的产品。柯达公司研制了两种新产品:一种是特制相机,一种是立即感光胶片。它们能够在病理检查中立刻显影,不必到暗室冲洗,而且可以避免误差。这种新产品很快畅销,为柯达公司带来新的市场机会,赢得厚利。

2. 有利于中小型医药企业提高竞争能力 中、小型医药企业一般人、财、物资源有限,在整体市场或较大的细分市场上,缺乏竞争能力。如果中、小企业善于发现易被大企业

笔记栏

忽视的一部分特定消费者未被满足的需求，推出相应的产品，往往能变整体市场上的相对劣势为局部市场上的相对优势，取得较好的经济效益。

3. 有利于医药企业提高经济效益 一方面，企业可以根据细分市场的特点，集中使用人、财、物等资源，避免力量分散，从而取得理想的经济效益；另一方面，在实施市场细分之后，企业可以面对自己的目标顾客，生产出适销对路的产品，加速商品流转，有效地利用企业资源和发挥企业特长，提高产品质量，从而降低企业的生产和经营成本，即使消费者需求得到更好满足，又可提高企业的经济效益。

4. 有利于医药企业及时调整营销策略 一般说来，企业为整体市场提供单一产品，制定统一的营销策略，实施起来相对容易，但是信息反馈比较迟钝，对市场需求发生变化的反应较慢。而进行市场细分后，由于企业同时为不同消费者群体提供不同的产品，因而比较容易察觉和估计消费者需求的变化，市场信息反馈迅速及时，有利于企业及时调整营销策略，发展新产品，满足消费者不断变化的需求。

第二节　医药目标市场选择

所谓医药目标市场(target market)，是医药企业在市场细分的基础上，依据企业资源和现有经营条件所选定的、准备以相应的医药产品或服务去满足其需要的一个或几个细分市场。市场细分的目的是有效选择并进入目标市场。医药企业在对整体市场做出必要的细分之后，总要选择某一个或几个细分市场作为自己的目标市场。市场细分和目标市场的选择是既有联系又有区别的。市场细分是目标市场选择的基础和前提。为了提高企业的经营效益，企业必须细分市场，并且根据自己的任务目标、资源、特长等权衡利弊，决定进入哪个或哪些市场部分，为哪个或哪些市场部分服务，进行目标市场的选择。

一、医药目标市场选择模式

医药目标市场是医药企业打算进入的市场，或打算满足的具有某一需求的顾客群体。医药企业在选择目标市场时有五种可供参考的市场覆盖模式，见图 7-2。

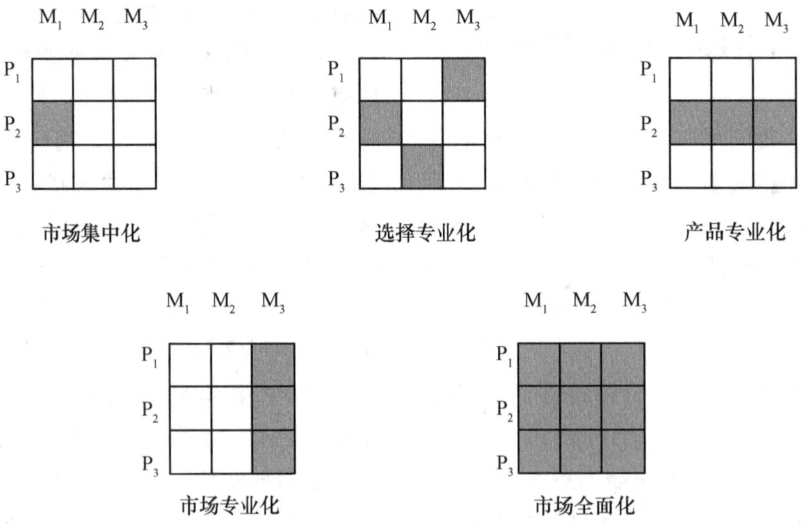

图 7-2　五种目标市场选择模式

1. 市场集中化 这是一种最简单的目标市场模式，即医药企业只选取一个细分市场，只生产一类医药产品，供应某一单一的顾客群，进行集中营销。但是，集中市场营销的风险比一般情况风险更大，许多公司宁愿在若干个细分市场分散营销。

2. 选择专业化 医药企业选取若干个具有良好的赢利潜力和结构吸引力，且符合医药企业的目标和资源的细分市场作为目标市场，其中每个细分市场与其他细分市场之间联系较少。其优点是可以有效地分散经营风险。

3. 产品专业化 医药企业集中生产一种产品,并向各类顾客销售这种产品。产品专业化模式的优点是医药企业专注某一种或一类产品的生产,有利于形成和发展生产和技术上的优势,在该领域树立形象。其缺点是当该领域被一种全新的技术与产品所代替时,产品销售量有大幅度下降的危险。

4. 市场专业化 医药企业专门经营满足某一顾客群体需要的各种产品。市场专业化经营的产品类型众多,能有效地分散经营风险。但由于集中于某一类顾客,当这类顾客的需求下降时,医药企业也会遇到收益下降的风险。

5. 市场全面化 医药企业生产多种产品去满足各种顾客群体的需要。实力雄厚的大型企业选用这种模式,才能收到良好的效果。

二、医药目标市场选择策略

医药企业确定细分市场作为生产和经营目标的决策,称为医药目标市场选择策略。医药企业决定为多少个子市场服务,即确定其目标市场涵盖战略时,有三种选择:无差异市场营销策略、差异市场营销策略和集中市场营销策略。

1. 无差异市场营销策略 无差异市场营销是指医药企业在市场细分之后,不考虑各子市场的特征,而只注重子市场的共性,决定只推出一种产品,运用单一的市场营销组合,力求在一定程度上满足尽可能多的顾客的需求(图 7-3)。对医药企业而言,即把整体医药市场看做是一个大的目标市场。医药企业对构成市场的各个部分一视同仁,只顾及人们需求的共性,而不计其差异性,以单一的医药市场营销组合推出一种医药产品,试图吸引所有的购买者。

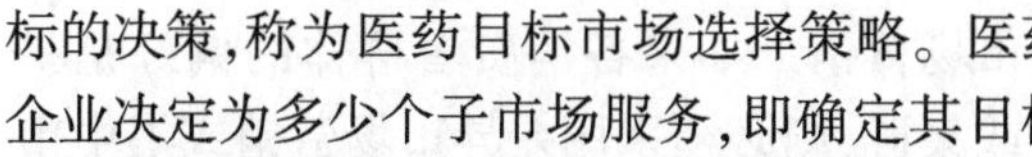

图 7-3 无差异市场营销

无差异市场营销是生产观念的一种体现,采用无差异市场营销的目的,是力求节约成本,视医药市场中顾客需求相同,因而营销方法也相同,套用医药工业生产的标准化、批量化,生产、储运、推销的平均成本比较低廉;同时,由于不需要细分市场,可以相应地节约市场调查研究费用和广告宣传、促销等开支。无差异营销策略要在两个前提条件下才会有效:①整个市场中大多数顾客必须对产品有相同需求,即该市场为同质市场或接近于同质市场;②公司能够识别这种同质需求,并且有足够的资源和管理技能来满足这些需求。

然而,愈来愈多的市场营销人员对这一策略是否为最佳表示了强烈的怀疑。今天,绝大多数医药企业都在寻找一种把市场加以细分的策略。事实上,市场细分化是社会进步最明显的特征之一。随着人们财富的增加以及有更多的休闲时间,他们追求更加丰富多样的生活,健康保健意识更强,对药品的疗效、稳定性、方便服用的要求更高。因而一种药品长期被所有消费者接受,是十分罕见的事情,人们需求的多样化、个性化正日益扩大。而且,当几家生产同类医药产品的企业都采用无差异市场营销时,就会形成大的医药市场竞争异常激烈,而小的细分市场无人问津,消费需求得不到满足的状况。

2. 集中性市场营销策略 集中市场营销是指企业集中所有力量,以一个或少数几个性质相似的子市场作为目标市场,试图在较少的子市场上占有较大的市场占有率(图 7-4)。医药企业以一个或几个细分市场作为目标市场。企业可以集中力量进行专业化生产和销售。采取集中市场营销的企业,追求的不是在较大的医药市场上占有较小的份额,而是在较小的市场范围内占有较大份额。这样,既可以扩大市场占有率,又可以减少生产和促销方面的费用。因为品种较单一,可以集中力量于设计、研制、工艺设备改进等方面,便于产品的精益求精,提高产品的知名度,便于创名牌优质产品,树立企业的信誉。结果由于市场占有率大,成本相对下降,企业的投资收益率就高,积累就快,企业就能发展壮大。

然而,专门化意味着企业把它所有的鸡蛋放在同一个篮子中,这样做将是危险的,除非企业拥有某方面的专利技术或是其他企业所无法拥有的资源才有可能在某个市场中长期生存。

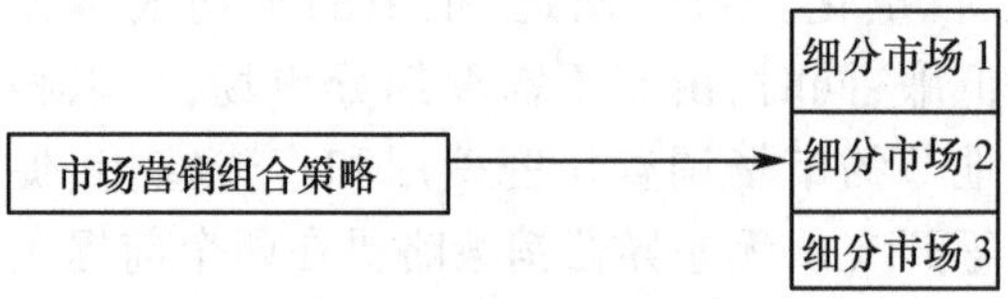

图 7-4 集中市场营销

3. 差异化市场营销策略 差异化市场营销是指企业对每个细分市场使用不同的营销组合，将其营销力量直接对准每个或多个细分市场，满足各个子市场的需要(图 7-5)。对医药企业而言，就是把整体医药市场划分成若干细分市场，针对不同的医药细分市场，设计制造性能及包装等各不相同的医药产品，采用不同的市场营销组合，分别去满足不同消费者的需要，完成销售目标，力争销售机会的最大化。即小批量、多品种生产，在一种原料药多种剂型、复方制剂、缓释剂、控释剂、透皮给药等方面大做文章。相对地，这种营销策略因为会产生比较高的成本，一般要求企业的实力比较雄厚。

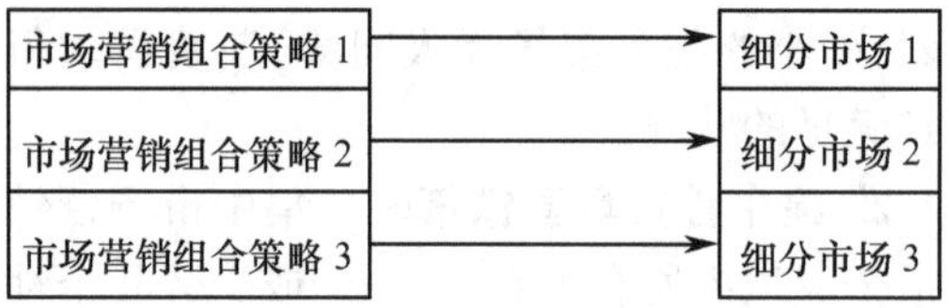

图 7-5 差异市场营销

三、影响医药企业选择目标市场战略的因素

上述三种目标市场战略各有利弊，企业究竟应该采取哪一种策略，应该综合考虑企业、产品、市场和竞争对手多方面的因素来决定。

1. 企业 如果医药企业资源雄厚、实力较强，可以考虑实施差异市场营销；否则，最好实施无差异市场营销或集中市场营销。对医药企业而言，若企业规模较大，技术力量和设备能力较强，资金雄厚，原材料供应条件好，则可采用差异市场营销。反之，规模小、实力差、资源缺乏的一般企业宜采用无差异市场营销或集中市场营销。我国医药工业的整体水平相对落后，即使是国内一流的大型医药企业也难以与国外大医药公司相抗衡。因此，采用集中市场营销，重点开发一些新剂型和国际市场紧缺品种，利用劳动力优势，建立自己的相对品种优势，将能更好促进企业积极参与国际竞争，提高医药工业整体水平。

2. 产品同质性 是指产品在性能、特点等方面的差异性大小。对于同质性商品，虽然由于原材料和加工不同而使产品质量存在差别，但这些差别并不明显，只要价格适宜，消费者一般无特别的选择，无过分的要求，因而可以采用无差异市场营销。而异质性商品，如药品的剂型、品型、复方等对其疗效影响很大，特别是滋补类药品其成分、配方、含量差别很大，价格也有显著差别，消费者对产品的质量、价格、包装等，常常要反复评价比较，然后决定购买，这类产品就必须采用差异市场营销或集中市场营销。

3. 市场同质性 当消费者对产品的需求欲望、偏爱等较为接近，购买数量和使用频率大致相同，对销售渠道或促销方式也没有大的差异，就显示出市场的类似性，可以采用无差异市场营销。如果各消费者群体的偏好是扩散或集群，则必须采用差异市场营销或集中市场营销，使不同消费者群体的需求得到更好地满足。

4. 产品所处生命周期的不同阶段 产品所处的生命周期不同，采用的营销策略也是不同的。若处于投入期和成长期的新产品，通常采用无差异市场营销或针对某一子市场实行集中市场营销，去探测市场需求和潜在顾客。当产品进入成熟期，市场竞争空前激烈，无差异营销策略就完全无效，须采用差异市场营销，才能延长成熟期，开拓市场，维持和扩大销售量，或者采用集中市场营销来实现上述目的。

5. 竞争者的目标市场策略 企业生存于竞争的市场环境中，对营销策略的选用也要受到竞争者的制约。一般来说，企业的目标市场涵盖应与竞争对手相区别，或者是比竞争对手进行更深层次的市场细分。如果竞争者采用了无差异市场营销，企业可以采用差异性或集中性营销策略；如果竞争者采用的是差异性营销策略，为了在竞争中获得优势，企业需要进行比竞争对手更深层次更细致的市场细分,然后在此基础上实施差异性的或集中性的营销策略。

总之,选择适合于本企业的目标市场营销策略,是一项复杂的、随时间变化的、有高度艺术性的工作。企业本身的内部环境,如研究开发能力、技术力量、设备能力、产品的组合、资金是在逐步变化的,影响企业的外部环境因素也是千变万化的。企业要不断通过市场调查和预测,掌握和分析这些变化的趋势,与竞争者各项条件进行对比,扬长避短,把握时机,采用恰当的、灵活的策略,去争取较大的利益。

第三节 医药市场定位

随着市场经济的发展,在同一市场上有许多同一品种的产品出现。企业为了使自己生产或销售的产品能够在竞争中脱颖而出,从各方面为产品培养一定的特色,树立一定的市场形象,以求在消费者心目中留下良好的印象,形成一种特殊的偏爱,维持产品稳定的销路。

一、市场定位的涵义

1. 市场定位的由来 市场定位是市场营销学和现代广告学中十分重要的概念,由艾·莱斯(A. Ries)和屈特(J.Trout)于 1972 年提出。他们在《广告时代》(Advertising Age)发表名为"定位纪元"的系列文章,以后又写了成名作 Positioning :The Battle for your mind(《定位:为你的注意而战》)一书,明确地提出了关于市场定位的问题。他们对定位的解释是:定位起始于产品,如一件商品、一项服务、一家公司、一所机构、甚至是一个人。定位并不是要对产品本身做什么事,而是对潜在顾客的心理采取行动,即把产品在潜在顾客的心中确定一个适当的位置。

1996 年,特劳特和瑞维金(Steve Rivkin)出版了《新定位》一书,作者再次强调:"定位是对大脑的定位,而不是对产品的定位。市场营销的最终战场是大脑。"《新定位》的最大特点和突出贡献是对消费者心理的深切把握。作者指出营销的终极战场是消费者的心灵,你知道得愈多,定位战略就愈有效。

2. 市场定位的含义 市场定位(positioning),又称为产品定位,就是确定产品在市场中的位置。即根据顾客对某种产品属性的重视程度,给本企业的产品创造并培养一定的特性,树立一定的市场形象,在为数众多的产品概念中,发现或形成有竞争力的、差别化的产品特色及重要因素。其实质是取得目标市场的竞争优势,确定产品在顾客心目中的适当位置并留下深刻的印象,以便吸引更多的顾客。简而言之,就是在消费者心目中为某种产品或品牌建立有别于竞争者的形象。

市场定位可以划分为产品定位、品牌定位和企业定位三个层次,产品定位表现出来的特征是产品的"高质量"和企业的"技术先进";品牌定位体现的是企业成功营销的结果,当提到某一品牌时,它赋予了消费者某种具体的联想;企业定位处于定位阶梯的最高层,企业往往通过产品和品牌的定位来建立企业形象,进行企业定位,成功的企业定位往往会产生长期效益。

市场定位是关系到企业生死存亡的大事。因此,企业在制定市场定位策略时,一定要从实际出发,必须把市场定位建立在摸清、摸准国情、行情(市场情况)、厂情(企业情况)、心情(消费者心理)的基础之上。换言之,必须先对环境、市场和产品进行调查研究,经过系统分析和综合之后才能确定产品在市场上的位置。

二、市场定位的基础——差异化

市场定位是基于消费者心理的差异化,菲利浦·科特勒认为企业可以从产品、服务、人员、渠道及形象五个方面来体现差异化。

(1) 产品差异化,即企业在产品特征、性能、耐用性、可靠性、式样的设计,以及产品的实际功能与企业宣传的是否一致等方面与竞争者相区别,从而使消费者感受到的差别。如东盛药业推出的感冒药白加黑就实施了产品的差异化策略,使其产品形象立刻与众不同起来。

(2) 服务差异化,指企业向目标市场提供与竞争者不同的优异服务。特别在医药产品的差异难以突出时,服务的差异往往成为竞争成功的关键。主要通过交货、顾客培训、咨询服务等因素来区分服务水平。

(3) 渠道差异化,分销渠道的差异化可以从渠道的模式、渠道成员的能力及渠道管理政策等方面具体体现。

(4) 员工差异化,即通过聘用和培训比竞争者更为优秀的员工以获得竞争优势。员工差异化主要表现在称职、礼貌、诚实、可靠、敏捷、沟通等方面。

(5) 形象差异化,即通过塑造与众不同的产品或品牌形象来获得竞争优势。其想像要通过特定的信息传播途径加以展现,并且具有某种感染力,能够触动顾客的内心。

三、医药市场定位的步骤

医药市场定位的关键是医药企业要设法在自己的产品上找出比竞争者更具有竞争优势的特性。竞争优势一般有两种基本类型:一是价格竞争优势,即在同样的条件下比竞争者定出更低的价格。这就要求医药企业采取一切努力,力求降低单位成本。二是差异化竞争优势,即以企业差异化的定位来满足顾客的特定偏好。因此医药企业要采取努力在产品或品牌特色上下工夫。

因此,医药企业市场定位的全过程可以通过以下三大步骤来完成,即确认本企业潜在的竞争优势、准确地选择相对竞争优势和明确显示其独特的竞争优势。

1. 确认本企业的竞争优势 这一步骤的中心任务是要回答以下三大问题:一是竞争对手的产品定位如何?二是目标市场上足够数量的顾客欲望满足程度如何以及确实还需要什么?三是针对竞争者的市场定位和潜在顾客真正需要的利益要求企业应该和能够做什么?要回答这三个问题,医药企业市场营销人员必须通过一切调研手段,系统地设计、搜索、分析并报告有关上述问题的资料和研究结果。通过回答上述三个问题,企业就可从中把握和确定自己的潜在竞争优势在何处。

2. 准确地选择相对竞争优势 相对竞争优势表明医药企业能够胜过竞争者的能力。这种能力既可以是现有的,也可以是潜在的。准确地选择相对竞争优势就是一个医药企业各方面实力与竞争者的实力相比较的过程。比较的指标应是一个完整的体系,只有这样,才能准确地选择相对竞争优势。通常的方法是分析、比较医药企业与竞争者在经营管理、技术开发、采购、生产、市场营销、财务、产品等七个方面究竟哪些是强项,哪些是弱项,最终选出最适合本企业的优势项目。

3. 显示独特的竞争优势 这一步骤的主要任务是企业要通过一系列的宣传促销活动,将其独特的竞争优势准确传播给潜在顾客,并在顾客心目中留下深刻印象。为此,企业首先应使目标顾客了解、知道、熟悉、认同、喜欢和偏爱本企业的市场定位,在顾客心目中建立与该定位相一致的形象。其次,医药企业通过一切努力强化目标顾客形象,保持目标顾客的了解,稳定目标顾客的态度和加深目标顾客的感情来巩固与市场相一致的形象。最后,医药企业应注意目标顾客对其市场定位理解出现的偏差或由于医药企业市场定位宣传上的失误而造成的目标顾客模糊、混乱和误会,及时纠正与市场定位不一致的形象。

四、医药市场定位的方法

医药企业产品或服务特色,有些可以从产品实体上表现出来,如性状、成分、疗效、包装、标签与说明书等;有些可以从消费者心理上反映出来,如安全性、有效性、经济性等;有些要通过与竞争者产品或本企业其他产品相比较体现出来。具体医药市场定位的方法有:

1. 根据属性和利益定位 即由产品本身能使消费者体会到的利益来定位。例如,一般消费者认为新药特药、进口药、合资企业药品剂型先进、疗效稳定,因而对这些药品的需求日增,导致我国医药市场新特药所占比重越来越大,谁能创出一个市场需要的新产品,谁就在市场上占有优势。

2. 根据价格和质量定位 人们一般相信"价高质优",价格高低与质量高低通常是一致的。例如控释、缓释制剂,由于工艺的改进、技术的提高、生物利用度更高、药效作用更显著,给消费者带来很大方便,即使价格

笔记栏

稍高，消费者也可从产品所具有的特性方面得到心理平衡。

3. 根据用途定位 这是为产品定位的好方法。例如同样是石膏产品，建材企业用来作为装饰材料，日用化工企业用来做化妆品原料，食品行业用来做添加剂，医疗单位则用来做治疗骨折的夹板。如果为老产品找到一种新用途，也是为该产品定位的好方法。许多药品在临床应用中又逐渐发现一些新用途，从而为该产品开辟了新的市场。例如，阿司匹林除解热镇痛的老用途外，还有抗癌防癌的作用，还有抗血栓形成的作用，可预防心脑血管疾病。泛酸钙，即维生素 B_5，是用了几十年的老药，近年来发现其有广泛的药理作用，可用于白内障、类风湿关节炎及某些皮肤病变等许多中老年常见病的防治，所以临床应用日见增多。

4. 根据使用者定位 即由产品使用者对产品的看法确定产品的形象。例如，维生素 C 和含有维生素 C 的产品已进入大众的日常生活中，人们已逐渐不再把维生素 C 看成是药品，而是将其看作营养品、添加剂、甚至是保持好身材的助手。西方许多企业在奶及奶制品、水果和蔬菜、粮食、化妆品、牙膏、饮料、点心和动物饲料中添加维生素 C 成分。世界不少地区的大商店或超级市场开始出售单一或复合维生素 C 产品，药店对维生素 C 的垄断地位发生动摇。

5. 根据产品特征定位 这种定位可以强调产品区别于同类产品的某一特征。例如，针对目前国内用于治疗感冒的药品虽数以百计，但绝大部分药品含有抑制中枢神经系统作用的药物成分，致使患者服药后精神委靡不振、嗜睡，直接影响工作和学习的现象，如产品具有无明显嗜睡作用的特点，就可将它作为定位依据。

五、医药市场定位策略

医药市场定位策略，对于医药企业研发新产品，开拓新市场，充分发挥企业人、财、物力的作用是一种相当有效的方法。医药市场定位策略还有助于医药企业树立在消费者心目中的形象。

1. 避强定位策略 避强定位策略即避开强有力的竞争对手，另辟蹊径，与对手错位竞争的方式。医药企业避免与目标市场上的竞争者直接对抗，通过对市场和现有产品的认真分析研究，发现消费者实际需求未能很好满足的部分，定位于市场的“空白点”，开发并销售目前市场上还没有的某种特色产品，开拓新的市场领域。采用回避策略，由于目标市场没有竞争者，企业产品可以长驱直入，在市场上站稳脚跟，并能在消费者心中迅速树立起一种形象，这种定位方式市场风险较小，成功率较高，常常为多数企业所采用。

2. 迎头定位策略 这种策略是与在市场上占支配地位的竞争对手“对着干”的定位方式，即企业选择靠近于现有竞争者或与现有竞争者重合的市场位置，争夺同样的顾客，彼此在产品、价格、渠道、促销等各方面差别不大。如果医药企业经过仔细调研也难以发现市场空隙，只要该市场需求潜力很大，而企业又能赋予产品新的特色和创意，不妨采用此策略，与竞争者一争高低。例如，市场上虽已有近百种感冒药品，但感冒有多种类型，是多发病、高发病。按中医理论，感冒可分为风寒感冒、风热感冒、感寒湿滞、表里双感、气虚感冒等，按西医又可分为普通型感冒、病毒型感冒、胃肠型感冒、肺炎型感冒等。病因不同，用药和治疗也有不同，因而其市场潜力巨大。但是实行迎头定位要求后进者必须清醒地估计自身的实力，慎重地采取策略。

3. 重新定位策略 通常指对销路不畅或形象不够有力的产品进行二次定位。重新定位对于医药企业适应市场环境、调整营销战略是必不可少的。如果医药企业的产品或服务不再处于市场最佳位置，或者说企业本来的定位就是错的，就应该考虑重新定位问题。即使市场定位很恰当，当企业遇到下列情形时，也应考虑重新定位问题：一是竞争者推出的新产品，定位于本企业产品附近，使本企业在该目标市场的占有率大幅度下降；二是顾客偏好发生转移，使企业产品与消费者需求发生偏离。在作重新定位的决策时，企业必须权衡两项因素：一是重新定位的成本，它包括改变产品的品质、包装、广告等的成本。一般来说，重新定位距离原来的市场位置越远，则成本越高，产品形象改动的幅度越大，为改变人们印象所需的投资也越高；二是重新定位的预期收益。收益多少决定于子市场上购买者和竞争者的状况，取决于子市场上价格的高低等。重新定位是一件复杂而又充满风险的工作，企业应该慎而行之。

总之，目标市场的定位策略是企业在选择目标市场的基础上，研制开发并推出适合目标市场需求的产品，使企业的产品与目标市场取得最佳配合，并确立有利销售地位的有效手段。

信息框

“成长快乐”的目标市场策略

维生素由于其种类的多样和人体在生长发育时期对它必要的需求，使得许多医药企业盯住了这块大蛋糕。“成长快乐”正是养生堂针对这一情况推出的复合维生素产品，其所有的市场推广策略和手段都围绕儿童市场这一目标人群展开。市场显示，随着生活水平的提高和家长在孩子保健方面投入的增加，儿童保健产品的蛋糕正在做大，众多厂家的进入也使得这一市场竞争愈加激烈。而养生堂的精明之处就在于摆脱了对儿童这一目标人群一网打尽的做法，针对细分的目标消费者进行品牌建设与营销工作，在细分市场提升成长快乐的核心价值。

成长快乐直接面向1~14岁的儿童，目标消费人群非常明确，广告针对性较强。儿童保健品的实际购买者一般是家长，80%以上的家庭中这一角色是母亲。针对儿童目标市场的特点，成长快乐的广告策略一方面重视少儿类娱乐电视节目的插播，通过孩子对品牌的认可去影响母亲，另一方面重视通过电视剧的插播广告直接针对母亲。直接消费者和间接消费者的互动，使得成长快乐在短期内销量翻了几倍。

——资料来源：陈国泉. 中国营销传播

本章小结

医药市场营销管理人员发现和选择了有吸引力的市场机会后，就需要制定目标营销战略。为有效地实行目标市场营销，企业必须相应地采取三个重要步骤，即市场细分、选择目标市场和市场定位。

医药市场细分是医药企业按照一定的细分变量，即影响医药市场购买者的欲望和需要、购买习惯和行为等因素，把整个医药市场细分为若干个需要不同的产品和市场营销组合的市场部分或亚市场的过程。其中任何一个市场部分或亚市场都有一个有相似的欲望和需要的购买者群，都可作为医药企业的目标市场。市场细分不是通过产品分类来进行，而是划分不同的消费者群体来细分市场。医药市场细分的客观基础是消费需求的异质性、消费需求的相似性、企业资源的限制和有效的市场竞争。消费者市场的细分变量主要有地理变量、人口变量、心理变量和行为变量四类。生产者市场的细分变量主要有最终用户的要求、用户规模与购买力大小、用户的地理位置、用户的行业特点。

市场细分的目的是有效选择并进入目标市场。医药目标市场是医药企业在市场细分化的基础上，依据企业资源和经营条件所选定的、准备以相应的医药产品或服务去满足其需要的一个或几个细分市场。医药企业在选择目标市场时有五种可供参考的市场覆盖模式：市场集中化、选择专业化、产品专业化、市场专业化、市场全面化。医药目标市场选择策略有三种：无差异市场营销策略、集中性市场营销策略和差异化市场营销策略。

市场定位是根据顾客对某种产品属性的重视程度，给本企业的产品创造并培养一定的特性，树立一定的市场形象，在为数众多的产品概念中，发现或形成有竞争力的、差别化的产品特

笔记栏

色及重要因素。其实质是取得目标市场的竞争优势,确定产品在顾客心目中的适当位置并留下深刻的印象,以便吸引更多的顾客。医药企业市场定位的全过程包括确认本企业潜在的竞争优势、准确地选择相对竞争优势和明确显示其独特的竞争优势三大步。医药企业可以根据医药产品的属性和利益、价格和质量、用途、使用者和产品特征进行市场定位。

思考题

1. 什么是医药目标市场营销?
2. 讨论:市场细分是消费需求不同导致的,还是细分市场导致不同的消费需求?
3. 选准目标市场,对医药企业开展市场营销活动有何意义?
4. 怎样进行医药市场定位?

案例分析

整肠生是东药集团沈阳第一制药厂旗下的肠道用药品牌,经过12年的市场验证,其疗效有口皆碑,成为肠道用药知名品牌之一。12年来,整肠生稳步经营,厚积薄发,特别是进入21世纪以来,随着东药集团加快OTC营销高速路建设的战略部署,沈阳一药加大了对整肠生市场的拓展,品牌推广,连续几年的大力运作,整肠生单品销售回款已突破亿元大关。

2006年,在东药集团的整体品牌规划带动下,整肠生成为OTC战略先锋。13年的积淀,整肠生也到了快速提升增量的阶段,整肠生力争肠道药领导品牌。

一、曾经的国内制剂"前三甲"

作为老牌制药企业,东药集团沈阳一药在中国制药史上曾经写下了辉煌的篇章,其历史可以追溯到1931年,前身为资本家实业,当时以一白(葡萄糖)一黑(活性炭)开创中国化学制药先河。1949年,企业被人民政府接管,成为新中国重要的制药基地。在计划经济时代,沈阳一药与西南药业、上海信谊一起位居国内制剂行业前三甲。进入市场经济时代后,沈阳一药积极改制,从思想观念到管理体制都发生了巨大变化,成为了国有大型企业成功改制的典范,并走上了稳步健康发展的道路。

整肠生为地衣芽孢杆菌活菌制剂,主要作用机理是以菌治菌。服用本品后,地衣芽孢杆菌在肠道内迅速生长繁殖,造成肠道低氧环境。对肠道内的双歧杆菌、乳酸杆菌、拟杆菌、消化链球菌等有益健康的厌氧菌的生长繁殖有促进作用,对葡萄球菌、白色念球菌、酵母样菌等致病菌则有拮抗作用,通过这样双重作用可以调整肠道菌群失调,维持人体肠道微生态平衡,从而对肠道疾病达到治疗和预防的目的。

整肠生产品具有13年历史,属国家一类新药,1992年上市,1993年开始作为主打品种,1998年开始有少量的市场投入,2000年销量达到4000万粒;2001年沈阳一药在中央电视台、多家卫星电视台和数十家地方电视台,投入大量广告,当年实际完成销量8000万粒,创历史新高;此后几年,广告一直维持在相当的水平,销量年年稳步上升。

12年,整肠生所积累起来的知名度和信誉度,是后上市的众多肠道药品牌无法相比的。随着肠药市场群雄品牌纷争时代的到来,期望大幅度翻番的目标追求,也让追求创新整肠生的营销人冥思苦想,积极寻求更大的突破。

二、群雄纷争,肠道市场不再寂寞

近年来,国内肠道疾病的治疗方式与肠道药市场格局均发生了巨大变化。

目前市面上的肠道药种类繁多,有中成药、抗生素、微生态制剂、蒙脱石等,品种超过一百多个。群雄纷争,市场竞争无序,缺少全国性绝对领导品牌。

以中成药为主的第一代肠道药主导市场多年,但由于其疗效相对较慢,已步入缓慢增长期,少数品牌仍在积极努力,广告大力在推广;以抗生素为主的第二代肠道药,目前仍占有较大的市场份额,但由于抗生素的毒副作用大,这类肠道药正面临着极大的市场危机;其他如蒙脱石类肠道药品,近年来广告势头迅猛,但前景还不明朗。

微生态制剂作为国际公认的肠道疾病治疗趋势，当前市场上也涌现了众多品牌。作为较早的微生态制剂类肠道药，整肠生因是大品牌，市场基础好，在热闹的肠道药市场迎来了前所未有的发展机遇，其增长潜力不可估量！

未来几年内，肠道药市场不会再寂寞，白热化竞争在所难免，一场没有硝烟的肠道市场战争已经打响！

三、肠道市场尚无全国性领导品牌

群雄逐鹿，谁来领跑？企业委托咨询公司从品种、品牌、广告、促销、渠道终端、消费者等方面进行了长达半年的深入调查，发现纷乱的肠道药市场有如下特点：

(1) 医院仍是销售的主渠道，但OTC所占比重逐年上升，而且势头迅猛。

(2) 中成药没形成规模，相对西药而言档次较低，只有黄连素片进入前五强。

(3) 西药占据绝对优势，其中以抗生素类、普药类为主，其中普药因价格低颇受市场青睐。

(4) 微生态制剂类品种，广告投入均有较强力度，且几大品种势均力敌。

(5) 也有肠道药通常和胃药产品捆绑在一起，通过胃病的治疗达到防治肠道疾病的目的。

(6) 肠道药市场品种繁多，竞争剧烈，群雄纷争，但无全国性领导品牌。

(7) 肠道药市场潜力巨大，微生态制剂份额不断上升。

据有关机构预测：在下一个10年中，肠道药市场销售额将增长50%，微生态制剂类肠道药潜力不可限量，预计市场规模可以达到200亿元，是未来肠道药市场的希望和突破重点。作为新一代肠道药，整肠生具有相当的市场张力，极有可能在新一轮的竞争中，独领风骚。

沈阳一药过去以原料药为主导，作为旗下惟一的肠药品牌，整肠生可谓是名门之秀。早在1999年，整肠生凭借高科技高品质，便开始出口韩国、日本等东南亚国家，实现了我国微生态出口零的突破。

药品最关键的是科技与疗效，对于肠道疾病，选择快速、安全、治疗彻底的药品非常重要，12年的临床实践和患者口碑，最有力地证明了整肠生是治疗肠道疾病的理想用药。

因为科技含量高、效果独特，整肠生已被列入国家医保目录和OTC药品目录，并被中华医学会列入重点推广工程，荣获国家发明奖、全军科技进步一等奖、印尼国际医药卫生科技成果博览会金奖、泰国曼谷实用技术展金奖等27项大奖，2000年获国家专利技术终身保护，多年来在亚洲市场享有盛誉。

四、整肠生亮剑，实现跳跃式发展

作为东药集团沈阳一药旗下的全国性品牌，东药人寄予了太多的期望，整肠生在市场上畅销了12年，品牌在业内有口皆碑，可很少有人能将它和东药集团沈阳一药联系起来。一些业内人士往往由整肠生想到沈阳一药，但很少有人从东药集团沈阳一药想到整肠生，可见，产品品牌与企业品牌急需对接，实现更优化的资源整合。今年，东药人大力推广整肠生，希望将其打造成明星品牌，并借此打响东药集团沈阳一药的企业品牌，最终拉动东药集团旗下的系列品种品牌。

为此，东药集团沈阳一药以整肠生为核心品种，制定了未来战略发展规划：整合资源优势，优化完善分销体系，探索新市场新营销模式，然后迅速复制推广，实现单品销量翻几番、其他品种销量顺势大幅度提升的目的；在未来3~5年内，将东药集团沈阳一药打造成全国知名企业品牌，成为医药行业不可忽视的生力军。

案例讨论

1. 在分析肠道药市场格局之后，你认为整肠生的最大竞争对手是谁？描述整肠生的目标消费群体，如何对整肠生进行市场定位？谈谈你的观点。

2. 策划整肠生未来的营销组合。

笔记栏

第八章 医药市场竞争性营销战略

学习目标

学习并掌握营销战略的概念；学会正确识别竞争者的方法，了解如何判定竞争者的战略及评估竞争者的实力；掌握市场领导者、市场挑战者、市场追随者和市场利基者的定义及各自具体的竞争性营销战略的要点。

引导案例

全球性竞争的医药产业

近十几年来国际上的大型制药公司纷纷进行重新组合，发生了多起重大合并与兼并事件。如1995年葛兰素兼并了威康，1996年汽巴-嘉基与山道士合并为诺华，1997年美国家用产品公司(AHP)兼并孟山都，1998年德国赫斯特与法国罗纳普朗克合并，1999年阿斯特拉与捷利康对等合并，2000年初葛兰素威康兼并史克必成、辉瑞宣布购入华纳兰伯特，等等。

全球医药产业的竞争正在由品种的垄断竞争向企业的垄断竞争转变，国际医药市场竞争主要体现为一种局部性、暂时性的专利新药竞争。一个企业可以垄断某个专利新药市场，但不可能垄断整个药品市场，甚至某一类药品市场。这种垄断具有局部性和暂时性，是品种之间的垄断竞争，企业之间的竞争状态表现为不完全市场条件下的“准”完全竞争。

制药业的兼并与收购浪潮使得企业的规模不断加大，目前最大的两家制药企业在全球药品市场占有率之和已达到14%，远高于五年前的9%。排名前10位制药企业的全球药品市场占有率，将由1991年的34.2%上升到2010年的45%～50%。全球医药产业的竞争态势已逐渐转变为企业之间的垄断竞争，垄断性在增加，竞争的压力也在增大。在美国医药产业界，正流行“5%、20亿$(美元)、10来家”的说法，意思是说，将来能在世界医药产业生存的仅是销售额占国际份额的5%以上，新药开发年投资额20亿$(美元)以上的10来家企业。这种趋势意味着竞争的加剧。

第一节 医药企业竞争者分析

面对市场，即使是一个强大的企业也不可能总是处在风平浪静中，它随时可能会被新出现的对手打败。所以，企业必须识别竞争者，随时做好迎接挑战的准备。

一、识别竞争者

狭义的竞争者一般指那些与本企业提供的产品或服务相类似，价格相似，并且有相似目标顾客的企业。广义来看，竞争者是指所有与本企业争夺同一目标顾客的企业，不仅包括现实竞争者，还包括潜在的竞争者。所以企业在识别竞争者的时候，不仅要看到现实的竞争者，还应能够辨别出潜在的竞争者。公司应当有长远的眼光，从行业结构和业务范围的角度识别竞争者，从而有针对性地制定自己的发展战略。

(一) 行业竞争观念

行业是一组提供一种或一类密切替代产品

笔记栏

的相互竞争的企业。比如说西安杨森制药厂的牛黄解毒片价格下降,会引起吉林敖东制药厂牛黄解毒片需求减少,两者互为密切替代品。

要树立行业竞争观念,首先要对行业结构有一个深入的了解。决定行业结构的因素有很多,其中有四个主要因素。

1. 销售商数量及产品差异程度 按照销售商数量的多少和产品差异程度的大小,可以区分出四种不同类型的行业结构。

(1) 完全垄断。比如在某一个医药行业中,某企业对产品的完全垄断主要来自于专利权,或者是秘方等商业机密;或者某个地区只有一家医院,那么这家医院在这个地区就会形成地域性完全垄断。

在完全垄断条件下,该企业的产品没有其他替代品,在追求最大利润的驱动下,企业会提高商品价格,不做广告,提供最低限度的服务。由于专利权许可证等因素的存在,其他厂商没有办法进入该行业。

(2) 寡头垄断。在我国药品批发零售业中,部分具备规模优势和先进经营管理模式的企业脱颖而出,加上雄厚的资金实力、强有力的物流配送能力和相对广泛的销售网络,把大多数传统医药商业经营模式的企业逐出市场,逐步实现了寡头垄断。

(3) 完全竞争。完全竞争是经济学中一种理想的竞争模式,现实中很少存在。我们可以把医药市场中的中药材市场归为其中,如山药、当归等原始药材。完全竞争行业的竞争战略的焦点是降低成本,增加服务。

(4) 垄断竞争。垄断竞争行业的竞争战略的焦点是扩大本企业品牌与竞争者品牌的差异,突出特色。现实的医药市场中很多产品属于垄断竞争,比如说具有同样疗效的三黄片,就有几十家医药企业在生产。

2. 进入与流动障碍

(1) 进入障碍。进入一个行业会遇到许多障碍,比如说缺乏足够的资金,无专利和许可证,无场地,原料供应不充分,难找愿意合作的分销商,产品市场信誉不易建立等。其中一些障碍是行业本身固有的,而另外一些障碍是先期进入并已垄断市场的企业单独或联合设置的,以便维护其市场地位和利益。

(2) 流动障碍。即使企业进入了某一行业,在它向更有吸引力的细分市场流动时,也会遇到流动障碍。各个行业的进入与流动障碍不同。比如说进入三黄片制造十分容易,进入抗癌药物制造则极其困难。如果某个行业的进入与流动障碍高,先期进入的企业就能获取高于正常水平的利润;若某个行业的进入与流动障碍低,其他企业就会纷纷进入,使该行业的平均利润率降低。

3. 退出与收缩障碍 如果某个行业利润水平较低甚至亏损,已进入的企业就会主动退出,并将人力、物力和财力转向更有吸引力的行业。但退出一个行业也会遇到障碍,比如说对顾客、债权人或雇员,在法律上或道义上的义务、政府限制等。

4. 纵向一体化 在许多行业中,实现纵向一体化的企业可以降低成本,控制增值流,还能在各个细分市场中控制价格和成本,在税收最低处获取利润,从而使无法实现纵向一体化的企业处于劣势。

(二) 业务范围导向与竞争者识别

每个企业都要根据内部和外部条件确定自身业务范围,并随着实力的增加而扩大业务范围。企业每项业务包含四个方面的内容:①要服务的顾客群;②要迎合的顾客需求;③满足这些需求的技术;④运用这些技术生产出的产品。

企业在确定和扩大业务范围时都会自觉或不自觉地受一定导向的支配,导向不同,竞争者识别和竞争战略就不同。这些导向可以概括为五类:产品导向;技术导向;需要导向;顾客导向;多元导向。

1. 产品导向 产品导向指购买本企业产品的顾客群和所要迎合的顾客需求是未定的,有待于寻找和发掘。在满足这些客户的需求时,企业要开发出满足需求的技术并能运用这些技术生产出相应的产品。对照企业业务的四项内容来说,产品导向之企业的产品是既定的,但是服务于哪些顾客群体,待满足的顾客需求和要运用的技术都是未定的。

产品导向下的企业业务范围扩大指市场扩大,即顾客增多和所要迎合的需求增多,而不是指产品种类或花色品种增多。

在产品导向下如何识别竞争者呢?实行

产品导向的企业仅把生产同一品种或规格产品的企业视为竞争对手。

产品导向的使用条件是:市场产品供不应求,现有产品不愁销路;企业实力薄弱,无力从事产品更新。当原有产品供过于求而企业又无力开发新产品时,主要营销战略是市场渗透和市场开发。市场渗透是设法增加现有产品在现有市场的销售量,提高市场占有率。市场开发是寻找新的目标市场,用现有产品满足新市场的需求。

2. 技术导向 在技术导向下,企业的业务范围限定在经营用现有设备或技术生产出来的产品。对照企业业务的四项内容来说,技术导向指企业的生产技术类型是确定的,而用这种技术生产出何种产品,服务于哪些顾客群体,满足顾客的何种需求却是未定的,有待于根据市场变化去寻找和发掘。

技术导向下的企业业务范围扩大,仅仅指运用现有设备和技术或对现有设备和技术加以改进而生产出新的花色品种。

在技术导向下企业又是如何识别竞争者的呢?技术导向指引下的企业把所有使用同一技术,生产同类产品的企业视为竞争对手。

使用条件是某具体品种已供过于求,但不同品种的同类产品仍然有良好前景。与技术导向相适应的营销战略是产品改革和一体化发展,即对产品的质量、功能和用途加以改革,并利用原有技术生产与原产品处于同一领域不同阶段的产品。

技术导向没有把满足同一需要的其他大类产品的生产企业视为竞争对手,易发生“竞争者近视症”。我们知道,当满足同一需要的其他行业迅猛发展时,本行业的产品就可能会严重供过于求,面临被淘汰的危险。在这种情况下,继续实行技术导向就难以维持企业生存。

3. 需要导向 在需要导向下,企业的业务范围确定为满足顾客的某一需求,并运用可能互不相关的多种技术生产出分属不同大类的产品去满足这一需求。对照业务范围的四项内容来看,需要导向指所迎合的需要是既定的,而满足这种需要的技术,产品和所要服务的顾客群体却随着技术的发展和市场的变化而变化。

根据需要导向确定业务范围时,应考虑市场需求和企业实力,避免过窄或过宽。过窄则市场太小,无利可图;过宽则力不能及。

以需要为导向的企业如何进行竞争者识别呢?需要导向指引下的企业把满足顾客同一需要的企业都视为竞争者,而不论它们采用何种技术,提供何种产品。

适用条件是市场商品供过于求,企业具有强大的投资能力,运用多种不同技术的能力和经营促销各类产品的能力。如果企业受到自身实力的限制而无法按照需要导向确定业务范围,也要在需要导向指导下密切注视需求变化和来自其他行业的可能竞争者,在更高的视野上发现机会和避免危险。

需要导向的竞争战略是新产品开发,进入与现有产品和技术无关但满足顾客同一需要的行业。

4. 顾客导向 顾客导向指企业业务范围确定为满足某一群体的需要。对照企业业务的四项内容看,顾客导向指企业要服务的顾客群体是既定的,但此群体的需要有哪些,满足这些需要的技术和产品是什么,则要根据内部和外部条件加以确定。

业务范围扩大指的是发展与原顾客群体有关但与原有产品、技术和需要可能无关的新业务。

顾客导向的适用条件是企业在某类顾客群体中享有声誉和销售网络等优势,并且能够把这些优势转移到企业的新增业务上。换句话说,该顾客群体出于对企业的信任和好感,乐于购买该企业增加经营的产品,但这些产品与原产品生产技术上可能有关,也可能无关。同时,企业也能够利用原有的销售渠道促销新产品。

实行顾客导向的优点是能够充分利用企业在原顾客群体中的信誉、业务关系或渠道来销售其他类型产品,减少进入其他市场的障碍,增加企业销售额和利润总量。缺点是对企业的资金和运用多种技术的能力要求过高,并且企业还会面临一些风险,比如说新增业务如果未能获得顾客信任和满意,则会损害原有产品的声誉和销售。

信息框

药店经营中存在两种不同取向，一种称为"个人导向"，一种称为"顾客导向"。所谓"个人导向"指药店以自身的损益、利害、喜好作为思考的重点，并以此作为行事的基础方式。几乎所有药店都会在不知不觉中受到个人导向的影响。但也有许多药店经营高手能做到一切行事均以顾客为主，经常考虑到顾客的价值与立场，如果是顾客说希望的，一定诚心诚意地实行。这种行为方式被称为"顾客导向"。在过去药店"个人导向"尚能生存，但在今天，面对无比激烈的竞争，只有持"顾客导向"才能安身立命。

5. 多元导向 多元导向指企业通过对各类产品市场需求趋势和获利状况的动态分析确定业务范围。企业新发展的业务可能与原有产品、技术、需要和顾客群体都没有关系(跨行业经营)。对照企业业务的四项内容看，多元导向之企业要服务的顾客群体、顾客需求、满足这些需要的产品和技术都是未定的。

适用条件是企业有雄厚的实力，敏锐的市场洞察力和强大的跨行业经营的能力。

多元导向的优点是可以最大限度地发掘和抓住市场机会，撇开原有产品、技术、需要和顾客群体对企业业务发展的束缚。缺点是新增业务若未能获得市场承认，将损害原成名产品的声誉。

关于企业业务内容和业务范围导向之间的关系，可以用表 8-1 加以综合表述。

表 8-1 企业业务内容与业务范围导向

业务内容	业务范围导向				
	产品导向	技术导向	需要导向	顾客导向	多元导向
要服务的顾客群	未定	未定	未定	既定	未定
要迎合的顾客需求	未定	未定	既定	未定	未定
满足需求的技术	未定	既定	未定	未定	未定
运用技术生产的产品	既定	未定	未定	未定	未定

二、判定竞争者的战略和目标

1. 判定竞争者的战略 企业可以根据竞争者所采取的战略不同，把竞争者分为不同的战略群体。所谓战略群体指的是在某特定行业内推行相同战略的一组公司。战略的差别表现在产品线、产品档次、产品性能、技术水平、目标市场、价格、服务、销售范围等方面。一个企业最直接的竞争者是那些处于同一行业同一战略群体的企业。

区分战略群体有助于认识以下三个问题：

(1) 不同战略群体的进入与流动障碍不同。比如，某企业在产品质量、声誉和纵向一体化方面缺乏优势，则进入低价格、中等成本的战略群体较为容易，而进入高价格、高质量、低成本的战略群体较为困难。

(2) 同一战略群体内的竞争最为激烈。处于同一战略群体的公司在目标市场、产品类型、质量、功能、价格、分销渠道和促销战略等方面几乎无差别，任一企业的竞争战略都会受到其他企业的高度关注并在必要时做出强烈反应。

(3) 不同战略群体之间存在现实或潜在的竞争。不同战略群体的顾客会有交叉。每个战略群体都试图扩大自己的市场，涉足其他战略群体的领地，在企业实力相当和流动障碍小的情况下尤其如此。

企业必须不断地观察竞争者的战略，随时修改自己的战略。在决定进入某一战略群体的时候，要详细了解自身条件。一般小型企业适于进入资金、声誉等实力较弱群体；实力雄厚的企业可考虑进入竞争性强、实力较强的群体，然后决定自己的竞争战略。但

笔记栏

无论进入什么样的战略群体,都必须具有战略优势。

2. 判定竞争者的目标 在长期,企业的最终目标当然是追逐利润。但是每个企业对长期利润和短期利润的重视程度可能不同,对利润满意水平的看法也不同。有的企业追求利润最大化,不达最大,决不罢休;有的企业会为自己制定一个目标,一旦利润达到这个目标,就不会再付出更多的努力。

为达到最终目标,企业可选择的具体的战略目标是多种多样的,如发展企业的活力,提高市场占有率,追求当期利润最大化,实行市场渗透,提供优质服务,注重研发创新,降低成本,等等。这些具体的战略目标的选择是为了实现企业的最终目标。所以,企业要了解每个竞争者战略目标及其组合,从而判断他们对不同竞争行为的反应,并针对不同的竞争行为制定出不同的战略对策。

比如,一个以低成本领先为战略目标的企业,可能会对竞争企业在制造过程中的技术突破做出强烈反应,而对它是否增加广告投入则不太在意。

三、评估竞争者的实力和反应模式

1. 评估竞争者的优势与劣势 企业估计竞争者的优势、劣势就是为了真正做到"知彼",找到竞争者的薄弱环节,然后以自己的"强"来攻击对方的"弱",取得更大的胜算。

阿瑟 D.利特尔咨询公司把企业的目标市场的竞争地位分为如下六种:

(1) 主宰型。这类企业控制着其他竞争者的行为,可以选取很多竞争策略。

(2) 强壮型。这类企业可以采取不会危及其长期地位的独立行动,竞争者的行为很难撼动其长期地位。

(3) 优势型。这类企业在特定战略中有较多的力量可以利用,有较多机会改善其战略地位。

(4) 防守型。这类企业的经营状况令人满意,但它在主宰性企业的控制下生存,改善其地位的机会很少。

(5) 虚弱型。这类企业的经营状况不能令人满意,但仍然有改善的机会,不改变就会被迫退出市场。

(6) 难以生存型。这类企业经营状况很差且没有改善的机会。

企业明确自己在市场竞争中的地位后,再对竞争对手进行准确的评估,便可以选取相应的竞争策略。在评估竞争对手时,一般分为三步:

第一步,收集信息。收集竞争者业务上最新的关键数据,主要有:销售量,投资报酬率,现金流量,新投资,毛利,市场份额,心理份额,情感份额等。其中,心理份额指回答"举出这个行业中你首先想到的一家公司"这一问题时,提名竞争者的顾客在全部顾客中的比例。情感份额指回答"举出你最喜欢购买其产品的一家公司"这一问题时,提名竞争者的顾客在全部顾客中的比例。收集信息的方法是向顾客、供应商和中间商调研得到第一手资料或者查找第二手资料。第二步,分析评价。根据所得资料综合分析竞争者的优势与劣势,如表8-2所示。

表 8-2 竞争者优势与劣势分析

品牌	顾客对竞争者的评析				
	产品知名度	产品质量	情感份额	技术服务	企业形象
A	5	5	4	2	3
B	4	4	5	5	5
C	2	3	2	1	2

表8.2中,5,4,3,2,1分别表示优秀、良好、中等、较差和差。

上表中,企业要求顾客在五个属性上对三家主要竞争者做出评价。评价结果是:竞争者A的产品知名度和质量都是最好的,但是在技术服务和企业形象方面逊色一些,导致情感份额下降。竞争者B的产品知名度和质量都不及A,但是在技术服务和企业形象方面优于A,使情感份额达到最大。B在技术服务和企业形象方面可以攻击A,在许多方面都可以进攻C。

第三步,定点超越。找出竞争者在管理和营销方面的最好做法,然后加以模仿并进行改进,力争在这些方面超过竞争者。

定点超越的步骤为:①确定定点超越项目;②确定衡量关键绩效的变量;③确定最佳级别的竞争者;④衡量最佳级别竞争者的绩效;⑤衡量公司绩效;⑥制定缩小差距的计划和行动;⑦执行和检测结果。

在确定最佳级别的竞争者时,主要是通过调查顾客、供应商和分销商,请他们对本行业主要的企业加以排序;也可以请咨询公司,对本行业各主要企业的业绩做出评价。企业定点超越应当集中在影响顾客满意和企业成本的关键项目上。

2. 评估竞争者的反映模式 竞争者对各种竞争行为的反映,都会受到企业的经营哲学、内在文化、主导信念和心理状态的影响。竞争中常见的反映模式有以下四种:

(1) 从容型竞争者。指对某些特定的攻击行为企业没有迅速或强烈反应。可能原因是:认为顾客忠诚度高,不会转移购买;认为该攻击行为不会产生大的效果;企业自身反应迟钝,缺乏做出反应所必需的条件等。

(2) 选择型竞争者。指只对某些类型的攻击做出反应,而对其他类型的攻击无动于衷。比如,竞争者只对降价行为做出针锋相对的回击,而对竞争者增加广告费用则不作反应。了解竞争者在哪些方面做出反应有利于企业采取迂回战术,进行可行的攻击。

(3) 凶狠型竞争者。指对所有的攻击行为都做出迅速而强烈的反应。这类竞争者意在警告其他企业最好停止任何攻击。

(4) 随机型竞争者。指对竞争攻击的反应具有随机性,有无反应和反应强弱无法根据其以往的情况加以预测。许多小企业属于此类竞争者。

3. 竞争平衡的影响因素 竞争平衡状态指同行业竞争的激烈程度,即各企业是和平共处还是激烈争斗。如果是相对和平共处,则视为竞争的相对平衡;反之则视为相对不平衡。布鲁森·亨德森认为,竞争平衡状态取决于影响因素的状况。

笔记栏

(1) 如果竞争者的产品和经营条件几乎相同,竞争能力处于均势,竞争就是不平衡的,易于发生无休止的冲突。如果有一家企业首先降低了价格,其他企业也会随之降价,价格战便会爆发。

(2) 如果决定竞争胜负的关键因素只有一个,也不易实现竞争平衡。假定在一个行业中决定竞争胜负的关键因素是成本,那么,在首先取得成本突破的企业降价以夺取其他企业的市场份额的时候,也会激发价格战。

(3) 如果决定竞争胜负的关键因素有很多,就比较容易实现竞争平衡。在这种情况下,各个竞争者都有自己的细分市场,在产品质量、性能、档次、服务等方面都具有自己的某些优势,与竞争者形成差异以吸引特定顾客,易于和平共处。

总之,决定竞争胜负的关键因素越多,能够共存的竞争者数量就越多。决定竞争胜负的关键因素越少,共存的竞争者数目就越少。如果决定因素只有一个,那么能够共存的竞争者也就不过两三个。

四、确定攻击对象和回避对象

企业明确了谁是主要的竞争者,分析了竞争者的优势、劣势和反应模式之后,就要决定自己的竞争对策——进攻或回避。具体来看,企业可根据以下情况确定要进攻谁,回避谁。

1. 强竞争者与弱竞争者 有些企业认为应以较弱的竞争者为进攻目标,因为这样可以节省时间和资源,达到事半功倍的效果,但是进攻弱竞争者的获利较少。

反之,有些企业认为应以较强的竞争者为进攻目标,因为即使强者也总会有弱点,在进攻强者的过程中可以提高自己的竞争能力,更大幅度地扩大市场占有率,提高利润水平。

2. 近竞争者与远竞争者 多数企业主张与相近似的竞争者展开竞争,但同时又认为应避免摧毁相近似的竞争者,摧毁了一个竞争者意味着会产生另外一个更为强大的竞争对手,对自己反而不利。

3. 好竞争者与坏竞争者 事物都具有两面性。竞争者的存在换一个角度来看，对企业是必要的和有益的。竞争者可能有助于增加市场总需求，可分担市场开发和产品开发的成本，并有助于使新技术合法化；竞争者为吸引力较小的细分市场提供产品，可导致产品差异性的增加；竞争者还加强企业同政府管理者或同职工的谈判力量。但是每个行业中的竞争者通常都有表现良好和具破坏性的两种类型。

五、制定竞争性营销战略的形式与原则

分析完竞争者的状况后，就要开始制定竞争性营销战略。医药企业的市场营销战略不是一成不变的，而是随着时间、地点、竞争者状况、自身条件和市场环境等因素的不同而变化。

（一）竞争性营销战略形式

（1）进攻型。指企业以进攻为基本点，争取市场竞争的主动权。表现为一个企业抓住市场机会，主动进攻，先发制人，不断采用新科技成果新技术，推出新产品，使企业在某个领域处于领先地位，争取主动。

（2）防御型。这是一种较稳定的竞争战略，具有后发制人作用。采取与竞争者大致相同的营销战略，力争在竞争中后来居上，占据有利位置。

（3）攻守兼备型。指的是企业在有利条件下，采取进攻型战略；在不利条件下，采取防御战略，这是一种随机应变的竞争战略，是上面两种类型的结合使用。

（4）撤退型。也称紧缩战略。指由于市场环境变化，经济出现危机或出现更好的机会需战略转移时，采取退出市场战略，通常有三种类型：临时性撤退、转移性撤退和彻底性撤退。

由于产品销路不佳，企业暂时停止生产经营，待查明原因经过调研再进入市场，这种情况是临时性撤退；企业的原市场已饱和，从原市场退出去开发更有吸引力的新市场，或企业放弃原经营方向，转向生产经营更有前途的其他范围的产品或劳务，这两种情况是转移性撤退；当企业针对处于衰退期的老产品或不对路的新产品时采取果断措施退出市场，这种情况采取的是彻底性撤退战略。

（二）竞争性营销战略原则

虽然医药企业能够采取的市场营销竞争性策略有很多，但是万变不离其宗，在选择竞争性营销战略形式的时候，企业领导者必须要牢牢把握营销战略制定的原则，才有可能制定有效的营销战略去适应变化的市场。

1. 创新制胜 创新制胜指企业根据市场需求不断开发出适销对路的新产品，以赢得市场竞争的胜利。现代社会的生产能力大于市场需求，众多企业为了维持生存，争先恐后地开发出不胜枚举的新品种投放市场，力图得到顾客青睐。顾客需求则随着收入行业增加和可挑选商品的增多而水涨船高，可谓日新月异，变化万千。

在这种情况下，创新就成为企业制胜的源泉，企业应当加强市场调查和预测，争取最先洞察消费需求的变化，领先研制出适合消费需求的新产品，掌握市场竞争的主动权。广药集团2006年的科研成果中有五个国家一类新药，并计划靠这些新药在“十一五”期间每年增长10亿~20亿元销售收入，工业总产值完成从目前的55亿元增长到180亿元，新产品直接给企业带来了实实在在的经济效益。

2. 优质制胜 优质制胜指企业向市场提供的产品在质量上应当优于竞争对手，以赢得市场竞争的胜利。质量是产品与服务的特色和品质的总和，决定着顾客需求的满足程度。同类产品在价格和其他销售条件相同时被顾客选中的概率越大，表明质量越好，反之则差。产品质量是企业竞争力的核心，企业应从自身利益和顾客利益出发，千方百计地创优质产品，创名牌产品。

3. 廉价制胜 廉价制胜指企业的同类同档次产品应当比竞争对手的更便宜，以赢得市场竞争的胜利。市场需求是有支付能力的需求，在质量和其他条件相同或接近时，价格低廉的商品会受到顾客欢迎。企业应在保证产品质量的前提下提高生产效率，降低生产成本和营销成本，为低价竞争奠定基础。

信息框

随着人们对强化食品的兴趣日渐浓厚，欧洲氨基酸市场也在不断发展。亚洲生产商尤其是来自中国的生产商陆续进入欧洲氨基酸市场，一些欧洲厂家发现，它们越来越难以与从亚洲进口的那些价格低廉的氨基酸展开竞争。来自亚洲的氨基酸不仅价格低，而且产品质量与欧洲产品不相上下。比如精氨酸是一种用于肌肉生长和组织修复以及其他用途的重要氨基酸，中国产品的平均价格在每公斤8～10欧元之间，而欧洲产品每公斤在12～13欧元。已经有越来越多的中国厂家能够生产出质量上能与欧洲产品媲美的产品。

4. 技术制胜 技术制胜指企业应致力于发展高新技术，实现技术领先，以赢得市场竞争的胜利。科学技术决定着企业的生产效率、产品成本、管理水平、经济效益和顾客需求的满足程度。现代科学技术的发展一日千里，谁落在后面，谁就将被市场淘汰。有能力的企业和有远见的企业家都不惜代价地研制或引进高新技术和先进设备，力争走在技术进步的前列，开发科技含量高、附加值高的新产品，在市场竞争中占领制高点。

5. 服务制胜 服务制胜指企业提供比竞争者更完善的售前、售中和售后服务，以赢得市场竞争的胜利。销售服务决定着产品的性能是否能够良好的发挥和顾客需求是否能够得到充分的满足。在其他条件相同时，谁能提供更周到的服务，谁就能赢得顾客。

6. 速度制胜 速度制胜指企业应当以比竞争对手更快的速度推出新产品和新的营销战略，抢先占领市场，赢得市场竞争的胜利。"时间就是金钱"，谁对市场需求的反应快，技术开发快，新产品投放快，谁就能在一段时间内形成独家供应的局面，集中吸纳顾客购买力，迅速扩大市场，不但能壮大实力，还能在顾客中形成先入为主的"正宗"、"正牌"形象。

7. 宣传制胜 宣传制胜指企业应当运用广告、公共关系、人员推销和销售促进等方式大力宣传企业和产品，提高知名度和美誉度，树立良好形象，以赢得市场竞争的胜利。

在同一目标市场中，各个企业所占有的市场份额不同，这就决定了它们在竞争中所处的地位不同。根据地位的不同，可将它们分为市场领导者(market leader)，市场挑战者(market challenger)、市场追随者(market follower)和市场利基者(market nicher)。按照企业各自在目标市场上的地位和扮演的不同角色，要求各企业制订不同的竞争战略。

第二节　医药企业的市场领导者战略

所谓市场领导者是指那些在相关产品的市场上占有率最高的企业，通常它在价格变动、新产品开发、分销覆盖和促销强度等方面处于为同行所公认的主宰地位。一般来说，大多数行业都有一家企业被认为是市场领导者，他们的地位是在竞争中自然形成的，无论其他公司对它是否尊敬或赞赏，但必须承认它的这种统治地位。我们可以举出很多这样的企业，例如目前中药企业中，一类如云南白药、片仔癀、东阿阿胶等靠独特的产品功效成为中药市场领导者；另一类如同仁堂等产品多元化的企业，凭借其产品质量和企业信誉在中药行业中独占鳌头。

作为市场上的先导者，它具有很多的优势，如消费者对品牌的忠诚度高，营销渠道的建立及其高效运行，营销经验的迅速积累等。但是，它的经营也不会一帆风顺，除非它拥有合法的独占权利。因为它常常成为众矢之的，其他企业会同它的实力挑战或是试图利用它的弱点，因此它必须时时保持警惕，否则很容易就会落下马来。例如拜尔药厂在阿司匹林上的领先地位就因为泰利诺非阿司匹林止痛片这种革新产品的市场投放而被取代。

所以，市场领导者为了维护自己的优势，保住自己的领先地位，就要不断保持和扩大自己的市场份额。通常可采取三种策略，一是扩大市场需求总量；二是保护市场占有率；三是提高市场占有率。

一、扩大市场需求总量

当一种产品的市场需求总量扩大时，得益最多的通常是处于领先地位的企业。河南新谊医药集团的拳头产品凯西莱（硫普罗宁）系列是国内医院临床保肝类用药应用最广的产品，是近些年来肝药医院市场名副其实的"常青树"。如果消费者增加对保肝类药品的需求，那么收益最大的就是新谊医药公司，因为其市场占有率高。针对药物，一般来说，扩大市场需求总量的途径有以下两个：一是挖掘新用户；二是开辟新用途。

（一）挖掘新用户

每种产品都有吸引和增加用户数量的潜力。因为可能有些消费者对某种产品不甚了解，或产品定价不合理，或产品性能有缺陷等。一个制造商可从三个方面找到新的用户。

1. 转变未使用者 转变未使用者意味着把那些潜在的顾客变为现实顾客，说服尚未使用者开始使用本行业产品。例如保健品企业可以宣传让年轻人就开始补充微量元素，等等。

2. 开发新的细分市场 "新的细分市场"是指该细分市场的顾客以往使用本行业产品，但是不使用其他细分市场的同类产品和品牌。如"恒瑞医药"的抗肿瘤药系列、"康缘药业"的妇科用药、"昆明制药"的心血管药。非处方药中的"江中制药"的复方草珊瑚含片、健胃消食片等产品均通过细分市场经营的不错。

3. 地理扩展战略 地理扩展战略是指寻找那些尚未使用本产品的地区，从而开发新的地理市场，如由城市向乡村的扩展，由国内向国际的扩展。由于在新的市场上，竞争的布局会发生变化，可以暂时摆脱原来的竞争者。

（二）开辟新用途

开辟新用途指通过找出产品更多新的用法和用途来增加销售的方法。为产品开辟新的用途，可扩大需求量并使产品销路久畅不衰。

在开发新用途这一方面，有很多情况下是由顾客在使用中发现的。例如凡士林，最初问世时是用作一些简单机器的润滑油，但经过了一段时间的使用后，一些使用者发现了凡士林更多的用途，包括可用作药膏、润肤脂和发蜡等。

二、保护市场占有率

处于市场领先地位的企业在力图扩大市场总需求的同时，还必须时刻注意保护自己的现有业务，防备竞争者的入侵，以守卫自己的市场阵地。

那么市场领导者为保护它的地盘能做些什么呢？最为建设性的途径是发动最有效的进攻，即不断创新，掌握主动，持续增加竞争效益和顾客让渡价值。市场领导者任何时候也不能满足于现状，必须在产品的创新、服务水平的提高、分销渠道的畅通和降低成本等方面，真正处于该行业的领先地位，同时抓住对手的弱点主动出击。对市场领导者而言，进攻就是最好的防御。

如果市场领导者不发动主动进攻，那就必须严守阵地，堵塞漏洞，不给挑战者以可乘之机。例如一个消费包装商品的领先者应生产具有多种规格和形式的品牌商品，以满足各种消费者的爱好和尽可能多地占有供不应求的经销商的货架空间，以防止其他品牌的侵入。当然，有时候堵塞漏洞要付出很高的代价，但放弃一个细分市场，"机会损失"可能更大。

因此，由于市场领导者往往无法保持它在整个市场上的所有阵地，就必须善于准确地辨别哪些是值得不惜代价地严防死守的阵地，哪些是风险很小可以放弃而不会带来太大损失的阵地。领导者应当将资源集中使用在最为关键的地方。

三、提高市场占有率

市场领导者设法提高市场占有率，也是增加收益、保持领先地位的一个重要途径。在许多市场上，份额的一个百分点就价值数千万到数亿。另外也有研究表明，市场占有率是与投资收益率有关的最重要的变量之一，市场领导

笔记栏

者可以通过进一步增加它们在市场上的份额而提高其利润率。市场占有率高于40%的企业将得到30%的其平均投资收益率，或者它的投资收益率相当于市场占有率低于10%的企业的3倍。因此，许多企业要求在市场占有率上占据第一位或第二位，否则便得撤出该市场。

但是，切不可认为市场份额提高就一定会增加利润，实际应用企业提高市场占有率策略时还应考虑以下因素：

1. 引起反垄断活动的可能性 为了保护自由竞争，防止出现市场垄断，许多国家有反垄断法，规定当企业的市场占有率超过一定限度时，就有可能受到指控和制裁，将其强行分解为若干个相互竞争的小公司。因此，市场领导者要在扩大市场份额的同时注意这种引起反垄断活动的可能性。

2. 经营成本 对于许多产品，当市场份额持续增加而未超出某一限度的时候，企业利润会随着市场份额的提高而提高，但是当市场占有率已达到并超过一定水平时，再要求进一步的提高就要付出很大的代价。由于提高市场份额的费用也在同时增加，所以经营成本增加速度会大于利润增加速度，企业利润反而会随着市场份额的提高而降低。美国的一项研究表明，企业的最佳市场占有率是50%，如图8-1所示。因此有时为了保持市场领先地位，甚至要在较疲软的市场上主动放弃一些份额。

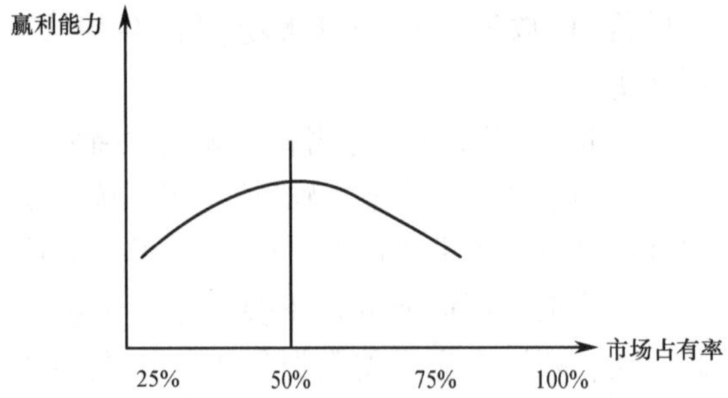

图8-1 最佳市场占有率

3. 市场营销组合战略 有时候，企业在争取较高的市场份额时可能奉行了错误的营销组合战略，比如过分地降低产品价格，过高地支出攻关费、广告费、渠道拓展费、销售人员和营业员奖励费等促销费用，等等。这些营销组合变量在建立市场份额时可能是较有效的，但是运用它却并不一定能增加利润。只有在以下两种情况下提高市场份额才会赢得高利润：一是单位成本随着市场占有率的增加而减少；二是提供优质产品和收取超出提供较高质量产品所花费的溢价。美国管理学家克劳斯贝指出，质量是免费的，因为质量好的产品可减少废品损失和售后服务的开支，所以保持产品的高质量不会花费太多的成本。而且，高质量的产品会受到顾客的欢迎，使顾客愿意支付较高的价格。

笔记栏

第三节 医药企业的市场挑战者战略

在行业中，在市场领导者位次之后的公司也需要在激烈的竞争中采取不同的策略，根据不同时期的需要可采取如下两种策略：一是争取市场领先地位，对市场领导者和其他竞争者采取攻击行动，这些公司即是市场挑战者，比如医药市场集中度很高，2004年销售超过50亿元的公司有5家，分别是国药控股、上海医药股份公司、湖北九州通、广州医药股份公司和安徽华源，这5家医药商业公司的销售总额能占据22%的市场份额。其他医药企业只是在"共处"的状态下求得尽可能多的收益，这些即是市场追随者。而每个处于市场次要地位的企业，都要根据自己的实力和环境提供的机会和风险，决定自己的竞争战略是"挑战"还是"跟随"。

一、确定战略目标和挑战对象

作为市场挑战者，其规模有时可以是相当大的。尽管如此，如果要向市场领导者和其他竞争者挑战，还是要经过认真策划，首先就必须确定自己的战略目标和挑战对象。一般来说，挑战者可在下列三种情况中进行选择。

1. 攻击市场领导者 这种进攻是一种有高度风险但又具有潜在高报偿的战略。市场挑战者在发动进攻之前需要仔细调查研究领导者企业的弱点，看它是否算得上是一个真正的领导者，看它有哪些地方未能满足顾客的需要，看它有哪些地方招致顾客的不满意。只要找到了领导者的弱点，就可以作为自己进攻的目标。

2. 攻击规模相同但是经营不佳、资金不足的公司 挑战者应当仔细调查该竞争者是否满足了消费者的需求，是否具有产品创新的能力等。当发现这些被攻击的企业的产品过时，价格过高，或在某些方面顾客不满意的时候，挑战者就可选择其中经营不善而发生亏损者作为进攻对象，设法夺取它们的市场阵地。

3. 攻击经营不善、资金匮乏的地方性小企业 对一些地方性小企业中经营不善、财务困难者，市场挑战者可考虑夺取它们的顾客，甚至这些小企业本身。例如，美国几家大的医药公司就是靠这种吞并"小生物"或"小鱼"的方式来达到目前的规模的。一些大型、财务状况良好和实力雄厚的外国独资和合资企业一进入市场就击败了当地资金不足、管理混乱的弱小企业。

总之，战略目标与索要进攻的竞争对手直接相关，如果以领导者为进攻对象，其目标可能是夺取某些市场份额；如果以小企业为对象，其目标可能是将它们逐出市场。但无论在何种情况下，如果要发动攻势，进行挑战，就必须遵守一条军事上的"目标原则"：每一项行动都必须指向一个明确的、肯定的和可能达到的目标。

二、选择挑战战略

在确定了战略目标和进攻对象后，挑战者还需要考虑采取怎样的进攻战略。挑战者的进攻战略主要有以下五种：正面进攻、侧翼进攻、包抄进攻、迂回进攻、游击进攻。在选择挑战战略时应遵循"密集原则"，把优势兵力集中在关键的事迹和地点上，以达到决定性的目的。

1. 正面进攻 正面进攻就是指集中兵力正面指向对手的兵力，进攻对手的强项而不是弱点。例如以更好的产品、更低的价格、更大规模的广告攻击对方的主打产品。在这种情况下，正面进攻的胜负取决于双方力量的对比，即其中拥有较大的人力、物力和财力资源的一方将会最终取得胜利。

降低价格是一种有效的正面进攻战略。挑战者可以针对领先者的要价提出更低的售价来打击它，或者是通过巨额投入以实现更低的生产成本，从而以降低价格的手段向对手发动进攻。但是要发动价格战而又不损伤自己的元气就要求企业做到能够在提高质量的同时有效地降低成本，以保持原来的赢利水平；能够使顾客相信企业的产品具有较高的价值或继续有相应的价值感觉，使顾客认为本企业产品的质量的确是高于竞争者的；同时还要在"反倾销"立法所允许的范围内。日本企业在世界市场上发动进攻都采取了价格进攻，但日本人都是在降低成本的基础上才降低价格的。因此，日本企业在世界市场上发动的进攻往往是有效的。

2. 侧翼进攻 现代进攻战的主要原则是"集中优势兵力攻击对方的弱点"，而侧翼进攻就是寻找并攻击对手的弱点的一种战略方式。进攻者往往装作将要进攻最强的一面，以牵制住防守者的兵力，但是却"声东击西"，在其侧翼或者后方发动真正的进攻，打得防守者措手不及。这种避实就虚的战略对于那些资源相对少于对手的攻击者来说会更有借鉴意义。

3. 包抄进攻 包抄进攻是一个全方位、大规模的进攻战略，涉及几条战线上同时发动一个大的进攻，使对手必须同时保卫它的前方、边线和后方，而进攻者可以向市场提供比对手多的各种东西，致使这种供应无法拒绝。比如进攻者向市场提供竞争对手所能提供的一切产品和服务，并且更加质优价廉，并配合大规模促销。当然，在使用该战略时要求进攻者应具备两个条件：一是竞争对手留下的市场空白不止一处，因而可以提供出比竞争对手更多的东西，使消费者愿意接受或择优采用；二是进攻者比对手具有更多资源优势，并相信这种进攻将可完成和足够快的击破对方的抵抗意志，而不会陷入持久战的泥潭。

4. 迂回进攻 迂回进攻又称绕道进攻，指避开对手的现有业务领域和现有市场，进攻对手尚未涉足的业务领域和市场，以壮大自己实力的一种交战行为。典型的例子是高露洁公司为了避开宝洁公司而进入一些不相关的领域，如医疗器材业、运动器材业、化妆用品业、食品业以及纺织业。

5. 游击进攻 游击进攻是指向对手的有关领域发动小规模的、断断续续的进攻来骚扰对手,并逐渐削弱对手,使自己最终夺取永久性的市场领域的一种进攻方式。游击进攻的进攻者可以选择一些常用的方法来进行攻击,比如有选择地减价、密集的促销爆炸、向对方发动相应的法律行动、抢走对方的主管等。游击进攻的主要作用是通过一连串的小攻击有效持久地骚扰对方、消耗对方、牵制对方、误导对方、打乱对手战略计划,瓦解对方士气,从而占领市场。一般来说,游击进攻常常是由较小的公司向较大的公司发起的,但如果认为游击进攻仅仅是适用于财团小和软弱的挑战者的战略选择,那就错了。因为一连串的游击进攻的成本也可能是昂贵的。而且,游击进攻更多的是战争的准备而不是战争本身,如果进攻者希望打败对手,它必须以较强大的进攻为后盾。

当然,具体到实战中在众多可供选择的战略中究竟采用哪种进攻战略则要根据自己的进攻对象、进攻战略目标、自己企业实力和市场竞争形势需要来做决定了。

第四节　医药企业的市场追随者与市场利基者战略

一、市场追随者战略

当然,作为市场挑战者采取攻击策略也并不总是可以奏效的,尤其是将进攻建立在市场领导者对攻击不会有反应或是较大反应的基础上,“毕其功于一役”往往是不现实的想法。对于市场份额少于市场领导者的企业来说,如果没有技术上的重大创新或营销方式的突破,应该更多地考虑作市场追随者的角色。

市场追随者是那些在产品、技术、价格、渠道和促销等大多数营销战略上模仿或跟随市场领导者的公司。与做市场的挑战者相比,在很多情况下,做一个追随者更加有利:一方面它可以让市场领导者和挑战者承担开发新产品、进行分销、向市场提供信息和教育市场等巨大的开支,自己坐享其成,减少支出和风险;另一方面它可以避免承受向市场领导者挑战可能带来的重大损失。因此许多居于第二位及后面位次的公司往往选择追随而不是挑战。

笔记栏

在战术上,市场追随者与挑战者不同,它不向领先者发动进攻,而是跟随在领先者之后自觉地维持共处局面,旨在保持现有份额。当产业有发展机会的时候,市场追随者同样能够获得这些机会而得到发展,而不是相对地减少自己的市场份额。但是,这并不意味着市场追随者就是安全的,追随者其实是市场挑战者的主要攻击目标。因此,在已经取得的市场份额内,它仍需要不断地改进自己的营销特色,使自己的顾客量维持在满意的水平上,这是至关重要的。

为此,市场追随者不应只是被动地单纯追随领导者,也应当制定有利于自身发展并不会引起竞争者报复的战略。以下就是三种可供选择的跟随战略。

1. 紧密跟随 这种战略是在各个细分市场和市场营销组合方面,都尽可能仿效领导者。这种跟随有时好像是挑战者,但是只要它不从根本上侵犯到领导者的地位,就不会发生直接冲突。有时由于他们是利用市场领导者的投资策略和营销组合策略去开拓市场,自己只是跟在后面分一杯羹,甚至被看成是靠拾取领导者残余谋生的寄生者。

2. 距离跟随 这种跟随者是在基本方面,如目标市场、产品创新和分销渠道等方面都追随领导者,但与领导者在诸如包装和广告等方面保持一定的差异。领导者不注意到模仿者,模仿者也不进攻领导者。

3. 选择跟随 这种选择跟随者在某些方面会紧跟领导者,而在另一些方面又自行其是。也就是说,它不是盲目跟随,而是择优跟随,在跟随的同时还要发挥自己的独创性,它们先接受领导者的产品、服务和营销战略,然后又有选择地改进它们,从而避免与领导者正面交锋。在这类跟随者中,有些通过改进并在别的市场壮大实力后很可能会发展成挑战者。

二、市场利基者战略

1. 市场利基者的含义 在现代市场经济条件下,每个行业几乎都有些小企业,它们关注于市场上被大企业忽略的某些细小部分,拾遗补缺,见缝插针,在这些小市场上通过专业化经营来获得最大限度的收益。这种有利的市场位置在西方就被称为“Niche”（利基），而这些小企业也就被称作是市场利基者。虽然在整体市场上市场利基者仅占有很少的份额，但是它们比其他公司更充分了解和满足某一细分市场的需求，因而能够通过提供给高附加值的产品而得到高利润和快速成长。

泰克纳医疗产品公司就是一个典型的市场利基者。最初该公司集中经营医院面罩，但是遇到了该行业的两大巨头：强生公司和3M公司。于是泰克纳将生产线由普通面罩转向了为护理人员防传染的特种面罩的生产，并使之成为了赚钱的生产线。而今天，泰克纳已成为美国医院的头号面罩供应商。

市场利基者战略不仅对小企业有意义，现在，有些大公司的业务部门也开始推行这种战略，通过寻找一个或几个这种既安全又有利的利基而获得高额利润。例如耐克公司就一直在为各种不同的运动员设计特殊的鞋以创造利基市场。

而对于实行市场利基者战略的企业来说，一个理想的利基应具有以下特征：

（1）有足够的市场规模和购买力。

（2）利润有增长的潜力。

（3）这一市场对主要竞争者不具有吸引力。

（4）本企业具备向这一市场提供优质产品和服务的资源和服务的能力。

（5）本企业既有的信誉能够抵御竞争者入侵。

2. 市场利基者竞争战略选择 市场利基者竞争战略的关键概念是专业化市场营销，为取得利基，企业可以选择在市场、顾客、产品或渠道等多方面实行专业化，其主要途径有以下几个方面：

（1）最终用户专业化。这是指企业专门致力于为某类最终用户服务。

（2）垂直层面专业化。这是指企业专业化于某种垂直生产水平的生产与分配周期。

（3）顾客规模专业化。这是指企业专门为某一种规模（大、中、小）的客户服务，如有些小企业专门为那些被大企业忽略的小客户服务。

（4）特定顾客专业化。这是指企业把销售对象限定在一个或几个主要的客户上面。许多公司甚至只是把它们的产品全部出售给一个公司。

（5）地理区域专业化。这是指企业把销售只集中于某一地区、特定地点或是世界的某一区域。

（6）产品或产品线专业化。这是指企业只生产一大类产品。

（7）客户订单专业化。这是指企业专门按客户订单生产预定的产品。

（8）质量-价格专业化。这是指企业专门生产经营某一种质量和价格的产品，如专门生产高质高价产品或低质低价产品。

（9）服务项目专业化。这是指企业专门提供某一种或几种其他企业没有的服务项目。

（10）分销渠道专业化。这是指企业专门服务于某一类分销渠道。

另外，由于市场利基者多数是弱小企业，所以在进行选择时，企业通常应选择两个或两个以上的利基，以确保企业的生存和发展。

3. 市场利基者的任务 作为弱小者的市场利基者，可能随时会面临竞争者入侵或是目标市场消费习惯变化等风险，并因此而陷入绝境。因此，市场利基者的主要任务就是不断创造利基市场、扩大利基市场和保护利基市场。

本章小结

1. 企业要制定竞争性营销战略，首先要进行竞争者识别。通过树立行业竞争观念，确定企业业务范围导向，能够正确有效地识别出自己的竞争者。识别出竞争者后就要判定竞争者的战略和目标，评估竞争者的实力和反应，再细分出要与谁展开最有力的竞争，要回避与谁针锋相对的斗争。最后根据市场竞争的战略原则与战略形式选择最适合自己的竞争性营销战略，以取得竞争中的最终胜利。

2. 营销战略的具体选择还取决于该企业在行业竞争中所处的地位和角色，按照其地位的不同，可以把企业区分为市场领导者，市场挑战者，市场追随者和市场利基者。

3. 市场领导者在相关的产品市场中拥有最大的市场份额。为扩大市场总需求，领导者总是在寻找产品的新用户,新用途和更多的使用方法;为保护现有的市场份额,领导者可以采用多种防御方法:阵地防御,侧翼防御,先发制人防御,反击式防御,运动防御和收缩防御;同时,市场领导者设法提高市场占有率,增加收益,保持领先地位。

4. 市场挑战者向市场领导者和其他竞争者进攻,以争取更多的市场份额。可选择五种进攻战略:正面、侧翼、包围、迂回和游击。

5. 市场追随者不愿扰乱市场形势,希望维持自己的市场份额,平稳行驶,其角色有:仿造者,紧跟者,模仿者,改变者。市场利基者是一个选择大企业没有涉足的小细分市场片的企业,关键在于专业化。

思考题

1. 在不同的业务范围导向下,企业对竞争者的识别和定位有什么不同?

2. 按企业在市场竞争中的地位来划分,可将企业划分成哪四种类型?

3. 当企业处于市场领导者地位时,应如何确定自己的营销策略?

4. 市场挑战者如何确定战略目标和挑战对象,其攻击战略主要有哪几种形式?

5. 市场追随者的追随策略主要有哪些?

6. 作为市场利基者,应具备哪些专业化要求?

案例分析

华源生命:追随也要有战略

"市场追随"意味着跟随大品牌或市场拓荒者,搭上顺风车,从而不费气力就可分上一小杯羹,这是大多数中小企业和大企业的短线产品惯用的手法。但跟随并不意味着360度的照搬模仿,完全模仿的结果是要么被明眼的消费者认为是假冒,要么被人回头狠踹一脚,并怒吓一声:"再跟我打断你的腿!"一向低调沉稳的医药巨头"华源集团"在市场跟进时就遇上对手的封杀。

华源推出的维生素产品,就是采用跟随民生药业"21金维他"的营销策略,连名字都叫"世纪新维他",包装更是做得像孪生姐妹。在浙江市场,"世纪新维他"靠终端拦截啃下了"21金维他"近十分之一的市场份额。睡榻之侧,岂容他人酣睡。"世纪新维他"的市场举动惹火了民生药业!

2004年,"21金维他"采用三大手段,在全国范围内封杀"世纪新维他"和其他竞品。第一,A、B类药店全面升级,建立超级终端,在终端卖场显眼位置建立专卖区或专柜,在吸引眼球和营造氛围上形成强大攻势;第二,在A、B类药店动用促销人员进行终端对抗,教育维生素购买者增强品牌意识,防阻终端拦截;第三,"21金维他"与部分卖场签订买断经营协议,不允许其他品牌维生素产品在签订卖场经营,尤其是"世纪新维他"。

在"21金维他"重拳打压下,华源"世纪新维他"在浙江市场一度陷入生存困境。全国各地的经销商也相继向公司总部告急:在当地遭遇"21金维他"封杀。需要尽快拿出解决方案。

华源"世纪新维他",路在何方?

华源把浙江以及全国市场面临的困局交给福来公司,福来公司接手后首先对中国维生素市场进行了一翻梳理。

20世纪90年代,随着"健康是金,金施尔康"的口号,中美上海施贵宝制药有限公司的"金施尔康"成了首先登陆我国的复合维生素洋品牌。

紧随其后,高举着"健康巩固,全面照顾"的大旗,惠氏制药有限公司的"善存"系列也强势登场。这两种产品通过市场细分,很快分别推出了适合婴儿、儿童、老人、孕妇等不同人群的补充复合维生素和微量元素的产品和剂型,并各自拥有了比较高的市场份额。

笔记栏

在OTC领域，惟一能够与之抗衡的国内品牌，是杭州民生药厂生产的“21金维他”。这是国内第一个多维元素类药品，从1984年面世，迄今已经20年了。这个产品曾经一度衰落，2001年销售收入还不足8000万元。但通过新的营销策划，从2001年到2003年，销量跃升到了4亿元。

中国维生素市场已经形成金施尔康、善存、21金维他“三足鼎立”的局面，在这种市场环境下求生存，除了像黄金搭档、养生堂一样能拼命地“烧钱”培育品牌，也逐渐形成自己的竞争能力，其他的只能跟在几大强势品牌后面，捡一些残食喝一口剩汤，卖个几百万。

天下没有免费的午餐，像华源遇到竞品的这种封杀很正常，那华源“世纪新维他”不采取跟随策略行吗？不行，企业不准备投入大量资金打造品牌，短期内还不允许亏损，只有跟随，那么怎么跟？如何去做？如何避开21金维他的封杀？通过一周的市场调查，福来对“世纪新维他”所在的城、郊、镇、乡四个典型市场进行的深入访谈调查，福来发现了市场问题的关键点，也明晰了营销方向，福来认为：跟随也要有战略！

华源三大跟随战略，开辟新路

根据福来掌握的华源“世纪新维他”的市场现状、竞品动作以及现有资源，福来提出了整体的市场问题解决方案，即三大跟随战略：找回自己，避敌锋芒，终端发力。

首先，为产品挖掘一个核心卖点，找回自己。“世纪新维他”走的是跟随策略，在配方、原料、功效，甚至包装上都与21金维他相差无几。但在对手的强压下，随着消费者品牌意识提升，完全成为强者的影子，靠消费者无知来推动销售，已经无法生存，这时，必须得为自己品牌的持续发展预留一点空间，而只有一个核心的差异化的卖点才能支撑起这个空间。所以为“世纪新维他”挖掘一个核心卖点，以及系列支撑点，在跟随强者的同时，打出自己的特色和优势十分重要。

其次，转变渠道策略，避敌锋芒。在大中城市A、B类渠道中，“世纪新维他”若要与“21金维他”较量，无异于以卵击石。并且在这些终端，因为“21金维他”的超级终端式操作，各种费用水涨船高，“世纪新维他”根本陪着玩不起。按照“世纪新维他”现有的城、郊、镇、乡四个典型市场格局，大中型城市这个市场的A、B类渠道“世纪新维他”应尽可能不与“21金维他”发生正面冲撞。我们把主力渠道放在另外三类市场：大中城市郊区、中小城镇、发达乡村。根据调查发现，在这三类市场有广阔的发挥空间和惊人的消费潜力。根据这三类市场的不同特点，福来将为“世纪新维他”量身打造一套最有效的营销模式和多种促销活动。

另外，强化终端，提高拦截能力。在同质化程度极高的维生素市场，最终的竞争、最成熟的竞争就是品牌的竞争，但现在还处于发展阶段，很多消费者还没有较强的品牌观念，谁在终端上表现出色，谁就能成为最终的赢家，尤其是在上述三种类型的市场。福来为“世纪新维他”策划了一套标准的竞争策略，包括硬终端建设规范、软终端的全面提升，包括专家式营业员终端话术，保证“世纪新维他”能决胜终端，并逐步树立自己的品牌。

实战心得：只要深入市场，强化产品特色，在营销上进行创新，在中国蓬勃兴起的维生素市场，一定能占有一席之地！

案例讨论

1. 面对自己追随者的地位，华源生命一开始采取的追随者战略使得自己的产品遭到封杀。根据所学的知识，你认为这时的华源生命错在哪里？

2. 华源生命作为维生素市场的追随者，它先后采取的战略有什么不同？你从华源生命战略的转变中得到哪些有益的启示？

笔记栏

第九章 医药产品策略

学习目标

通过本章学习，掌握医药产品的概念和医药产品整体概念的内容；了解产品生命周期的含义，掌握产品生命周期不同阶段的特点与营销策略；理解产品组合的相关概念，掌握医药产品组合策略；了解医药新产品的含义及技术创新的概念与作用；了解新药研发的模式与程序。掌握提高医药研发的策略。

引导案例

创新产品概念——华北制药集团的概念营销

"葛花茯苓咀嚼片"是华北制药集团推出的新产品，该产品是一种将瑶族"还阳藤"配伍砂仁、茯苓、陈皮等多味中药研制而成的新型解酒咀嚼产品，在酒前服用可以增加酒量，而且不会因饮酒过盛引起各种恶心、呕吐、消化不良、腹部胀闷、心悸失眠、反胃等症状。经过石家庄中医医院临床跟踪实验调查，酒醉之后引起的上述症状在服用产品后6~12个小时完全可以康复。华北制药集团经过市场分析并对当前市场的同类解酒产品进行调查发现，目前解酒类产品多围绕"保肝、护肝"的概念做文章，而且这个概念海王金樽已经炒做了很多年，如果继续做下去，市场会有，但是做不大。为了让这个新产品可以在市场上找出新的突破口，华北制药集团决定从概念方面进行突围。"葛花茯苓咀嚼片"如果还是围绕"保肝、护肝"的概念来宣传的话，那就只能是一种跟风，很难在同类产品中形成气候。经过几次讨论后，集团决定把产品的概念放在"中和、宿醉"这两点上，为什么呢？不管是保肝也好，还是护肝也罢，消费者惟一不变的就是还是要喝酒。所以，考虑到消费者的需求，第一个概念就产生了："中和酒精度数。"平时消费者可以喝1斤50度的白酒，如果超出酒量，那肯定会醉。但是企业结合产品功能打出了"中和"概念，消费者平时只有1斤50度白酒的酒量，吃了产品后，可能就可以多喝几两了，这个概念正好弥补了消费者还是要喝酒的需求。

酒前是可以了，那喝完呢？如果喝醉了怎么办？恶心、呕吐、消化不良、腹部胀闷、心悸失眠、反胃等症状是肯定有的。如果是晚上喝醉后回家，那肯定就是全家人都围绕着这个喝醉的人来转，整晚就不得安宁了，所以第二个概念也就出来了：如果喝醉了吃了该产品，就可以避免这样的情况发生，归纳起来，就以避免"宿醉"来概括。

华北制药集团从不同的概念出发，开展差异性的宣传，产品销售获得了成功。

医药企业的市场营销活动主要包括产品、价格、分销、促销四大策略的组合和运用，企业的生存与发展，关键在于其向市场提供的产品满足消费者需求的程度。在现代市场经济条件下，任何企业都应致力于适销对路产品的开发，以便更好地满足消费者的需求。

第一节 医药产品的概念

一、医药产品的整体概念

产品的概念有狭义与广义之分。在经济学里，人们通常理解的产品是指具有某种物质形态和用途的劳动生产物，例如，电视机、汽车、各种药品等，而不包括像产品形象、销售服务等非物质形态的产物，这是产品狭义的概念。市场营销学中关于产品的概念有别于经济学上的产品含义，现代市场营销学认为，所谓产品，是指能够提供给市场以满足人们需要和欲望的任何东西。这是广义的产品概念，它包括产品的实体及其品质、特色（如色泽、气味等）、规格、款式、品牌和包装、销售服务、送货上门、质量、服务、场所、承诺、产品形象、市场声誉、咨询等，是有形物品和无形服务的总

笔记栏

和,强调的是产品的整体概念。

医药产品是指用于预防、治疗、诊断人的疾病或提高人群的生活质量,有目的地调节人的生理功能并规定有适应证或者功能主治、用法和用量的物质。包括中药材、中药饮片、中成药、化学原料药及其制剂、抗生素、生化药品、放射性药品、血清及疫苗、血液制品和诊断药品等。从市场营销观念来看,医药产品应为满足消费者防病、治病、保健等方面需要和欲望的任何东西。不仅包括有形产品,还包括无形产品,如药品实体、用药咨询、用药指导以及药品销售的场所,医药企业经营的思想、理念,都是医药产品的范畴,这就是医药产品的整体概念,包含以下五层涵义(图 9-1)。

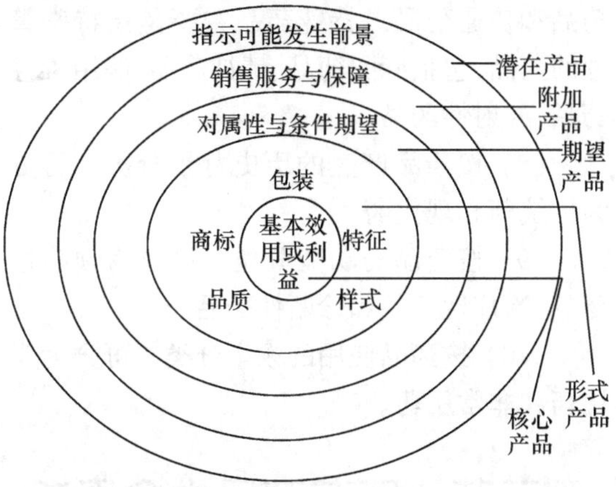

图 9-1　产品整体概念的五个层次

1. 核心产品　核心产品也称为实质产品,即顾客真正所要购买的基本服务和利益。它是企业向顾客提供的基本效用和利益,因而是顾客真正想要购买的东西。这是产品整体概念最基本、最主要的部分。消费者购买某种产品时,不单纯是为了取得一件有形的、可以使用的物体,而且更重要的是为了取得某种实际效用或利益,满足某种欲望和需要。例如,顾客到药店去购买某种药品,不是因为喜欢这种产品的包装精美、品牌名称动听等,而是为了缓解或解除某种疾病的痛苦。所以,消费者购买某种产品不是因为它是什么,而是因为它有什么作用,能为消费者带来哪些利益,因此,企业的市场营销人员在推销产品过程中,必须认识到自己是消费者核心利益的提供者,应善于发现顾客购买产品时所追求的核心利益并积极加以引导。

2. 形式产品　营销者必须将核心产品转变为基础产品,即产品的基本形式。形式产品是指核心产品所展示的全部外部特征,是实质产品借以实现的形式,是企业直接提供给消费者的产品实体,即表现在市场上的产品的具体形态或外在表现形式。任何产品总有确定的外观,如产品的质量水平、式样、外观特色、包装、品牌、商标等,使具有相同效用的产品,在存在的形态上可能有较大的差别,便于顾客识别选购。如,在市场上具有治疗感冒功能的药品有很多种,都能实现患者解除鼻塞、头痛、发热等痛苦这一核心利益,患者在选择时,就要凭这些品种的外观如品牌等,选择自己想要购买的药品是康泰克或是速效伤风感冒胶囊,可见,形式产品是实现核心利益的媒介。消费者在购买某种产品时,除了要求该产品具备某些基本功能,能够提供某种核心利益外,还要考虑产品的外观因素,这些因素不同程度地对产品的销售、产品的评价产生影响。因此,企业在设计产品时,既要着眼于用户所追求的核心利益,也要重视产品的外观特色。

3. 期望产品　期望产品即购买者购买产品时,通常希望和默认的一组属性和条件。例如,消费者对药品的期望是疗效好、毒副作用小、安全性高,服用方便等。

4. 附加产品　附加产品也称延伸产品,是指顾客购买形式产品和期望产品时,附带获得的各种服务和利益,包括产品说明书、保证、安装、维修、送货、培训等。例如,药品的附加产品有用药咨询、用药指导、免费送货、质量保证、中药的煎药服务等,这是产品的延伸或附加,它能够给顾客带来更多的利益和更大的满足。随着科学技术的飞速发展,企业生产经营和管理水平的提高,尤其在坚持以人为本的社会大环境下,新产品的设计理念更加突出人性化,因此,不同企业提供的同类产品在核心利益和形式产品层次上越来越接近,导致延伸产品在企业市场营销中的重要性日益突出,逐渐成为决定企业竞争能力高低的关键因素。美国市场营销学家西奥多·李维特(Theodore Levitt)教授曾经断言:未来竞争并不在于各家公司在其工厂中生产什么产品,而是在于它们能为其产品提供什么附加利益,如服务、广告、顾客咨询、消费信贷、送货和人们以价值来衡量的一切东西。因此一个企业,如果善于开发适当的附加产品,就必定能在新的竞争中立于不败之地。共同的附加利益只能保证企业不至于在竞争中落伍,特有的附加利益才能形成对用户的吸引。在一定程度上,不同企业提供的同类产品的市场竞争正是附加利益竞争。

5. 潜在产品 潜在产品即该产品最终可能会实现的全部附加部分和新转换部分。潜在产品指出了现有产品可能的演变趋势和前景。如中药在未来由汤剂向胶囊剂、微丸剂、颗粒剂等方向发展等。

总之,产品整体概念的五个层次,充分体现了以顾客为中心的现代营销观念。随着科学技术的进步,人们的需求日益多样化,企业在生产和销售产品的全过程中,必须树立产品整体概念意识,从产品的内在核心、外在形式到附加利益以及可持续发展系统地满足消费需求,只有这样,产品才有竞争力。

二、医药产品的分类

我国医药产品门类齐全,种类繁多,性质复杂,其生产、销售、消费特点各不相同。对医药产品进行正确的分类,可以简化市场营销的研究工作,帮助企业有效选择销售渠道,选择合适的营销策略,确定最佳的方案,有利于提高企业的经营管理和服务水平。

根据不同的分类标准,医药产品的分类方法有多种。几乎与药学有关的每一学科都有从本学科的角度出发的分类方法,各有侧重。但无论哪一种分类方法,均以有利于本领域药品的管理和研究为目的。下面结合医药企业市场营销活动,介绍一些常用的分类方法:

(1) 以剂型为基础的综合分类。可分为注射剂、片剂、胶囊剂、丸剂、膜剂、软膏剂、液体制剂、半固体制剂、栓剂、气雾剂、粉剂等,此外还有分散片、缓释制剂、控速释药体系、微型胶囊、脂质体、微球剂等。

笔记栏

(2) 按医药商业保管习惯分类。可分为针剂类、片剂类、水剂类、粉剂类。

(3) 按药品的来源不同分类。可分为动物药、植物药、矿物药、人工合成的药品、生物药品等。

(4) 按购买时是否需要处方分类。可分为处方药和非处方药。处方药系指必须凭执业医师或执业助理医师处方才能调配、购买和使用的药品;非处方药(OTC)系指不需要执业医师或执业助理医师处方即可自行判断、购买和使用的药品。

(5) 按药品使用部位不同分类。可分为外用药、内服药和注射用药。

(6) 按是否为国家基本药物分类。可分为国家基本药物和非国家基本药物。

(7) 按药品的特殊性分类。可分为特殊药品和普通药品。特殊药品主要是指特殊管理的药品,包括麻醉药品、精神药品、医用毒性药品、放射性药品。

(8) 按药品产生的历史背景分类。可分为传统药和现代药。

(9) 按药品的功能分类。可分为预防性药品、治疗性药品和诊断性药品。

(10) 按药品使用的频率分类。可分为常用药和非常用药。

第二节　医药产品生命周期

产品在市场上都不是经久不衰的,被消费者偏爱也并非永恒,由于科学技术的飞速发展,替代品不断涌现和竞争的原因,市场上现有的产品会逐渐被淘汰,因此,任何一种产品都有一个由弱到强、由盛到衰的发展过程,都有一个或长或短的生命周期。产品生命周期是现代市场营销学中的一个重要概念。研究产品生命周期的发展变化,可以使企业掌握各个产品的市场地位和竞争动态,为企业制定营销策略提供依据,对增强企业的竞争能力和应变能力有重要意义。

一、产品生命周期的概念

产品生命周期(product life cycle,PLC)是指产品从试制成功投放市场开始,直到被市场淘汰为止的全过程所经历的时间。即该产品从上市到退出市场的时间间隔。可见，产品生命周期是指一个产品的市场生命周期。一个完整的产品生命周期包括导入期、成长期、成熟期、衰退期四个阶段，如图 9-2 所示。

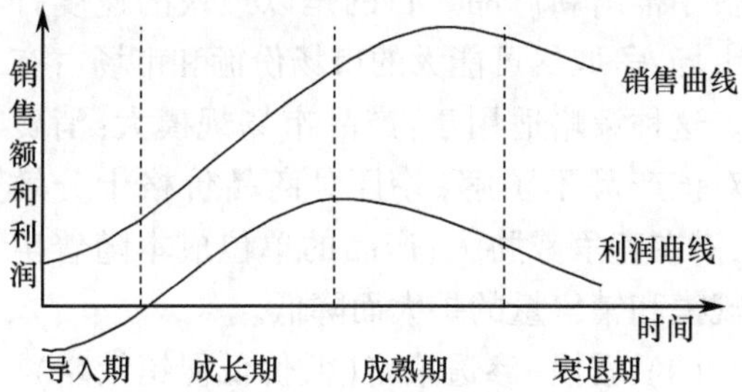

图 9-2 产品生命周期曲线图

医药产品生命周期是指医药产品从进入市场开始，直到被市场淘汰所经历的全部时间。对医药产品生命周期的理解应注意以下几点：

1. 产品的生命周期与产品使用寿命是两个不同的概念 产品的使用寿命是指产品的自然使用时间，是针对产品实体的消耗磨损和耐用程度而言，产品使用寿命的长短主要是受产品本身自然因素的影响，与产品本身的性质、性能、使用条件、使用频率、使用时间等因素有关，这是具体的、有形的变化，是一种"自然寿命"。如，某批次药品的保质期为 2 年，超过 2 年该批次药品性质、性能失效，2 年就是该批药品的使用寿命。而产品的生命周期是指产品的市场经济生命，是指产品在市场上的变化过程，是针对产品的社会形象和销售状况而言的，它的长短与科技发展、社会需要、市场竞争、消费者爱好等社会市场因素有关，它是抽象的、无形的演变，是产品的"市场寿命"或"经济寿命"。

2. 产品形式体现标准的产品生命周期 产品种类、产品形式、产品品牌的生命周期是各不相同的。产品种类的生命周期最长，有些产品种类受人口、经济等因素的影响，其周期的变化无法预测，几乎可以无限期地延续下去，如抗生素类药品、心血管类药品、解热镇痛类药品等；产品形式的生命周期是最典型的，它比产品种类能够更准确地体现标准的产品生命周期的历程，它的发展变化过程有一定的规律可循，如诺氟沙星、感冒通等。产品品牌的生命周期很不规则，企业可以长期使用下去，如"同仁堂"，但也可以经常变化，相比较前两者而言，则显示了相对较短的生命历程。

3. 产品生命周期是一种理论上的描述 产品生命周期是一种理论抽象，在现实生活中，并不是所有产品的生命历程都完全符合前述的市场生命周期形态描述的，还有许多产品没有按产品生命周期的正常规律发展。有的产品刚刚进入导入期就"夭折"了；有的产品一上市，就急速增长，跳过导入期，直接进入成长期，如受"非典"影响，一些企业所生产的新产品 α-2b 干扰素一进入市场就进入成长期；也有的产品进入成熟期或衰退期后，由于企业采取有利的促销策略、或增加产品特色、或改变品牌、或转移市场、或不断发现该产品的新的用途，使产品生命周期再次出现多个增长期，产品显示的是循环-再循环形态，呈扇形，常常用来描绘新药的销售。制药公司积极推销其新药，于是出现了第一个周期，后来销量下降，公司对该药发动第二次促销，这就产生了第二个周期，但规模和持续性都低于第一次周期。比如国产环丙沙星注射液将零售价由 40 元左右降低到 15 元左右，使其逐渐缩小的市场销量得到较大的提高。

总之，产品生命周期由于受到各种因素的影响会产生各种变化，但总的形态基本上还是呈正态分布的，并且随着市场竞争和科技的发展，多数产品的生命周期都呈现出不断缩短的趋势。

二、医药产品生命周期不同阶段的营销策略

根据医药产品生命周期各阶段的不同特点，医药企业应有针对性地采取不同的营销策略。

（一）导入期（介绍期）的营销策略

导入期是指医药产品试制成功后投入市场，处于向市场推广介绍阶段，故又称产品介绍期。

1. 这个阶段的主要特点

（1）销售量低，生产量小。由于药品刚刚问世，知名度低，市场尚未接受该药品，医生和患者不了解，大多数顾客不愿放弃或改变自己以往的消费行为，有处方权的大部分医生也不愿意轻易改变自己的处方习惯，导致销售量

低，生产量小。

(2) 成本高，利润低。生产量小，单位产品制造费用高，加之开辟营销渠道及宣传费用大，使企业成本高，利润低，甚至出现亏损。许多新产品在这个阶段夭折，风险较大。

(3) 市场竞争尚未形成。竞争者处于观望状态，尚未加入。

2. 导入期阶段的营销策略 基于上述特点，在产品导入期，企业必须通过各种促销手段，把新产品推入市场，力争提高新产品的知名度，开发和建立市场对产品的需求，解决“如何使顾客试用该项产品”的问题，另一方面，由于导入期的生产成本和销售费用相对较高，企业在给新产品定价时，又要考虑这个因素，因此，在导入期采取的营销策略，重点集中在促销宣传和价格制定上。

这一时期营销策略主要是从价格高低和促销费用高低上进行组合，有以下四种可供选择，见表9-1。

表9-1 导入期可选择的市场策略

促销水平 / 价格水平	高	低
高	快速-掠取策略	缓慢-掠取策略
低	快速-渗透策略	缓慢-渗透策略

(1) 快速-掠取策略(高价高促销策略)，也称双高策略，是指企业以高价格和高促销费用推出新产品。实行高价格，以树立高品位的产品形象，同时能在每一单位销售额中获取最大的利润，以便及早收回投资；高促销费用是为了引起目标市场的注意，加快市场渗透，使消费者认识和了解该产品，迅速占领市场。西安杨森公司在推出新药“吗叮啉”时通过广告宣传使得消费者了解到它是一种“胃动力”药，从而加快市场渗透率，在短时间内占领市场。这种策略适用于：市场上有较大的需求潜力；消费者具有求新心理，愿意付出高价；企业面临潜在竞争者的威胁，需尽快培养品牌偏好，树立品牌形象。

(2) 缓慢-掠取策略(高价低促销策略)也称高低策略，是指企业以高价格低促销费用推出某种新产品。这种策略可使企业获得更高的利润，这当然是最理想的策略。这种策略的适用条件是：产品的市场规模有限，消费者相对稳定，不会因高价而流失；产品知名度高，消费者愿出高价购买；竞争威胁小的产品。

(3) 快速-渗透策略(低价高促销策略)，也称低高策略，是指用较低的价格和较高的促销费用推出新产品。目的是以最快的速度打入市场，争取尽可能大的市场份额和市场占有率。这种策略适用于：产品市场规模大；消费者对该产品不了解，并且对商品价格十分敏感；潜在竞争威胁大；产品的单位成本随着生产规模和销售量的扩大而降低。

(4) 缓慢-渗透策略(低价低促销策略)，也称双低策略，是指企业用低价格低促销费用推出某种新产品。低促销费用可以降低成本，获得更多利润；低价格容易使消费者接受，有利于扩大销售量，提高市场占有率。这种策略适用于：市场容量大，顾客对产品价格敏感；产品知名度高；竞争威胁大的产品。

在导入期要突出一个“短”字和一个“准”字。“短”字即尽可能缩短导入期的时间，使产品在短期内迅速进入并占领市场；“准”字即看准市场机会，正确选择新药投放市场的时机，确定适当的价格和促销手段。

(二) 成长期阶段的特点与营销策略

成长期是指产品已被消费者接受，批量生产，销售迅速扩大的阶段。

1. 成长期阶段的特点 这一阶段的主要特点是：

(1) 销售量迅速上升。消费者对新药品已经熟悉，销售量迅速增加。

(2) 成本下降。产品已定型，技术工艺比较成熟，大批生产能力形成，产量扩大，分摊到单位产品上的制造成本和销售费用降低，成本下降。

(3) 利润上升迅速。生产成本下降，促销费用减少，销量上升，结果使企业利润上升很快。

(4) 竞争者加入，市场竞争激烈。竞争者看到新产品试销成功，有利可图，大批竞争者相继加入，仿制品出现，市场竞争加剧。

(5) 建立了比较理想的营销渠道。

2. 成长期阶段的营销策略 企业营销策略的核心是尽可能地延长产品的成长期。成长期是产品发展的关键时期，这一阶段是产品的起飞阶段。新产品经受住了导入期的严峻考验,销售额快速增长,生产与销售费用相对降低,创造出较大的赢利机会,产品投资开始得到回报,产品呈现出良好的前景。竞争者逐步涌入,竞争日趋激烈。这一时期迫切的问题是"如何使顾客偏爱自己的品牌"。在成长期,企业为使产品迅速得到普及,扩大市场占有率,并保持销售增长的好势头,应考虑采取以下策略:

(1) 产品策略。根据消费者需求和其他市场信息,一方面要提高产品质量,完善产品性能,提高产品自身的竞争实力;另一方面改进产品式样及包装等,努力发展产品的新剂型、新型号,从而增强产品的竞争力和适应性。例如,哈尔滨制药六厂所生产的"新盖中盖"为满足不同消费者的需求,在口服液的基础上增加了片剂。

(2) 价格策略。企业应根据生产成本和市场价格的变动趋势,分析竞争者的价格策略,保持原价或适当调整价格,以保持产品的声誉和吸引更多的购买者。如 2002 年初,沈阳三生医药有限公司大幅降低其拳头产品——促红细胞生成素的价格,此举迎合了政府及大众希望遏制高昂药品价格的呼声,一方面垄断了价格敏感型顾客的市场空间,另一方面也受到政府、媒体的欢迎,是一种非常好的企业形象宣传方式。

(3) 渠道策略。企业应巩固原有的营销渠道,积极开辟新的销售渠道,加强销售网点的联系,开拓新的市场领域,促进市场份额的提高。如,史克公司的"泰胃美"从医院处方药销售转变为到药店的非处方药销售,扩大了市场占有率。

(4) 促销策略。在继续作好促销宣传工作的基础上,工作的重心应从建立产品知名度转移到树立产品形象上,主要目标是建立顾客的品牌偏好,争取新的顾客。

企业采用上述部分或全部营销策略,在加强企业市场地位和产品竞争能力的同时,也会相应地加大营销成本。这时企业会面临高市场占有率或高利润的选择。一般来讲,企业会采取高市场占有率的策略,扩大生产能力,提高产品质量,降低成本,加强或提高企业的市场地位和竞争能力,有利于维持和扩大企业的市场占有率,从长期利润的观点看,更有利于企业的发展。

(三) 成熟期阶段的特点与营销策略

成熟期也称饱和期,是指产品在市场上已经普及,市场容量基本达到饱和,销售量变动较少的阶段。这一时期是产品市场生命周期的鼎盛时期,同时,也是一个由盛到衰的转折时期。

1. 成熟期阶段的特点

(1) 销售量趋向平疲。由于产品普及率高,市场需求减少,销售增长速度缓慢,随着市场需求饱和,销售增长率甚至呈下降趋势。

(2) 利润逐步下降。由于销售增长率减慢,生产能力过剩,市场竞争更为激烈,价格开始下降,企业的利润也随之减少。

2. 成熟期阶段的营销策略 成熟期是企业获取利润的黄金阶段,因此,这一阶段的主要任务是集中一切力量,尽可能延长产品的成熟期,为企业带来更多的利益,积累更多的资金。这一时期市场竞争激烈,企业的营销策略应突出一个"占"字,要采取得力措施确保市场占有率,并努力延长成熟期。企业在成熟期可以采取以下营销策略:

(1) 调整市场策略。包括通过市场细分的方式,开辟新的市场;进一步宣传、扩大现有消费者的购买量;重新给产品定位,积极寻找新的消费者;采取差异性策略和防御性策略相结合,从广度和深度上开拓新市场。如,治疗高血压的第一代 ACEI 类药"硫甲丙脯酸"在国外已经走到成熟期后,市场开始萎缩,利润减少,这时,该公司的决策者决定将这一产品转向中国等尚未开发的其他市场,从而赋予该产品第二次生命。再如,地奥心血康在成熟期采用进入新的细分市场策略,向心脏保健 OTC 药品方向进军,成为一个销售 10 年仍未衰退的国产品牌。

(2) 改进产品策略。提高产品的质量,改变产品的外形和式样,改进产品的性能,挖掘产品的新用途。从而达到确保市场占有率,并努力延长成熟期的目的。质量的改进,主要是注重增加产品的功能特性,如药品的安全性、可靠性、口味等;产品的外形和式样改进,便于携带、保管、使用方便等。如,大包装改为小包装,粉剂改为胶囊制剂,等等;调整配方,增加新用途，使成熟的老产品又以新的面孔推向市场。例如，钙离子拮抗剂“硝本地平”，1968年发明时是作为治疗冠心病的药物销售了16年，1984年，人们在研究中发现它对扩张血管、治疗高血压病效果显著，从而使其又进入到高血压这一巨大的市场，产品生命得以延续；改进产品的剂型，增加疗效。例如“硝本地平”由普通片剂的四日3~4次，到缓释剂的1日2次，以及目前控释剂的1日1次，不断地在发展。

（3）调整营销组合策略。通过改变定价、销售渠道及促销方式来延长产品的成熟期。如，通过降价、改变广告宣传形式以及扩展销售渠道、改进服务方式、改变包装、采用多种促销手段等多项组合策略，来刺激消费者的需求，延长产品的成熟期。

（四）衰退期阶段的特点与营销策略

1. 衰退期阶段的特点 衰退期是产品已经老化，逐渐被市场淘汰的阶段。这一阶段的主要特征是：

（1）销售量急剧下降。市场上出现了性能、规格、品种改进的新产品替代老产品，顾客的兴趣已经转移，销售量迅速下降。

（2）利润迅速下降。由于销售量下降，生产量减少，而成本上升，致使利润下降。

2. 衰退期阶段的营销策略 销售衰退的原因很多，包括技术的进步，新产品的替代，消费者用药习惯的改变，竞争的加剧，疗效不佳，产品的副作用被发现、认知或重视，等等。当产品进入衰退期时，企业可采取以下策略：

（1）维持策略。由于众多竞争者纷纷退出市场，经营者减少，处于有利地位的企业可以暂不退出市场，提高服务质量，发扬自己的经营特色，保持原有的细分市场和营销组合策略，持续销售。等待时机，再停止该产品的生产，退出该市场。

（2）集中策略。即把资源集中使用在最有利的细分市场、最有效的销售渠道和最易销售的品种上，缩短战线，在最有利的市场赢得尽可能多的利润。

（3）收缩策略。即精简人员，大力降低销售费用。这样做可能会导致销售量迅速下降，但是可以增加眼前利益。

（4）重振策略。积极主动改进产品的功能和特性，创造新的用途，开拓新的市场，使产品进入新的循环。

（5）放弃策略。企业某种产品已无改进和再生的希望时，应当果断地停止该产品的生产和经营，将其放弃，转向组织新产品研究与开发。

在这一时期，企业可根据该产品在市场上尚有一定的需求，一方面在维持或减少生产经营的同时，另一方面采取办法，延长其生命周期。

分析产品生命周期，是为了正确判断产品的发展趋势，并根据产品在其生命周期各阶段的特点采取适当的市场营销策略。从产品生命周期各阶段的特点可以看出，成长期与成熟期是企业赚取利润最多的阶段，而导入期与衰退期对企业来说有一定的风险性。因此，企业制定策略的总体要求是：缩短导入期，使产品尽快地为消费者所接受；延长成长期，使产品销售尽可能保持增长势头；维持成熟期，使产品尽量保持高销售额，增加利润收入；推迟衰退期，尽量延缓产品被市场淘汰的时间。

决定和影响产品生命周期长短的因素主要有消费者需求和爱好的变化，科技进步，产品竞争。在这三种因素中，消费者需求的多样性、易变性从绝对意义上缩短着一种产品的生命周期；技术进步可使一种产品一夜之间由畅销变成无人问津；竞争者推出质量更好的新产品，也会使原有产品陈旧老化，理解这一点，对企业生产经营有重大意义，企业必须要有超前意识和创新意识，不断推陈出新，接替已经衰退的老产品，使企业始终保持旺盛的生命力。

第三节 医药产品组合策略

现代医药企业为了满足目标市场的需要，扩大销售，分散风险，增加利润，使企业最大限度地实现其经营目标，往往生产经营多种医药产品。但是企业所生产或经营的产品并不完全是越多越好，必须根据目标市场需求、自身资源和能力状况来确定生产和经营哪些产品，这就要求对产品进行科学合理的组合，即采取产品组合策略。

笔记栏

一、医药产品组合相关概念

（一）产品组合、产品项目、产品线

1. 产品组合 产品组合是指一个企业所生产或经营的全部产品项目和产品线的组合。见表9-2。企业的产品线和产品项目如何组合，要适应企业消费对象的需求，与企业的目标市场和市场营销策略有着密切的关系。

表9-2 某医药企业产品组合

类别	药品名称	规格
抗感染类药	安特先 （甲苯磺酸舒他西林胶囊）	0.187g×12粒 0.125g×12粒
	可林（盐酸可林霉素）	0.15g×10粒
	迪克新（替硝唑胶囊）	0.25g×16粒
抗感冒类药	乐欣宝（牛黄酸颗粒剂）	0.48×12包
	泰咛（双扑伪麻片）	10片/盒
心血管疾病类药	盐酸地尔硫卓控释片	30mg×40片
抗过敏类药	欣克（盐酸西替利嗪片）	10×6片

注：该企业产品组合宽度4；平均深度2；长度8。

2. 产品项目 产品项目是指某特定企业生产的特定商标、种类和型号的产品。通俗地讲，产品项目是指产品线中不同型号、规格、号码、大小、价格、外观等产品，即企业产品目录表上列出的每一个产品都是一个产品项目。如，某药厂生产的6粒/板与12粒/板装的环丙沙星片就属于该企业两个不同的产品项目。表9-2产品组合中，该企业产品项目为8。

3. 产品线 产品线也称为产品大类、产品系列，是指一组密切相关的产品项目。所谓密切相关，是指这些产品能满足同种需要；或者必须在一起使用，卖给同类消费者；或者经过相同的销售渠道，同属某种价格范畴等。一个企业可生产经营一条或几条不同的产品线。表9-2产品组合中，该企业产品线为4。

企业的产品组合决策，包括对其产品组合的宽度、长度、深度和相关性等方面的选择。因此，还应了解以下基本概念。

（二）产品组合的宽度、深度、长度、相关性

1. 产品组合的宽度 产品组合的宽度又叫产品组合的广度，是指一个企业有多少产品大类，即企业的产品组合中包含的产品线的数量。如表9-2产品组合中，该企业产品组合的宽度为4。产品线越多，说明企业产品组合的宽度越宽，两者成正比，同时也反映一个企业市场服务面的宽窄程度和承担投资风险的能力。

2. 产品组合的深度 产品组合的深度是指一条产品线上所包含的产品项目数量（即产品品种的数量）。一条产品线中所包含的产品项目越多说明产品组合越深；反之越浅。它反映一个企业在同类细分市场中满足不同需求的程度。衡量一个企业产品组合的深度一般用产品线中所包含的产品项目的平均数来表示。如表9-2产品组合中，产品组合的平均深度为2。

3. 产品组合的长度 产品组合的长度是指企业所有产品线中产品项目的总和。如表9-2产品组合中，产品组合的长度为8。

4. 产品组合的相关性 产品组合的相关性也叫产品组合的关联度，是指企业产品组合中各产品线在最终用途、生产条件、分销渠道或者其他方面的相互关联的程度。产品组合的关联度强，可以使企业充分发挥某一方面的优势，提高企业在某一地区或某一行业的声誉。但企业在整个市场上的影响就有一定的局限性。产品组合的关联度弱，可以使企业在更广泛的市场范围内发挥其影响力，要求企业必须具有雄厚的多种多样的资源和技术力量、完善的组织结构和管理体系。

如表9-2所示，医药企业的产品在最终用途上是为了防病治病，给人们带去健康，其生产条件相同，在分销渠道上主要是各医药公司、零售药店及医院药房等，可见，产品组合的关联性很强。

二、医药产品组合策略

医药企业根据市场情况，考虑企业经营目标和企业实力，对产品组合的宽度、深度和关联度实行不同的有机组合，做出最佳决策，称为产品组合策略。产品组合策略是市场营销策略的重要组成部分。常用的产品组合策略有以下几种。

1. 扩大产品组合策略 扩大产品组合策略包括拓展产品组合的宽度和加强产品组合的深度。拓展宽度是指在原产品组合中增加一个或几个产品线,扩大经营产品范围;加强深度是指在原有产品线内增加新的产品项目。

当企业预测现有产品线的销售额和利润额在未来一段时间内有可能下降时,就必须考虑在现行产品组合中增加新的产品线,或加强其中有发展潜力的产品线;当企业打算增加产品特色,或为更多的细分市场提供产品时,则可选择在原产品线内增加新的产品项目。

一般来说扩大产品组合,有利于企业充分地利用人力、物力、财力资源,分散风险,增加竞争能力;有利于增强企业经营的稳定性;适应消费者多方面的需求,有利于扩大经营规模。但这种方式要求企业拥有多条生产线,多种销售渠道,会增加企业的生产成本和销售费用。

如某医药企业开创之初只有三条产品线十几个产品项目,几年之后该企业就有了十条产品线近百个产品项目。

2. 缩减产品组合策略 缩减产品组合策略与扩大产品组合策略相反,它是指减少产品组合的宽度和深度,即从企业现有的产品组合中剔除某些产品线或产品项目。当市场繁荣时,较长、较宽的产品组合会为企业带来更多的赢利机会。但当市场不景气或原料、能源供应紧张时,缩减产品组合反而能使总利润上升。这是因为从产品组合中剔除了那些获利很小,甚至不获利的产品线或产品项目,使企业可集中资源发展获利多的产品线和产品项目。

缩减产品组合策略可使企业集中资源、技术投入到少数产品,提高质量,扩大这部分产品的生产规模,使促销渠道等策略目标集中,减少资金占用,有利于企业获得较高利润。但同时也存在较大的风险。

某医药企业,将其原有产品组合中的维生素 C 这一产品项目删除掉,因为该企业无法形成规模生产,成本难以降低,致使在竞争者纷纷降价的压力下产品无利可图。

3. 产品线延伸策略 任何企业的产品都有其特定的市场定位,如将产品定位在高档、中档、或低档。但这种定位不是恒久不变的,它要随着企业内外部环境的变化进行调整。产品线延伸策略就是指全部或部分地改变企业原有产品的市场定位,具体做法有向下延伸、向上延伸和双向延伸三种。

笔记栏

(1) 向下延伸。是把企业原来定位于高档市场的产品线向下延伸,即在高档产品线中增加低档产品项目。企业采取这一策略主要原因是:①利用高档名牌产品的声誉,吸引购买力水平较低的顾客慕名购买此产品线中的低档廉价商品,以扩大市场占有率和销售增长率。②企业在高档产品市场方面受到激烈竞争,就决定以拓展低档产品市场的方式作为反击。③高档产品销售增长缓慢,且企业的市场范围有限,资源设备没有得到充分利用,不能为企业带来满意的利润。为赢得更多的顾客,企业不得不将产品线向下延伸。④企业最初步入高档产品市场,是为了树立其质量形象,然后再向下延伸。⑤企业增加低档产品,是为了补充企业的产品线空白,不使竞争者有隙可乘。

当然,企业采取向下延伸会有一定的风险,如处理不慎,很可能损害企业原有高档产品的市场形象及产品的市场声誉;引起生产低档产品竞争者的反击;由于经营低档产品,利润水平低,导致经销商的抵制;新的低档产品项目,也许会蚕食掉较高档的产品项目。通用电气公司的医用系统部是 CT 扫描机的市场领导者,这些是医院用的贵重的诊断仪器。通用电气公司了解到日本的竞争者计划向该市场展开进攻。通用估计日本产品将更小、更电子化和更便宜。因此,通用最好的防御办法是在日本产品推出以前,先引入类似机器。但有些通用经理担心这种低价机器会损害他们大型扫描仪的高额利润。然而,一位经理用下述一句话解决了该问题"与其与外面的日本人竞争,不如我们自己内部先竞争一下为好"!

(2) 向上延伸。是指企业原来定位于低档产品,后来决定在原有的产品线内增加高档产品项目,使企业进入高档产品的市场。实行这一策略的主要原因有:①高档产品市场具有较高的潜在成长率和利润率的吸引。②社会对高档产品的需求加大。随着市场经济的发展,人们的收入水平越来越高,货币支付能力越来越强,越来越多的消费者在购买药品时追求的质量档次越来越高。③企业的技术设备和营销能力已具备加入高档产品市场的条件。④企业准备重新进行产品线定位,使自己成为生产种类全面的企业。采用向上延伸也要承担一定的风险,因为改变原有产品在消费者中的地位和印象也是相当困难的,处理不当,不仅难以收回开发高档新产品的项目成本,还会影响老产品的市场声誉。

(3) 双向延伸。是指原定位于中档产品市场的企业掌握了市场的优势以后,决定向产品线的上下两个方向延伸,一方面增加高档产品,另一方面增加低档产品,以期占有更广大的市场。但双向延伸也可能导致战线过长,如果资源有限,企业的损失将会非常惨重。

4. 产品线现代化 在某种情况下,虽然产品组合的宽度、长度都非常合适,但产品线的生产形式可能已经过时,这就必须对产品线实行现代化改造,把现代化科学技术应用到生产过程中去。例如,在中药生产过程中,采用一些现代化技术设备,提高中药提取水平。如果企业决定对现有产品线进行改造,产品线现代化决策首先面临这样的问题:是逐步实现技术改造,还是以最快的速度用全新设备更换原有产品线。逐渐实现现代化可以节省资金耗费,但缺点是竞争者很快就会觉察,并有充足的时间采取措施与之抗衡;而快速现代化策略虽然在短时间内耗费资金较多,但可快速更新完毕,占领有利位置,出其不意,击败竞争对手。

第四节　技术创新与医药新产品开发

一、医药新产品的界定

从产品生命周期来看,任何一种产品都会经历成长、成熟到退出市场的过程。当某种产品退出时,就必须由新产品来取而代之。由于社会的发展,技术的进步,人们对疾病的防治和对提高健康水平日益增长的需求,也要求必须由新产品来满足。因此,医药企业要获得生存和发展的空间,提高自己在市场中的竞争优势和地位,就必须加强技术创新,积极开发新产品。

(一) 医药新产品的概念

现代市场营销学认为,凡是企业向市场提供过去没有生产过的产品均属于新产品的范围,它包括了企业所有发明、革新、改进和仿制出来的产品。医药是一种特殊商品。《中华人民共和国药品管理法实施条例》第八十三条明确定义:医药新产品是指未曾在中国境内上市销售的医药产品。2005 年施行的《药品注册管理办法》规定:"新药申请,是指未曾在中国境内上市销售药品的注册申请,已上市药品改变剂型、改变给药途径、增加新适应证的按照新药申请管理。"

(二) 医药新产品的类型

1. 按药品审批管理的要求,可分为以下几类:

(1) 中药。

1 类:未在国内上市销售的从中药、天然药物中提取的有效成分及其制剂。

2 类:未在国内上市销售的来源于动物、植物、矿物等药用物质制成的制剂。

3 类:中药材的代用品。

4 类:未在国内上市销售的中药材新的药用部位制成的制剂。

5 类:未在国内上市销售的从中药、天然药物中提取的有效部位制成的制剂。

6 类:未在国内上市销售的由中药、天然药物制成的复方制剂。

7 类:未在国内上市销售的由中药、天然药物制成的注射剂。

8 类:改变国内已上市销售药品给药途径的制剂。

9 类:改变国内已上市销售药品剂型的制剂。

10 类:改变国内已上市销售药品工艺的制剂。

(2) 西药 。

1 类:未在国内外上市销售的药品。

2 类:改变给药途径且尚未在国内外上市销售的制剂。

3 类:已在国外上市销售但尚未在国内上

市销售的药品。

4类:改变已上市销售盐类药物的酸根、碱基(或者金属元素),但不改变其药理作用的原料及其制剂。

5类:改变国内已上市销售药品的剂型,但不改变给药途径的制剂。

(3) 生物制品。

1类:未在国内外上市销售的生物制品。

2类:单克隆抗体。

3类:基因治疗、体细胞治疗及其制品。

4类:变态反应原制品。

5类:由人、动物的组织或者体液提取的,或者通过发酵制备的具有生物活性的多组分制品。

6类:由已上市销售生物制品组成新的复方制品。

7类:已在国外上市销售但尚未在国内上市销售的生物制品。

8类:含未经批准菌种制备的微生态制品。

9类:与已上市销售制品结构不完全相同且国内外均未上市销售的制品(包括氨基酸位点突变、缺失,因表达系统不同而产生、消除或者改变翻译后修饰,对产物进行化学修饰等)。

10类:与已上市销售制品制备方法不同的制品(例如采用不同表达体系、宿主细胞等)。

11类:首次采用DNA重组技术制备的制品(例如以重组技术替代合成技术、生物组织提取或者发酵技术等)。

12类:国内外尚未上市销售的由非注射途径改为注射途径给药,或者由局部用药改为全身给药的制品。

13类:改变已上市销售制品的剂型但不改变给药途径的生物制品。

14类:改变给药途径的生物制品(不包括上述1~12项)。

2. 根据医药新产品特点的不同,把新产品分为四种类型

(1) 全新产品是指用新原理、新技术、新材料制成的前所未有的新产品。这类产品的开发经常意味着科学发展史的重大突破和发明创造。这种新产品开发,需要投入大量的人力、财力和物力,并采用先进的技术,而且随时可能失败,承担很大的风险,因此,绝大多数企业难以开发出这种新产品。

(2) 换代新产品主要是指在原有产品的基础上采用或部分采用新原理、新材料、新结构、新技术,使原有产品性能有重大提高的新产品。例如,中美史克公司在原有的感冒药——康泰克的基础上,通过在生产工艺、原材料上进行改进,开发出新感冒药——新康泰克。

(3) 改进新产品是指对原有产品的品质、特点、型号、口感、包装、品牌等做一定的改进,使之在性能上、结构上有新的特点,或用途上有所扩大,而生产出来的新产品。如河南竹林众生制药公司的"双黄连口服液",通过对口感的改进,更易被儿童接受。

(4) 仿制新产品是指企业合法地仿制国内外市场上已有的产品,在一定区域范围内,它属于新产品。据统计,目前我国生产的化学药品中90%以上属于仿制国外药品。

二、技术创新概念和作用

在经济全球一体化、顾客需求多样化的竞争环境中,谋求技术创新已成为许多产业尤其是高新技术产业成功的关键。医药产业是公认的研究密集型产业,医药新产品的开发与研制,自然离不开技术创新。目前,几乎所有的国际医药企业都在技术创新、新药研发领域投入了大量的财力、物力和人力,不断推出新产品。而我国的医药生产企业技术创新能力目前还十分薄弱,已成为制约其全面、健康发展的瓶颈。因此,我国医药企业应高度重视,并积极发挥技术创新在药品研发中的作用。

(一) 技术创新的概念及特点

1. 技术创新的概念 "技术创新"是从technology innovation一词翻译而来。20世纪初的美籍奥地利经济学家约瑟夫·阿罗斯·熊彼特(J. A. Schumpeter),在1912年出版的《经济发展理论》中建立了自己的"创新理论"(也称为以"创新"概念为特色的动态发展理论)。该理论就是以创新(技术创新)概念为特色的。他认为,经济本身存在着一种破坏均衡而又恢复均衡的力量,那就是创新活动,而且正是这种创新活动引起了经济的发展。他所说的创新活动是指“企业家实行对生产要素的新的组合”。包括五种情况:

(1) 引入一种新的产品,即消费者还不熟悉的产品,或提供一种产品的新质量或功效。

(2) 采用一种新的生产方法,这是在有关的企业中未曾采用过的方法。

(3) 开辟一个新的市场,使产品进入以前不曾进入的市场,无论这个市场是否存在过。

(4) 获得一种原料或半成品的新的供给来源。

(5) 实行一种新的企业组织形式,如建立一种垄断地位或打破一种垄断地位。

因此,所谓技术创新是指企业为了适应技术进步和市场竞争的变化,应用创新的知识和新技术、新工艺,采用新的生产方式和经营管理模式,提高产品质量,开发生产新的产品,提供新的服务,占据市场并实现市场价值的过程。它包括产品的创新、工艺创新、组织创新、市场创新和材料创新等。技术创新是一个从创新思想的形成到创新成果被广泛应用的全过程。通常一个技术创新过程包括选题、研究、开发、设计、实验、生产、销售、服务、信息反馈和技术扩散等多个环节,而且只有各个环节之间紧密衔接,才能保证技术创新的成功。

2. 技术创新的特点

(1) 高风险。技术创新是高风险的活动,它涉及许多相关环节和众多因素的影响,从而使得创新的结果呈现随机性,这意味着技术创新带有较大的风险性。因为技术创新需要相应的投入,如投资生产设备、培训生产工人、开辟营销网络等,这些投入能否顺利实现价值补偿,则受到许多不确定因素的影响,既有自身的,也有来自市场、社会、政治等的不确定性,这就可能使得技术创新的投入难以得到回报。医药产品的技术创新是一个高投入、高风险的行业。在国外开发一个新药品,从实验室到批准上市,需要10~15年的时间,平均耗资8亿美金;制药企业在新药研发方面的投入超过其药品销售收入的16%,即使这样大的投入,成功率也比较低。在美国,企业产品开发成功率也只有20%~30%。

(2) 高回报。技术创新可使企业获得高额利润。尽管技术创新成功率比较低,但是一旦成功后,可获得的利润是极为可观的。如,步长集团每年以销售收入10%的资金用于科研和产品开发,并制订了“高中低、长中短”全面发展的科研战略,以此来保证企业每年都有不同层次的新产品推出,使企业拥有源源不断的发展动力,2005年实现销售收入超过10亿元,这其中来自其当家产品“脑心通”的销售比例已经降到不足1/2,而其余大部分收入则来自新产品。

(3) 创造性或先进性。这种创造性或先进性首先表现在所应用的技术是前所未有的新技术,或者是现有技术中的某些改进,从而使原有技术更加完善,应用效果有明显的提高;其次表现在技术创新过程中,企业家创造性地把新技术应用于生产经营的实践活动中,实现了技术形态的转化。

(4) 信息化。主要是指技术创新对信息和信息技术的依赖程度。

(5) 多学科性。技术创新是多种学科技术的融合、渗透、互补和合作。如,现代机械产品的开发创新,不再是单纯的机械技术创新,而是由机、电、光、声、液、磁等各种科学理论和技术的综合开发与应用。

(二) 技术创新的作用

1. 技术创新是经济增长的根本动力 1995年江泽民同志说:“创新是一个民族进步的灵魂,是国家兴旺发达的不竭的动力。”回顾世界各国,不管是发达国家的发展还是发展中国家的发展历程,各国的实践均证明了技术创新是人类创造财富和积累财富的根本所在。如,战后日本经济的迅速崛起,富有进取精神的日本人,凭借技术创新,让世界看到了今天的日本。在我国全面建设小康社会的今天,坚持科学发展观,加强技术创新,减少资源浪费,建设节约型社会,发展高科技,实现产业化,推动社会生产力跨越式发展,增强综合国力,促进和谐社会的构建。

2. 技术创新是企业的生命力 不创新,企业就不能生存,不持续创新,企业就难以发展。企业依靠技术创新,研发成功新的产品不断出现,并及时占领广大市场,既树立了企业的形象,又可获取高额的利润,从而提高了企业经济效益和企业在市场中的竞争优势和竞争地位，增强企业的竞争力，为企业的生存与发展赢得更大的空间，因此说，技术创新是企业的生命力所在。

3. 技术创新是企业走向国际市场的必由之路 国际医药市场的竞争主要是技术创新的竞争，具体表现在新药研发的能力上。由于历史原因，我国生产的医药产品约有 90% 是仿制药品，其中很多是未过保护期的。因此，在国际市场上我国医药企业普遍缺乏竞争力。为了提高企业在国际市场的竞争力，企业必须加强医药产品的技术创新，开发拥有自主知识产权的新产品，创建国际品牌，使我们的企业走向国际市场。

三、新药研发模式

医药企业根据自身的研发能力、经济实力、营销管理能力的强弱，以及对国内外医药市场环境的了解和熟悉程度，选择适合自己的新药研发模式。

1. 自主研发模式 企业独立完成新药开发的全部工作。大多数制药企业及生物科技公司都有自己的研究和开发(research & development, R&D)部门，进行着自己的新药研发工作。如美国辉瑞公司在 2005 年 R&D 的投资为 74 亿美元，占当年企业全部销售收入的 16.8%。其研发项目为 235 个，其中包括 152 个创新性新药及 83 个产品延伸项目。

2. 专利授权模式(即技术引进模式) 通过获得某类医药技术的专利使用权来进行新药研发。这种模式，可以节省新药研发的时间，使企业在短时间内生产出新药，尽快投放市场，以获得先机。

3. 自主研发与技术引进相结合模式 通过引进国内外新技术、新设备，改造企业原有的技术和设备，提升企业的新药研发能力。这种取人之长，补己之短的模式在发展中国家经常采用。

4. 并购模式 通过企业并购的方式来获得潜在新药产品及扩充自己的新药研发能力。已经成为了制药企业保持市场竞争力并进行扩张的最重要手段。企业并购除了可以使企业获得高潜力的新药项目外，并购后，规模化的新药研发，也有助于提高新药研发的效率、增加新药研发的产出。如，东盛科技的迅速发展离不开直接收购的研发模式。2000 年 11 月，它完成了对江苏启东盖天力制药公司的收购工作，从而拥有了“盖天力”和“白加黑”等核心产品和技术，提高了企业在医药领域的核心竞争力，使得资源得到合理配置。

5. 合作模式 国内外企业之间、企业与药物研究、大学科研等部门，通过建立有效的合作关系来进行新药研发活动的方式。这种研发模式最大限度地发挥群体的优势，可以达到资源共享及资源互补的目的。利用最低的开发成本获得较大的利润回报，越来越被众多的企业所重视。例如，海王集团创业初期就是采用了与科研机构合作开发的方式来进行的。1989 年，海王集团通过与青岛海洋研究所反复协商，达成合作意向。1990 年 1 月，青岛海洋研究所的科研人员来到深圳，开始进行金牡蛎的研制工作，半年以后第一批产品试制成功，从而为海王药业奠定了成功的基础。

6. 外包模式 将部分新药研发工作外包给专业的合同研究机构进行，可以提高新药研发的效率、加快新药研发的步伐并有助于减少新药研发的成本。目前，美国每年生物医药研发经费达上千亿元，其中 40% ~ 50% 的资金被投入到研发外包中。

四、新药研发程序

新药研发不仅需要投入大量的人力、物力、财力和时间，还要承担研发失败的风险。为了降低风险，保证新药开发这一系统工程的顺利进行，必须实行科学有效的管理，按照一定的程序进行。一般情况下，新药研发的程序主要包括以下几个阶段。

1. 新药构思 新药的构思是指能够满足某种治疗或医疗需要的设想、创意或方案。通常，企业可以从企业内部和外部来寻找新药构思的来源。

(1) 来自企业内部：企业内部人员是产品构思的一个重要来源。主要包括：

1) 企业研发部门的科技人员。通常是新产品构思的最重要的来源。一个企业研发部

笔记栏

门的主要任务就是有计划地进行新产品开发过程的基础研究、应用研究以及开发研究，通过科技人员的技术创新和发明创造构思新产品；另外，掌握科学技术的新发明、新技术也可引发创新意识，并不断产生新的产品构思，从而开发出畅销的产品。

2）企业高级管理人员。他们所处的地位使他们最明确公司的发展方向及所需要的产品构思。

3）营销人员。由于营销人员经常与药品使用者、医生及中间商打交道，并处于生产者和消费者之间，了解大量的药品市场需求信息和市场竞争信息。有时甚至迫于竞争者的压力，也会产生新产品的构思。

4）企业内部其他部门的职工。企业职工对本企业产品的性能特点最为关注，直接影响职工自身的经济利益。发动职工来构思新产品常常能取得良好的效果。

（2）来自企业外部

1）患者。患者的需求和欲望是开发新药品的起点和归宿，是构思的主要来源之一。据统计，成功的新产品设想，有60%～80%来自用户的建议。

2）医生。医药市场是一个特殊的市场。医生作为药品市场的专业人员和药品的间接需求者，对患者接受医疗服务时药品的选择有决定权和主动权。

3）竞争者。通过研究竞争对手新药品的开发方向、广告以及销售状况等信息，给企业开发新产品以引导、启发和借鉴，从中找出新的思路和突破点。

4）经销商。分销商、批发商、零售商等医药经销商，直接从事购销，熟悉市场需求动向，清楚现有产品的缺陷，能及时将消费者的意见和要求反映给企业，同时，还能提供新技术、新工艺、新材料等方面的信息，有助于启发新药品构思。

5）其他来源。如，企业外的研究人员、发明家、咨询公司、市场调研部门、大专院校等方面，获得新产品的构思。

2. 新药过滤筛选 筛选是对汇总各方面的构思进行优选。其主要目的是从中选出那些符合本企业发展目标和长远利益，并与企业资源相协调的产品构思，剔除那些可行性小或获利较少的产品构思。在这个阶段，大量的构思都会被舍弃掉，据美国相关部门统计，在药品构思中，每6000种构思中只有1种能进入市场。

3. 形成概念 经过筛选后保留下来的产品设想，需要进一步将其设计成一个完整的产品概念，即对该产品的目标市场、产品特点、用途、价格、包装等都有具体的描述。如某医药企业从众多的构思中保留下开发保健品的设想，那么，首先，确定这一产品是为了哪一类目标市场的需求；其次，确定这种保健品的作用是健脑益智、强壮体魄，还是延缓衰老；最后，这种产品采取何种剂型，是片剂、颗粒剂还是口服液等，根据这些问题，一种构思形成多个产品概念。

4. 综合分析 这是对已形成的一个或多个新产品概念从初步营销形势、经济效益预测等方面进行全面分析、对比。新产品综合分析的内容主要有：

（1）营销形势初步分析。就是要对新产品的市场细分、目标市场选择、产品定位、预计市场占有率等新产品市场形势进行分析。

（2）经济效益预测分析。就是对已确定的新产品概念的未来销售额、成本和利润进行预测，从财务的角度进一步判定它是否划算，能否达到企业的预期经济目标。

经过综合分析后，评估出符合企业开发目标要求的新产品概念，即可转入产品研制阶段。

5. 新产品研制 新产品研制是产品从概念转化为具体产品的阶段。它包括研究和试制两个步骤。研究就是把经过筛选选中的开发方案进一步具体化，设计成切实可行的具体实施方案。试制就是根据研究所确定的方案制造成实体产品。

新药品的研制主要包括新药的临床前研究和临床研究。药物临床前研究，包括药物的合成工艺、提取方法、理化性质及纯度、剂型选择、处方筛选、制备工艺、检验方法、质量指标、稳定性、药理、毒理、动物药代动力学研究等。中药制剂还包括原药材的来源、加工及炮制等的研究；生物制品还包括菌毒种、细胞株、生物组织等起始原材料的来源、质量标准、保存条件、生物学特征、遗传稳定性及免疫学的研究等。

药物的临床试验(包括生物等效性试验),必须经过国家食品药品监督管理局批准;必须执行《药物临床试验质量管理规范》。临床试验分为Ⅰ、Ⅱ、Ⅲ、Ⅳ期。新药在批准上市前,应当进行Ⅰ、Ⅱ、Ⅲ期临床试验。经批准后,有些情况下可仅进行Ⅱ期和Ⅲ期临床试验或者仅进行Ⅲ期临床试验。

Ⅰ期临床试验:初步的临床药理学及人体安全性评价试验。观察人体对于新药的耐受程度和药代动力学,为制定给药方案提供依据。

Ⅱ期临床试验:治疗作用初步评价阶段。其目的是初步评价药物对目标适应症患者的治疗作用和安全性,也包括为III期临床试验研究设计和给药剂量方案的确定提供依据。此阶段的研究设计可以根据具体的研究目的,采用多种形式,包括随机盲法对照临床试验。

Ⅲ期临床试验:治疗作用确证阶段。其目的是进一步验证药物对目标适应症患者的治疗作用和安全性,评价利益与风险关系,最终为药物注册申请的审查提供充分的依据。试验一般应为具有足够样本量的随机盲法对照试验。

Ⅳ期临床试验:新药上市后由申请人进行的应用研究阶段。其目的是考察在广泛使用条件下药物的疗效和不良反应、评价在普通或者特殊人群中使用的利益与风险关系以及改进给药剂量等。

6. 新药注册与审批　新药研制完成后,企业根据新药注册审批的有关规定,逐级向省、自治区、直辖市以及国家食品药品监督管理局报批相应材料和样品,申请新药注册。国家食品药品监督管理局对省、自治区、直辖市食品药品监督管理局报送的资料进行全面审评,符合规定的,发给《药品注册批件》和新药证书;具备《药品生产许可证》和该药品相应生产条件的,同时发给药品批准文号。药品说明书由申请人提出,国家食品药品监督管理局根据申请人申报的资料对药品说明书予以核准,并在批准药品申请时将药品说明书与该药品的注册标准同时予以发布。国家药品监督管理局根据保护公众健康的要求,对批准生产的新药设立监测期,对新药的安全性继续进行监测。新药的监测期自批准该新药生产之日起计算,不超过5年。新药进入监测期后,国家药品监督管理局不再受理其他申请人同品种的新药申请。新药经批准生产后,其药品标准为试行标准,试行期为2年。生产试行标准的药品,药品生产企业应当在试行期届满前3个月,向所在地省、自治区、直辖市食品药品监督管理局提出转正申请,试行标准期满未按照规定提出转正申请或者该试行标准不符合转正要求的,由国家药品监督管理局撤销该试行标准和依据该试行标准生产药品的批准文号。新药证书号的统一格式为:国药证字H(Z、S)+4位年号+4位顺序号,其中H代表化学药品,Z代表中药,S代表生物制品。

7. 市场试销　新药经过国家主管部门审批注册,取得新药证书后,企业可进行小批量的试生产,并在所选择的有代表性的目标市场中检验性的试销。一是检验新药的安全性与有效性;二是增进企业对新产品销售潜力的了解,有助于新药营销策略的选择。

8. 全面上市　新药品市场试销成功后,就可以正式大批量生产,全面推向市场,进行商业化运作。这一阶段要正确选择投放时间、选择目标市场以及制定正确的营销组合策略。

五、提升我国新药研发水平的策略

新药研究与开发是多学科、高科技、高难度、高投入、长周期、高风险、高回报的风险产业。据统计,在美国上市一种新药平均要花费5亿~8亿美元,耗时11~15年时间。专利药品可垄断市场,能获取最大的经济效益。在销售额世界前10位药品中,辉瑞公司仅阿伐他汀一项专利,2003年销售近90亿美元。可以说,新药研发是医药产业发展的火车头,新产品是企业的主要利润来源和发展的推动力,有利于造就企业形象和品牌,促进企业长期稳定发展。

我国新药研发近年来虽然取得了较大成绩，但是还存在研发投入较少、基础研究薄弱、起点较低、创新能力较差、重复研制的现象严重等问题。如，我国制药企业研发费用投入多的不超过销售额的3%，多数企业仅为销售额的0.5%～1.0%。而国外大型制药企业新药研发投入占其销售额的15%～20%，与世界医药企业的新药研发有相当大的距离，对如何提升我国新药研发水平，作为政府及医药管理部门，要制定相应的政策，建立良好的环境予以支持；对医药企业本身而言，更应采取积极的策略，提升新药研发能力，增强核心竞争力。

(一) 政府部门采取的策略

政府及医药管理部门制定相应的支持政策，采取有效措施，营造有利于新药产品技术创新和发展的环境政策。

1. 资金支持 各级财政部门要加大对新药研发的科技投入的力度，对重点项目重点支持。金融机构要充分发挥信贷的支持作用，积极探索多种行之有效的途径，改进对新药研发企业的信贷服务，提高贷款支持力度。对某些项目国家给予相应的专项资金支持。

2. 加强对知识产权的管理和保护 国家要重视运用知识产权制度保护新药的合法权益；要进一步提高全社会知识产权保护意识和法制观念，加大知识产权保护和执法力度，强化药品监督和管理，优化市场环境，为新药研发的企业创造良好的生存环境。

(二) 企业采取的策略

1. 仿制和创新相结合 据了解，我国生产的药品90%以上都是仿制药。即使是仿制药品，同样要在一个“新”字上做文章。不是抄袭、侵权，也不是简单地照人家的产品拿来模仿生产，要把仿制的重点放到新剂型、新工艺、新技术的开发上，以仿为主，仿中有创，仿创结合。仿制药品的过程，是学习、消化、吸收新技术的过程，通过逐步消化、吸收，提高了自己的研发能力和水平，缩短与世界制药水平的差距。

2. 自主创新 建立以企业为主体的技术创新体系，提高企业创新能力、竞争能力、获利能力，促进医药行业持续、快速地发展。从国际医药企业发展的趋势来看，以企业为主体的新药研发模式是未来的发展方向，因此，一方面需要企业增强科研意识，加大科研的投入力度；另一方面有关部门要在政策方面予以引导，大力支持企业的自主创新意识。企业可以与政府联合创立科研机构，将科研机构设置到医药企业中，实现科研与企业、与市场的紧密结合，使企业获得政府的支持，增强企业自主创新的水平和实力。

3. 产、学、研合作 医药研发企业与国内外企业、药物研究、大学等科研部门联合起来，建立新药研发创新平台，共同进行新药研发活动。可以利用现有的人力、资金等资源，最大限度地发挥企业资金和科研部门技术的优势，加速新药研发的速度，提高新药的质量水平。

4. 新药技术引进与转让 在加强知识产权保护的前提条件下，要进一步扩大对外开放，加强医药行业与发达国家的国际合作，加快医药生产技术和医药新品种的技术转让和引进，由此对国内制药企业形成强大的研发压力和动力，促使企业增加研发投入的比重，加大研发力度，为我国医药工业增强国际竞争力奠定稳定的基础。

5. 加大研发资金投入 新药研发是一个高投入、高风险的产业，需要有充足的资金做基础，以保证新药研发的顺利进行。多年来，我国具有自主知识产权的医药专利技术非常少，原因之一就是国家、企业在新药研发上资金投入严重不足。

6. 引进与培养医药人才 制定相应政策，鼓励和吸引科研院所、高等院校的科技人员进入企业兼职，进行新产品的研究与开发。对于紧缺的人才，由企业与高等院校和科研院所共同培养，还可以向海内外招聘。通过各种渠道集聚的医药研发优秀的专业人才，为企业的新药研发提供智力支持和人才保障。

当然，提升我国新药研发水平的策略还有很多，作为我国政府、企业和科研机构都应该从各自的角度，积极采取对策，逐步提高我国的新药研发水平,为我国医药产业的发展壮大而共同努力。

本章小结

1. 产品策略是市场营销策略的出发点,是其他相关策略的基础。医药产品应为满足消费者防病、治病、保健等方面需要和欲望的任何东西,这就是医药产品的整体概念,它包括核心产品、形式产品、期望产品、附加产品和潜在产品五个层次,其中,核心产品是最基本、最主要的层次。

2. 医药产品生命周期是指医药产品从进入市场开始,直到被市场淘汰所经历的全部时间。一个完整的产品生命周期包括导入期、成长期、成熟期、衰退期四个阶段。

3. 产品组合是指一个企业所生产或经营的全部产品项目和产品线的组合。产品项目是指某特定企业生产的特定商标、种类和型号的产品。产品线也称为产品大类、产品系列,是指一组密切相关的产品项目。产品组合策略主要有:扩大产品组合、缩减产品组合、产品线延伸和产品线现代化。

4. 技术创新是指企业为了适应技术进步和市场竞争的变化,应用创新的知识和新技术、新工艺,采用新的生产方式和经营管理模式,提高产品质量,开发生产新的产品,提供新的服务,占据市场并实现市场价值的过程。它对医药企业开发新产品,提高经济效益,增强国内外市场竞争实力,以及企业的生存与发展均具有极为重要的作用。

医药新产品的研发模式:有自主研发模式、专利授权模式、自主研发与技术引进相结合模式、并购模式、合作模式、外包模式等。新药研发程序一般要经历新药构思、筛选、形成概念、综合分析、研制、注册、市场试销和正式上市八个步骤,每一步都直接影响到新药品开发的成败,企业应给予高度重视。

思考题

1. 产品整体概念包括哪几个层次?

2. 简述产品生命周期各阶段的特点及营销策略。

3. 什么是产品组合、产品项目、产品线?什么是产品组合的宽度、长度、深度?

4. 简述产品组合策略的形式与内容。

5. 什么是技术创新?简述技术创新的作用。

6. 简述新药研发的模式和程序。

案例分析

"天松大豆低聚糖"败走济南

大豆低聚糖,是从优质大豆中萃取的一种成分,这种成分有利于人体肠道内有益菌的生成,抑制有害细菌,平衡肠道功能,对治疗肠道的各种疾病,特别是便秘等病症,有着比较明显的效果。

当今社会,随着竞争的加剧,人们的工作压力、生活压力越来越重,节奏越来越快,必要的室内、户外活动也越来越少,这样导致了人们各种疾病的发生,最明显地表现为失眠、厌食、便秘等症状。这些疾病往往使人面容憔悴,委靡不振,影响了人们的身体健康和正常生活。如何"吃的好、睡的香、排的畅",成为人们衡量身体状况的一个标准。肠道的功能状况,又是影响这几方面的重中之重。从以上情况可以看出,"大豆低聚糖"的市场空间是非常广阔的。特别是在有较大压力的青年白领和中、老年人当中,有着很大的市场。

山东临沂山松生物工程有限公司,正是看准了这一广阔的市场空间,及时推出了新产品,并在化学名的基础上把新产品命名为"天松大豆低聚糖"。对于这一产品,天松公司投入了巨大的人力、物力和财力,也寄予了很大的希望。在媒体选择上,从前期在山东特别是济南投放的广告量上,可见一斑:山东卫视、影视等几个频道上轮番轰炸,《齐鲁晚报》、《济南时报》等报纸上连篇累牍,终端上 POP 海报、宣传单页铺天盖地,其气势之大,不在脑白金之下。在宣传上,主要诉求点为治疗肠道疾病和便秘,后期宣传时正赶上“非典”肆虐,又打出了提高免疫力这一卖点,力求扩大销售。同时,公司还打出了买 98 元一瓶的“天松大豆低聚糖”就赠 100 元猪肉的促销广告,鼓励消费者购买该产品。

天松公司采用了种种手段,不遗余力地推广“天松大豆低聚糖”,可短短的几个月过去,“天松大豆低聚糖”就已风光不再,偃旗息鼓了。

到底是什么原因导致了它的失败呢?

案例讨论

1. 分析“天松大豆低聚糖”营销失败的原因。

2. 从“天松大豆低聚糖”失败的教训中,分析说明医药新产品推广的策略。

第十章 医药产品品牌与包装策略

学习目标

通过本章学习，理解品牌、商标的含义，掌握品牌的作用和品牌设计的原则；了解包装的概念、产品包装的分类；掌握医药产品的品牌策略和包装策略。

引导案例

鹰牌花旗参是最早使西洋参在保质、原味、有效的同时方便使用的品牌，在中国洋参产业，鹰牌的地位非同一般。1979年鹰牌花旗参由健康药业引入中国内地，成为国内花旗参市场的拓荒者与引导者。在中国市场，鹰牌一直坚持高档路线，在同等洋参产品中质量最好，价格也最贵，比同类竞争品高出1/3左右。这条路线在中国稳稳当当地走了20年，1998年开始下行，鹰牌成了折翼之鹰，后来被深圳太太药业（现已更名为健康元药业集团）收入旗下。

鹰牌的盛极而衰，其品牌战略并无路线错误，而在于其未能应时势之变化，适时调整自身策略。中国洋参市场缺的并非消费需求，问题在于，在一个供给如此充分的网络经济时代，产品、价格、促销、通路都难免落入同质化的下场，市场上可供选择的好品牌并不缺乏。鹰牌的品牌策略就在于：以合乎品牌高档定位的差异化传播，将产品的优良品质传达给消费者，并强化这一认知，占据高档洋参第一心理认知与品牌联想。如何将如此优越之“自我”传达出来，需要的是传神之笔。

鹰牌通过优化自身品牌语言实现。

一是用“领导品牌”的语言说话。“认准这只鹰，真材实料有保证”，简简单单一句话，不仅凸现品质上的优势，更表明了洋参制品行业龙头的“自我”身份，强化了消费者对“鹰牌”的信赖感。就像“选雀巢，选品质”，不由得消费者不在品质与品牌之间建立联系。

二是突出品牌核心识别的视觉语言。“认准这只鹰”——这是一只典型的美国鹰。鹰牌以前的产品包装不整齐，除参茶外其他产品包装上都没有鹰的标志，为强化“认准这只鹰、真材实料有保证”这一概念，在每一产品上都设计了栩栩如生的鹰标志。在消费者认知当中，代表勇猛、力量和胜利的白头鹰就是美国的象征符号，这就巧妙地将原产地与产品品质形象地传达给受众，同时赋予这只鹰动感、时尚的个性，形成品牌烙印，每次广告传播都能实现品牌资产累积效应。这与喜悦洋参的“喜悦酋长”这一形象有异曲同工之妙。

认知占位实现了高档品牌的联想，定位自然得瞄准高端人群，两者相辅相成。鹰牌将以往行业模糊的市场消费群概念进行细分与区隔，将花旗参品类目标消费人群划分为高、中、低三个区隔，分为自用、送礼两类，自身目标群重新定位在28岁以上从事脑力劳动、工作压力大的成熟职业人士。基于以上市场定位，“鹰牌”的主要传播任务是与目标人群——城市精英建立品牌关系，通过标榜他们认同的价值观，使“鹰牌”脱离大众市场定位，成为花旗参品类主流消费人群——城市精英的首选品牌。

实施新品牌策略所带来的129.63%的高增长率，将鹰牌花旗参东山再起之路引向了快车道，但更重要的是，它在消费者的认知结构中完成了这样一项工程的建构：鹰牌=高档花旗参=鹰牌。

品牌和包装是产品有形特征的组成部分，这种直观的、表面的特征可帮助消费者在没有确定选择何种商品时，辨别他们需要的产品，并影响他们的选择。因此，品牌和包装在营销战略中有着举足轻重的作用。一个优秀的品牌应该是独特而且令人难忘的，否则，企业便无法将自己的产品与竞争者区分开；一种好的包装设计应该经济、实用、美观，并且具有促销工具的作用。

笔记栏

第一节 医药产品品牌策略

一、品牌与商标的概念

(一) 品牌和商标的含义

品牌(brand)是一种名称、术语、设计、符号,或其他能将一个企业的产品或服务与竞争者的产品或服务区分开来的特征。一个品牌可能代表着销售者的一种产品、一组产品或是所有产品。品牌是一个综合体,包括品牌名称、品牌标志和商标三部分。商标是经过合法注册的产品文字名称、图案记号、或两者相结合的一种设计,经有关部门注册登记后,享有其专有权的标志,即合法注册的品牌。商标的专有权受法律保护,任何人都不能侵权使用。因此,品牌是一个商业名称,而商标则是一个法律名称,它们共同构成了一种商品区别于另外一种商品的特殊标志。

1. 品牌名称 品牌名称(brand name)是能够发声地说出的那部分品牌内容,通常是一种产品惟一用以区分的特征。没有品牌名称,一个企业便无法将自己的产品与竞争对手进行区分。如"三九感冒灵"、"草珊瑚含片"、"金嗓子喉宝"等,药品的品牌名称通常是由药品的商品名构成的。

药品的商品名须经国家药品监督管理局批准后方可在包装、标签上使用。商品名不得与通用名连写,应分行。商品名经商标注册后,仍须符合商品名管理的原则。通用名与商品名用字的比例不得小于1∶2(指面积)。通用名字体大小应一致,不加括号。未经国家药品监督管理局批准作为商品名使用的注册商标,可印刷在包装标签的左上角或右上角,其字体不得大于通用名的用字。

2. 品牌标志 品牌标志(brand mark)是指品牌中可以被认识,但不能用语言称呼的部分。品牌标志通常为某种符号、象征图案、与众不同的颜色以及其他特殊的设计等。如西安杨森的品牌标志是由西安古城墙的变形与兵马俑组成的;鹰牌产品的品牌标志是栩栩如生的鹰;四川太极生产的急支糖浆的品牌标志是一个"太极"图案;河南宛西制药股份有限公司生产的仲景牌六味地黄丸标签上的张仲景头像等。

3. 商标 商标(trade mark)是一种法定的标志,表示拥有者对品牌或品牌中的一部分拥有专有权,并从法律上禁止他人使用。只有在得到专用权人的许可并支付规定费用后,他人方可使用。如南方制药厂的"999"、河南宛西制药厂的"仲景"等。根据法律规定,在我国人用药品上必须使用注册商标,否则不得在市场上销售。企业在注册商标时,不能把药品的通用名称注册为商标,但可将其商品名注册为商标。商标一经注册便具有专门的使用权、禁止权、转让权和许可使用权,具有排他性,所以企业应该重视商标注册工作。

(二) 品牌的内涵

营销大师菲利普·科特勒在其著作《市场营销管理》(2000,千禧版)一书中指出:品牌在本质上代表着卖者对其交付给买者的产品特征、利益和服务的一贯性的承诺。最佳品牌是质量的保证,是企业信誉的保证。理论上看,一个品牌丰富的内涵可以分成以下六个层次:

1. 属性 品牌最基本的含义就是代表某产品特定的属性。如东盛药业的"白加黑"黑白分明,表现出众,广告促销中着重宣传:白天服白片不瞌睡,晚上服黑片睡得香,白加黑表现就是这么好!

2. 利益 品牌不止意味着一整套属性,顾客在购买药品时,实质是在购买利益,而不是在购买属性,这就需要属性转化为顾客所追求的功能性或情感性利益。"耐久"的属性可以转化为功能性利益,如东盛四季三黄软胶囊——全力祛火,清爽无边。而"昂贵"的属性则可转化为情感性利益,如青海藏宝王即"中华虫草酒"。

3. 价值 品牌可以传递企业的某些价值,如"百服宁"就体现了疗效好、安全性高且质量好。

4. 个性 品牌也反映了一定的个性,即与竞争者不同的地方。不同的品牌可以使人们产生不同品牌的个性联想,如"脑白金":今年孝敬咱爸妈呀,咱爸妈呀!咱爸妈!礼品还是脑白金!脑——白——金!

5. 用户 品牌也暗示了购买或使用产品

笔记栏

的消费者类型。如治疗儿童感冒咳嗽,“小白”更安全、有效、迅速,“小白”的购买者往往是那些年轻的母亲,其使用者则是那些活泼可爱的小孩。

6. 文化 品牌也可能代表某一特定的文化,如“中美史克”代表着美国文化:高效率、高品质。

品牌内涵的六个层次之间并不是并列的关系。品牌最持久的含义是价值、文化和个性,它们构成了品牌的基础,揭示了不同品牌间差异的实质。从顾客的认知过程的角度看,顾客往往是从品牌的利益、属性到功能,然后才会意识到品牌在用户、个性和文化上的独特,最后才能领悟到品牌的核心价值。而从企业的角度来说,品牌的塑造则应以其作出的价值承诺为核心,建立品牌文化,树立个性,定位企业的目标市场,从而设计品牌的属性和其将提供的利益。

(三)品牌的作用

企业和购买者都能从品牌中受益。对于购买者来说,品牌可以帮助其辨认某种他们喜欢或不喜欢的产品,便于他们购买能满足他们需要的产品从而减少购买花费的时间。没有品牌,选择会变得很随机,因为购买者不能肯定其所买到的是否是他所想要的。此外,品牌代表不同产品的来源、质量、信誉和售后服务,可帮助购买者衡量产品的质量,尤其是在其无法判断产品的特性时,有助于减少顾客感知到的购买风险。对于企业来说,企业可以借助于品牌将自己的产品与竞争者区分开来,并将品牌策略与各种营销手段综合运用,树立本企业产品的独特形象。名牌则更是一笔巨大的无形资产,是企业赖以生存的基础。在现代市场营销中,品牌的功能不断发展,作用日益突出,具体表现在以下几个方面。

1. 品牌代表产品的特色和质量特征 品牌可以代表产品的特色和质量特征,即便于生产者、销售者订货,也便于购买者识别。在一般消费者的心目中,许多商品的品牌已被牢固地定位,只要提到这一品牌名称,人们就能知其产品特色,如“红桃 K”、“朴雪”——补血保健品;“盖中盖”、“三精葡萄糖酸钙”——补钙保健品。在消费者心目中,品牌又代表了其产品的质量特征,如欧美国家的医药企业所生产的名牌产品,在市场上往往成为优质产品的象征。

2. 品牌有助于监督和提高企业的产品质量 品牌有助于监督和提高企业的产品质量,企业制造出受广大顾客欢迎的名牌,需要经过日积月累的努力,长期保证其产品质量,在顾客中建立良好的声誉。企业为了创立驰名品牌,或保持品牌已有的市场地位,必须兢兢业业,需要始终一贯地保证名牌所代表的产品质量水平。如果企业在创立了名牌之后,不注意品牌的质量保证,最终会砸了自己的牌子。

3. 品牌有助于促进企业产品销售,形成品牌偏好,建立品牌忠诚 品牌是企业产品质量的标志,名牌享有高度的消费者知晓度和忠诚度,是企业的一种有效的广告,能吸引新顾客和保持老顾客购买。如果品牌忠诚度很高,就会给人们留下深刻的印象,易于引起消费者的注意并重复购买。当顾客需要这一类产品时就会始终如一地购买这个品牌,尽管品牌忠诚并不代表顾客会永远购买这个牌子,但至少在考虑购买的各种品牌中,这个牌子会被认为是潜在可行的。建立起顾客的品牌忠诚可以减少顾客的风险,并缩短其购买花费的时间,可以使企业保持其现有的顾客而不用花费大量的资源来赢得新顾客,从而稳定和扩大销售,节省企业的营销费用,增加企业的经济效益。此外,建立了品牌忠诚还有助于企业抵御同行竞争者的攻击,也为其他企业进入市场构筑壁垒。

4. 品牌具有保价功能,有利于企业控制和扩大市场 名牌商品即使不降价也能保持市场份额,有利于企业控制和扩大市场,是企业控制市场的武器。市场竞争的手段之一是取得有效的市场控制能力。大多数生产者为了扩大销售、提高效率,往往要在某种程度上依赖中间商进行多层分销,但这却会削弱厂商对市场的控制能力。厂商如果有了自己的品牌,就可以与市场进行直接沟通,形成自己良好的品牌形象,通过品牌来控制市场,从而掌握市场控制权。

5. 品牌有利于企业新产品的开发 品牌有利于企业新产品的开发,品牌可以增强社会的创新精神,鼓励生产者不断开发出新产品。任何一种产品都有一个由弱到强、由盛到衰的过程,而且消费者的需求是不断发展的。随着市场竞争的日趋激烈,企业如果不推出新产品,就很难实现增长目标,失去市场竞争力,甚

笔记栏

至无法生存下去。而推出新产品是一项艰巨复杂的工作,企业如果在原有品牌的基础上,进行名牌商标延伸使用增加新产品,则比较容易被市场接受,有助于企业推出新产品。

6. 品牌经注册后有利于法律保护 品牌经注册登记成为注册商标,就使企业的产品特色能够得到法律保护,竞争者不能模仿、假冒,否则要受到法律制裁,从而保护了企业的正当合法权益,保证企业间的公平竞争。有些企业虽然给其产品起了名字,设计了标志,并且名字也算动听,标志的视觉冲击力也比较强,甚至创出了名牌,但却没有给其品牌进行注册,从而得不到法律的有效保护,而且还可能导致品牌被他人抢注的厄运。

7. 品牌是企业重要的无形资产 商品品牌是企业重要的无形资产,名牌更是企业的巨大财富,商标依据其知名度的高低和获利能力的大小,具有不同的价值。在市场经济条件下,商标的所有权和使用权可以买卖转让。

8. 名牌商标有助于提高企业形象,增强企业的竞争力 叫得响的品牌有其过硬的产品质量作为后盾。名牌的诱惑力刺激企业创名牌、争名牌、保名牌,促进企业提高管理水平,采用先进的技术、高超的质量、全面周到的服务,在市场上树立良好的形象,从而增强企业的市场竞争力。

信息框

品牌作为企业和顾客沟通的最有效的载体之一,是企业的巨大的无形资产。但是品牌竞争力的形成却不是一朝一夕的,它是长远的,而很多品牌由于缺乏有效的管理和必要的维护,而导致其在激烈的市场竞争中被淘汰出局。所以企业应针对外部环境的变化给本企业品牌带来的影响,采取相应的措施,维护好企业的品牌形象,保持其市场地位。

二、医药产品品牌设计原则

医药产品品牌设计应遵循医药产品的一些特殊原则和产品品牌设计的一般性原则,主要有以下几个方面。

1. 简单醒目,便于记忆 一个声誉好的品牌,图案繁复往往易给投机者钻空子,因为只要在商标上稍加一些不易察觉的改动,即足以鱼目混珠。因此,企业在进行品牌设计时,应做到简单醒目,使人过目不忘。例如哈六药的"护彤"、南方制药厂的"999"、江苏启东盖天力公司的"盖天力"等。

2. 新颖别致,易于识别 品牌的雷同是品牌设计的大忌。品牌设计应力求构思新颖,造型美观,既有鲜明的特点,又要具有艺术性,避免庸俗繁复。如"朴雪"、"红桃 K"、"护彤"、"清嘴"等。

3. 容易发音,利于通用 品牌名称简短,容易发音,是品牌设计的另一项基本原则。如"感康"、"百服宁"等。品牌名称在设计时应避免冗长,这样不利于品牌的传播,如东盛集团的"东盛四季三黄软胶囊"、香港卢森堡大药厂生产的小儿止咳药"珮夫人小儿愈美那敏溶液"等。一般认为,品牌名称应以不超过3个字为好。

4. 暗示产品的某种性能和用途 品牌的名称应该能够暗示产品的某种性能和用途,如"999 胃泰",它暗示了该产品在治疗胃病上的专长。但是名称越是描述某一类产品,这个名称就越难向其他产品延伸,所以企业在设计品牌时,切勿使品牌的名称过分暗示经营产品的种类或属性,否则将不利于企业的进一步发展,品牌名称也就因此而失去了特色。

5. 适应地域文化,易于接受 产品品牌设计,包括品牌名称、图案、符号和颜色,可能在某些人看来是合适的,并可使其产生愉快的联想,因为他们总是从一定的背景出发,根据某些偏爱的品牌的特点来对待的。但是对于一个以前从未接触过此品牌的人,当他初次接触到这一名字时,又会产生什么样的心理反应呢?这就要求企业在品牌设计时,还必须考虑其是否适合市场上消费者的文化价值观念,如当地的风俗习惯、宗教信仰、民族文化、语言习惯等。

6. 符合国内、国际和目标国的商标法的规定 符合国内国际商标法的规定是产品商标设计必须遵循的一个重要原则。因为商标法对商标的注册、商标权利在不同国家和不同企业互不牵连、驰名商标的保护、商标的转让以及不能作为商标注册的内容等都作了明确规定。新药拟使用商品名,应当由医药企业在申请新药注册时一并提出。药品的商品名不得含有说明疗效等文字。

此外,企业还必须了解和遵守目标国有关商标法的规定,以避免法律纠纷和不必要的经济损失,使企业的商标得到目标国的法律保护。如美国采用"商标使用在先",而我国则是遵循"商标注册在先"的法律。

第二节 医药产品品牌和商标策略

品牌和商标是企业拟订营销策略时不容忽视的重要问题,品牌决策是药品决策中极其重要的组成部分。企业在营销过程中,需要根据市场实际情况,企业产品的特点和自身的资源状况,制定相应品牌和商标策略。

一、医药产品品牌策略

1. 品牌化策略 使用品牌有助于对企业产品的宣传,帮助消费者识别本企业的产品,但它会给企业增加相应的成本费用。医药企业是否采用品牌主要应根据产品特性、消费者购买习惯以及权衡使用商标的得失来决定。无品牌策略即大众品牌(generic brand),只显示商品种类而不包括公司的名字或其他标示项目,其目的是为了节省广告、包装等费用,降低成本和售价,以增强价格竞争能力。

2. 采用制造商或中间商品牌策略 企业产品使用制造商品牌,可以建立起企业的信誉,建立消费者对本企业产品的知晓度和忠诚度。如三九集团、哈药集团、中美史克等所生产的所有产品都采用自己的品牌名称,即采用制造商品牌。

但采用制造商品牌通常会使生产商面临如何迅速打开市场的难题,尤其是对于那些知名度不高,实力不雄厚的小企业,为使产品能迅速进入市场,则多采用中间商——经销商的商标策略。据报道,我国一些医药企业所生产出来的优质产品,被日本等国家的企业以低价买回去之后,打上自己的品牌,再返回中国市场以高价出售,这就是中间商品牌。借助于中间商品牌信誉可以使本企业产品迅速打开销路,但这抹煞了企业的功绩,不利于企业的进一步发展。

3. 统一品牌策略 统一品牌策略,指企业生产的各种产品都采用同一种品牌推入市场,采用此策略的企业通常具有较强的竞争实力,且该商标在市场已获得一定的知名度和美誉度。如深圳南方制药厂所生产的各种药品都统一采用"三九"品牌,"三九胃泰"、"三九感冒灵"、"三九皮炎平"等。采用此策略有以下特点。

(1) 优点

1)采用统一品牌策略,可以建立企业的品牌信誉,显示企业实力,树立企业形象,易于带动企业新药品的推广,有利于解除顾客对新产品的不信任感,使新产品能较快地打开销路。

2)采用统一品牌策略可以利用各种媒体,集中宣传一个品牌形象,大大节约广告费,而且可以利用统一品牌建立广告传播体系,使用户具有强烈和深刻的印象,有利于强化企业形象和产品形象。

(2) 缺点。使用统一品牌的任何一种药品质量发生问题,都会使企业的其他药品蒙受损失,影响企业的信誉,城门失火,殃及池鱼。如果各类产品的质量参差不齐,使用统一品牌就会影响品牌信誉,特别是有损于较高质量产品的信誉。因此,在使用统一品牌策略时,企业必须对所有产品的质量严加控制。

4. 个别品牌策略 个别品牌(individual branding)策略,是指一个企业的各种药品分别采用不同的品牌,主要有两种形式:药品分别命名或各类药品分别命名。个别品牌策略的一个主要优点是分散风险,即使企业引进了一种较差的产品,它所带来的负面影响也不会影响到企业的其他产品。此外,当企业打算进入同一市场的各个组成部分时,个别品牌策略也便于企业进行市场细分,有利于增加销售额和对抗竞争对手,企业可以用各种独立的、没有关联的名字,而且每个名字都瞄准了特定的目标市场。例如,香港金日集团的护心健脑保健品“金日心源素”因为其著名的广告语“金日在手中,万事好成功”而家喻户晓,且由于能有效解决胸闷心悸、头晕失眠等症状而受到消费者青睐。上市两年,在江、浙、沪已实现销售3个多亿,成为心脑功能性保健品的第一品牌。金日集团不仅生产保健品,还生产药品,如治疗手癣的“舒夫”、治疗皮肤小创伤的“E.豆”、治疗复发性口疮的“来易贴”,以及治疗一些炎症的“克林盾”等,其品牌名称差异都很大,每个名字都瞄向了特定的目标市场。

5. 扩展品牌策略 扩展品牌(brand-extension),就是企业用一个现有的品牌名称作为其改良药品或新药品品牌的一部分,而这些升级药品或新药品恰好又同现有品牌是同一类的药品。如McNeil消费品公司生产泰诺林和超强泰诺林,公司还引进了超强泰诺林P.M,从而扩展了泰诺林品牌。

6. 多品牌策略 多品牌(multibrands)即在一种产品上运用两个或更多的品牌。采用此策略是为了利用多种品牌产生的品牌权益,帮助企业把自己的产品和竞争对手的产品区分开来。如上海中美施贵宝的解热镇痛药的品牌有百服宁、加合百服宁、儿童百服宁等,其头孢菌素类抗生素品牌有泛捷复、君刻单、施复捷、马斯平等。

(1) 采用此策略的优点

1) 利用顾客对包含其中的品牌的信任,可以使企业在不同的细分市场上获利,满足不同消费者的需求,占据较大的市场份额。

2) 可以使企业在市场占领更多的分销商货架从而相对减少了竞争者,并且使企业建立侧翼品牌(flanker brands)以保护其主要品牌。

3) 真正忠诚于一个品牌而且在任何情况下都不会试用其他品牌的顾客是极其少的。大多数顾客都是品牌转换者,他们对减价(即使只减分毫)、赠送赠品以及宣传等都会作出反应。企业必须提供新品牌,才能赢得这些顾客,扩大销售,从而提高企业的市场占有率。

4) 在企业内部具有激励和促进作用,品牌之间相互竞争,促进了共同提高。

(2) 引进多品牌的缺陷 每个品牌仅占领很小一部分的市场份额,甚至可能毫无利润。企业把资源分配于过多的品牌,而不是为获取高利润水平的少数品牌服务的。理想的方法是,一个企业的品牌应蚕食竞争者的品牌而不是自相残杀。至少运用此策略获取的净利润能大于同类相残后的损失。

7. 品牌再定位策略 品牌再定位(re-positioning branding)又称新品牌策略,是指由于顾客的偏好发生转移,或竞争者推出某一新品牌,使该产品市场份额下降等原因,使得市场对该产品的需求情况发生了变化,企业全部或局部调整品牌在市场上的最初定位。通过品牌再定位可以使现有产品具有与竞争者产品不同的特点,拉开与竞争者的距离,提高本企业的竞争优势。

8. 品牌特许策略 品牌特许(brand licensing)是指通过特许协议,企业允许其他机构把自己的品牌用于其他机构的产品中,并收取一定的特许费用。特许接受方需要承担所有的生产、销售和广告责任,如果被特许的产品失败了,特许接受方还得承担所花费的成本。运用此策略可以使企业获得额外的收入、降低企业成本、获得免费的新形象宣传以及商标保护等。典型的有深圳海王星辰连锁药店,高盛集团入股以后,2004年在全国40多个城市的直营连锁药店达680家,2005年达到1115家;2005年营业收入超过20亿元,2006年超过20亿元。

综上所述,品牌是企业营销手段的一项重要内容,创造名牌更是企业所希望追求的目标之一。品牌策略的运用取决于企业生产的产品数量和它的产品线、目标市场的特点、竞争对手的产品状况和企业的资源大小。企业要创立一个名牌,必须在了解消费者需求的基础上,结合企业实际情况不断开发具有个性特色的高质量产品,并通过各种途径加强宣传,以提高其知名度,进而提高市场占有率。

二、医药产品商标策略

所有的商标都是品牌,但并非所有的品牌都是商标。我国现行《商标法》第四条规定:“自然人、法人或者其他组织对其生产、制造、加工、拣选或者经销的商品,需要取得商标专用权的,应当向商标局申请商品商标注册。自然人、法人或者其他组织对其提供的服务项目,需要取得商标专用权的,应当向商标局申请服务商标注册。”商标一经注册便具有专门的使用权、禁止权、续展权、转让权和许可使用权,具有排他性,企业享有专用权。

1. 商标专用权的特点

(1) 商标一经注册企业就取得其独占权,他人未经许可不得擅自使用与仿冒。

(2) 商标专用权对保护药品的知识产权具有极其重要的作用,其价值是无形的,名牌商标的价值更是难以估价的。

(3) 商标专用权具有时效性。我国商标法规定其有效期为10年,但商标权可以续展,到期企业可以申请注册延续,该商品名将永远受到法律保护,企业对此商品名即拥有永久占有权。

(4) 商标专用权受到严格的地域限制,应该符合市场所在地的法律规范。

2. 商标的设计与商标管理 商标信誉给企业带来的经济效益由商标注册人独享,与企业的经济效益息息相关。企业的商标设计应符合以下原则:①符合市场所在地的法律法规;②表示药品的特色;③美观、实用、构思独特、简单。

商标的使用直接关系到消费者、企业与国家的利益,企业应以相关法律法规为依据,建立和健全本企业的商标管理制度,以避免商标使用上的混乱,保护企业的合法利益。

我国《商标法》规定商标申请采用的基本原则是“一类商品、一个商标、一份申请”。商标权人的权利包括:独占使用权、许可使用权、商标转让权、续展权。商标权人的义务包括:按规定使用注册商标。连续三年停止使用商标的,商标局可撤销其注册商标,保证使用注册商标的商品的质量,按规定在申请商标注册和办理其他商标事宜时,缴纳费用。注册商标的有效期为10年,自核准注册之日起计算。有效期满,需要继续使用的,应在期满前六个月内申请续展注册,在此期间未能提出申请的,可以给予六个月的宽展期。宽展期满仍未提出申请的,注销其注册商标。转让注册商标的,转让人与受让人双方应签订转让协议,并共同向商标局提出申请,受让人应保证使用该注册商标的商品质量。转让注册商标经核准后,予以公告。受让人自公告之日起享有商标专用权。商标注册人可以通过签订商标使用许可合同,许可他人使用其注册商标。许可人应当监督被许可人使用其注册商标的商品质量,被许可人应当保证使用该注册商标的商品质量。

3. 医药产品商标策略

(1) 有无商标策略:使用商标有助于对企业的产品宣传,帮助消费者识别本企业产品。

(2) 创新商标策略:创新商标策略又称为更换商标策略,包括两种方式:一是企业放弃原有商标,采用另一个全新的商标;二是在原有商标的基础上做些改进,使其与原有商标在图案、符号、外观上很相似,形象上仍然相通。后者与前者相比,既可以节约费用还可使企业保持原有商标在市场上的信誉。

商标是药品甚至是企业的标志,是企业的无形资产,因此企业应该重视本企业商标的设计与注册,慎重地选择适合本企、业本药品的商标策略,保护企业的利益。

信息框

在医药行业中,提到西安杨森大家会想到吗丁啉、达克宁;提到扬子江是左氧氟沙星;提到同仁堂,大家会想到乌鸡白凤丸、六味地黄丸、安宫牛黄丸,等等产品,这些都是品牌。

制药企业做品牌的时候要想清楚定位哪些人。比如吗丁啉按照独创的理论定位是“胃动力”;提到斯达舒,斯达舒更多的是从消费者的感受定位,并不是根据产品定位。提到康泰克呢,它是用工艺来定位,用独特的技术来定位。哈尔滨的葡萄糖酸钙则是以一个颜色定位、一个包装定位。

所以,制药企业应该按照自身产品特质,按照消费人群细分市场,达到对某些人的感情连接,让这些人一旦感到不适就会想起自己企业的药品。

笔记栏

第三节　医药产品包装策略

包装是产品有形特征的重要组成部分，是产品的外在质量，是消费者选择购买的重要依据。作为产品的一部分，包装有其不可忽视的作用和营销功能，其功能已从最初的便于使用、储藏和运输发展到美化产品、促进产品销售、增加产品附加值等。包装会影响到顾客对产品的态度，影响他们对企业的印象，进而影响他们的购买决策。因此，企业应该做好本企业产品的包装设计，制定适合的包装策略，促进企业的市场营销工作。

一、包装的作用

随着商品经济的发展，市场竞争日趋激烈，同类产品竞相销售，使包装对生产制造商、中间商及消费者有着重要的作用。包装的作用主要有以下几个方面：

1. 自然保护药品　包装最直接、最原始的功能就是保护药品在流通和储运过程中，不受自然环境和外力的影响，以确保其到达消费者手中仍具有其真正的使用价值。如防止药品在运输过程中的渗漏、日晒、雨淋、变质等。

2. 提高储运效率　由于药品的形态不一，理化性质也不同，绝大多数药品在储存时需要防潮、避光、避热等，一些特殊药品运输时防震、防破等，欲使药品的质量在整个流通过程中不至发生变化，就需要有良好的包装，以确保能真正实现其使用价值。此外，包装上附有的有关药品的标记，有利于装卸和搬运，从而简化交接手续，提高工作效率。

3. 美化产品，促进销售　包装具有促销和识别的功能，产品的包装就像“5 秒钟商业广告”一样，独具特色、精美的包装可以起到“无声推销员”的作用。它可以增强产品的美感，引起消费者的注意力和兴趣，从而激发消费者的购买欲望。所以良好的包装能起到广告宣传的作用，增强本企业药品的吸引力，促进销售，尤其是 OTC 药品，包装更显得重要。

4. 指导消费、便于使用　良好的包装可以为消费者提供便利。药品包装上附有的文字说明具体介绍了药品的功能主治、使用注意事项等，起到了便于消费者使用和指导其消费的作用。

5. 增加企业利润　好的包装可以与好的药品相得益彰，提高药品的附加值，使药品卖得好价钱，从而增加企业的销售收入。如我国东北的名贵药材人参，过去用 10 千克的木箱包装出口，售价低、销路差，市场不景气，自改用精巧的小包装后，售价平均提高了 30%，且销量大大增加。

二、医药产品包装的设计原则

药品包装是药品流通和消费过程中不可缺少的部分。大部分药品只有经过包装，才能有效地保护药品不变质、不损耗，完整地进入流通和消费领域，从而真正实现药品的价值和使用价值。与一般产品相比，医药产品是特殊产品，与人的生命、健康和安全息息相关。而包装是“沉默的推销员”，与企业、消费者的利益也是息息相关的，所以企业应该严格执行国家对药品包装的规定，设计出合理有效的包装。药品包装总的原则是美观、实用、经济，具体应遵循以下几个原则：

1. 准确传递药品信息　包装应能准确传递药品信息，如实注明药品的功能主治、用法用量、禁忌、生产日期、有效期等，造型、图案要与药品的特色一致。

2. 包装应与药品的价格相适应　药品包装应与药品实际价值相符合，如果包装物的价值超过药品本身的价值则容易引起消费者的反感，不利于其销售。而对于一些名贵药品(如人参、鹿茸等)的包装则应配以高档包装，以烘托其名贵。

3. 应与药品的性质相吻合　由于药品的剂型有片剂、丸剂、针剂、粉剂等不同的形式，有些需要低温、有些需要防潮湿、有些需要避光等，所以企业在进行药品包装时应采取不同的防护措施，确保药品的质量。而对于一些特殊管理的药品和危险品，保证上应该明确标有国家规定的相应标志。

4. 包装应具有实用性　药品包装的造型、结构和大小应考虑到使用、销售、保管和运输的方便。包装的设计应该美观大方、形象生动，同时要避免在消费者心目中产生不好的理解和联想。包装上的文字设计应能够增强消费者的信任感，对于药品的性能、使用方法和使用效果等应有针对性的说明，以指导其正确消费。

5. 包装设计应考虑目标市场的需求 包装的图案、色彩应符合消费者的心理需求，力求不与消费者的民族习惯、风俗习惯相抵触，如在捷克红三角是毒品的标志，而在土耳其绿三角是免费样品的标志等。包装的设计应与目标消费者的收入水平、审美观等相一致，与目标市场的环境相适合。

6. 包装设计应符合相关的法律法规 我国《药品管理法》规定，药品包装必须适合药品质量的要求，方便储存、运输和医疗使用。直接接触药品的包装，必须符合用药要求，符合保障人体健康和安全的标准，并且由药品监督管理部门在审批药品时一并审批。

运输中药材必须要有包装，在每件包装上，必须注明品名、产地、日期、调出单位，并附有质量合格的标志。药品包装必须按规定印有或贴有标签并且附有说明书。对药品的表述要准确无误，不得印有各种不适当的宣传药品的文字和标识，如“国家级新药”、“GMP 认证”、“中药保护品种”、“监制”、“荣誉出品”、“名贵药材”等。

三、医药产品包装策略

1. 类似包装策略 类似包装策略，又称包装的标准化。指企业对自己生产的系列产品采用统一的包装模式，即在产品包装的图案、颜色、造型和标记等方面具有本企业特色的类似或一致的特征，使人一见就知道是某家企业的系列产品。采用这种策略有助于树立产品形象和企业形象，扩大影响；企业可以利用原有产品的良好声誉来降低消费者对新产品的不信任感，有利于新产品的上市；还可以减少包装的设计成本，并容易造成“世界性商品”的声势。

2. 系列包装策略 系列包装策略，又称配套包装策略，即按照消费者的消费习惯，将若干用途上相关联的产品放在同一个包装内。如一个化妆盒、一个旅行药箱、一个礼品套装等。运用此策略不但扩大了企业产品的销售，还方便消费者的购买、使用和携带。如果企业在配套的产品中加入某种新产品，还可以使消费者在不知不觉中习惯这种新产品，有利于新产品迅速打入市场。

3. 附赠品包装策略 附赠品包装策略，是指在商品包装内或包装上附些实物或奖券（如折价券、积分券、抽奖券、样品券等），或产品包装本身就可以用来兑换奖品，以吸引消费者购买本企业的产品，促进重复购买。如某些冲剂药品袋子内附赠药匙或杯子。

4. 再使用包装策略 指包装内的产品使用完后，包装物还可以用于其他用途。如口服糖浆采用杯形包装，包装瓶可以用做喝水杯子等。这样做可以使消费者感到一物多用而刺激其购买，从而扩大销售，可以起到有效的促销作用。此外，包装物的重复使用还可起到对企业产品的宣传作用。

5. 改变包装与分装策略 改变包装策略是指采用新的包装设计、包装技术、包装材料，更新或放弃原有的产品包装。常用的做法有以下几种：①当销售不畅时，企业可以改变包装，使顾客对其产生新鲜感，重新对这种产品产生兴趣。②当企业的产品要提价时，可以改变包装，使消费者误以为该产品在质量上作了改进，从而愿意接受较高价格。③当企业打算提价时，可以改变产品的包装，同时减少产品的分量，但是价格仍然不变，这样做可以减少企业提价的阻力。分装策略是指将产品原来的大包装分为小包装，中间商通常是大包装低价买进，然后分成小包装高价卖出。

本章小结

1. 品牌是一个名称、设计、符号，或其他可以将企业的产品与竞争者的产品区别开来的特征。品牌包括品牌名称、品牌标志和商标等。品牌名称是品牌中能够发声说出的那部分，不能说出的那部分是品牌标志。商标是一个法律名词，表示其拥有者对于该品牌或品牌的一部分享有专有权。品牌和商标是企业无形资产的重要组成部分。

在市场营销实践中，品牌具有重要作用：

品牌代表企业产品的特色和质量特征；品牌监督和提高企业产品质量；品牌有助于促进企业产品销售，形成品牌偏好，建立品牌忠诚；品牌具有保价功能，有利于企业控制和扩大市场；品牌有利于企业新产品的开发；品牌经注册后有利于法律保护；品牌是企业重要的无形资产；名牌商标有助于提高企业形象，增强企业的竞争力。因此，每个企业都应加强品牌管理。

2. 企业在进行品牌设计时应遵循以下原则：简单醒目，便于记忆；新颖别致，易于识别；容易发音，利于通用；暗示产品的某种性能和用途；适应地域文化，易于接受；符合国内、国际和目标国的商标法的规定等。

不同的企业在营销实践中可供选择的品牌策略可以有：品牌化策略、采用制造商或中间商品牌策略、统一品牌策略、个别品牌策略、扩展品牌策略、多品牌策略、品牌再定位策略和品牌特许策略等。

3. 在现代营销中，包装也是产品的重要组成部分，产品包装的功能已从最初的保护产品，便于运输发展到美化产品、促进销售、指导消费、增加产品附加值和增加企业利润等，已成为企业竞争的手段之一。企业的包装设计应该遵循美观、实用、经济的总体原则，包装策略的选择应与目标市场相协调，企业可选择的包装策略主要有：类似包装策略、系列包装策略、附赠品装策略、再用包装策略、改变包装与分装策略和不同容量包装策略。

思考题

1. 什么是品牌、品牌名称、品牌标志和商标？

2. 简述品牌的作用和产品的品牌策略。

3. 包装具有哪些功能？简述产品的包装策略。

4. 品牌和包装的设计原则？

案例分析

血尔六面伏击，红桃K施计反攻

1992年到2001年，红桃K曾创下逾亿人次的购买记录；9年中，红桃K兢兢业业，开拓血健康事业，赢得荣誉无数。红桃K的精心耕耘，补血市场形势大好。由于众多企业眼见红桃K把补血市场做起来了，纷纷竞相插足，2001年年初刚上市的补血新品血尔引燃了一场战火。在血尔未进入市场前，补血市场已是烽火不断，红桃K霸占补血市场的宝座已五年了，百年老字号东阿阿胶、福牌阿胶则为一方诸侯，占据山东。

包装上的功夫

2001年元月，血尔以其鲜明精美的包装，出现在沿海一带的大中城市的大商场、药店，消费者的眼前一亮：又一补血新贵粉墨登场了。

血尔更像一个贵妇人出现在消费者面前，相形之下，摆放在药品柜的柜台里的红桃K则更像一位乡村农妇，纯朴而简洁。在包装设计方面，血尔是更胜一筹，豪华阔气，堂而皇之地摆在红桃K面前。红桃K自惭形秽，脸面扫地。

因为血尔专门盯住大中城市的都市女性。这些城里人可不想和农村妇女喝同样的补血产品，所以血尔的包装是高档的、优雅的，很快地就夺得大多数消费者的眼球。

由于在补血市场上的所向无敌，多年来红桃K的包装一直没有多少更换。差点呆在王座上打起盹来。而此时血尔的出现，让红桃K吃惊不小，顿时紧张起来。

红桃K立马回头，赶紧从国外引进了一次性塑料瓶的生产设备与技术，并迅速向市场上推出了比血尔更为洋气的新包装，仿佛是换上了“皇帝的新装”。新包装也根据城市不同消费群体，推出礼品装、关怀装、状元装等。特别是精美的礼品装，正好迎合了当前的“送礼送健康”的潮流。在2000年5月份，红桃K新包装系列隆重上市。

主攻白领女性

都市女性补血市场的竞争越来越激烈。一方面是女性生理状况需要她们调整健康状态,一方面工作事业和家庭生活的双重责任使她们无法专心顾及女性的生理特点,“女人难养”的问题点也就凸现出来。据有关资料,城市年轻女性是贫血的高发人群,城市白领女性是一个很大的潜在补血市场。许多商家正好看中了这点。

针对红桃K面向所有贫血患者,不分男女老幼都可以服用,血尔则在其一点突破,主攻女性市场,特别是白领阶层,因为白领阶层消费潜力最大。从消费者群体的定位策略,明显看到,血尔不想与红桃K正面相遇,避其锋芒,以分割市场的策略,以图占据一定的市场优势地位,抢占一山头为王。这一招虽然没有起到“一剑封喉”的作用,致红桃K于死地,却着实让红桃K吓出一身冷汗。

在面对补血市场正被其他对手瓜分时,红桃K也只好在基础市场之外进行专业细分。红桃K过去是一个综合产品,现在只好通过细分,不断地丰富产品本身的内涵。红桃K先是在局部作试点,不断摸索其成功的模式,然后再在全国推广。虽然还没有谁敢同红桃K面对面的肉搏,但竞争的局势显然更加复杂和激烈了。时至今日,红桃K也不得不学起跟进者招术来。

品牌差异

人们想到红桃K,会首先想到“补血快”;想到朴雪,会想到“这是缺铁性贫血患者的产品”;想到阿胶,会想到“这是传统中医的补血精华”。但是消费者不会全都记得,可能只是想快快解决贫血引起的症状,所以红桃K占据了消费者心智中最关注的概念——补血快,几年来红桃K一直是补血市场的老大。

2001年3月份,血尔在广东各大报上同时刊登广告:《东方人,掐住了欧洲人的血管?》、《血尔:欧洲卖得火,广州也火爆》、《生个孩子三桶血》、《贫血一个月,更年期提早365天!》。明眼人一看便知,血尔敢向红桃K叫板,也不是没有道理的:反红桃K之道而行之。红桃K的广告宣传的是“红桃K补血快”。血尔却倡导“补血功效更持久”。上市之初就宣扬了其产品是由诺贝尔成果转化而来,其“生血因子PI与强身因子EAA相溶,实现了效果持久的补血”技术的新突破,血尔通过重新为竞争定位,将血尔的重要性提高到比红桃K更高的位置,一下就抓住了城市消费者的心理,并迅速形成一股补血风暴。

由于有了明确的定位,血尔的所有宣传推广都围绕“补血持久”展开。不单广告诉求“功效持久”,画册宣传也尽力展现贫血持久改善带来的好处,促销活动宣传也在强调“血尔补血功效持久情更久”。所有的推广,主题清晰、明了,品牌差异十分突出。

这就是强势品牌往往也有弱点。虽然红桃K是补血市场的老大,牢牢占据着“补血快”的行业特性,拥有非常强大的实力,给人一种难以战胜的感觉。但血尔却找准了补血市场的空当,巧妙地将自己的概念定位区别于红桃K,两个不同的概念,谁比谁更有优势,无论是圈内人,还是局外人,都无法作结论。但血尔的“功效持久”之说,如同石破天惊,叫得红桃K胆战心惊。

市场上第一品牌是一把双刃剑,虽然具有忠实的消费群体,但年轻的消费人群又很容易跑票。红桃K又着手进行品牌的更新,不断地向消费者传递其产品的高科技含量的形象,同时也在努力使产品具备高科技的特性,借此拉近与消费者的距离,增加其亲和力。在品牌宣传方面,红桃K除了以市场“第一品牌”的形象出现外,还将品牌定位为“健康、诚信、高科技”的“血健康专家”。

广告点火

在广告媒体选择上,红桃K以最适合农村的载体——墙标及车贴为主,而在城市,这一

"低空媒体"则受到高楼大厦遮掩。可能是由于针对的目标群体不同，血尔以电视、日报作为其主要媒体。更多的是采取立体作战的形式，从高空媒体到报纸，抢尽了城市女性的"眼球"。如在广州地区，电视上两个版本的广告轮番播出，甚至连街头上也随处可见其广告牌。血尔还在产品的盒子上印上将利润的10%捐献给中国红十字会"预防贫血基金会"，这为其赚了不少印象分。广告造势令血尔家喻户晓，深入人心。在很多商场，红桃K被摆放在药品柜的柜台里，而血尔等产品却堂而皇之地放在过道处的货架上。

血尔的广告战，一下子就给红桃K杀了个下马威。红桃K广告现在也从低空爬升到高空——以电视及大报纸为主，如中央电视台、《人民日报》、《广州日报》等。同时加大了公关广告宣传力度，如赞助2008年北京奥运会就是大手笔，这些举措都有力地开拓了城市补血市场。

红桃K的反击，骤然激化大中城市补血市场的竞争态势，各补血产品明显加大了广告投放。

血尔更是大打出手，电视、报刊广告一轰而上，用作自我宣传的非法广告小册子：《血尔补血风暴登陆中国》则顶风而上，多处违规，并堂而皇之地摆上柜台，广为传播。或许是杀得性起，一不小心，血尔广告在2001年6月中旬被查，亮起了黄牌。而到此时，局势发生戏剧性变化。朴雪也因广告违例而在全国市场受阻。补血市场的广告大战戛然而止。

之后血尔又大打城市攻略，使得主攻农村及中小城镇的红桃K感到一阵切肤之痛。2002年初，血尔在华东大部分城市市场的销量甚至超过红桃K，并迅速成长为补血产品市场的第二品牌。

血尔的厂家康富来公司最近被政府有关部门列为实施HACCP认证的先行试点，这无形中又提升了血尔的品牌身价。

案例讨论

1. 试分析血尔在树立品牌时运用了何种策略。

2. 讨论血尔的成功对一般医药产品创立品牌有何借鉴之处。

第十一章　医药产品的价格策略

学习目标

通过学习本章内容，要求了解医药价格的构成要素，掌握常用的医药产品定价方法和策略，学会运用医药企业药品调整策略解决实际问题，并对国家对药品价格的管理法律法规作基本的了解。

引导案例

一个成分为复方氨酚烷胺片的感冒药，企业为了获得高额的市场回报，采取了撇脂定价策略，零售价格定在9.8元，这在感冒药市场属于中等偏上水平，但是企业是新疆的小企业，产品品牌更是默默无闻，所以产品上市2年来一直处在尴尬的地位。企业所委托的策划机构在深入调查市场时发现，患者购买感冒药品的平均支出为8元，所以他们定位9.8元高于患者的期望价值，价格成为阻碍产品销售的关键。但是由于缺乏品牌推动力，单纯的降价并不一定能够带来销量额的增加。策划机构研究发现患者购买感冒治疗产品时并不是单纯购买治疗感冒类的药物，82%都会选择购买消炎药物来消除感冒引发的嗓子发炎、咳嗽等症状，因此，患者在治疗感冒方面的总支出在18元左右。所以，策划机构建议采取捆绑促销，即，购买此复方氨酚烷胺片，只需加1毛钱就可以获得价值5元的消炎药。这样不但提升了产品的价值，提高了组合产品的性价比，更在促销中将企业的感冒药和消炎药顺利推向患者，达到一箭双雕的效果。

价格是几乎所有医药购买者在市场上搜寻到产品后关注的第一个问题，同时医药价格也是医药生产企业市场营销组合中最活跃的因素。在一些市场环境下，特别是早期的市场竞争中，价格甚至成为医药企业争夺市场的最有效的竞争手段。由于医药科技和社会经济的发展，加上消费水平的提高所引发的人们对健康和医疗条件要求的提高，尽管在20世纪60年代以后非价格因素对医药产品营销的作用越来越重要，但是医药产品价格仍然是医药产品市场营销组合中一个十分重要和敏感而又难以掌控的因素。从本质上讲，价格是一个社会资源分配的调节工具，所以医药以及医疗价格成为我国医疗制度改革关注的焦点。价格直接关系着医药产品的销量和医药生产企业的赢利能力，影响并制约着营销组合中其他因素，并在很大程度上具有战略意义——决定企业经营的成败。所以，如何给医药产品定价是所有医药生产企业营销管理者面临的主要问题之一。

本章将探讨影响医药生产企业产品定价的主要因素，介绍医药生产企业的定价程序，提供医药产品定价的基本方法和策略，研究医药生产企业价格调整方略，最后介绍政府对医药价格的管理以及其对医药生产企业定价策略的影响。

第一节　影响医药产品定价的要素

医药产品作为一种商品，不同于一般的商品，具有福利和商品的两重性，国家向其少征或免征税金，同时给予一定形式的财政补贴或扶持。因而医药产品价格往往不是通过市场供求的调节自发形成，而是由政府有关部门通过理论价格的测算，再根据国民经济的发展水平和居民的承受能力等来确定价格的水平。但医药产品的价格不能过多偏离其价值，两者应保持大体一致。医药企业在确定价格时不仅仅意味着定价方法与技巧的简单组合，而是要将医药企业整体的价格工作作为一个系统来统一把握。这就必须系统地处理好本医药

笔记栏

企业产品价格与竞争者产品价格间的关系，产品价格与替代品和补充品价格间的关系，医药企业外部环境对产品价格的关系等。

影响医药企业产品定价的因素很多，有医药企业内部因素，也有医药企业外部因素；有主观的因素，也有客观的因素。概括起来，大体上可以有产品成本、市场需求、竞争因素和其他因素四个方面。医药企业在产品定价时可以从上述几个影响因素方面考虑。

一、成本的影响

任何医药企业都不能随心所欲地制定价格。医药企业对产品进行定价是为了促进销售、获取利润。因此医药企业既要考虑成本的补偿，又要考虑消费者对价格的接受能力。从消费者角度讲，尽管药品是一种特殊商品，但在医药企业销售目标既定的情况下，消费者也会对其价格的可接受程度有个上限，决定了医药企业定价的上限，价格高于这个限度，就达不到销售目标。从医药企业本身来讲，成本是一个关键的因素，产品的成本费用决定了它的最低价格。从长远看，医药企业产品的销售价格只有高于总成本费用，医药企业才能补偿生产成本和经营费用，获得一定的赢利；低于总成本费用，医药企业就会亏本，使生产难以为继。医药企业制定价格时所估算的成本，包括生产成本、销售成本、储运成本和机会成本等。

（1）医药企业生产成本是医药企业生产过程中所支出的全部生产费用，是从已经消耗的生产资料的价值和生产者所耗费的劳动的价值转化而来，包括原料及主要材料，包装材料，燃料动力，直接工资，制造费用和其他直接支出。当医药企业具有适当的规模时，产品的成本可以降低。但不同的医药产品，在不同的条件下，各有自己理想的批量限度，其生产超过了这个规模和限度，成本反而要增加。

（2）销售成本是商品流通领域中的广告、推销费用。在计划经济体制下，销售成本在商品成本中所占比重很小，因而对商品价格的影响也微乎其微。而在现行的市场经济体制下，广告、推销等是药品实现其价值的重要手段，用于广告、推销的费用在药品成本中所占的比重也日益增加。国家在2002年就明确规定OTC类药品可以在大众媒体做广告，而处方类药物不得在大众媒体做广告，但可以在专业杂志和书刊上登广告。因此，在确定药品的营销价格时必须考虑销售成本这一因素。

（3）储运成本是商品从生产者到消费者所必须的运输和储存费用。商品畅销时，仓储成本较少，商品滞销时，储运成本增加。药品的储运主要体现在流通上面。医药企业产品的流通越快，所需要的费用也就越少。

我国医药市场流通渠道现状：药品出厂后大多需经过批发医药企业、零售（连锁）医药企业或医院药房等多个环节才能到达消费者，多次商品所有权的转移势必要增加药品的流通费用，同时也影响到药品的流通速度。而流通费用的增加被分摊到药品上最终影响到药品的价格。

（4）机会成本是医药企业从事某一项经营活动而放弃另一项经营活动的机会及应取得的收益。但是，商品的成本不是个别医药企业的商品成本，而是所有生产同一产品的生产部门的平均生产成本。在通常情况下，机会成本对个别医药企业的商品成本影响比较大，对平均生产成本的影响比较小，因而对商品价格的影响也很小。

在实际工作中，产品的价格是按成本、利润和税金三部分来制定的。成本又可分解为固定成本和变动成本。产品的价格有时是由总成本决定的，有时又仅由变动成本决定。成本有时又分为社会平均成本和医药企业个别成本。就社会同类产品市场价格而言，主要的是受社会平均成本影响。在竞争很充分的情况下，医药企业个别成本高于或低于社会平均成本，对产品价格的影响不大。如果就制定价格时要考虑的重要性而言，成本无疑也是最重要的因素之一。因为如果价格过分高于成本会有失社会公平，价格过分低于成本则不可能长久维持。医药企业定价时，不应将成本孤立地对待，而应同产量、销量、资金周转等因素综合起来考虑。成本因素还要与影响价格的其他因素结合起来考虑。

二、需求的影响

市场营销理论认为，产品的最高价格取决

于产品的市场需求,最低价格取决于该产品的成本费用。在最高价格和最低价格的幅度内,医药企业能把这种产品价格定多高,则取决于竞争者同类产品的价格水平。因此,市场需求、成本费用、竞争产品价格对医药企业定价有重要影响。而需求又受价格和收入变动的影响,其表现为需求弹性。因此,医药企业在定价时需考虑三个方面。

1. 需求价格弹性 需求价格弹性是表明价格变动而引起的需求数量变动程度。药品作为一种特殊的商品,既是必需品,也是普通消费品。一般来说,必需品的需求价格弹性小,非必需品的需求价格弹性大。不过,当市场上没有替代品或者没有竞争者,购买者对较高价格不在意。

2. 交叉弹性 交叉弹性是用来衡量一种产品的价格变动影响到另一种产品需求量的变动程度。若乙产品的价格上涨,造成甲产品的消费量增加,则说明交叉弹性为正值;反之,交叉弹性为负值。交叉弹性越大,甲乙两种产品间相互替代性就越大;交叉弹性愈是趋于零,二者间的替代性就愈小。随着科学技术的不断进步,市场上的产品越来越丰富,特别是全球经济一体化发展及我国加入"世贸组织",能够相互替代的产品日益增多。而我国目前医药企业生产的产品多数生产规模又不大,科技含量不高,产品无特别优势,内部又进行无序竞争,医药企业在产品定价时,必须考虑产品之间,特别是与国外医药企业的产品相互影响的程度。

3. 需求收入弹性 需求收入弹性主要说明需求量的变动对于收入变动的反应程度。一般而言,生活必需品的需求收入弹性较小;高档食品、耐用消费品、娱乐支出等类的需求收入弹性较大。药品既是必需品,决定了消费者在用于医疗方面的费用不会因为收入的变化而有很大的变动;药品也有普通消费品的特性,在有替代药品的情况下会影响消费者因收入的变化而做出适当的调整。群众卫生费用支付能力的变化因素随市场经济的发展,个人收入差距拉开。一些高收入者把服务质量放在首位,希望得到更好的服务,愿意付出较高的费用,对这部分的服务价格可订得高一些;对于收入不高的人,要保证其基本卫生服务,价格上要优惠一些,以体现社会公平。因此,医药企业在定价时,须考虑到不同地区经济发展状况,人们收入情况、支出结构、消费观念等因素,同时也要考虑国家的法规政策,以对产品价格进行适当升价或降价。

笔记栏

三、医药企业行业竞争

市场竞争也是影响价格制定的重要因素。根据竞争的程度不同,医药企业定价策略会有所不同。按照市场竞争程度,可以分为完全竞争、不完全竞争与完全垄断三种情况。

1. 完全竞争 所谓完全竞争也称自由竞争,它是一种理想化了的极端情况。在完全竞争条件下,买者和卖者都大量存在,医药产品都是同质的,不存在质量与功能上的差异,医药企业自由地选择医药产品生产,买卖双方能充分地获得市场情报。在这种情况下,无论是买方还是卖方都不能对医药产品价格进行影响,只能在市场既定价格下从事生产和交易。

2. 不完全竞争 它介于完全竞争与完全垄断之间,它是现实中存在的典型的市场竞争状况。不完全竞争条件下,最少有两个以上买者或卖者,少数买者或卖者对价格和交易数量起着较大的影响作用,买卖各方获得的市场信息是不充分的,它们的活动受到一定的限制,而且它们提供的同类医药产品有差异,因此,它们之间存在着一定程度的竞争。在不完全竞争情况下,医药企业的定价策略有比较大的回旋余地,它既要考虑竞争对象的价格策略,也要考虑本医药企业定价策略对竞争态势的影响。

3. 完全垄断 它是完全竞争的反面,是指一种医药产品的供应完全由独家控制,形成独占市场。在完全垄断竞争情况下,交易的数量与价格由垄断者单方面决定。完全垄断在现实中也很少见。

医药企业的价格策略要受到竞争状况的影响。完全竞争与完全垄断是竞争的两个极端,中间状况是不完全竞争。在不完全竞争条件下,竞争的强度对医药企业的价格策略有重要影响。所以,医药企业首先要了解竞争的强度。竞争的强度主要取决于医药产品制作技术的难易，是否有专利保护，供求形势以及具体的竞争格局。其次，要了解竞争对手的价格策略，以及竞争对手的实力。再次，还要了解、分析本医药企业在竞争中的地位。

四、其他因素的影响

1. 医药企业定价的范畴

（1）国家指导性定价。它是指国家物价部门和业务主管部门规定定价权限与范围，指导价格制定和调整的医药企业定价方式。其定价方式有三种。

浮动定价。它是指国家规定医药产品的基准价格、浮动幅度和方向，由医药企业在规定的范围内自主作价。

比率控制定价。它是指国家规定医药产品的差价率、利润率与最高限价范围，由医药企业自行灵活地确定价格。医药产品价格可采用高进高出，低进低出或高进低出等形式，但不得超过规定的控制比率。

行业定价。它是指为了避免同行业医药企业在生产和流通中盲目竞争，国家采取计划指导，由同行营销者共同协商制订医药产品的统一价格，并由协商者共同遵守执行。这能防止价格向垄断转化，有利于市场竞争。

（2）医药市场调节定价。它是指在遵守政策和法规的前提下，根据市场供求状况、市场竞争程度、消费者行为及医药企业自身条件等因素的变化趋势，由营销者自行确定药品价格。这种定价主要适用于生产分散、营销量大、品种规格繁多、供求情况复杂、难以计划管理的医药产品，且主要依靠价值规律自发地调节医药产品价格。市场调节定价有两种形式：

①协议定价。是指买卖双方在不受第三者影响的情况下，相互协商议定医药产品价格；②医药企业议价。是指实行部分指令性计划价格医药产品的医药企业，在完成国家任务后，超产部分，医药企业根据市场状况确定其价格。这是国家为了增强医药企业活力，提高医药企业劳动积极性所采用的一种鼓励性措施。

2. 医药企业产品差价与比价因素　医药企业产品差价与比价是价格体系的重要组成内容，也是国家价格政策的组成部分。

（1）医药企业产品差价因素。医药企业产品差价是指同一医药产品由于销售地区、流转环节、销售季节、质量高低、用途等不同而形成的价格差额。医药产品差价形成的主要理论依据是上述各种情况下耗用的劳动量不同。其形式有：地区差价，季节差价，平议差价等。

地区差价因素。地区差价是指同种医药产品在同一时间、不同地区的价格差额。它由医药产品在地理空间转移过程中所增加的劳动消耗而形成。另外，由于不同地区的技术水平、资源条件、劳动熟练程度等不同，也会形成地区差价。医药企业定价时应考虑差价因素，这是因为：其一，商品由于受地区差价的影响，必定会产生地区间流动，从而使某地区医药产品总量发生变化，这样势必使医药企业调整自己商品的价格。其二，医药企业对异地医药产品提价的适应程度。差价过大，则竞争对手增多，差价过小，医药企业无利可图。

批零差价因素。批零差价是指同种商品在同一时间、同一市场零售价与批发价之间的差额，即零售价减去批发价的余额。由于它反映批发商与零售商的利益分配关系，因此，批零医药企业定价时应考虑合理的差价，这样才有利于双方对医药产品的销售。

季节性差价因素。季节差价是指同一医药产品、同一市场、不同季节之间价格的差额。它主要由于医药产品供求在时间上的矛盾而造成。对于这类医药产品，在销售旺季时，可采用高价策略，而在销售淡季时，则使用低价策略。生产医药企业则应更多地考虑产品的生产时间，准确预测医药产品需求的季节变化。比如根据流行性感冒的季节变化可以实施季节性差价。

平议差价因素。平议差价是指同种医药产品在同一市场中国家计划价格与市场价格间的差额。医药企业在按时按质完成计划任务后，应勇于使自己的产品参与市场竞争。

（2）消费者心理和习惯。价格的制定和变动在消费者心理上的反映也是价格策略必须考虑的因素。在现实生活中，很多消费者存在“一分钱一分货”的观念。面对不太熟悉的药品，患者常常从价格上判断药品的好坏，从经验上把价格同药品的使用价值联系起来。患者的购买心理和习惯上的反应是很复杂的，某些情况下会出现完全相反的反应。例如，在一般情况下，涨价会减少购买，但有时涨价会引起抢购，反而会增加购买。因此，在研究消费者心理对定价的影响时，要持谨慎态度，要仔细了解消费者心理及其变化规律。

习惯性，这类消费者对零售商或品牌等产生了信任或偏爱。因此，医药企业定价可略高。但应注意，价格过高会导致消费者购买的转移性。

3. 医药产品信息不对称 药品定价过程中的信息不对称。信息不对称是我国药品定价实施过程中的一大特点。药品监督管理部门与药品生产厂家的信息不对称，药品生产者、提供者与消费者之间的信息不对称造成了政府部门与消费者的信息成本相当高昂。信息成本过高，一方面抑制了政府药价主管部门的工作力度，难以全面准确核定政府管理的药品价格；另一方面增强了药厂虚高定价的动机，制造药价构成的模糊性。

第二节　医药企业定价的目标

医药企业通过定价可以完成五类目标的任何一种：生存、短期利润最大化、市场份额最大化、撇脂最大化和确立药品的质量领导地位。

1. 生存 医药企业选择谋求生存，一般是一个短期目标。如果企业医药的生产能力相对现有的需求过剩，又不得不面对激烈的医药市场竞争，同时患者选择和需求急剧变化时，企业就要把维持生存作为企业的主要目标。只要药品的价格能够弥补可变成本和一部分固定成本，企业就可以继续生存下去。

2. 短期利润最大化 医药企业要想实现短期（当期）利润最大化，必须首先估计不同价格情况下市场购买本企业药品的总数量和企业自身的生产成本，然后选择能够实现短期（一般是当前会计年度）利润最大化、销售现金收入最大化或者是投资回报率最高的价格。但是，实现这类目标可能会牺牲医药企业长期的发展目标，并且这种方法往往忽视其他营销组合变量的约束，忽视竞争者反应影响和相关法律法规对药品价格的管制等问题。

笔记栏

3. 市场份额最大化 医药企业之所以会有时选择市场份额最大化目标，往往是因为企业大量生产会大幅度地降低药品的单位生产成本，并且企业能够获得较高的长期利润。制药企业采纳市场渗透定价法，是基于假定市场对该药品价格敏感度较高，制定尽可能低的价格，以期望销量较大。这种战略适用的情况一般是：患者和顾客对该药品价格敏感度高，所以低价能够促进企业销量增加；生产经验的积累将会降低单位药品的生产和分销成本；足够低的价格能够使企业夺得竞争对手的市场份额，甚至把一部分竞争者挤出市场。

4. 市场撇脂最大化和确立药品的质量领导地位 国内外不少医药企业喜欢利用定高价位来“掠夺”市场，攫取患者和顾客的金钱。这一市场撇脂最大化战略自然有其采用的条件：医药企业要尽快收回巨额的新药开发费用；有足够的患者或是顾客需求量；企业没有能力进行较大批量生产或是使用的患者、顾客有限，同时，小批量生产的单位成本不会过高，也就是说，高价导致的购买量减少不会显著影响产品成本；高价不会吸引更多的竞争者进入该药品市场；高价格能传递给患者、顾客该药品疗效好的药品形象。

以山东烟台荣昌制药有限公司为例，为了确立其主导产品“肛泰”在肛肠药物市场上的质量领导地位，对传统中药进行了创新开发，采用独特的肚脐给药，因而该药被评为“国家保密品种”，不过价格也相对同类药品高出很多——是其他同类药物的两倍——这是因为这一药品不但获得两项国家专利，而且疗效确切可靠、使用方便。多年来该药价格保持高位不变，荣昌制药的战略是让患者确信该药质量可靠、疗效有保证，从而使企业获得相当高的新特药研发回报。

另外，制药企业还可以确定其他一些定价目标。无论是什么定价目标，都以企业当时所处的国内外市场环境条件、国家相关产业管制政策和相应药品价格法规规范为依托，依据企业的经营战略和营销组合战略的指导，灵活地确定适合企业自身的定价目标。在经济全球化的今天，有时医药产品面向国外市场时，还会制定与国内不同甚至相反的定价目标。总之，制药企业的定价目标调整变快，目标更趋于多元化。

第三节　医药企业定价方法

在制定医药的价格时，需要综合考虑3C（图11-1）：患者或顾客需求（customer's demand）、药品的成本函数（cost function）和竞争者价格（competitor's price）。正常情况下，药品生产的成本是医药企业可接受价格的底线。另外，竞争者和作用相同或功能类似的替代药品价格应该作为制定价格的参考。再有，患者或是顾客对该药品有别于其他同类药品的独特功效的评价，限定了该药品可以为市场所接受的最高价格。以此为基础，企业必须选择一种综合考虑了以上因素的可操作的定价方法。这里将介绍6种目前医药企业常用的定价方法：成本加成定价法、目标收益定价法、感知价值定价法、价值定价法、随行就市定价和投标定价法。

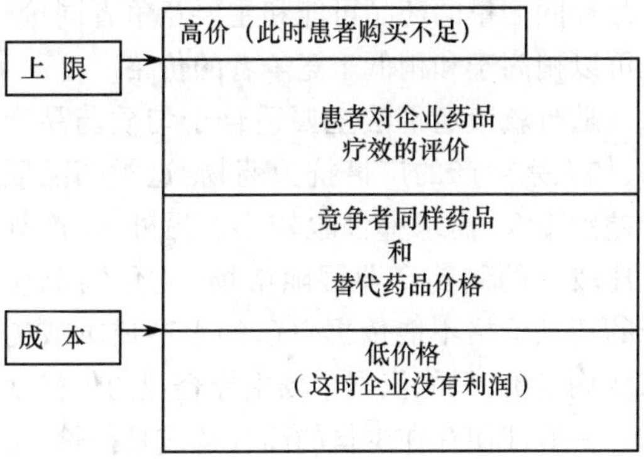

图11-1　制定价格需要综合3C

（一）成本加成定价法

成本加成定价法是最基本的简单易行的定价方法，医药零售企业大都使用这一方法定价。就是在药品成本的基础上加上标准差价。在计算出全部不变成本分摊和可变成本之后，提出药品单价。

例如，某南方制药厂生产抗生药“再林”，成本和预计的销售量：

每盒可变成本	10元
固定成本	300000元
预计销量	60000盒

该药厂的每盒“再林”成本：

每盒成本＝每盒可变成本＋固定成本/预计销量＝10+300000/60000＝15（元）

（1）如果该企业希望获得的回报率为销售额的20%，则该厂成本加成价格为：

成本加成价格＝每盒成本/（1－期望销售回报率）＝15/（1－20%）＝18.75（元）

这样，该制药厂以每盒18.75元的价格将“再林”提供给医院和零售商，就可以获得销售收入20%的利润，每盒赢利3.75元。

（2）如果该企业希望获得的回报率为产品总成本的20%时，则该厂成本加成价格为：

成本加成价格＝每盒成本×（1+期望销售回报率）＝15×（1+20%）＝18（元）

照此算法，该制药厂以每盒18元的价格将“再林”卖出，获得产品总成本20%的利润，每盒赢利3元。

成本加成定价，只有当以成本加成定价法制定的价格能够确实达到或超过该药品预计销售量时，才能保证利润的实现。显而易见，成本加成定价法忽视了当前市场需求和竞争关系的变化。尽管如此，该定价法仍然被制药企业广泛采用，其原因有：第一，制药企业的成本比较容易计算，估计需求却比较困难，因此用成本计算出价格就简化了医药企业的定价工作；第二，在所有或是大多数医药企业都采用成本加成定价法时，同样药品的价格就会大体一致，从而可以避免不利于行业发展的价格竞争；第三，大多数人认为成本加成定价法无论是对制药企业还是购进医药的医院或零售商都比较公平，在购进方购买量加大时，制药企业不会乘机加价谋求超额利润，同时制药企业也可以取得公平的投资回报。

（二）目标收益定价法

目标收益定价法是依据药品成本定价的另一种方法。采用这一方法定价时，制药企业首先确定组织的投资回报率目标，然后计算出价格。不少上市医药公司采用这种定价方法。例如，长春国奥药业有限公司在定价时，就依据公司招股说明书中投资回报率10%的年度目标，定出其抗癌中药产品安替可胶囊的价格：

$$目标收益价格=单位成本+(期望投资回报率\times项目总投资)\div销售数量$$
$$=20+(10\%\times150000000)\div3000000=25(元)$$

因为该药属于国家中药保护品种，市场竞争不激烈，所以销量稳步上升，加上该企业成本控制到位，这就保证了该企业能够实现10%的投资回报率。对于其他企业，这一定价法由于忽略了市场竞争因素和需求的变化，常常由于销量达不到预期而完不成财务目标。在此情况下，就需要进行盈亏平衡分析，以确定企业实际的赢利情况，进行适时的价格和目标投资收益率调整。

(三) 感知价值定价法

目前，越来越多的制药企业开始尝试将其药品的价格建立在患者、顾客对其相应药品的感知价值的基础上。企业提供的药品必须传递价值形象所包含的疗效和价值。这些制药企业充分利用营销组合中的非价格手段，如广告等，在患者心目中确立和增强药品的感知价值。

例如，健康元集团(原太太药业)通过央视广告将其生产的一个在其他企业看来不起眼的小产品醋酸地塞米松粘贴片——意可贴的市场形象锻造成为口腔溃疡用药的首选药，给该药赢得了较大的定价空间。

感知价值定价法的关键是传递比竞争对手同样药品更多的疗效、使用更方便或是吸收效果更好等，并展示给此类病患者、潜在销售顾客。其前提就是，制药企业需要研究患者的感受，选用相应药物的驱动因素以及顾客和患者决策的制订过程。制药企业可以通过专家判断、关键问题访谈小组、类似产品价值、因素或特性相关性分析等方法来确定患者、顾客对药品的价值感知。

(四) 价值定价法

价值定价法是制药企业或医药零售企业以较低的价格出售高质量的药品。国内的很多大众和家庭用药企业，以及美国的沃尔玛在销售医药产品时都采用价值定价法。当然，价值定价并不是简单的制定一个比竞争企业相对更低的价格，必须对药品要素进行重新组合，比如简化包装等，在不影响疗效和质量的前提下提供低成本的药品。降低价格的目的是为了吸引大量对价格敏感的患者和顾客。

制药企业考虑采用价值定价法，最重要的原因就是大量的广告和促销活动成本很高，并且直接损害了患者对正常价格的信赖。部分制药企业或主动、或受政府委托承担了为大量社会低收入群体提供用药的社会责任。然而，广告等促销手段的确是一种刺激患者和顾客选购意愿的非常有效的手段，因此低价策略并不能保证经营的成功。伴随医药市场竞争的日趋激烈，越来越多的经营者针对产品线中不同药品同时采用高定价和价值定价结合定价，加大部分药品的广告促销市场推广力度，以求企业其他药品依靠统一品牌吸引顾客。

(五) 随行就市定价

随行就市定价，也叫现行水准定价法，就是企业所提供的药品价格以现行市场上竞争者同样药品的价格为标准价格来定价。企业同品种同剂量的药品可能和主要竞争者同价，也可以稍高于和稍低于竞争者的价格。

随行就市定价法主要适合于匀质药品产品，如大宗生产的广谱抗菌药物，这类药品质量差别不大，需求弹性也较小。另外，生产规模比较小的制药企业跟随市场“主角”；其生产的药品价格不能依据自己的生产成本或需求变化定价，只能依据市场主导企业的价格变动。一般即使存在少量的高收益或是折价，也常常会保持差异程度不变。在难以计算成本或是竞争势态不确定时，随行就市按现行价格定价往往是行之有效的方法，因为这样的价格格局反映了医药行业企业对于市场公允价格的默认和共识，而且还不会破坏现有的医药行业均衡。

(六) 投标定价法

随着政府、医院和各医药零售商采购制度的改革，公开招标采购大宗药物成为行业通行的采购方法，投标定价法因而成为一种不得不为医药企业重视的定价方法。互联网使用成本的降低，也使得网络竞价投标采购医药产品成为销减采购费用、提高采购效率的有效方法。

2004年9月23日,中华人民共和国卫生部联合国家发改委、工商总局、国家药监局、国家中医药管理局和国务院纠风办共同下发了《关于进一步规范医疗机构药品集中招标采购的若干规定》,明确规定县及县以上人民政府、国有企业(含国有控股企业)等所属的非营利性医疗机构,必须全部参加医疗机构药品集中招标采购活动。医疗机构药品采购支出中80%以上的品种(中药饮片除外)纳入集中招标采购。具备网上交易和监管条件的地区,应将医疗机构广泛应用、采购量大、价格高的药品全部纳入招标采购目录,实行公开招标和集中议价采购,对其他药品实行网上竞价采购。

在公开竞价投标时,采购组织公布药品采购品种和数量(组合),首先由一家经资格审核的制药企业或批发商主动提出一个其接受订单的价格,然后其他竞争者给出更低的价格,价格慢慢降低,直到无企业愿意给出更低的价格为止。这种方法每个参与投标的供应商都可以看到最新的低价,自行决定是否出更低的价格,最后给出最低价的制药企业和医药批发商中标,以其最后一次给出的价格达成销售合约。有些民营医院采用这一方法采购药品。

国有医院和政府通常会采用这种暗标方式采购药品。依据《中华人民共和国招标投标法》在暗标投标中,每个有资格的制药企业或是药品批发商提供一个标价,并且互相不知道对方的标价,要想赢得供应合同,就必须在合理的标底价格之上定出比其他公司更低的报价,但又不能低于采购方认定的公允成本。为了解决定价高低和对合同取舍的难题,制药企业就必须采用相应的定价方法即投标定价法。

投标定价法要求制药企业组织专家小组通过计算自己企业的成本情况,分析竞标企业的可能标价,尽可能准确估计每次投标时几种报价的利润和中标概率,然后将投标利润和中标概率相乘,得出不同标价(组合)的期望利润,期望利润最大的标价就是最佳投标定价。

例如,有一家制药企业通过投标取得供应20000件药品的合同,其最佳投标总价试算分析见表11-1。

表11-1 ×××药业最佳总标价试算表

单位:元

标价	成本	目标利润	中标概率	利润期望值
980000	880000	100000	85%	85000
1060000	880000	180000	55%	99000
1120000	880000	240000	25%	60000
1200000	880000	320000	5%	16000
①	②	③=①-②	④	⑤=③×④

通过上表,该企业投标的总标价为1060000元,因为此价企业利润期望值最高,为最佳报价。试想,如果报价980000元,中标概率虽高,但是中标后实现利润额过低;而另外两种报价,中标概率都远远小于一半,故未被该企业所采纳。

对于经常通过投标方式获得医药供应合约的制药企业,投标定价法不失为一种好的定价方法,因为即使一两次未中标,也不会影响企业在多次竞标中的期望平均获得足够的订单,使企业在长期内获得最大利润。但是,那些只是偶尔参加投标的制药企业,或者很难中标的制药企业如采用投标定价法,可以说这种计算利润期望值的方法实用价值不大。

第四节　医药产品定价策略

(一)折扣折让策略

折扣折让是降价的特殊形式,是指在原定价格基础上给予购买者一定的价格优惠,以吸引其购买的一种价格策略。这里主要介绍与药品相关的几种形式。

1. 现款折扣　现款折扣是对迅速支付账款的购买者的价格优惠,因此也叫付款期折扣。例如,"2/10,30天付款",意思是账款在30天内付清,但若在10天内付款,则给予2%的折扣。这种折扣策略在许多行业都非常盛行,它有助于改善销售者的现金流动性,降低呆账风险及收款的成本。实行现金折扣的关键是合理确定折扣率。一般来说,折扣率不能高于企业由于加速资金周转所增加的赢利,同时,折扣率应比同期银行存款利率稍高一些。

2. 数量折扣　数量折扣是指企业对购买

药品数量大的顾客给予价格优惠。其目的是鼓励顾客大量购买从而降低企业在销售、储运、记账等环节中的成本费用。这种折扣策略可以刺激顾客在固定的地方订货与购买，培养顾客的购买忠诚度。

数量折扣又可分为两类。一类是累计数量折扣，即在一定时期内购买药品累计达到一定数量所给予的价格优惠。这种方法在批发及零售业务中都经常采用，可以鼓励客户长期购买本企业药品。另一类是非累计数量折扣，即一次购买某种药品达到一定数量或购买多种药品达到一定金额所给予的价格优惠。这种折扣策略可以鼓励客户大量购买，从而增加销售量，增加赢利。

3. 贸易折扣 贸易折扣又称功能折扣、同业折扣或中间商折扣等，是指企业根据中间商担负的不同功能及对企业贡献的大小来给予不同的折扣优待。例如，给予批发商的折扣要大于零售商，规模大的零售商能比规模小的零售商更便宜地买到某一药品。

贸易折扣的具体做法有两种：一种是先确定药品的零售价格，然后再按照不同的比率对不同的中间商倒算折扣率。例如，某企业生产的某种药品的零售价为 30 元，贸易折扣为 40% 和 10%，则表示零售商享受的价格为 $30\times(1-40\%)=18$ 元，批发商享受的价格是在此基础上再折扣 10%，即 $18\times(1-10\%)=16.2$ 元；另一种是先确定药品的出厂价，然后再按不同的差价率顺序相加，依次制定出各种批发价和零售价。例如，某企业生产的某种药品的出厂价为 10 元，给批发商的差价率为 19%，给零售商的差价率为 37%，则批发价为 $10\times(1+19\%)=11.9$ 元，零售价为：$10\times(1+37\%)=13.7$ 元。

4. 季节折扣 季节折扣是对在淡季购买药品的购买者的价格优惠。采用这种策略可以鼓励客户早进货、早购买，减轻企业的仓储压力，加速资金周转。还可以使企业的生产和销售不受季节变化的影响，保持相对稳定。例如，对一些滋补药品的销售就可以采用这一策略。

5. 促销折让 促销折让是指生产企业对为其药品进行广告宣传、布置专用橱窗等促销活动的中间商给予减价或津贴，作为对其开展促销活动的报酬，以鼓励中间商积极宣传本企业的药品。这种策略特别适合于新药的导入期，其实质是企业为开拓药品市场而支付的费用。

笔记栏

（二）差异定价策略

差异定价策略是指对同一药品或服务，根据流通环节、销售对象、时间或地点等方面的不同，制定不同价格的一种策略。

1. 根据流通环节定价 这种定价策略的具体表现形式主要有两种：即购销差价策略和批零差价策略。当药品从购进到销售的时候，经营企业（如批发企业）要支付一定的流通费用，同时应该得到合理的利润，并向国家交纳税金。这些流通费用、税金和利润之和就构成了购销差价。购销差价反映了生产企业与经营企业之间的关系。它的高低影响到生产企业与经营企业各自的利益。合理的购销差价既能促进生产企业生产的发展，又能改善经营企业的经营管理，正确指导消费。在零售企业从批发企业购进药品出售给消费者的过程中，也需要支付一定的流通费用，交纳一定的税金，同时应得到合理的利润。那么，这些流通费用、税金和利润之和就是批零差价。同样，合理的批零差价有利于调动批发企业和零售企业两方面的积极性，也有利于稳定药品的零售价格。

2. 根据购买者定价 根据购买者定价即对于同一药品，在卖给不同客户时采取不同的定价。例如，部分企业对自己的长期客户可给予较低的价格。

3. 根据药品形式定价 根据药品形式定价即对不同规格、不同品牌、不同包装的药品实行不同的定价。但是，这种价格差异与药品成本变化并不成比例。例如，包装精美别致的滋补药材比散装滋补药材的价格要高得多。

4. 根据时间定价 根据时间定价即对于同样的药品，在不同的季节、不同的日期或不同的时刻销售时采取不同的定价。例如，某些商品节日的价格一般都比平时优惠。再如，对某些药品，订货越早，价格越低。

对某些中药材来说，由于生产和收购季节十分集中，而消费者则是常年需要。这就形成了季节性生产和常年消费的矛盾。为解决这一矛盾，企业必须预先有计划地收购或储存一部分，以便在淡季供应市场。那么企业在储存和保管过程中，需要支出储存、保管和利息的费用，这些费用就形成了季节差价。合理制定季节差价，有利于生产企业合理地安排生产，经营企业有计划地均衡上市，从而保证不同季节的均衡供应，满足消费者的需求。

5. 根据地点定价 根据地点定价即对于相同的药品，因其所处的位置不同而采取不同的定价。例如，经济欠发达地区相对于经济较发达地区而言，药品价格要低一些。

（三）心理定价策略

心理定价策略是企业运用心理学原理，针对消费者在购买过程中的心理状态，来确定药品价格的一种策略。这是一种非理性的定价策略，但在现代经济市场中，往往可以激发和强化消费者的购买欲望，因此，有其重要的位置。针对消费者不同的需求心理，可采用以下几种形式。

1. 整数定价 整数定价又叫偶数定价，是指在制定药品价格时，不保留价格尾数的零头，而是向上进位取整数。这种定价策略主要适用于高档药品、具有特殊功能的药品和价值大的药品。一般来说，这类药品的定价就高不就低。例如，一种名贵中药材标价 3000 元，而不标 2996 元。因为购买这类药品的消费者一般收入水平较高，他们比较重视药品的质量和档次，所以实行整数定价，不但不会使他们因价格高几元钱而不愿购买，反而有利于提高药品的良好形象，迎合了消费者按质论价、显示与炫耀的心理，强化他们的购买欲望。

2. 尾数定价 尾数定价又称奇数定价、非整数定价，是指在确定药品价格时保留价格尾数上的零头，而不进位成整数。例如，一种价值为 10 元的药品定价为 9.99 元。这种定价一般并不是精确计算成本的结果，而是为了适应消费者心理需求所做的取舍。尾数定价一方面给人以便宜感，另一方面消费者会认为这一价格是企业经过精心计算的，比较真实。一般来说，需求价格弹性较大的药品宜采用这种策略。

3. 声望定价 声望定价是利用企业的信誉，或是为了树立药品的高档形象，故意将某些药品的价格制定得比一般药品高，以迎合消费者的“价高质必优”的心理。在这种心理驱动下，某些药品的价格尽管很高，但在市场上仍长期畅销不衰。声望定价策略适用于：

（1）名牌药品。

消费者有仰慕名牌的心理，并以价格的高低来衡量药品的质量。

（2）有礼品用途的药品。

因为这些药品带有“炫耀性”，价格低，满足不了消费者的这种心理需要。

（3）稀有药品。

如资源不够、生产不足的药品，消费者以占有它为满足，即所谓的“物以稀为贵”。

采用声望定价策略应注意：第一，要确保药品质量上乘；第二，严格掌握声望定价与同类普通药品价格的差价，不可过高；第三，不能只靠已有的声望维持高价，要不断提高质量，加强售后服务，巩固消费者的信任感和安全感。

4. 习惯定价 在市场上，有些药品的功能、质量、替代品等情况已为消费者所熟悉，而且消费者对其价格已习以为常，家喻户晓。对这类药品，例如常年销售的家庭必备药品，企业制定价格时最好尽量顺应消费者的习惯价格，不能轻易改变，否则会引起消费者的不满，导致购买的转移。即使发生了通货膨胀或药品成本变化，也不宜提价。最好的做法是改变包装或改变药品的内在成分以变相提价，如一种中药冲剂原来是每盒 10 包装，售价是 16 元，现在改为每盒 8 包装，售价是 13.6 元。从表面看，似乎很合理，实际上每包冲剂却涨了 0.1 元。

5. 最小单位定价 价格过高，常常使人望而生畏，不敢问津。若用较小单位标价，会给人以便宜的感觉，从而促进交易。例如，某种名贵中药材标价每 10 克 6 元会比标价每公斤 600 元更容易让消费者接受。

（四）地理定价策略

一个企业的药品，不仅会卖给当地客户，还会卖给外地客户，而卖给当地客户与卖给外地客户的费用（如运费）是不同的。那么企业是对不同客户实行不同价格，以收回较高的运输成本，还是不论地区远近都制定同样价格呢？这就涉及地理定价的策略问题。地理定价策略具体形式有如下几种。

1. 产地价格 产地价格也叫离岸价格,是指企业在制定药品价格时,只考虑药品装上运输工具之前即交货前的费用,其他一切费用(如交货后的运费及保险费等)一律由买方负担的一种定价策略。这种定价策略定出的价格较低,对于距离产地较近的买主或有运输优势的买主来说比较容易接受;而对于距离产地较远的买主是不利的。

2. 统一运送价格 统一运送价格是指企业对不同地区的买主,无论路程远近,都由企业将药品运送到买主所在地,并收取同样的运费(按平均运费计算)。采用这种定价策略,意味着卖方负担了全部运输、保险等费用,所制定的价格虽然较高,但买主比较容易接受。因为买主能够预先知道进货成本的确切数字,还能避免运输过程中可能会发生的风险。这种定价策略适用于重量轻、运费低且占变动成本比重小的药品。

3. 分区运送价格 分区运送价格是指企业将整个市场划分为若干个区域,根据这些区域的距离远近及运费不同,对不同的区域实行不同的价格。距离越远的区域,价格越高。但在同一区域内实行同一价格。

4. 基点价格 基点价格是指企业选择几个城市作为定价的基准点,然后按照离买主最近的城市到买主所在地的运费加上产地价格,形成药品的价格,它不管药品实际是从哪个城市起运的。

5. 运费补贴价格 运费补贴价格就是指企业对距离较远的买主收取低于实际运费的运价,以使这种药品的到货价不高于买主附近企业的到货价,实际就是企业给予买主一定的运费补贴。这种策略有利于抢占距离较远的市场区域,提高市场占有率。

(五)促销定价策略

在某些情况下,企业为促进销售,会暂时性地将其药品价格定在价目表的价格以下,有时甚至低于成本,这种价格就叫促销价格。促销定价策略主要有如下几种形式。

1. 招徕定价 招徕定价是利用消费者求廉的心理,将药品的价格定得很低,以刺激和招徕消费者的购买。例如,某些连锁药店将个别药品项目以特别低的价格出售,以招徕更多的消费者购买其他以正常价格出售的药品。这种定价策略一般适用于积压药品、换季药品、滞销药品及即将达到使用期限的药品的销售。

笔记栏

2. 特殊定价 特殊定价这种定价策略就是在某些特殊的季节,节假日或特殊活动时采取减价行动,借以吸引更多的消费者来购买药品。例如,有些百年老店搞“店庆大优惠”。此时,店内的许多药品的价格都比平时价格低。其目的是扩大销量,提高药店总利润。再如,九九重阳节,可对老年人常用的药品,尤其是补药采取降价活动。这样,不仅吸引了许多老年人来购买,还吸引了许多年轻人争相购买补药送给老人,以表达对老人的一番孝心。这时,经营企业就达到了增加销量,提高总利润的目的。

3. 心理折扣 心理折扣这种定价策略,就是故意先把药品价格定得很高,然后大幅度降价出售,使消费者心理上产生非常便宜的感觉。

第五节 医药产品价格调整策略

(一)削价及提价策略

医药企业为某种产品制定出价格以后,并不意味着大功告成。随着市场营销环境的变化,企业可能会对现行价格予以适当的调整。调整价格,可采用减价及提价策略。医药企业产品价格调整的动力既可能来自于内部,也可能来自于外部。倘若企业利用自身的产品或成本优势,主动地对价格予以调整,将价格作为竞争的利器,这称为主动调整价格。有时,价格的调整出于应付竞争的需要,即竞争对手主动调整价格,而企业也相应地被动调整价格。无论是主动调整,还是被动调整,其形式不外乎是削价和提价两种。

1. 削价策略 这是定价者面临的最严峻且具有持续威胁力量的问题。

医药企业削价的原因很多,有企业外部需求及竞争等因素的变化,也有企业内部的战略转变、成本变化等,还有国家政策、法令的制约和干预等。这些原因具体表现在以下几个方面。

(1)医药企业急需回笼大量现金。对现金产生迫切需求的原因既可能是其他产品销售不畅,也可能是为了筹集资金进行某些新活动,而资金借贷来源中断。此时,医药企业可以通过对某些需求价格弹性大的产品予以大幅度削价,从而增加销售额,获取现金。

(2) 医药企业通过削价来开拓新市场。一种产品的潜在顾客往往由于其消费水平的限制而阻碍了其转向现实顾客的可行性。在削价不会对原顾客产生影响的前下,企业可以通过削价方式来扩大市场份额。不过,为了保证这一策略的成功,有时需要以产品改进策略相配合。

(3) 医药企业决策者决定排斥现有市场的边际生产者。对于某些产品来说,各个企业的生产条件、生产成本不同,最低价格也会有所差异。那些以目前价格销售产品仅能保本的企业,在别的企业主动削价以后,会因为价格的被迫降低而得不到利润,只好停止生产。这无疑有利于主动削价的企业。

(4) 医药企业生产能力过剩,产品供过于求,但是企业又无法通过产品改进和加强促销等工作来扩大销售。在这种情况下,企业必须考虑削价。

(5) 医药企业决策者预期削价会扩大销售,由此可望获得更大的生产规模。特别是进入成熟期的产品,削价可以大幅度增进销售,从而在价格和生产规模之间形成良性循环,为企业获取更多的市场份额奠定基础。

(6) 由于成本降低,费用减少,使企业削价成为可能。随着科学技术的进步和企业经营管理水平的提高,许多产品的单位产品成本和费用在不断下降,因此,医药企业拥有条件适当削价。

(7) 政治、法律环境及经济形势的变化,迫使企业降价。政府为了实现医药产品价格总水平的下调,保护患者的利益,往往通过政策和法令,采用规定毛利率和最高价格、限制价格变化方式、参与市场竞争等形式,使医药企业的价格水平下调。

2. 提价策略　提价确实能够增加企业的利润率,但却会引起竞争力下降、消费者不满、经销商抱怨,甚至还会受到政府的干预和同行的指责,从而对企业产生不利影响。虽然如此,在实际中仍然存在着较多的提价现象。其主要原因主要有以下几点。

(1) 应付产品成本增加,减少成本压力。这是所有产品价格上涨的主要原因。成本的增加或者是由于原材料价格上涨,或者是由于生产或管理费用提高而引起的。医药企业为了保证利润率不致因此而降低,便采取提价策略。

(2) 为了适应通货膨胀,减少医药企业损失。在通货膨胀条件下,即使企业仍能维持原价,但随着时间的推移,其利润的实际价值也呈下降趋势。为了减少损失,企业只好提价,将通货膨胀的压力转嫁给中间商和消费者。

(3) 医药产品供不应求,遏制过度消费。对于某些产品来说,在需求旺盛而生产规模又不能及时扩大而出现供不应求的情况下,可以通过提价来遏制需求,同时又可以取得高额利润,在缓解市场压力、使供求趋于平衡的同时,为扩大生产准备了条件。2003 年 SARS 期间生产板蓝根冲剂、维生素 C、口罩等医药产品的企业一度提高了产品的价格。

为了保证提价策略的顺利实现,提价时机可选择在这样几种情况下:①产品在市场上处于优势地位;②产品进入成长期;③季节性商品达到销售旺季;④竞争对手产品提价。此外,在方式选择上,医药企业应尽可能多采用间接提价,把提价的不利因素减到最低程度,使提价不影响销量和利润,而且能被潜在消费者普遍接受。

至于价格调整的幅度,最重要的考虑因素是消费者的反应。因为调整产品价格是为了促进销售,实质上是要促使消费者购买产品。忽视了消费者反应,销售就会受挫,只有根据消费者的反应调价,才能收到好的效果。

(二) 消费者对价格变动的反应

从理论上来说,可以通过需求的价格弹性来分析消费者对价格变动的反应,弹性大表明反应强烈,弹性小表明反应微弱。但在实践中,价格弹性的统计和测定非常困难,其状况和准确度常常取决于消费者预期价格、价格原有水平、价格变化趋势、需求期限、竞争格局以及产品生命周期等多种复杂因素,并且会随着时间和地点的改变而处于不断的变化之中,企业难以分析、计算和把握。所以,研究消费者对调价的反应,多是注重分析消费者的价格意识。

价格意识是指消费者对商品价格高低强

弱的感觉程度，直接表现为顾客对价格敏感性的强弱，包括知觉速度、清晰度、准确度和知觉内容的充实程度。它是掌握消费者态度的主要方面和重要依据，也是解释市场需求对价格变动反应的关键变量。

价格意识强弱的测定，往往以购买者对商品价格回忆的准确度为指标。研究表明，价格意识和收入呈负相关关系，即收入越低，价格意识越强，价格的变化直接影响购买量；收入越高，价格意识越弱，价格的一般调整不会对需求产生较大的影响。此外，由于广告常使消费者更加注意价格的合理性，同时也给价格对比提供了方便，因而广告对消费者的价格意识也起着促进作用，使他们对价格高低更为敏感。

消费者可接受的产品价格界限是由价格意识决定的。这一界限也就规定了企业可以调价的上下限度。在一定条件下，价格界限是相对稳定的，若条件发生变化，则价格心理界限也会相应改变，因而会影响企业的调价幅度。

依据上面介绍的基本原理，可以将消费者对价格变动的反应归纳为三种。

（1）在一定范围内的价格变动是可以被消费者接受的；提价幅度超过可接受价格的上限，则会引起消费者不满，产生抵触情绪，而不愿购买企业产品；降价幅度低于下限，会导致消费者的种种疑虑，也对实际购买行为产生抑制作用。

（2）在产品知名度因广告而提高、收入增加、通货膨胀等条件下，消费者可接受价格上限会提高；在消费者对产品质量有明确认识、收入减少、价格连续下跌等条件下，下限会降低。

（3）消费者对某种产品削价的可能反应是：产品将马上因质量低劣而被淘汰；企业遇到财务困难，很快将会停产或转产；价格还要进一步下降；产品成本降低了。而对于某种医药产品的提价则可能这样理解：很多人购买这种产品，我也应赶快购买，以免价格继续上涨；提价意味着产品质量的改进。

（三）竞争者对价格变动的反应

虽然透彻地了解竞争者对价格变动的反应几乎不可能，但为了保证调价策略的成功，主动调价的企业又必须考虑竞争者的价格反应。没有估计竞争者反应的调价，往往难以成功，至少不会取得预期效果。

笔记栏

如果所有的竞争者行为相似，只要对一个典型竞争者做出分析就可以了。如果竞争者在规模、市场份额或政策及经营风格方面有关键性的差异，则各个竞争者将会做出不同的反应，这时，就应该对各个竞争者分别予以分析。分析的方法是尽可能地获得竞争者的决策程序及反应形式等重要情报，模仿竞争者的立场、观点、方法思考问题。最关键的问题是要弄清楚竞争者的营销目标：如果竞争者的目标是实现企业的长期最大利润，那么，本企业价格降低，它往往不会在价格上作相应反应，而在其他方面做出努力，如加强广告宣传、提高产品质量和服务水平等；如果竞争者的目标是提高市场占有率，它就可能跟随本企业的价格变动而相应调整价格。

（四）企业对策

竞争对手在实施价格调整策略之前，一般都要经过长时间的深思得失，仔细权衡调价的利害，但是，一旦调价成为现实，这个过程则相当迅速，并且在调价之前大多要采取保密措施，以保证发动价格竞争的突然性。企业在这种情况下，贸然跟进或无动于衷都是不对的，正确的做法是尽快迅速地对以下问题进行调查研究：①竞争者调价的目的是什么？②竞争者调价是长期的还是短期的？③竞争者调价将对本企业的市场占有率、销售量、利润、声誉等方面有何影响？④其他企业对竞争者调价行动有何反应？⑤企业有几种反应方案？竞争者对企业每一个可能的反应又会有何反应？

在回答以上问题的基础上，企业还必须结合所经营的产品特性确定对策。一般说来，在同质产品市场上，如果竞争者削价，企业必须随之削价，否则大部分顾客将转向价格较低的竞争者；但是，面对竞争者的提价，本企业既可以跟进，也可以暂且观望。如果大多数企业都维持原价，最终迫使竞争者把价格降低，使竞争者涨价失败。

在异质产品市场上，由于每个企业的产品在质量、适应症、品牌、服务等方面有着明显的不同，所以面对竞争者的调价策略，医药企业有着较大的选择余地：第一，价格不变，任其自然，任顾客随价格变化而变化，靠顾客对产品的忠诚度和医生的坚持来抵御竞争者的价格进攻，待市场环境发生变化或出现某种有利时机,企业再做行动。第二,价格不变,加强非价格竞争。比如,企业加强广告攻势,加强临床学术推广的力度,或者在包装、功能、用途等方面对医药产品进行改进。第三,部分或完全跟随竞争者的价格变动,采取较稳妥的策略,维持原来的市场格局,巩固取得的市场地位,在价格上与竞争对手一决高低。第四,以优越于竞争者的价格跟进,并结合非价格手段进行反击。比竞争者更大的幅度削价,比竞争者小的幅度提价,强化非价格竞争,形成产品差异,利用较强的经济实力或优越的市场地位,居高临下,给竞争者以毁灭性的打击。

第六节 政府对药品价格的管理

自改革开放以来,我国药品价格的定价主体已由过去的单一主体向多元化主体转变,定价方法也在不断改进和完善。从2000年开始,我国又对药品价格管理进行改革,主要是针对政府定价部分进行调整。根据国家宏观调控与市场调节相结合的原则,药品实行政府定价和市场调节价。政府定价药品以外的其他药品实行市场调节价。不同医药企业生产的政府定价药品,在其产品有效性和安全性明显优于或者治疗周期和治疗费用明显低于其他医药企业的同种产品时,可申请单独定价。政府定价原则上按社会成本确定价格,对供大于求的药品,要按社会先进成本定价。流通环节的进销差率和批零差率合并计算,实行差别差率。对于政府定价,除少数垄断性经营的药品必须严格执行政府定价外,大多数政府定价为最高零售价,经营者可以低于政府定价销售。截至2004年底,国内已有各类药品1万多种。这些药品当中,属于政府定价的仅限于列入《国家基本医疗保险药品目录》及少量具有垄断性质的特殊药品,如国家计划供应的精神、预防、免疫、计划生育及毒、剧、麻等限制性药品,约占药品总量的10%,其他药品则全由生产经营者自主定价。

根据经济学原理,在非完全竞争市场条件下,每个制药厂商都面对一条向下倾斜的需求曲线(如图11-2中的D)及其相应的边际收益线(如图11-2中的MR),都有各自的平均成本(如图11-2中的AC)与边际成本曲线(如图11-2中的MC),追求最大利润的厂商的定价策略必然是由边际成本与边际收益相等时确定的均衡产量(如图11-2中的Q_m),依据需求曲线决定其产品市场价格(如图11-2中的P_1)。此时市场价格高于厂商边际成本,也高于平均成本,厂商获得超额垄断利润。

对医药产品实施限价,即按照厂商边际成本定价原则,强制医药企业收取的产品价格接近或等于其长期总成本。如图11-2所示,如果不完全竞争性医药企业按照$MR=MC$定价,其均衡价格和产量分别为P_m和Q_m,厂商获得高额垄断利润。政府如果强制厂商按照竞争性市场定低价,$MC=AR$,价格和产量分别为P_c和Q_c,医药企业亏损,将退出运营。政府合理的限制性定价行为应按照$AC=AR$确定,价格和产量分别为P_r和Q_r,医院不亏不赢,获得正常利润,消费者福利极大化。

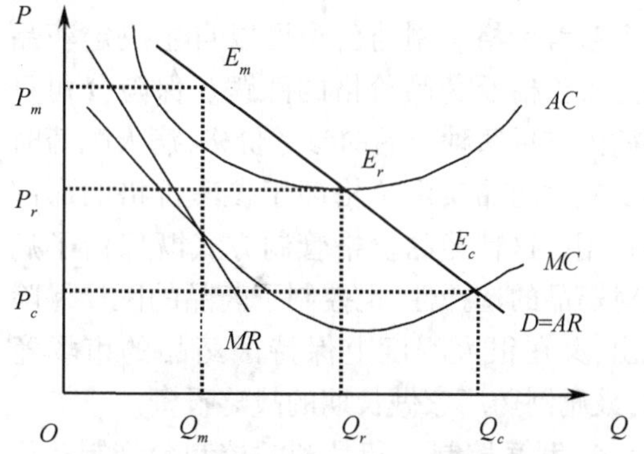

图11-2 不完全竞争条件下医药企业产品的定价分析

政府定价方式不能激励垄断者降低价格,因为当厂商成本减少时,管制者就会继续降价,双方博弈的结果会使得医药企业成本居高不下,效率低,往往会借助营销等方式转嫁自身损失。限制性定价在现实当中实施难度很大,鉴于医疗服务产品的多样性和复杂性,在对每一种产品定价时,要求管制者本身具有非常丰富和专业化的知识,同时要花费巨大的成本去收集各方面的信息,医疗服务产品技术的更新又使得其价格的变数很大。

(一)药品价格管制的方法

药品价格管制是发达国家药品政策的重要内容之一。价格管制通常可分为固定价格体系(fixed price)与成本加成管制(cost plus,利润控制)两种形式,前者又可具体表现为定价控制、价格冻结或削减以及参考定价。不同管制系统厂商定价的自由度是不同的，反映了各国政府对药品价格的管制强度。

1. 定价控制 较严厉的药品定价控制仍然是OECD国家广为采用的价格控制方法之一，他对新药的上市定价以及价格上涨采取严格的管制。采取这种政策的国家在制定药品价格时多考虑药品本身的治疗价值、替代疗法的成本、药品销售对国民经济的贡献以及该药在其他国家的销售价格等因素。

2. 价格冻结或削减 在20世纪八九十年代，发达国家也常采用价格冻结或削减的方法来控制药品价格。如法国有一套与药品消费量相联系的价格削减方案，当价格昂贵的药品在财务上威胁到药品的全面补偿时，药品预算价格被削减，削减幅度常在3%～20%之间。

3. 保险药品参考定价 参考定价体系是保险机构为一组疗效相同或相近的药品设定一个参考价格。制药公司可以自主决定药品的上市价格及药品价格的涨跌。保险公司只为病人支付每种药品的参考价格，病人配药时需要支付药品实际价格高于参考价格的那部分费用。这种药品价格管制方式既保留了病人对药品的选择性，也控制了药品的医疗保险支出，又在很大程度上保持了药品的市场竞争，鼓励制药厂家做长期的战略投资。

4. 利润控制 药品利润控制允许制药厂家自行设定药品销售价格，只要求厂家的总利润率保持在规定范围内。多数国家还对制药厂家允许劣质的成本和费用进行了限定。英国是最为典型的实施药品利润控制的国家。自1957年开始，这一管制方案就覆盖了提供给英国国家卫生服务体系（NHS）的所有商标药品，这部分费用大约占NHS药品费用的80%。

欧洲共同体各国政府对药品批发业也采取控制利润、加强竞争或集中采购的政策，允许生产厂家和药房与批发商展开竞争，药品批发业的整体利润率降低了，现在一般为6.5%～8.5%。对药品零售环节（主要指药房）的药品加成也规定了上限，或以每张处方的固定服务费来计算。

（二）我国现行药品价格监督管理方面存在的问题

合理的药品价格的标准是既受消费者欢迎又可使医药企业生存获利。药品价格的制定涉及社会各方利益，政府定价的基本作用是找到价格平衡点，协调各方利益关系。而我国现行的药品价格制定的制度和体系并不很合理。

1. 药品价格监督管理难度加大 成本加成法算出的成本并不是一个容易确定的数字。全国几千家制药医药企业制造了几十万种药品，如果医药管理部门一个个去核算它的成本，再由全国近两万家药品批发医药企业一个个去对账，其计量和监督成本是十分高昂的，这样一来就必然导致机会主义行为的滋生和管理效率的丧失。

2. 政府对药品价格直接干预和管理过多 按照我国的药品价格管理办法，我国的医药企业还是有一定的自主定价权，然而，实际上这种自主定价权受到很多限制。一般来说，医药企业只对一些用量小、价格低的“小药品”有完全的自主定价权，而政府价格部门不但规定了作价办法，规定了利润率、销售费用率、流通差价率等，还要规定折扣率。这种定价方式，不仅与全球经济一体化趋势不符，也与我国现行经济体制不相适应。近年来，物价管理部门对药品价格的监督管理，重点放在了生产医药企业、流通环节的批发医药企业和医疗机构上，对药品零售医药企业，特别是近几年新开的药店的价格管理有所放松。从国家到省、市都没有相应的完备的价格管理规定和办法，导致一部分不具备零售药店经营资格的药店相继开业，客观上加大了价格管理的难度。

3. 新药审批把关不严 目前市场上真正属于创新研制的药品很少，多数是在原有品种上翻版生产、更换剂型的“新药”。但新药的价格往往是同品种老药的几倍，甚至几十倍。生产厂家在核算新药成本时，往往加入大量设备更新费及临床验证费等，导致新药定价普遍偏高。有的厂家为了生存，甚至采取更换药品名称的方法将老药变“新药”。由于新药的审批制度尚不够完善，医药企业为了获得高额的利润，纷纷放弃原有产品，开始仿制药品，从而使生产、流通领域陷入更为混乱的状态，导致药品价格持续上涨，加重了消费者和社会的负担。

（三）完善药品价格管理的政策措施

建立完善的药品定价制度体系，有效的组

织是制度变迁的关键,我国药品定价制度变迁的驱动力是药品定价管理中的信息不对称问题导致信息成本过高,化解这一问题只有政府,有效的政府组织是我国药品定价制度变迁的关键,作为一个有效的政府,应该是具有创新能力和执行能力的政府。因此我国药品定价制度是建立完善的药品定价制度体系,具体包括:

(1)完善法律法规体系,建立以市场调节为主的药品价格体系。政府应及时制定药品定价及价格监管的法律法规、规章和规范性文件,确立药品定价在立法运用方面的统一。对于政府定价的药品,价格主管部门要进一步健全成本调查和审核制度,充分发挥成本制约机制的作用,及时根据成本和供求变化规律等情况,降低偏高的药品零售价格。在完善法律法规的同时,要研究国际药品价格政策及其类型,分析药价政策与社会发展之间的关系,为我国药品价格政策的制定和调整提供借鉴。在药品价格政策的建立和完善方面,应该从国情出发,借鉴目前国际上先进国家药品的定价政策,建立一套科学、严谨、高效、有可操作性的药品价格定价体系。对药品价格的管理既要与社会主义市场经济体制的要求以及具体国情相适应,同时也要与国际接轨。

(2)规范药品生产医药企业注册审批制度,遏制虚高报价。对医药企业自主定价的药品,在尊重医药企业自主定价权的同时,价格主管部门应加强对市场价格行为的监督。要通过加强市场价格监测,及时发现价格矛盾和问题。对医药企业自主定价的干预,要充分利用和发挥招标采购的竞价作用,遏制药品购销中的不正之风,提高药品采购的透明度,为医药企业提供公平竞争的环境,保证临床用药的质量,逐步降低药品采购价格。没有实行招标采购的药品和医用耗材,可通过依法限定差价率、利润率,依法实行提价备案、提价申报等方式规范医药企业价格行为,抑制市场价格的不合理上涨。

(3)完备定价组织,提高程序透明度。充分考虑药品定价的复杂性和艰巨性,发挥药学、医学、制造工艺学等各方面的专家作用,形成政府组织、专家参加的定价组织体系。政府定价的过程要规则化、制度化。通过论证会、听证会协调会等方式增加定价过程的透明度。目前国际上的通行做法,如加拿大联邦政府专门成立了专利药品价格审查委员会(Patented Medicine Prices Reviev Board,PMPRB)直接制定和指导地方政府管理药品价格,有效控制了药品价格过高,是可以为我国借鉴的。

(4)在医疗机构内部实行医药分开核算规范财政补偿方式,理顺医疗服务价格,在逐步提高医务人员劳务价值的同时,逐步降低药品的批零差价,使医疗机构能够通过提供技术劳务服务而不是通过药品获得生存与发展必要的补偿。在社会与经济条件成熟的时候,医疗机构逐步实现医药分离,做到以医养医。

(5)发挥市场调节作用,建立符合市场运行机制的药品价格制度。

改革药品价格管制制度,放宽政府对药品价格的管制,建立以市场调节为主的药品价格体系。现阶段要进一步减少政府的定价范围,除少量国家指定生产的具有垄断性的特殊药品外,其余药品价格均由市场决定,充分发挥药价的杠杆作用。从长远来看,药品价格应主要由市场决定,政府只起监督、指导以及为市场服务的作用。既然医药行业是经济行业,对药品价格的管理就必须按照经济规律来进行。政府对经济干预必须适度,主要应放在市场失灵的矫正方面。随着我国市场经济体制的不断完善、市场竞争机制作用的不断增强,以及国民收入水平的提高,社会承受能力的不断增强,将逐步实现药品市场定价。

(四)展望

通过分析影响医药企业定价法规,针对我国医药企业的现状,我国将来必须严格执行药品生产经营的准入制度,提高质量,扩大规模,减少重复建设。2004年,对于我国医药行业来说具有重大意义:GMP、GSP认证工作的完成重新调整了我国药品生产、经营医药企业格局,优胜劣汰,关闭了一批不合格医药企业,鼓励医药企业兼并、重组,在优化资源的同时扩大医药企业规模,在一定程度上降低了药品生产、经营医药企业的低水平重复,减少了资源的浪费。

可以预见,将来政府会进一步加大对药品价格的监管力度,加快药品流通体制改革,加强药品生产成本核算与市场供求分析,重新核定政府定价的药品价格,强化对零售药品的价格监督检查;药品销售严格实行明码标价,逐步实行由药厂在药品零售外包装上印刷零售价格的办法，以增加药品价格的透明度，强化社会监督作用；整顿药品流通秩序，严格执行药品经营的准入制度，鼓励药品经营医药企业集团化、连锁化；加强多部门协作，协调各方利益，进行我国医药流通市场的彻底改革。

本章小结

医药产品的定价是所有医药生产企业营销管理者面临的主要问题之一。影响医药产品定价的因素很多，大体上有产品成本、市场需求、竞争因素和其他因素四个方面。营销理论认为，产品的最高价格取决于产品的市场需求，最低价格取决于该产品的成本费用，在最高价格和最低价格的幅度内，医药企业能把这种产品价格定多高，则取决于竞争者同类产品的价格水平。产品成本显然是最重要的影响因素，主要包括生产成本、销售成本、储运成本和机会成本等。市场需求受价格和收入变动的影响，表现为需求弹性，医药企业在定价时要考虑需求价格弹性、交叉弹性和需求收入弹性。竞争因素则主要包括竞争状况、竞争强度以及本企业在竞争中的地位的影响。医药企业的价格策略还受到地区、季节和产品信息等因素的影响。

生存、短期利润最大化、市场份额最大化、撇脂最大化和确立药品的质量领导地位是医药企业通过定价可以完成的目标。其中，生存是医药企业定价的首要目标。医药企业的定价目标是依托于当时企业所处的国内外市场环境条件、国家相关产业管制政策和相应药品价格法规规范的，并且依据于企业的经营战略和营销组合战略的指导。

医药企业常用的定价方法有：成本加成定价法、目标收益定价法、感知价值定价法、价值定价法、随行就市定价法和投标定价法。

医药产品的定价策略有：折扣折让策略、差异定价策略、心理定价策略、地理定价策略和促销定价策略。

医药产品价格制定之后可以进行削价及提价的价格调整。削价策略是定价者面临的最严峻且具有持续威胁力量的问题，提价策略可能会引起竞争力的下降、消费者的不满、经销商的抱怨等不利影响，因此，医药企业在进行价格调整时应该慎而行之。最重要的是考虑消费者对价格调整的反应，消费者可接受的价格界限决定了企业可以调整的价格的上下限度。企业调整价格的同时也要考虑到竞争者的反应，并且针对消费者和竞争者的反应采取不同的对策。

由于药品的特殊性及我国的国情，政府必须对药品价格进行管制。药品的价格管制可以采取定价控制、价格冻结或消减、保险药品参考定价、利润控制等方法。针对我国现行的药品价格监督管理方面存在的监管难度大、政府直接干预和管理过多、新药审批把关不严等问题，提出应该建立完善的药品定价制度体系，有效地发挥政府的监管作用。

思考题

1. 如何看待价格策略在营销组合策略中的作用和地位？

2. 医药企业应如何应用定价策略进行卓有成效的市场竞争？

3. 医药企业在采取降价策略时，经常遇到的问题与挑战是什么？企业应该如何面对？

4. 为什么近几年国内会出现药价虚高的现象？你认为政府应该采取怎样的措施来控制药价？

案例分析

001型光子热疗智能系统的定价策略

在制订整个营销战略过程中，确定产品价格是最关键的一步。价格体系决定所有营销要素：渠道、促销、公关等，从根本上影响销售政策的成败。反过来，销售政策导向也影响价格制订过程，产品价格体系制订也反映企业营销指导思想，反映当时的市场状况对企业的深刻影响。

相对其他类别医疗产品，高价值医疗设备的定价最具有主观能动性。所谓高价值医疗设备，

笔记栏

是指数百万以上的大型医疗设备，如伽玛刀、超声聚焦刀、核磁共振、CT机、热疗机等，其价格远远高于其实际成本数倍甚至数十倍。这类设备定价过程决非遵循同一模式，但可以肯定的是，虽然看起来颇有点“老板定价法”的味道，实际上还是有一些基本的思维程序。影响这类产品定价的因素很多，市场行情、制造成本、利润期望、渠道设计、推广方式固然是基本的考量因素、其他甚至如经营理念、管理哲学、老板心态、性格为人等也有所体现。事情可以简单到大老板一人拍桌子说了算，也可以复杂到几十页的报告也未必说清楚个所以然。

以国内某上市公司某类新型肿瘤全身热疗设备的定价调研的过程为例，这家企业传统上以超声设备为主导产品，最新开发的某型“光子热疗智能系统”属于大型肿瘤治疗设备。由于缺乏同类产品经验，整个营销思想都是一片空白，如何定价也成为一个最大的问题。在讲述定价过程之前，必须对产品和企业做一简单介绍。该企业创立于1993年，主要经营自主开发的超声诊断设备，面向基层医疗单位。除此之外，还有手术室洁净系统，DR等产品。该企业是所在城市惟一一家上市医疗设备公司。为应对市场环境变化，该企业成立肿瘤产品事业部门，重点开发肿瘤治疗设备，目前主要产品有001型光子热疗智能系统和002型微波肿瘤消融系统。本案例介绍的是001型光子热疗智能系统（简称热疗机），是利用红外线辐射进行全身热疗的肿瘤治疗设备。热疗是继手术、放疗、化疗和生物治疗之后又一肿瘤治疗手段，全身热疗目前正在世界和国内方兴未艾，应该说是一类有前途的产品。之前深圳一家公司已经开发出国内第一代产品，而该企业的热疗机主设计人员就是原深圳那家公司产品的设计者。所以，两个产品具有极大的相似性，区别只在于后一代产品采用亚高温全身热疗理论，因而在设计中取消了全身麻醉概念，制造成本和临床应用有所改进。该产品主要适合应用对象为大型综合医院肿瘤科和肿瘤专科医院。深圳那家公司产品已经投放市场多年，拥有一定数量的用户。产品报价从开始的上千万逐步调整到400万~500万元，成交价格在300万~400万元之间。真正可比的只有深圳这家公司产品，其他可以借鉴的还有以微波、射频、体外循环为手段的热疗机，价格基本上都在数百万上下。

实际上从产品开发到最终定型，时间持续很多年，主要是研发过程的投入，所谓的固定成本和变动成本已经无法精确真实地核算出来了。内部一些人员比较务实地估计，每台热疗机成本最多也就50万元人民币左右。如果按照成本加利润定价法，热疗机最多也就销售在100万元上下。

为掌握第一手数据，市场调研是必不可少的。在1个月的时间内，企业分批派人先后走访了北京、成都、南昌、郑州、长沙等地近30家综合医院肿瘤科和肿瘤专科医院，了解他们对热疗产品的认识和看法，以及对热疗的认知和接受程度。市场调研结果汇总并上报。公司决策者经过与肿瘤产品事业部门交流探讨，确定了该型热疗机的价格体系。

经过市场调研，目前市场上还没有一种占主导地位的热疗产品。该热疗机完全有机会在亚高温全身热疗领域达到市场占有率第一并长期保持。而亚高温全身热疗代表全身热疗理论和临床最新发展方向。企业应该追求在全身热疗领域的市场领导者地位。

定价同时又是均衡生产商（公司）、渠道（代理商、投资方、销售人员）和用户（医院、患者及其亲属）三方利益的过程。价格体系就是利益分配体系。具体地说，要在公司利润、代理差价和市场占有率之间求得均衡，充分保证渠道运行的利益驱动动力。

营销支出是价格体系中一个重要的可量化关键因素。无论企业采取何种营销模式，在定价过程中都必须按照“零效益运转”的原则，假设在一段时间（1~3年）内，按照市场同类设备通行的营销模式，计算平均支出。比如企业按照3年内销售30台的计划计算，全国5个片区市场，5~10个直销人员。营销支出中包括30%最低的分销渠道让利，或者相当于直销人员的薪酬、提成、福利、业务开支等。还有客户招待费、学术会议活动组织费用、市场推广费用、客户售后服务、学术支持、客户关系维护、中心管理平台建设等费用。据此计算出每台平均营销支出在120万元左右。在计算营销支出时，要充分考虑渠道利益（包括直销人员和分销商），应

笔记栏

该有足够的利益空间保证渠道成员的积极性。

用户效益也是决定价格的重要因素。不仅要考虑用户期望的回收期和经济效益,也要考虑患者承受能力。企业提倡在大型医疗设备营销过程中,不要把设备单纯按照产品来卖,而应该当作一个完整的项目来开发。在设计产品组合时,可以结合良好的售后服务、学术支持、临床指导、市场开发等超值服务,获取超值服务利润。

最后,落实定价方案。分析各种关键因素后,就要考虑产品价格构成。企业设计的产品价格构成如下:生产成本;营销支出;公司基本利润;税费;超值服务利润。

单位:万元

项目	直销	分销	项目	直销	分销
生产成本	80	80	公司基本利润	24	24
营销支出	120	30	税费	17%×300=51	17%×192=33
超值服务利润	25	25			
合计	300	192			

这里值得一说的是所谓超值服务利润。要获取超值服务利润,企业必须具有能够提供超值服务的能力。如果一个企业只是具备研发制造出产品的能力,只能向用户提供一台机器设备,却没有能力引导市场、在学术领域占据主导,不能给用户提供强大的临床指导和学术支持,不能站在用户立场具体设计项目工程,这样的企业是不会获得超值服务利润的,也将不会有前途。企业开发出产品,正如伟人比喻那样,只是万里长征第一步。从一般医疗产品企业向高价值医疗设备企业升级,企业自身需要完成脱胎换骨的过程。

在定价过程中,不仅要考虑这一个产品,还要考虑相关类型、型号、配置,以及产品组合问题。如果该企业将来还要开发出肿瘤治疗产品系列,热疗产品系列,不同型号的热疗机,高、中、低档的产品组合、配置组合,等等,同时还要根据不同层次用户提供不同服务水准,那么就要预先预留出不同的价格空间。与此同时,还有一个相对心理价格问题。

价格制订者应该对产品有相当的熟悉和了解,同时对市场状况有十分的掌握和预测,才能制定出合理有效的价格体系。一个好的价格体系不仅仅应该是合理的,而且应该是有效的,因为价格体系是决定销售政策的关键,是整个营销战略的灵魂所在。

案例讨论

1. 该公司的定价目标是什么?

2. 你认为公司的001型光子热疗智能系统的价格策略应该怎样确定?

笔记栏

第十二章 医药产品的分销渠道策略

学习目标

通过本章的学习，要求理解和掌握医药分销渠道的含义、流程、功能和类型。把握医药分销渠道的设计与管理；了解医药批发商和零售商的类型、功能、作用；了解医药的供应链管理。

引导案例

一直以来我们对于市场中贴膏类产品的关注不是很多，总认为贴膏类产品的市场很小，而且市场中贴膏类产品竞争也波澜不惊。近年来，市场中运作比较好的就属“奇正消痛贴”，其业绩非常突出。据国家医药信息每月发布的销售数据看，奇正消痛贴在贴膏类产品中销售一直名列前茅，年销售额也在几个亿，对于一贴膏药，在目前的医药市场竞争环境下，能够在市场中占有较好的销售成绩，并且这几年还在不断上升，其中的原委值得探析，现就奇正牌消痛贴的分销渠道作些分析。

1. 背景 奇正藏药集团创建于1993年，是集研、产、销为一体的大型民族药业集团，下属有四家GMP药厂、一家研究所、两家GSP经营公司等十余家企业，拥有员工1000余人。

奇正藏药集团致力于传统藏药的继承和创新，现已形成外用贴剂、涂擦剂、药浴剂以及传统藏药水丸剂四大系列精品藏药，拥有55个藏药品种，1个青藏绿色保健品，其中5种产品被列入“国家中药保护品种”。现有十多项国内、国际专利。甘南佛阁藏药有限公司、西藏林芝奇正藏药厂、甘肃奇正藏药有限公司、上海雪域奇正生物科技有限公司、白玛曲秘。

2. 渠道设计 打造自主市场渠道，展现三级网络优势。有自己的营销网络，有非常健全的销售渠道等都是许多企业运作的模式，奇正的消痛贴膏也是从这一点上慢慢发展起来的。

在奇正消痛贴膏进入市场初期，通过一些经销商招商的办法，进行市场初级阶段的尝试运作，由于货物买卖的经销权在经销商，企业自己无法展开进行市场大规模的启动与良性运作，因此市场在无形中走得非常痛苦，这也是特定条件下许多企业共同所走过的历程，由于看不到市场的发展方向，奇正消痛贴开始寻找自主的市场渠道与营销网络。

从渠道上，奇正消痛贴充分发挥其产品特色，依据产品属于国家中药保护品种，跻身于国家医保产品目录，从而打开市场的关键性问题，使得市场销售趋于非常稳定的时期，在立足医保这个比较大的消费项目上，进一步开拓市场份额，向各级医疗体系进军，使渠道销售更加多元化，许多经销商都非常愿意做奇正牌消痛贴膏，终端渠道的销售有了非常强大的保证。

传统营销中的渠道网络展现优势的同时，奇正消痛贴不断根据市场的发展进行调整，OTC市场是近几年在我国快速发展的营销渠道之一，其中的销售份额也在急剧上升，奇正看清市场发展机会，花大力气打造一支自己的终端营销队伍，使其运作在网络的构架上更加趋于完善。

目前奇正消痛贴的营销自主网络已经分布三级市场营销网络，多种渠道构架也已经完成，从省级到地市级、到乡镇级均有其销售网点，为其销售的增长奠定了广泛的基础，也为销售的最终突破提供了保障。

奇正消痛贴在市场的推进中寻求稳健推进的方法，在渠道的运作与市场营销方面，以点带面，以局部市场与重点市场为突破口，在战略与战术上都采用稳重的做法，没有大张旗鼓地从媒体的广而告知，到终端的全面开花，而是先从消费使用开始，与销售点合理配合，细心介绍与定点推广，从一场经销商招商开始，稳固网络，然后集中优势加以推广，主要以外部终端的促销

笔记栏

与医院、医保的共同作用,做好销售的疗效验证,使市场稳定上升。

任何产品只有送到消费者手中才是现实的产品,才能实现企业的目标利润。正确制定分销路线,认真选择、配置中间商并实施有效的管理,以及合理安排产品的储存与运输,将适合的产品适时、适地、经济、方便地提供给顾客,满足他们的需要,实现其使用价值,是本章研究的主要内容。

第一节 医药产品分销渠道概述

一、医药产品分销渠道

1. 医药产品分销渠道的含义 营销渠道有时也称销售通路或营销网络。关于营销渠道的定义,有多种描述,通常有以下几种:

著名的营销学家菲利浦·科特勒认为:"市场营销渠道是与为消费者和商业用户的使用或消费提供产品或服务的过程相关的一整套相互依存的机构。"营销学家斯特恩和艾尔·安塞利对营销渠道所下的定义是:"一条分销渠道是指某种货物或劳务从生产者向消费者转移时取得这种货物或劳务的所有权的所有企业和个人。"美国市场营销协会(AMA)认为营销渠道是"企业内部和外部的代理商和经销商(批发和零售)的组织机构,通过这些组织,商品(产品或劳务)才得以上市销售"。

上述定义虽然表述不尽相同,但本质是一致的,即营销渠道是促使产品或劳务顺利地被使用或消费而相互配合起来的一系列组织。也是产品从制造商转移到消费者所经过的各中间商联结起来的路径和管道,一般包含批发商和零售商,而生产者与消费者作为渠道运作的始发者与最终者,往往也被纳入商品渠道(也包括医药商品)的重要成员之列,因此营销渠道是企业重要的外部资源。企业必须选择和制定适当的营销渠道计划,用以指导整个企业的营销管理工作。

一般,营销渠道管理包括以下三个要素:

(1) 渠道的效率。产品和服务到达目标消费者的速度和成本。

(2) 渠道的可控制性。企业营销活动执行的难易度和准确度。

(3) 渠道的适应性。渠道与目标消费人群的匹配程度。

因此,本书认为医药产品销售渠道就是医药产品从医药企业转移到消费者手中所经过的途径。取得医药产品所有权或帮助所有权转移的所有商业组织和个人,诸如医药批发公司、零售药店、医药代理商等。

信息框

药品与一般商品分销渠道有以下几点不同:

(1) 药品一般不能由制造商直接卖给消费者(患者),因此药品渠道结构中较少运用零渠道。

(2) 药品分销行业进入壁垒高。渠道各成员如代理商、经销商、药店和医院都必须获得药品经营许可证方可进行药品销售活动;对于在药店销售的处方药品,消费者还需凭医师处方购买。

(3) 患者作为药品消费者不具有购买处方药的选择与决定权。由于消费的信息不对称性,处方药的购买选择与决定权被拥有专业优势的医务人员掌握,因而渠道系统的终端客户除了消费者即患者外,更涵盖了医院的医生甚至于药店的店员。现阶段,医院一直是药品分销最主要的终端市场,通过医院销售的药品占整个药品销售的80%,因此逐渐形成药品特有的销售方式——制药公司的医药代表向医生宣传介绍药品、推荐医生进行处方,再向患者进行健康教育,然后将需求信息反馈中间商,由中间商向医院供货。

笔记栏

2. 医药中间商的功能

（1）医药中间商的定义：由于商品经济的发展，市场的扩大以及生产与消费的分离，使产品在供求数量、品种、时间、地点和所有权等方面产生了矛盾。为了解决这些矛盾并节约社会劳动，从生产者中间分离出一部分人专门从事产品销售工作，形成了各种产品销售渠道。分销渠道对于沟通生产与消费，满足其各自的需要起着重要作用，成为不可缺少的纽带。在产品从生产者向消费者转移的过程中，生产者是分销渠道的起点，消费者是分销渠道的终点，中间商是分销渠道的中间环节。

中间商是通过医药商品买卖或提供服务来促成医药商品的买卖的经济组织，通常指进行医药产品代理、批发和零售的专业医药公司或医疗单位，它是联系和消费的中间环节，因此人们才习惯上称之为中间商。

医药中间商可根据不同的标准，分为如下类型：第一，按照在商品流通中是否拥有所有权划分，可分为经销商和代理商。经销商是拥有一定资金、场地、人员的法人，在其经营中，通过购进商品和销售商品实现商品所有权的转移，获得相应的经营利润。代理商则是在商品流通中为购销双方提供穿针引线服务，促成商品交易的实现，获得一定的服务手续费或佣金的人。第二，按照中间商在商品流通中的地位不同，可分为批发商和零售商。批发商处在商品流通的起点，其经营特点是批量购进批量销售。零售商处在商品流通的终点，其经营特点是批量购进，零星销售（这部分内容我们将在本章第二、三节中详细讨论）。

（2）医药中间商存在的必要性：中间商是社会分工和商品经济发展的产物，它的存在有其客观必要性。在现代社会中，市场供求面广量大，购销关系复杂多变，生产者显然不可能把自己的产品最大限度地直接提供给消费者。而中间商的加入，由于其自身特有的功能，可以加速产品流通，缩短销售时间，加快资金周转，从而加速整个再生产过程。同时，也使生产者从具体的销售业务中解脱出来，全力投入产品开发和生产，有利于节约销售费用，降低成本，提高效益。图 12-1 和图 12-2 示意了有无中间商参与的产品交易过程。

图示假设药品市场中只有 3 个医药产品的生产者和 3 个医院或药店，每个医院或药店都需购买每个药厂的产品，每个药厂也需向每个医院或药店供应产品。在没有中间商的条件下，生产者和医院或药店之间要进行 3×3＝9 笔交易，而当有了一个中间商后，则只有3+3＝6 笔交易。由此可见，有了中间商的存在，极大简化了销售渠道，减少了交易次数，从而减少了社会资源的浪费。在实际经济活动中，医药生产者与医院或药店之间的交换，比这种假定不知要复杂多少倍。由此可见医药中间商存在的必要性。

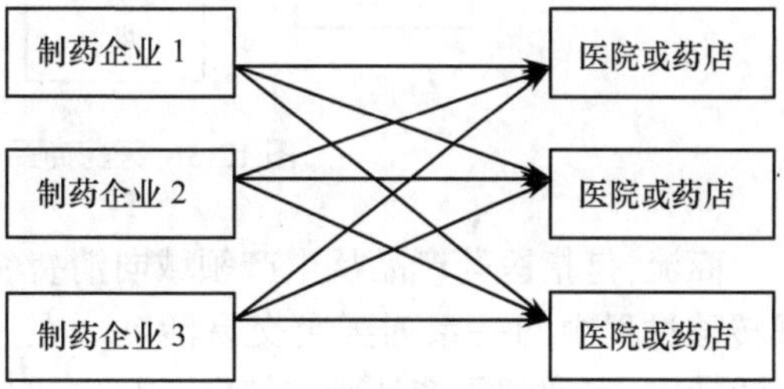

图 12-1　市场中无中间商情况

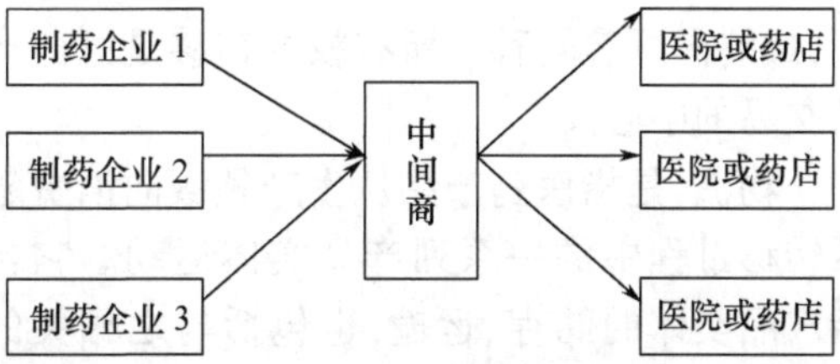

图 12-2　市场中有中间商情况

此外，医药生产者由于产品、市场、财力、营销经验、管理水平、国家政策规定等方面的原因，几乎不能直接向消费者进行销售，而要通过中间商进行。随着商品经济的发展，社会分工越来越细，商品流通量也越大，中间商存在的必要性和作用就越大。

二、分销渠道的流程及其功能

医药产品在分销渠道中流通时，我们可以看到其中存在几种以物质或非物质形态运动的“流”。同时，一些企业如银行、保险公司、运输公司、仓储公司、咨询公司、广告公司等机构虽不介入医药商品所有权的转移过程，但与渠道运行有着密切的联系。菲利浦·科特勒将这几种“流”归纳为“五流”，即商流、物流、货币流、信息流、促销流（如图 12-3）。

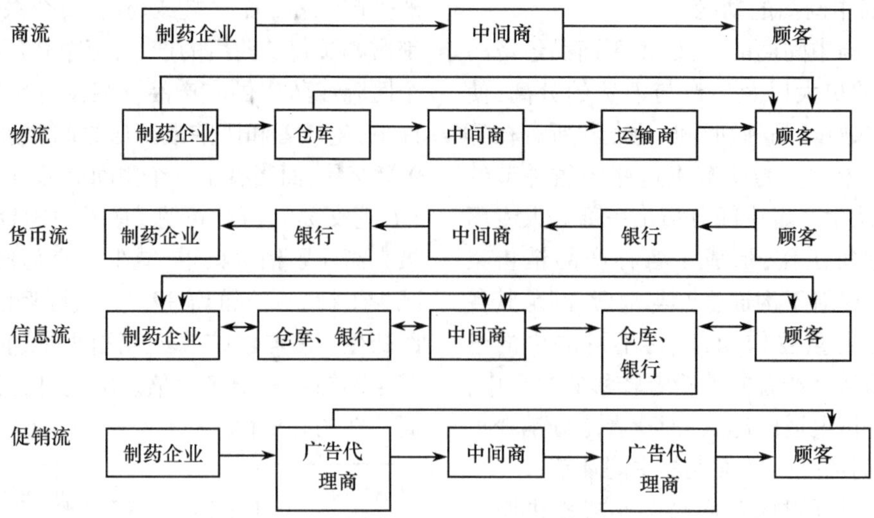

图 12-3 医药商品分销渠道中五种流程模式

商流，是指医药产品从生产领域向消费领域转移过程中的一系列买卖交易活动。在这一活动中，实现的是产品所有权由一个成员到另一个成员的转移。如原材料所有权从供应商转移到制造商，产品所有权由制造商向经销商，最终向顾客转移。所有权的转移是医药产品交易的中心。

物流，是指医药产品从生产领域向消费领域转移过程中的一系列产品实体运动。它包括产品实体的储存、运输，也包括与之相关的产品包装、装卸、加工等活动。物流活动从实质上保证了医药产品由生产领域向消费领域的安全转移。

货币流，是指医药产品从生产领域向消费领域转移的交易活动中所发生的货币活动。它与商流的方向相反，即由顾客将货款支付给中间商，再由中间商扣除佣金或差价后支付给生产者，一般要以银行或其他金融机构作为中介。

信息流，是指医药产品从生产领域向消费领域转移过程中所发生的一切信息的收集、传递和处理活动。它既包括生产者向中间商、顾客的信息传递，也包括中间商及其顾客向生产者所进行的信息传递。所以信息流的传递是双向的。

促销流，是指医药产品从生产领域向消费领域转移过程中，生产者通过广告公司或其他宣传媒体向中间商及其顾客所进行的一切促销活动。它主要通过广告、宣传、销售推广和公共关系等促销手段，影响消费者的购买行为，促进销售。

笔记栏

在整个销售过程中存在三种基本矛盾：一是生产与需要之间的矛盾；二是生产地与消费地之间运输的矛盾；三是如何协调不同时期供给与需要之间的矛盾。分销渠道克服上述矛盾，销售渠道中的成员发挥着许多关键性的作用，有些能帮助达成交易：

(1) 信息。收集和传递有关营销环境中的参与者的市场调查和情报信息，用于制定计划和帮助交换。

(2) 促销。发展和传播有关为吸引消费者而设计的产品和服务的富有说服力的信息。

(3) 交流。找到预期购买者并与他们进行对话。

(4) 配货。定型和完善供应品，使之符合消费者的需要，包括制造、分类、组装和包装。

(5) 谈判。达成有关供应价格和其他条件的协议，以便转移所有权或占有权。

(6) 物流。组织医药产品的运输和存储。

(7) 理财。获取和使用资金以支付渠道运转开支。

(8) 风险承担。承担渠道运转所产生的风险。

三、医药产品分销渠道的类型

医药产品按其最终使用者的不同可分为个人消费者与生产者组织两大类，而医药产品又可以分为药品和医药工业品（指原料药、中间体等）两类。由于这两类医药产品的销售管理方式的不同，其分销类型如图 12-4 所示。

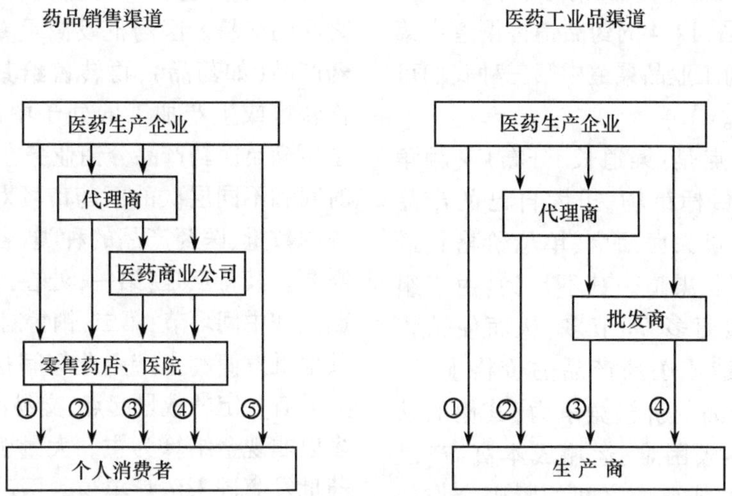

图 12-4　医药产品营销渠道的类型

1. 直接渠道和间接渠道

(1) 直接渠道:直接渠道是指医药产品从生产者流向最后消费者或用户的过程中不经过任何中间商的销售渠道。这是营销渠道中最短的一种销售渠道。如图 12-4 中的药品销售渠道中的第五种,医药工业品渠道中的第一种。在现实医药分销活动中体现为一些药品生产企业将自己生产的药品通过自办零售药店出售给消费者,或是一些医院向消费者直接出售按国家有关规定自制的医院制剂。而这两种方式不具有普遍性。

直接渠道是医药工业产品分销渠道的主要类型,因为这些工业品需要品种规格少、数量大、前后道工序联系性强、用户数量少而相对集中。

直接渠道的优点是:生产者与消费者接触较多,能及时、具体、全面地了解市场需要及变化;销售环节少,商品能很快地到达消费者手中,从而缩短商品流通时间,减少流通费用,提高经济效益。其缺点为:直销生产者要设置销售机构、销售设施和配备销售人员,这就相应增加了销售费用,分散了生产者的精力;此外,生产者还要承担储存费用、商品损耗、市场价格下降的风险。

(2) 间接渠道:间接渠道是指医药产品从生产者流向最终消费者或用户过程中经过一层以上中间商转手的销售渠道。间接渠道是药品分配的主要类型。在上述图中大多都是间接渠道。如医药企业由医药代表将医药产品销售给具有医药经营资格的各种商业机构,再分销到医院和药店,最后出售给消费者,或医药企业选择一家分销能力较强的医药经营企业做总代理,由总代理将医药产品合理、迅速、有效地根据需要扩散销售。

间接渠道的优点:通过中间商节约了生产企业花费在销售上的人力、物力、财力,可以借助中间商的销售经验、销售网络和商誉,扩大商品销售范围,提高市场占有率;同时可以减少资金占用,增加生产资金投入,减少生产者经营风险。其缺点为:增加了销售环节,延长了商品流通时间;对市场变化和消费者需求不了解。

2. 短渠道与长渠道　按照医药商品流通过程中中间环节的多少,营销渠道又分为短渠道和长渠道。

(1) 短渠道:短渠道是指医药产品在销售过程中只有一个环节或者没有经过中间环节的营销渠道。在图 12-4 的药品销售渠道中第一种和第五种我们可以将其称之为短渠道,同样在医药工业品渠道中第一种、第二种和第四种为短渠道。

短渠道的优点是:中间环节少,商品流通时间短,流通费用低,能增强药品的价格竞争力;有利于生产企业了解市场信息,决策及时。其缺点为:渠道短,市场覆盖面相对较小,不利于医药产品的大量销售,因而对于那些新特药品、进口药品等的销售比较适合;此外生产者经营风险也是一个很重要的方面。

笔记栏

(2) 长渠道:长渠道是指医药产品的生产企业使用两个以上不同类型的中间商来销售自己的产品。在图 12-4 的药品销售渠道中第二、三、四种,医药工业品渠道中第三种我们可以称之为长渠道。

长渠道的优点是:渠道长、分布广、触角多,能有效覆盖目标市场,扩大自己的产品销售。通常销售量大而面广、单位价格较低的普药适合采用长渠道。其不足为:由于组成长渠道的中间商多、环节多,从而使销售费用增多,最终造成医药产品的价格上升,削弱了该医药产品的价格竞争力;其他的缺点包括信息收集较困难、运输成本高、产品损耗大、工商之间或商商之间的紧密合作关系较难确立。

3. 宽渠道与窄渠道 根据中间商数目来确定医药产品分销渠道的宽度,可以分为宽渠道和窄渠道。

(1) 宽渠道:宽渠道是生产者在每一个流通环节上选用两个以上的同类型中间商推销其产品。在目前市场条件下,OTC 药品和普通药品生产者多采用这种渠道。值得注意的是,在选择分销渠道时,应根据自身情况由窄到宽,并以最佳方式达到宽渠道的程度。

(2) 窄渠道:窄渠道是生产者在每一层流通环节上只选用一个中间商来销售自己的产品。有时我们将其称为独家销售。这种营销渠道类型适用于单位价值高的处方药品、进口药品和新特药品以及大型的医药工业品的销售工作。窄渠道目的在于能有效地取得市场资料和反馈信息,为企业开发和拓展市场提供参考和决策依据。

第二节 医药批发商

作为分销渠道重要成员的中间商,根据其在商品流通过程中的地位和作用的不同,可以分为批发商和零售商。本节将详细介绍医药批发商。

一、医药批发商的含义

笔记栏

批发是指将医药产品售予那些为了转售或生产加工而购买的组织或个人时所发生的一切活动,不包括医药生产厂商与最终消费者之间的交易。医药批发商是专业从事购进医药产品(如药品),再转售给其他药品企业用作转售或生产加工的处于中间环节的企业。主要满足医药产品分销业务在不同地区、不同时间和不同层次的医药市场对医药产品或服务的数量、医药产品的种类、各种医药产品的需要。其特点是:第一,处在医药产品流通的起点和中间环节;第二,销售对象是医药单位、其他批发商和生产企业等间接消费者;第三,交易有一定的数量起点,交易次数少、批量大,多以非现金结算为主。大量医药产品经过医药批发商进入医疗单位。医药批发商的经营活动对医药市场的供应,满足人民用药需要,起着举足轻重的作用。

医药企业为了避免中间商分享利润,消费者为了少受中间商的盘剥,都希望减少中间环节,主要指减少批发环节。但是批发商在组织药品流通中所起的提高效率、降低费用、调节产销矛盾等作用,是谁也替代不了的。而且通过批发商业的自我完善,批发商的地位愈来愈高,其销售额逐年增长。

二、医药批发商的功能和类型

(一) 医药批发商的功能

一般情况下,批发商同时为医药生产企业和零售商提供服务。批发商与医药生产企业签订采购合同,然后将产品销售给零售商。在一定程度上批发商充当着医药生产企业的销售队伍和财务助理的角色。一般情况下,批发商支付运输费用,降低生产企业的仓储和存货投资,提供信用服务并承担由信用较差的购买者带来的信用风险,批发商现金支付的方式还能成为生产商现金的来源,推进生产企业的促销计划。表 12-1 列出了批发商的主要功能,单个批发商的功能可能会多于或少于表中所示的功能。无论批发商是否参与,所有商品的分销活动都包含批发。批发活动不只限于产品类企业(这里我们指医药生产企业),服务性公司(如金融机构)也有批发网路。例如,银行从其他金融机构借到大笔款项后贷款给药品生产企业。

表 12-1 批发商的主要功能

供应链管理	在渠道成员中建立长期的伙伴关系
促销	提供销售力量、广告、促销、公关等支持
仓储、货运和处置产品	接收、储存、仓库储存 包装 订单出货 原料处理 安排制定货运的长短期计划
存货控制和数据处理	订单处理 存货控制 交易记录 为财务分析提供销售数据
承担风险	承担由偷窃、产品过期以及存货带来的风险
融资与预算	提供信用 借款 市场投资 预测现金流量
营销调研和信息系统	提供市场信息 处理调研报告 管理方便交易的网络系统

(二)医药批发商的类型

医药批发商可以按不同标准进行分类,可以依据批发商是作为独立实体还是隶属于生产商划分,也可依据批发商是否拥有产品的所有权进行分类。服务的范围是分类的另一个标准,此外,还可以根据涉及产品线的宽度和深度进行分类。

1. 根据批发商是否具有产品所有权划分 据此可以将批发商分为三类:医药商业批发商、代理商和经纪人以及生产厂商的销售分支机构及办事处。

(1) 医药商业批发商。医药商业批发商是独立实体,拥有医药产品所有权,并承担由此产生的风险,为其他的批发商、机构顾客、零售商采购并转售产品。医药商人批发商是医药批发商最主要的类型。医药商人批发商按职能和提供的服务是否完全来分类,可分为两种类型:

1) 全面服务医药批发商:这类批发商执行批发商的全部职能,他们提供的服务主要是保持存货,雇佣固定的销售人员,提供信贷、送货和协助管理等。一般分为医药批发商人和医药工业分销商两种。医药批发商人主要是向零售商销售,并提供广泛的服务;医药工业分销商向医药企业而不是向零售商销售医药产品。

2) 有限服务医药批发商:这类批发商提供的服务少于全面服务批发商,并在某些特殊职能上拥有特长。有限服务批发商通常拥有商品所有权,但不负责运输、提供信用市场信息、存货管理或针对顾客潜在需求进行计划。由于他们提供的服务有限,所以通常边际利润率也少于全面服务批发商。

使用有限服务医药批发商还是全面服务医药批发商取决于营销渠道的结构以及通过供应链管理增强竞争优势的需要。

(2) 代理商和经纪人。代理商和经纪人有两点与批发商不同。他们对商品没有所有权,只执行少数几个职能。经纪人为买卖双方牵线搭桥,协助他们进行谈判。代理商则在较长的时间内代表卖方或是买方。

尽管代理商和经纪人完成的职能比有限服务批发商更少,但他们通常是某种特定产品或服务的专家,能提供有价值的销售见解,通常比较了解市场状况并且已与顾客形成长期合作关系,使生产厂商能在资源有限的情况下,扩大销售,从销售人员的经验中获益并降低销售成本。

(3) 医药生产厂商的销售分支机构及办事处。

有时,他们被称为医药生产厂商的批发机构、医药生产厂商销售分支机构或办事处。在国内,有很多医药企业建立自己的销售办事处以改进其存货控制、销售和促销业务。

2. 按经营药品的范围不同划分

(1) 专业批发商。专业批发商指专门经营某类或有限几类药品的批发商业机构。它主要向某行业的各制药企业进货,销售给其他批发商、零售商或工业用户。专业批发商经营的药品品种规格很多,信息来源广而准确,品种之间的消费替代性和连带性较强,同一品种的进销批量都较大,为购买者提供了充分的选择余地。专业批发商与本行业的生产企业联系广泛,有较多的专业知识,能为其顾客提供更多的技术咨询和服务。我国现在的药材公

笔记栏

司、医药公司、中药材市场、滋补保健品公司等都属于专业批发商。

(2) 综合批发商。综合批发商是指经营多种药品的批发商业机构。综合批发商与许多生产行业有联系,经销对象主要是综合零售店。综合批发商经营药品范围广,品种规格较多,但其深度不及专业批发商。

批发商的存在,使整个社会营销关系大大简化,使社会规模的营销成本有所降低。有利于企业迅速分销。

三、医药批发商的发展趋势

随着市场经济与市场环境的变化,医药批发商的经营方式正在发生重大的变化。

1. 实施聚焦战略 由于医药市场环境的变化,他们面临着新竞争者的出现、消费者更大的需求、新技术的发展,以及大企业、社会组织和零售业顾客采取更为直接的购物程序等问题。所以,他们不得不改进有关目标市场、市场定位以及营销组合等方面的战略决策(营销组合即为医药产品编配和服务、价格、促销以及地点的组合)。

2. 更新营销理念 目前,有许多医药批发商将自身的业务定义为“营销支持业务”,即他们与客户的业务关系不仅是购销关系,而且是营销支持关系。他们意识到自己的主要目标是帮助医药供应商和客户制定有效益的营销方案。他们支持医药供应商和客户的任何任务、活动或职能,以使整个销售渠道更有效率和效益。同时,作为整个客户满意的延伸,医药批发商开始选择医药供货企业,对他们的医药产品质量进行评估,对医药供应企业的生产提出参考意见,甚至采用投股、参股等办法参与企业的管理。因此,关系营销和渠道整合是医药批发商寻求发展的主要方向。

3. 实施科学管理 随着科学技术的发展,从条形码、扫描仪、电子数据交换连接,到卫星传播和录像设备,批发业技术装备不断完善。信息系统的发展极大地提高了医药批发商更有效地为客户服务的能力。因此,以技术带动对有效信息的管理将是提高医药批发企业营销能力的重要方向。

笔记栏

第三节 医药零售商

医药零售商的经营活动与人民的生活质量密切相关,医药生产企业在选择合适的零售商时需区分药品类型的不同,并按国家相关规定采取相应的营销策略。由于处方药品必须经医生处方病人才能消费,因而生产经营处方药品需要进入医院或指定零售药店;而OTC药品则重点选择零售药店。长期以来,由于我国医药合一的体制与统筹公费医疗制度的限制,使得医药零售商不仅数目少而且规模小。随着我国医药体制的不断完善,社会医疗保险制度的逐步铺开,可以说,医药零售业的前景十分广阔。

一、医药零售商的含义

零售是指包括所有向最终消费者直接销售商品和服务,以供其作个人及商业性用途的活动。这里既包括以有形(物质)商品为对象的,也包括许多无形服务的零售,如美容、家政服务、代购车票等。许多机构,诸如生产商、零售商和批发商都从事零售业务,而大部分零售业务是由零售商从事的。判断其是否从事零售活动的标准,是看其销售对象是否为产品或服务的最终消费者。

尽管大部分零售业务在零售商店完成,但近年来,非店面零售的发展要比零售商店的发展快的多。非店面零售包括邮购、电话销售、电视家庭购物节目、上门推销以及大量网络销售和其他直销方式。

医药零售商的特点:第一,处于商品流通的最终环节;第二,销售对象是直接消费者;第三,经营特点是批量进货、零星销售,交易次数多,金额小;第四,其经营场地与服务质量的高低,对药品销售的影响很大。

二、医药零售商的功能和类型

(一) 医药零售商的功能

医药零售商是医药产品进入消费者领域的最后一个环节,通过零售医药商品退出流通渠道,完成其形态变化的最后阶段,进入消费,并最终实现了医药产品的使用价值。因此,医药零售商主要的功能表现如下。

1. 实现医药企业和医药消费者信息沟通的纽带 由于医药零售商直接接触消费者,医药零售商对消费者的需求及医药消费倾向最了解。作为医药零售商,一方面可以向消费者输出医药产品信息;另一方面可以把医药消费者的信息及时反馈给医药产品分销渠道的上游,使医药企业更好地适应医药市场需求,组织生产经营活动。

2. 实现渠道成员经营目标的重要环节 渠道成员的经营目标主要包括市场覆盖率、利润水平、医药产品的使用率、医药产品的忠诚度等。而经营目标的实现最终是在医药零售商。目前,我国对药品实行分类管理制度,即实行处方药与非处方药分类管理,在这样的大背景下,消费者购买非处方药(OTC)大多通过零售药店获得。这就意味着医药零售商要适应人口分布和医药需求特征的多样化来设置医药零售药店。

3. 调整和管理医药产品分销渠道的基本力量 一方面,医药零售商要适应医药消费者不断变化的需要,医药零售商要不断调整业态、把握商机、改善经营,使医药商品销售给最终消费者的渠道更为畅通;另一方面,随着我国对公费医疗的改革和医保制度的实施,定点医药药店的建立,使医药零售商在医药产品分销渠道中的权力不断扩大,医药零售商对医药产品分销渠道的作用日益提高。

(二)医药零售商的类型

零售形式的划分标准很多。通常可按药品经营范围的广度和深度的不同,把常见的药品零售商业划分成以下几种类型。

1. 专业药店 专门经营某一类或有限的几类相关药品。如男女科用药商店,滋补保健品店。这类专业药店的专科药品品种多而全,便于消费者选购。它们在市场细分、市场目标的制定和药品专业化方面将获得较多的机会。所以专家认为,未来市场上,专业药店的成长将最快,连锁专业药店将日益显示出其强大的生命力。

2. 综合药店 这是相对于专业药店而言的。它的药品营销范围较宽,经营品种较多。

3. 中药材市场 这是我国特有的药品零售形式,我国中医源远流长,博大精深,中草药资源丰富,中医药市场广阔,从而形成了专门的中药材市场。

4. 医院药房和个体诊所 主要是针对处方药的销售,根据医生所开的处方而销售给消费者的。

按照医药零售药店目标人群的不同可分为四种。

(1) 传统药店,主要经营 OTC 药品以及少量的处方药。

(2) 社区便利店,主要经营 OTC 药品和日用品等。

(3) 专业或专科药店,主要经营处方药或某一类药品。

(4) 平价药店或连锁药店大卖场,主要以低价吸引消费者,主要经营各种药品。

三、医药零售商的发展趋势

1. 专业化和规模化 医药零售商经营方式明显出现两种倾向:专业化和规模化。目前有的地方出现专业性的 OTC 药房,专门出售具有特色的药品,通过专业化零售来满足消费者个性化服务需求。另外依靠仓储技术和自我服务、以低毛利大批量销售为特征的大型药店。这类药店,如超级药店、大型连锁药店等。

2. 非医药零售药店方式的增长 虽然大部分零售还是在传统商店的柜台上进行,消费者还是有如邮寄、电视、电话购物、网上购物等多种选择。如上海市第一医药商店,率先推出被称为“24 小时药房”的 OTC 自动售药机。

3. 日益增长的混合竞争方式 如今的零售商正面临着越来越多不同形式的竞争,比如,消费者需要购买“白加黑”,可以通过网络购买,也可以在专业药店或折扣药店进行医药产品的购买,同样也可以在社区便利店购买。一位业内专家认为:“这是跨店购物的现象,即消费者可以在百信购买,然后再到华氏购买”。

4. 巨型医药零售商的崛起 大规模的医药商品销售和专门医药产品的超级市场,通过纵向营销体系和采购联盟的形成以及零售商的兼并和收购,造就了一些主要的医药超级连锁医药零售商。他们依靠强大的信息系统和采购能力，这些巨型的零售商为消费者提供更好的选择、产品服务并节省更多的钱。例如，华氏大药房、老百姓大药房均是近些年崛起的超级连锁医药零售商。

5. 零售中科技的重要性 作为竞争手段，科技在零售中起着越来越重要的作用。先进的零售商使用电脑更好地进行预测，控制库存成本，通过电子方式从供应商那里订货，商店之间传发电子邮件。扫描收款系统、网上交易处理、电子资金转移、电子数据交换和店内闭路电视来优化医药商品交易系统。

第四节 医药产品分销渠道的设计与管理

营销渠道的设计与管理是任何医药生产企业都必须认真对待的一项工作，它关系到医药产品能否及时销售出去和收回货款，关系到企业的销售成本与利润，对企业营销的成败关系重大。有效的营销渠道的标准之一就是利用渠道使药品顺利地到达企业的目标市场。要设计与管理好营销渠道，首先就不得不考虑影响设计与管理的因素。

一、医药产品分销渠道的设计

（一）影响医药产品分销渠道设计的主要因素

1. 产品因素 产品因素包括药品所属类别是OTC或处方药、药品价格、治疗疾病领域、是否有很强的专业性等。比如专业性较强、治疗疾病领域较尖端的处方药对售前及售后服务要求高，适宜选择短而窄的渠道，可以采用办事处+区域分销模式；而治疗常见普通疾病、价格便宜的OTC产品则适宜选择长而宽的渠道，比如大卖场模式、连锁药店模式等各种OTC模式。对于一些易腐、易损产品、危险品，诸如毒麻精放这些特殊管理药品应尽量减少多次转手、反复搬运，应选择较短的渠道或特殊的渠道。

2. 市场因素 市场因素包括目标市场范围、疾病是否有季节性、患者对渠道的选择习惯及集中程度、同类竞争药品的市场状况等。

（1）目标市场。目标市场范围越大，例如感冒、咳嗽、腹泻等均属极为常见的普通疾病，此类药品的目标市场极大，遍及各级城市、乡镇和农村，患者具有成熟的消费习惯，能快速选择并购买，可选择相应较短的渠道，而处方药则可采用较长的分销渠道。

（2）销售的季节性。对一些销售季节性较强的医药产品，一般应充分发挥中间商的作用，以便均衡生产，所以较多采用较长的分销渠道。

（3）消费者的集中程度。消费者主要集中在某一地区，可采用短渠道或直接渠道。相反，如果消费者分布均匀，则需要更多发挥中间商作用，采用长而宽的分销渠道。

（4）消费者的购买习惯。消费者的不同购买习惯，如购买数量、购买地点的不同，都会影响营销渠道的设计。

（5）竞争状况。通常情况下，同类医药产品与竞争者采取相同或相似的分销渠道，若在竞争特别激烈的情况下，可选择特殊的分销渠道。

3. 企业自身因素 包括企业自身规模、资金实力、渠道管理能力和渠道控制愿望等。规模大、财力雄厚的企业有能力选择实力强的分销商，或选择扁平化的短宽渠道、或自建渠道，可以有效把握终端市场；反之就需要考虑渠道成本因素，多依赖中间商，采取长宽渠道。

4. 有关法律法规 国家相关法律法规例如《药品管理法》、医疗保险制度、GSP认证规定等。药品管理法明确规定药品不能直销，只能通过经过GSP认证的药品经营企业销售。

（二）医药产品营销渠道设计过程

对医药企业来说，如果目标市场和产品定位均已确定，企业面临的下一个问题就是渠道设计问题。医药企业在设计其分销渠道时，需要在理想渠道与可用渠道之间进行选择。通常新的医药企业在刚刚开始经营时,因资本有限,只得先用现有的中间商,以当地或某一区域为目标市场,进行销售。在选择了可用渠道后,最重要的问题是如何说服现有的中间商来销售其产品。

这里我们主要讨论理想渠道的设计过程,一般包括:确定渠道的模式、确定中间商的数目、规定渠道成员的权利与义务,以及对渠道设计方案的评估这几个过程。

1. 确定渠道模式 确定渠道模式,即决定渠道的长度。企业须根据顾客需求特点,各种限制因素及企业本身战略目标的要求,决定采用什么类型的分销渠道:是通过零售药店销售还是医疗单位销售,或是两者同时进行;是直接销售还是间接销售,是一层渠道还是两层渠道,是利用中间商销售还是委托代理商,或是自己也销售。

2. 确定中间商的数目 当确定使用中间商之后,医药生产企业还必须明确在每一渠道层次上使用中间商的数量,即决定渠道的宽度。这主要取决于医药产品本身的特点、市场容量的大小、需求面的宽窄以及企业整体经营目标等因素。在分析设计时,根据使用中间商数量的多少,通常有三种类型。

(1) 密集型分销。密集型分销即寻找尽可能多的中间商,无论谁申请经销自己的药品只要具备相应资格都予以批准,运用尽可能多的分销网点,使渠道尽可能加宽,让每个潜在的消费者都能接触到药品。医药市场中的常用药品、保健品、OTC 药品都适合用这种分销形式。

(2) 独家型分销。厂家在某地区仅选择一家中间商经销其产品。一般情况下,生产企业要求这种经销商不得再经营与之相竞争的其他产品。独家经销是最窄的分销渠道,通常适用于新产品或品牌产品的销售。

(3) 选择型分销。这是介于上述两种形式之间的分销形式,即利用中间商的数量不止一个,对中间商进行挑选。目前,大多数的医药产品,都采用这种形式的渠道。

3. 规定渠道成员的权利与义务 医药企业在决定了中间商的类型和数目之后,接下来的工作便是规定各销售渠道成员的权利与义务。其主要内容有价格政策、销售条件、经销区域或特殊服务等。如对不同地区、不同类型的中间商和不同的购买量给予不同的价格折扣,提供产品质量保证和价格保证,以促使中间商积极进货。同时,还要规定交货和结算条件,以及彼此为对方提供的服务项目,如配备医药代表、协助促销等;销售方提供市场信息和各种业务统计资料,保证实行价格政策,达到服务水平等。在医药企业与中间商签约时应包括以上内容。

4. 对渠道设计方案的评估 医药企业在选择分销渠道时,要对已设计好可供选择的各种渠道形式进行科学的评价,根据评估的结果选出最有利于实现企业长远目标的渠道形式。评估主要涉及三个方面。

(1) 渠道的经济效益。主要是比较每一条渠道可能带来的最大销售额与其成本的关系,应选择投入少效益好的渠道。这里关键的一点是预测销售额的准确程度,统计分析与专家分析需完美结合,另外需要注意的是成本不仅是指营销渠道的建立成本,还应考虑营销渠道今后的营运与维护成本。

(2) 渠道的控制力 。渠道越窄越容易控制。控制性的评估可从渠道方案的激励性、控制性、冲突性等方面来加以考虑。使用代理商会产生一些控制性问题,因为销售代理商是一个独立商人,他的主要目的在于获得最大利润。销售代理商有时会更关心推广其本身,而不是制造商的印象。他通常也不与邻近地区同属于制造商的其他销售代理商进行有利于制造商的合作。销售代理商也无意专心学习有关制造商的产品技术细节,也不会有效利用制造商所提供的推广资料。所以在现代市场营销工作中十分强调"双赢"模式,因为只有双方在合作中都得到利益,这样的合作才会牢固和长久。因此,对渠道控制的内涵与方式也应重新界定,否则观念上的偏差也可能造成合作失败。

(3) 渠道的适应性。即考虑医药企业是否具有适应环境变化的能力及应变力如何。我们知道市场是复杂多变的,药品品

笔记栏

种有可能改变,价格也可能调整,所以,医药企业要寻求能适应不断变化的分销渠道结构和政策。

(三) 处方药的渠道设计

处方药具有很强的专业性,必须经过医生处方才能使用,患者没有选择权和决定权。当患者作为普通消费者的这些权利被转移到医生头上时,医生就成了实质上的消费者,而医院实质上就是渠道终端。因此在整个药品分销通路中,医院占据着极重要的有利地位,也是药品促销活动的对象,直接影响着处方药的渠道模式。根据促销职能的承担者不同,处方药的分销渠道可以分为下面三种模式:

1. 独家代理制 独家代理制可分为全国独家代理和区域独家代理两个级别,制药企业在全国或某一区域市场只选择一家代理经销商,由代理经销商全权负责其产品在此区域的市场开发、临床推广、实体分销及返款等全部流程,制药企业通常要留出足够的利润空间给代理商。

独家代理制对代理商的要求很高,表现为:①代理商要有很强的布点能力,能在短时间内发展若干有实力的经销商或二级代理商;②代理商具有技术咨询指导和系统设计能力,指导经销商运作并直接为客户服务;③代理商可以在统一市场促销决策中发挥作用。

此种模式的优点是:①通过代理商统一管理、协调运作,分销环节简便、分销效率高。产品可利用代理商网络和资金快速进入目标区域;代理商经营积极性比较高,责任心比较强。②避免区域内的价格竞争,保证中间利润,从而提高经销商的积极性。③制药企业能减少销售投入,将更多精力转到研发和生产环节。

该模式的缺点在于:对于制药企业来说存在一定市场风险,比如过分依赖代理商、缺乏终端客户反馈信息、无法控制代理商的行为、本企业产品品牌被弱化,等等。

独家代理制模式的运用:①进口药品:根据国家相关政策规定,进口药品在中国销售须由具有进口药品代理权的公司进口并销售,故外资公司药品进入国内市场多采用此模式;②缺乏营销实力的国内制药企业:因缺乏营销渠道,企业通常会选择一家营销实力强的代理商,将产品全权委托对方销售。

2. 办事处+区域分销制 制药企业在各区域市场选择一家或几家经销商,设立办事处并派驻销售代表进行市场开发、临床推广,经销商只负责其产品的实体分销和付款。因制药企业直接参与临床促销活动,经销商只需提供物流和分销服务,所以经销商获得利润有限。

该模式优势是:①企业最贴近终端市场,对终端掌控能力强;②有利于建立良好的企业品牌形象;③企业自己的销售人员完成商流,能最大限度地降低对经销商的依赖,提高渠道控制力。

该模式劣势在于:终端投入大、增加了企业销售成本和人力成本;经销商只提供物流服务,利润微薄、缺乏销售积极性。

办事处+区域分销制模式的运用:①专业性强、技术含量高的药品:此类产品需要企业建立自己的销售队伍进行学术推广与终端开拓,提供高质量的售前、售中和售后服务。如合资制药公司建立地区办事处、招聘医药代表进行临床推广和学术支持。②产品线较宽的企业:建立自己的销售队伍可提供给终端客户更好的服务,同时多样化的产品结构能有效降低营销费用和人力成本。

3. 多家代理制 多家代理制是国内制药企业使用最多的渠道模式,是在各区域市场选择多家经销商,由他们分别布点、形成分销网络。

该模式的优点是:减少了渠道中间环节,能帮助产品迅速铺货,占领市场速度快;鼓励多家经销商之间竞争,提高企业对渠道的控制力。

该模式的缺点是:多家代理商在同一市场竞争易产生冲突,造成区域或价格混乱,增加渠道管理难度。

多家代理制模式的运用:进入市场成熟期的普药采用此模式分销,可快速占领市场、获得销量回报。

(四) OTC及保健品的渠道设计

非处方药(OTC)不需要医生处方，消费者可自行到药店购买，因而药店是OTC最主要的销售渠道。随着OTC市场的快速发展，药店的业态也在不断发展变化，目前主要有以下几种渠道模式：

1. 大卖场模式 制药企业⟶药品超市⟶消费者

药品平价大卖场是近两年来出现的新型药店形态，以经营面积超大、经销品种超多、药品价格超低为显著特征；卖场面积都在1000平方米以上，经销品种4000种以上，大大超过连锁药店，并打出口号比国家规定的零售价"降低45%"。大卖场开业地点多选在大医院附近和交通非常便利的地区，目的是以极大价格优势争夺医院处方和吸引较远区域消费者；由于要保证价格低于规定零售价"45%"，大卖场多数是用现金直接从厂家进货。湖南老百姓大药房是我国平价药品超市的始作俑者，也是平价药品超市的首家全国连锁零售医药企业，目前已相继在郴州、株洲、杭州、长沙、广州、郑州、南昌、海口、西安等地开设了10多家连锁店，2005年以18.2亿元销售额位居中国连锁药店百强第一名。

大卖场模式的优点是：①营业额高、快进快出，有助于制药企业快速打开新市场、快速上量；②缩短药品渠道长度，减少中间费用，挤出了药价水分、彻底打破了传统药店赖以生存的高毛利、低流量模式和行业垄断地位；③现金采购降低了制药企业的资金风险。

大卖场模式的缺点是：①破坏了产品的价格体系，易导致医院和其他药店的抵制，增加制药企业压力；②管理不到位，大部分平价超市都是消费者自选，人流量极大，卖场配备执业药师少，缺乏药品咨询服务，容易带来用药安全隐患。

2. 连锁药店模式 制药企业⟶连锁总店⟶连锁分店⟶消费者

国家经贸委从1998年初开始推广药品连锁经营，至今连锁药店已发展成为OTC零售市场份额最大的分销渠道。统一标识、统一采购配送、统一质量管理、统一财务核算、统一商品价格、统一服务规范是药品零售连锁经营的基本特征，并在此基础上形成了自己独特的企业文化、创造出自己的优秀品牌。例如深圳的三九、一致和海王星辰，北京的金象等连锁药店以其专业服务、突出的品牌形象，成为药品零售企业的领导者。

连锁药店模式的优势在于连锁药店具有门店数量多、覆盖地区广的网络优势，实行总店统一采购、集中配送的规范化管理，能帮助制药企业增加销量和终端市场覆盖率。

3. 商场超市内设药品专柜 制药企业⟶经销商⟶药品专柜⟶消费者

药品分类管理办法将非处方药中安全性较高的部分药品划为乙类药，乙类非处方药品可进入商场、超市销售，因此药品专柜成为此类药品销售的又一新渠道。乙类非处方药销售渠道的扩宽极大地方便了消费者购药，增加了药品的覆盖面和销量，对打破药品渠道的行业垄断发挥着积极的作用。

4. 医院渠道 制药企业⟶经销商⟶医院⟶消费者

尽管OTC药的主要零售渠道是药店，制药企业仍愿意保留医院渠道，并在市场策略和临床推广上给予足够的重视，因为对于药品这种专业性较强的商品来说，医生的处方拉动作用不可小觑。实际上大多数消费者到药店后对产品的选择是基于前一次的医生处方做出的，保留医院渠道直接促进了OTC药在药店渠道的销量。

二、分销渠道的管理

医药营销渠道的管理在实际工作中通常被称为客户管理，它是指当企业设计并选择了适合本企业的营销渠道之后，就必须对营销活动中所有的药品批发商、药品零售商、医疗单位等进行具体的管理工作。

1. 药品渠道成员的选择 不同的医药企业招募能力也不同，有些企业能轻易地找到特定的医药分销商，而有的企业比较困难。在经销商的选择上，制药企业必须结合自身综合因素以及拥有的资源来进行分析决策，企业自身的综合实力、营销战略、产品线的广度、宽度、深度以及相容度、产品的定位、目标客户群体等各方面都应考虑周全，找到最适合自己的经销商。概括后主要包括三个方面。

（1）基本资料。主要指中间商最基本的原始资料，如名称、地址、电话、经营药品的证照、法人代表等情况。以及中间商法人的相关信息，如姓名、年龄、籍贯、学历、兴趣爱好、职称、科研成果等各详细信息。

（2）经营特征。包括经营理念是否与自己的经营观念、目标基本一致，是否有共同远景；合作性；规模和资金实力等经营销售方面的内容。

（3）业务状况。网络覆盖和掌控能力；经销竞争产品的情况；其他条件如销售体系的组织架构和销售队伍的人员素质、仓储和物流配送的能力及地理位置；商业信用及信誉等情况。

2. 培训分销渠道成员　医药企业对渠道成员进行培训的目的在于增强医药分销商对本企业的信任度，提高其营销水平，扩大本企业产品的销售，提升销售业绩，建立与医药分销商稳定、持久的战略伙伴关系。围绕这一目标，医药企业对医药分销商的培训内容主要包括以下几个方面：企业形象宣传、产品知识培训、销售政策培训、营销理念培训等。

培训形式有内部培训和外部培训两种：内部培训包括企业销售人员拜访洽谈、集中演示、会议交流等；外部培训通常是由企业委托专业培训公司来进行，例如财务管理培训、销售技巧培训等，用以不断提升经销商素质和内部管理水平。

3. 药品渠道成员的管理　经销商的日常管理包括客户档案管理和销售动态管理。

（1）建立经销商档案，进行分级管理。经销商档案信息主要包括：地区及城市、客户名称、联系人、联系方式（电话、传真、通讯地址、E-mail 等）、销售员人数、销售区域、上年度营业额、公司成立时间、注册资金、员工人数及本企业产品在该公司的营业额和比例等基本信息，再根据经销商所在地区的地理经济环境和销售状况分级，能使有限的企业资源投入得到有效配置。通常可根据销售量及回款额的大小确定客户的不同地位：A 类重点客户（占累计销售额或回款额的 75%）；B 类客户（占 20%左右）；C 类所占销售比例较小。

（2）经销商销售动态管理。

第一，对每周、月的进销存管理：保持合理的购货频率及科学库存。

第二，每月、季度销售分析：包括销售流向、销售价格、销售完成进度等数据分析。

第三，回款管理：及时跟踪经销商资金周转，加快回款，减少货款风险。

4. 激励与培训经销商　对经销商不断进行激励，使经销商配合产品的市场策略、遵守企业的销售政策，是加强企业对分销渠道的控制力的有效方法。

激励经销商有多种方式，根据激励目的可分为三类：①促进销售达成，如回款奖、完成销售任务奖、时段性销售奖励等；②加强销售管理、增进厂商协作关系，如信息反馈奖、区域维护奖、价格维护奖、合理库存奖等；③促进终端覆盖，如医院进药奖、药店铺货奖、店面陈列奖等。

对经销商培训的目的在于增强经销商对本企业的信任度，帮助其提高销售管理水平，进而帮助经销商扩大产品的销售，建立与经销商稳定、持久的战略伙伴关系。

5. 药品渠道冲突管理

（1）渠道冲突概述：分销渠道是由渠道成员组成的劳动分工系统，各渠道成员因参与不同的流程而互相依赖并彼此合作：制造商负责产品生产和全国性促销，经销商和零售商负责分销和地区性的促销。这种相互依赖源于各成员对资源的需求不仅是资金，还有专业技能和市场准入权等；而各自独立的渠道成员基于自身利益出发，又力图获得最大自主权，于是冲突就不可避免地产生了。

1）冲突的表现类型。按照渠道成员关系，可以把渠道冲突分为三类：水平冲突、垂直冲突和多渠道冲突。

A. 水平冲突：是指同一分销渠道上同一层次的中间商之间的利益冲突，例如药品分销中最常见的“越区销售”，也称为“冲货”或“窜货”。

B. 垂直冲突：是指渠道系统中不同层次的成员之间的冲突，例如制造商和经销商之间、总代理与批发商之间的冲突，表现形式为信贷条件的不同、进货价格的差异、提供服务支持的差异等。

C. 多渠道冲突：是指制造商建立了两个或两个以上的分销渠道，并互相向同一市场出售其产品或服务时发生竞争。过去大多数制药公司只通过医院渠道进入市场，随着 OTC 市场的蓬勃发展，越来越多的公司增加了对药店渠道的重视和投入，增加了产品的市场份额，但也导致了渠道之间的冲突，例如药店都集中在医院周围，以价格优势与医院竞争、争夺目标客户群体。

2）产生冲突的原因。

A. 目标差异：每个渠道成员都有着不同的个体目标，有各自的主张和要求，从而产生个体目标与渠道整体目标的差异，引起冲突。

B. 销售区域的归属差异：渠道成员对销售区域不同的界定造成渠道内冲突，解决的办法是精确合理的划分销售区域，让每个经销商都能在区域内有发展空间。

C. 技术的差异：渠道成员对技术的理解、掌握和运用情况不尽相同。

D. 对现实理解的差异：对现实状况的不同理解也会导致冲突产生。由于各成员获取信息的数量和质量不同，先前的经验不同，对同一种情况会有不同的判断和预测，造成对彼此行为的错误理解而产生冲突，加强和改善成员间的信息沟通有助于促进彼此的观点协调一致。

冲突的影响：换个角度而言，渠道冲突证明了产品有较高的市场覆盖率，完全没有渠道冲突的产品，其市场开拓一定是不完全的，网络覆盖必然存在空白。适度的渠道冲突还有利于激发经销商的竞争、增加渠道的活力，活跃产品市场；但恶性渠道冲突对渠道体系具有极大的破坏性，会降低企业控制力和经销商的忠诚度。因而如何避免和化解恶性冲突是分销渠道管理中非常关键的部分。

3）渠道冲突的解决办法。通过经销商协调会议提供仲裁的沟通渠道，及时进行渠道管理办法的修订与调整；及时修正销售政策，建立虚拟垂直一体化。

（2）窜货管理：窜货是指通路中代理商、经销商以低于企业规定的价格在授权范围之外的区域进行销售的行为。窜货是市场中不可避免的现象，不断对厂家的分销渠道和价格体系造成冲击，如何看待窜货，怎样预防、阻止窜货的发生是始终困扰着厂家的一道难题。正所谓“没有窜货的销售是不红火的销售，大量窜货的销售是很危险的销售”，窜货行为与产品的市场发展程度密切相关：一般说来，越是市场行情看好，销量不断扩大的产品，发生窜货的机会越大；市场容量越大，窜货的可能性也越大；反之，市场容量有限的产品和滞销产品，基本上很少发生窜货现象。

1）窜货的类型。按照窜货行为对市场的影响程度不同，可将窜货分为三类：

A. 恶性窜货：经销商为谋取非正常利润，蓄意向授权销售区域以外的市场倾销。恶性窜货的危害最大，扰乱了价格体系、降低了整个通路利润，使其他经销商失去销售信心，可能放弃经销，严重者将导致分销系统的崩溃、损害企业产品品牌形象。

B. 良性窜货：企业在开发市场初期，一般会首选流通能力较强的经销商配合市场的开拓，于是在销售过程中，产品会自然流向其他区域的空白市场，形成一个自然的通路和价格体系。在市场初开发期，此种窜货有助于扩大市场覆盖、提高产品销量，但日后企业细分区域市场时需要加以重新整合。

C. 自然性窜货：经销商以正常价格和利润销售时，无意中向区域外市场销售了产品；主要是在相邻区域的边界附近互相窜货，属于不可避免的自然销售行为。

2）药品分销中窜货的原因。窜货最根本的原因来自于市场经济环境下各渠道成员的利益驱动。药品分销中窜货的具体原因主要有以下几点：

A. 制定渠道销售政策不合理：厂家一般通过渠道政策来控制经销商的行为，比如年终返利、回款折扣、促销活动等，这些激励措施大多基于总体销量，一旦操作不当就可能变成鼓励经销商窜货的政策。

B. 经销商数量选择和区域划分不合理：区域中的经销商数量过多，其发展空间受限制可能导致窜货；反之经销商数量过少，不能完全满足市场需求，则会吸引其他区域货源窜进本区域。

C. 销售量目标制定得过高：销售目标如果过高，脱离实际，也会导致企业销售人员主动要求经销商窜货以完成指标。

D. 企业缺少防止窜货的管理制度，或者即使有制度而不严格执行。经销商出现窜货后，企业多数情况下碍于客户关系而不予追究，结果往往造成更多仿效行为，最后使管理制度形同虚设。

3）药品分销中窜货问题的对策。要解决窜货问题，需要进行严格的事前、事中和事后控制。

A. 事前控制措施：a.设计合理的分销体系，制定科学完善的渠道销售政策、合理划分销售区域并根据市场情况选择区域独家或多家代理商；b.制定合理的渠道价格，使不同级别经销商都能获取相应的合理利润；c.在药品内外包装上打印不同的地区识别编码，可即时追踪和查询货源去向，有效防止窜货。

B. 事中控制措施：a. 适时监控经销商销售情况和经营状况，控制进货数量和进货周期，减少窜货机会；b. 为经销商提供良好的服务支持，帮助提高经营管理水平，增强销售信心；c. 加强信息沟通和感情建设，促进双方的信任与合作，使经销商不主动窜货。

C. 事后控制措施：对出现窜货问题的经销商严格处罚，维护市场正常的经营秩序。

本章小结

1. 营销渠道是促使产品或劳务顺利地被使用或消费而相互配合起来的一系列组织。一般来讲，营销渠道管理包括以下三个要素：渠道的效率：产品和服务到达目标消费者的速度和成本；渠道的可控制性：企业营销活动执行的难易度和准确度；渠道的适应性：渠道与目标消费人群的匹配程度。

2. 医药批发商是专业从事购进医药产品（如药品），再转售给其他药品企业用作转售或生产加工的处于中间环节的企业。主要满足医药产品分销业务在不同地区、不同时间和不同层次的医药市场对医药产品或服务的数量、医药产品的种类、各种医药产品的需要。其特点是：第一，处在医药产品流通的起点和中间环节；第二，销售对象是医药单位、其他批发商和生产企业等间接消费者；第三，交易有一定的数量起点，交易次数少、批量大，多以非现金结算为主。大量医药产品经过医药批发商进入医疗单位。医药批发商的经营活动对医药市场的供应，满足人民用药需要，起着举足轻重的作用。

3. 零售是指包括所有向最终消费者直接销售商品和服务，以供其作个人及商业性用途的活动。这里既包括以有形（物质）商品为对象的，也包括许多无形服务的零售。其主要的功能为：实现医药企业和医药消费者信息沟通的纽带、实现渠道成员经营目标的重要环节和调整和管理医药产品分销渠道的基本力量。

4. 处方药的渠道设计，主要包括独家代理制、办事处+区域分销制、多家代理制。

5. OTC 及保健品的渠道设计，主要有大卖场模式、连锁药店模式、商场超市内设药品专柜、医院渠道。

6. 供应链是围绕核心企业，通过对信息流、物流、资金流的控制，从采购原材料开始，制成中间产品以及最终产品，最后由销售网络把产品送到消费者手中的将供应商、制造商、分销商、零售商直到最终用户连成一个整体的功能网链结构模式。它是一个范围更广的企业结构模式，它包含所有加盟的企业，从原材料的供应开始，经过链中不同企业的制造加工、分销、零售等过程直到最终用户。它不仅是一条连接供应商到用户的物料链、信息链、资金链，而且是一条增值链，物料在供应链上因加工、包装、运输等过程而增加其价值，给相关企业都带来收益。

思考题

1. 什么是医药分销渠道，具有哪些特征？

2. 医药分销渠道的类型有哪些？

3. 简要说明医药批发商与医药零售商的区别。

4. 简要说明处方药与非处方药营销渠道设计的不同。

笔记栏

案例分析

1. 公司背景介绍 A 制药有限公司是中国投资建立的合资企业,其主要产品 SMT 是治疗小儿及成人腹泻的口服非处方药。作为一个天然药物,SMT 与抗生素[以小檗碱片(黄连素)、呋喃唑酮(痢特灵)、氟哌酸等为代表]和微生态制剂(以整肠生、丽珠肠乐等为代表)共同瓜分腹泻药品市场,形成三足鼎立状态。SMT 自 1992 年起进入中国市场至今已有 10 余年,多年来在腹泻用药市场树立了较高的品牌美誉度,市场占有率位居前列。

2. SMT 的分销模式 SMT 作为进口药品引进中国之初,分销渠道并未受到该管理层重视,在此后的数年时间中,管理层始终将营销重点放在医院终端,以临床学术推广的方式逐渐树立其专业品牌形象,并凭借其卓越疗效迅速占据了腹泻药物市场的半壁江山。至 1999 底,SMT 单产品年销售额已接近 2 亿元,在外资制药企业中一度被视为营销神话。与大多数靠终端拉动的进口药品一样,SMT 的分销职能完全依赖几个进口商来完成,进口商都是当时最具实力的国有大型医药批发站,拥有强大的批发网络和医院网络,各个区域进口商的分销网络组合起来形成了 SMT 的早期分销体系:

随着医院市场的不断开拓,SMT 对医院覆盖面要求提高,现有的进口商渠道无法满足覆盖,A 公司将进口商数量从 1992 年的 3、4 家增加至 1999 年的 17 家;但由于缺乏有效的渠道管理,进口商各自分销网络互相重叠、渠道冲突增多,市场价格混乱、经销商销售积极性受到打击,并影响到产品的品牌形象和正常销售,销量停滞不前。

2000 年初,A 公司意识到产品渠道出现了问题,着手整合全国经销商网络,此时正逢合资工厂在天津建成投产,领导层于是决定全面停止 SMT 进口并进行渠道调整:

(1) 改宽渠道为窄渠道,在原先 17 家进口商中选择保留天津、上海、武汉、广州 4 家有区域网络优势的进口商做一级代理商,余下的转为二级批发商。

(2) 制定全国统一的销售返利政策,采取价格维持策略以有效控制价格。

(3) 建立大区渠道管理体系,以 4 家一级代理商为中心划分 4 个销售大区,每大区设一名商务主管协助分销并加强销售网络的管理与控制。

经过这次调整,SMT 一级商之间的渠道冲突得到缓解,价格得到有效控制。

2001 年医药流通领域对民营资本放开,一大批以湖北九州通为代表的民营医药物流企业出现,凭借其低成本优势很快建立了直接覆盖农村市场的快批渠道。而此时 SMT 的医院销售渠道渐趋饱和,正需要借助物流大批发的渠道优势完成深度分销和开发 OTC 市场,以完成年增长 20% 的销售目标,因而 A 公司将一批医药物流企业纳入二级批发体系,增加了二级分销的宽度,也增加了渠道管理的难度:医药物流企业凭借大批量现款采购降低了进货成本,其一贯的低价策略打乱了 SMT 分销价格体系,并造成分销层级增加、渠道变长,使得大部分时间药品只是在各级渠道中进行库存的层层转移、并没有真正被终端消费。

为缩短产品供应链,减少分销层级,加强对渠道深度开发及管理, 2002 年初, A 公司开始介入一级商网络,在其下游经销商中确定 149 家作为 A 的二级协议商,并将商务销售队伍从 8 人扩充至 30 人,负责协调管理全国二级商的分销网络。A 公司、一级商和二级商签署三方协议:一级商不能向协议二级商之外的其他分销商供货;二级协议商需从指定一级商处进货,按指定价格在指定销售区域销售;二级协议商可直接享受 A 的商业返利政策并有义务提供销售数据等信息。

与上一年度渠道商业政策比较起来,A 更重视价格体系的维护,同时加强了渠道的控制深度,使企业掌握到更多销售数据信息,也更接近渠道终端。

3. SMT 渠道策略的优势

(1) 合理利用目标控制策略。将公司全年销量任务逐一分解到每家分销商,并落实到双方的年分销协议中,协议规定若全年销量完成率低于 80% 将失去分销商资格,完成率 95% 以上则可获得一定返利。通过协议量的签订进行销量目标控制,促使分销商充分利用资金优势和通路资源努力完成销量,提高渠道整体效率。

(2) 采用选择性分销策略达到有效的网络控制,在同一区域只选择少数几家有实力的分销商:SMT 进口商(一级分销商)从 1999 年的 17 家减少到 2003 年的 3 家,省级商(二级分销商)从 2002 年的 149 家减少到 2003 年的 68 家。选择性分销策略避免了过多商业的恶性竞争,能有效调动分销商的积极性,有助于协议量的签订和目标控制策略的实施。

(3) 采用价格维持策略,对同一级别的分销商给予统一的供货价和返利额度,统一的进货成本有利于稳定价格,进而避免成本差异导致的窜货。

(4) 利用一级分销商资金,转移财务风险。SMT 早期进入市场时的进口代理方式,培养了代理商(一级分销商)良好的付款习惯并延续至今,三家一级商货到 7 天内付款保证承担了 A 几乎全部的应收货款风险,使公司无需受制于欠款压力可以适时对省级分销商进行调整更换,从而选择更合适的渠道成员对分销系统进行最优化改造。在药品分销格局不断发展变化的今天,这一点更显优势。

4. 渠道策略在运行中的问题 SMT 分销渠道是以一级分销商为主建立起来的,从回款到分销网络都十分依赖一级商,因而 A 始终缺乏一套切实可行的方法对一级分销商进行有效管理,引导和控制下游分销商销售行为的能力也远远不够,在市场价格的维护与控制上问题表现尤为明显:在渠道价格政策中 A 对一级商实行全国统一供应价,指定其对二级商的统一销售价,为避免价格差异用统一折扣率取代批量作价方法,力图控制和维护市场价格。然而在实际销售过程中出现了许多问题:为完成销量指标,一级商在销售淡季常暗中让利给二级商以加速库存周转、促进二级回款;资金实力强的二级商希望现款进货以换取额外折扣;一级商同时兼做二级商,享受两级返利,跨区域低价销给下游经销商,均直接冲击着市场价格。因缺乏对违规销售行为的有效制约,守规则的分销商越来越少;尤其是接近年终、销量任务的压力大时市场价更低,下游渠道成员可以轻易在渠道体系外拿到便宜货,年初辛苦建立的分销渠道到年末无疑是以失败告终的。

案例讨论

1. 针对 A 公司在运行渠道策略中存在的问题,谈谈你的改进措施。

2. 结合案例分析如何建设和管理医药产品网络。

第十三章 医药产品的促销策略

学习目标

通过本章的学习，了解医药促销、医药促销组合的基本内涵，掌握医药人员推销、医药广告、医药公共关系、医药营业推广等促销手段的组合策略。

引导案例

“阿乐”的成长

1. 巧妙定位 “立普妥”通用名“阿托伐他汀”，是他汀类药物全新的第三代产品，代表了他汀类药物的最高水平，目前全球处方药销售排名第一，也是辉瑞在全球全力推广的产品。其营销策略集中在向医生进行功能诉求的学术推广上，着重强调产品的特点和疗效。

而“阿乐”是红惠生物制药有限公司（以下简称红惠）在“立普妥”的行政保护到来之前，通过艰险研发，在国内上市的惟一被批准的仿制品。学术和企业实力上没有优势，红惠公司给“阿乐”确定了“中国的阿托伐他汀”的市场定位，巧妙借用了“立普妥”的影响力。其诉求点是：“阿乐”是中国制造的、更适合中国国情的、更能为中国百姓所接受的阿托伐他汀。

2. 占领高端 处方药营销，尤其是科技含量高、机理复杂的处方药，无论是跨国公司还是国内企业都离不开学术推广。这需要国内公司拿出自信和勇气，尤其是在产品上市初期，需要彰显产品品质的时候。

“阿乐”上市后，一系列临床试验、学术推广活动相继展开：“阿乐”与“立普妥”生物等效试验研究；在上海协作组九家大医院开展的“阿乐”与“辛伐他汀（舒降之）”对比试验；立北京六家三甲医院参与的“阿乐”临床观察试验；血脂教育专家在全国20个城市巡回演讲；全国230名心内科医生赴海外学习……这些活动占用了红惠公司大量的资源，但同时也为做大、做强、做长“阿乐”打下了坚实的基础，为“阿乐”占领高端市场开了个好头。

3. 长短结合 在学术推广达到一定深度后，营销重点就该是配合长线，开展那些能唤起医生兴趣、吸引医生眼球的短、平、快的活动。长短结合，既有高端的品牌效应，又照顾到终端的客户利益。在围绕市场定位的前提下，红惠公司开展的会议营销做得比较巧妙。

学术会议是处方药生产企业实施营销战略推广的好机会，红惠避开跨国公司锋芒，侧面出击，以较低的成本，在大型学术会议上实施文化营销，最终达到推广产品的目的。

2004年10月，被业内人士称为是心血管领域的“学术盛宴”：10月16日，“第15届长城国际心脏病学会议暨美国心脏病学院2004心脏病学进展研讨会”在北京召开；10月28日，“第八次全国心血管病学术会议”在沈阳开幕。两次会议的参会人员几乎囊括了全国心血管领域的精英，各大、中型医院心血管科室负责人几乎都参加了会议，使得这两次会议成了心血管药物开展学术营销的良机。

外资和合资企业在大会中组织专题学术研讨，甚至投入巨资召开卫星会议进行专题研讨

笔记栏

和学术推广。而资金实力和学术内涵略逊一筹的红惠避实就虚，在两场会议开幕的当天晚上举办"'阿乐'之夜"晚会，为与会专家、医生献上精心策划、具有浓郁民族特色的精彩文艺演出。

红惠人说："在产品营销中以理服人固然重要，但以情感人却更能打动人心，这可能就是文化营销的精髓。"通过喜闻乐见的民族音乐歌舞节目，引起共鸣，激发民族情结，使产品更具亲和力，红惠人力图以最快的速度、最经济的手段，让医生知道阿托伐他汀类产品中还有"阿乐"；并且"阿乐"更实惠，有更好的性价比……

一个心血管领域的处方药产品，一个心血管领域中市场尚未成熟的处方药产品，在药品降价、药品招标采购、仿制药激增、朝阳行业也遭遇寒流的2004年，实现了86%的增长。"阿乐，中国的阿托伐他汀。"随着"阿乐"在临床上的普遍应用，心血管专业医生在记住了"阿乐"这个产品的同时也对这句话耳熟能详。

摘自《金顿吧——医药营销文摘》

第一节　医药促销与医药促销组合

医药产品的特殊性决定了制药企业面临着较为复杂的促销信息沟通过程。所以我们需要了解医药促销领域中的一些基本词汇及其相互关系，特别是医药促销和医药促销组合的定义及其关系。

（一）医药促销的含义

所谓医药促销，是指医药企业通过人员推销和非人员方式将医药产品或所提供的服务以及医药企业的信息与潜在顾客进行信息沟通，引发并刺激对医药企业及医药产品或所提供的服务产生兴趣、好感与信任，进而作出购买决策的一系列活动的总称。

医药促销的本质是医药企业和潜在顾客沟通信息、赢得信任、激起需求、促进购买。在这里，潜在顾客不仅包括最终消费者，而且包括与其相关的组织，如医院、医药零售企业、健康卫生组织等。顾客作为产品和服务的购买者，通过其自身对产品的选择，对性价比的评判以及购买决策等购买活动过程，源源不断地将市场需求的信息反馈到企业，促使医药企业根据市场需求组织生产。另外医药促销还应该建立良好的客户关系，这不仅仅是创造短期销售额或暂时的品牌转换，更有助于强化产品定位和建立长期顾客关系。因此，医药促销作为一项系统工程，由信息沟通机制、形象塑造机制和需求诱导机制构成。这三种机制的正常运转及其相互有机结合，实现促销系统的最佳整体运动状态，从而实现促进销售的根本目标。

笔记栏

（二）医药促销的作用

现代的促销理论认为，促销从本质上说是一种卖方和买方的信息沟通，这种沟通不是单向的，而是反复循环的、双向式的传播沟通。让买方得到称心的商品，卖方生产出符合市场需求的产品，顺利地销售出去，从而实现企业的利润目标。医药企业的促销行为同样也有这样的要求，具体体现如下。

1. 传递药品信息　当医药产品正式进入市场或即将进入市场时，企业应及时地将产品的有关信息传递给目标市场中的消费者、用户、中间商和相关医生。对医生和消费者来说，药品信息能够引起他们注意与兴趣；对药品中间商来说，药品信息则为他们经营适销对路的药品提供了有利条件，并调动其经营销售的积极性。可见，传播营销信息是医药企业销售成功的前提条件之一。

2. 刺激消费需求　医药企业通过种种促销手段，使药品消费者和用户对其提供的产品感兴趣，从而刺激其消费需求。有效的促销活动在一定程度上也能够创造市场需求。

3. 建立产品形象，提高企业竞争力　在激烈竞争的市场环境里，消费者和用户很难详细辨别出各种同类药品间的差别，并合理地决定其需求的取舍。医药企业通过各种促销活动，千方百计地突出本企业产品的特点以及给消费者或用户带来的种种利益，在市场上树立起本企业和产品的良好形象，使消费者对本企业及产品产生信任感，能够保持销售的稳定与增长。

(三) 医药促销组合及其决策过程

医药企业的促销方式很多，如广告、活动赞助、公共关系、个人拜访、电子商务、销售推广等。如图 13-1 所示。

不同的方式有着不同的作用和特点，它们可以和一定的销售目标相联系，也有着自身的优缺点，如表 13-1 所列。

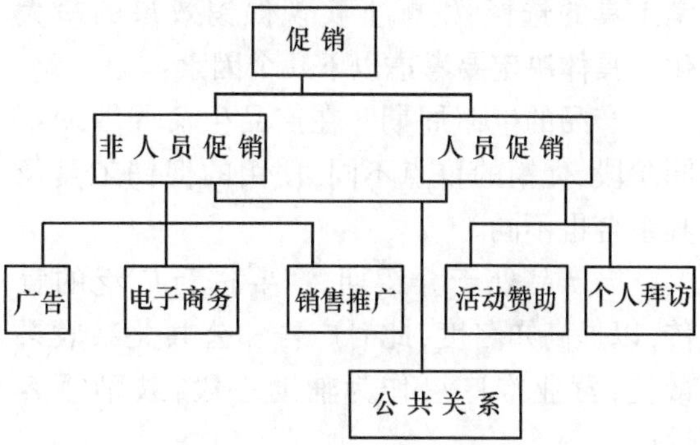

图 13-1 医药促销方式

表 13-1 各种促销方式的优缺点比较[①]

促销方式	优点	缺点
人员推销	直接沟通信息，反馈及时，可当面促成交易	招用人员多，费用高，接触面窄
广告	传播面宽，形象生动，节省人力	只针对一般消费者，难以立即成交
公共关系	影响面广，信任度高，可提高企业知名度和声誉	花费力量较大，效果难以控制
销售推广	吸引力大，激发购买欲望，可促成消费者即时冲动购买行动	接触面窄，有局限性，有时会降低商品价格

①龙璇.2002.市场营销学.对外经济贸易大学出版社，第 167 页

所谓医药促销组合是医药企业用来实施促销过程并直接与目标市场(或沟通受众)进行沟通的工具组合。这些沟通工具包括上面提到的基本促销方式以及这些方式的有机组合，结合不同企业的不同产品、同一产品生命周期的不同阶段，促销的方向和重点都有所不同。这就存在一个对不同促销工具如何进行选择、对不同的促销工具的轻重编配和综合应用的问题。

要进行有效的促销活动，医药企业必须依次进行以下决策过程：确定促销对象、确定促销目标、设计信息、选择促销传播渠道、编制促销预算、决定促销组合、衡量促销效果、管理促销组合。

(1) 确定促销对象。促销对象是医药企业促销行为直接指向的个人或组织，他们对医药企业促销活动中传递的有关产品的信息感兴趣，可能是企业的现实顾客或潜在顾客。

促销对象的范围：促销对象影响着促销活动的一系列决策。对于医药企业来说主要的受众对象是医院、医药零售企业、广大普通消费者。促销对象的确定有时还需要在企业目标市场的基础上再细分市场，进而选出需要进行重点促销的顾客群。

(2) 确定促销目标。促销目标取决于顾客对信息反应的阶段性。顾客对促销信息的反应一般分为认知、情感、行为三个阶段。在不同的阶段，促销的目标是不同的。在认知阶段，促销的目标是接触、注意、知晓；在情感阶段，促销的目标是兴趣、偏好、态度；在行为阶段，促销的目标是试用、购买、行动。

(3) 设计信息。设计信息是医药企业将要促销的有关信息有效表达出来的过程。有效地表达信息有利于将促销信息有效地传递给顾客，便于顾客对信息的接受和理解。设计信息要注意信息的内容、信息的结构、信息的格式、信息源。

(4) 选择促销传播渠道。促销传播渠道分为人员传播和非人员传播两种。人员渠道主要是通过电话、电子信箱、个人拜访等形式，其特点是信息传递和反馈都比较直接、准确。非人员传播包括媒体、公共关系、事件渠道，其特点是影响范围广泛。

(5) 编制促销预算。在编制促销预算时一般遵循量入为出的原则，确定促销经费为销售额的一个百分比，按照促销所要达到的具体目标来编制。

(6) 决定促销组合。决定促销组合的实质，是在人员推销、广告、销售促进、宣传等促销工具的选择、编配上实现促销效果的最大化。具体决定要考虑以下几个因素：

产品的生命周期。在产品生命周期的不同阶段，促销的重点不同，使用的促销工具及其组合也不同。

当产品处于介绍期，需要进行广泛的宣传，以提高知名度，此时广告和公共关系效果最佳，营业推广可作为辅助手段，鼓励顾客试用。

在成长期，医药企业的促销目标是进一步引起消费者的购买兴趣，激发购买行为，因此应突出宣传商品特点，使消费者逐渐对商品产生偏好。促销手段上，广告和公共关系仍需加强，但重点在于宣传医药企业及产品品牌，树立产品特色，使更多的用户对本企业或企业的产品产生偏爱，从而扩大产品的销售量。

到成熟期，医药企业促销的主要目标是巩固老顾客，增加消费者对商品的信任感，保持市场占有率，此时，应尽可能多运用营业推广，辅之以少量的广告，因为此时大多数顾客已经了解这一产品。广告的内容应偏重强调产品的特定价值和给消费者带来的差别利益，以保持并扩大企业产品的市场占有率。

进入衰退期，产品特色已经为消费者所熟悉和了解，并且偏好已经形成，吸引新顾客已经很难，医药企业促销的目标只能是使一些老顾客继续信任本企业的商品，坚持购买。此时医药企业可使用营业推广与提示性公告相结合，维持尽可能多的销售量。

产品生命周期各阶段促销目标与策略促销如表 13-2 所示。

表 13-2　医药产品生命周期不同阶段促销目标与促销策略①

产品经济生命周期	促销目标	促销组合
引入期	使消费者了解商品	广告、公关及营业推广
成长期	提高产品知名度	加强广告和公关
成熟期	增加产品信誉度	加强营业推广，附以提示性广告
衰退期	维持信任、偏爱	营业推广

①龙璇.2002.市场营销学.对外经济贸易大学出版社，第 170 页

(7) 衡量促销效果。衡量促销效果，有利于通过检验促销业绩，找出促销盲点，为进一步改进促销组合提供依据。促销效果的衡量主要从认知效果、情感效果、行为效果等几个方面入手。

(8) 管理促销组合。促销组合展开的过程就是对促销组合进行管理的过程。在整个战略展开的过程中，企业要不断整合有关资源，提升促销绩效，同时应不断检查促销效果与目标的偏差，不断校正偏差，保证促销战略的顺利实施。

各种促销方式对不同的医药商品促销效果不同。比如，对于处方药，由于它的决定权在医生而不在患者手里，而且处方药不允许在大众传媒上做广告，因此最重要的促销手段是人员推销，其次是公共关系；而对于非处方药和保健品，则最重要的促销手段是广告，其次是营业推广和人员推销，最后是公共关系。

第二节　医药人员促销

医药人员推销，又称为直接推销，是指医药企业派出营销代表直接与中间商、现实或潜在顾客进行面对面接触、洽商，通过双向的信息沟通和交流，促进商品和服务的销售，并且通过信息的反馈来发现和满足顾客需求的促销方式。

人员推销在促销领域发挥着重要的作用，其最大的特点是：双向信息交流，针对性强，有助于营销人员及时掌握顾客的需要，随时调整自己的推销方案，在争取顾客偏爱、建立顾客购买信心和促成当面迅速成交等方面效果显著。不足之处在于推销费用高、推销范围有限、优秀的营销人员不易寻找等。

一、医药促销代表须掌握的基本知识

(一)医院及其相关机构

医药促销代表推销的对象主要有四类,医药批发企业、医药零售企业、医院、消费者。由于我国医药卫生体制的特点,其中医院的药品消费占国内药品消费总量的80%左右,因此作为医药促销代表就首先要了解医院及其相关知识。

医院的药品销售具有以下特点:①购买量大;②面对最终消费者;③在处方药方面具有权威性,对非处方药也具有非常大的影响力。由于处方药不能由患者自由选择,而是由执业医生开具处方使用,因此医生对处方药的选用具有决定性作用。同时,由于患者比较信赖医生,医生也能极大地影响非处方药的使用;④定点医院对"医保"用药目录内的药品使用具有相当大的控制力。

药品在医院主要由医院的药剂科负责。药剂科在医院的主要职能有三个:为临床用药质量把关;负责临床药理工作;临床各科室用药的配送。

每家医院都有自己的进药和选药原则:一些有重大意义的创新药物,医院会优先选用,因为创新的产品意味着与新的治疗方法接轨;同类的药品一定要保持合理的数量,新的品种一定要比老品种有显著的优势,每一个剂型至少要保留一个品种;仿制药在质量可靠、价格合理的条件下,原开发企业产品和仿制品各选一种;OTC药基本满足需要即可,品种不宜过多;很多大医院都不会进淘汰品种或比较滞销的品种。

药品在医院的供应链如图13-2所示。

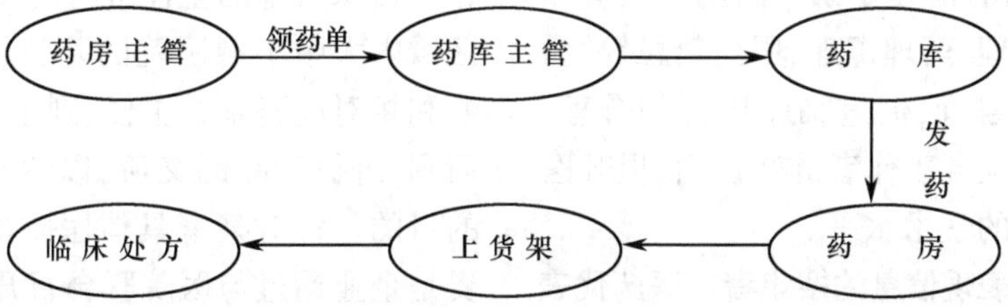

图13-2 药品在医院的供应链

随着医院药品用量的日益增加,医院对其药品的管理也日趋完善,院内药品管理的药事委员会制度被国内主要的大医院所采用。药事委员会一般由主管院长、药剂科主任、相关临床科室主任及医务科主任等成员组成,药事会的主要职责是根据临床用药需求采购药物,同时监督管理药物的临床应用,保证药物的高效、安全以及符合卫生经济学要求。

医院医务部门除药剂科以外,主要还有医院的门诊部门、住院部门和急诊部门。

(二)应掌握的医院客户知识

如果要成功实现对医院的销售目标,医药促销代表就必须对医院不同客户的基本情况有深入的了解,如不同科室对医药促销代表工作的影响如何,医生开处方药品的基本思路怎样,医药促销代表如何才能说服医生更多地使用自己公司的药品,这些也是医药代表需要了解的客户知识。

(1)药剂科在医院内的主要职能是对临床用药的选购、储存、调配以及临床药学研究及药物咨询等工作。医药代表在药剂科的主要客户包括:科主任,采购,库房保管员,药房司药。

(2)临床科室主任,为本科室日常工作主持者,负责医疗科研甚至教学多方面工作,对临床用药有直接的指导作用。

(3)主治医生,是医院患者的直接负责者,在科室中承担具体的工作,为技术骨干,是科室主任的治疗意图的执行者与修订者,他们需要了解大量的学术信息充实自己。

(4)护士,护理人员在临床科室的工作为执行各级医生的医嘱,监护患者的诊治过程,她们对患者的疾病情况进行随时的观察,大多数药物的不良反应是由她们发现的。因此对药物在使用过程中出现的各种问题经验丰富,同时对患者的服药方法、注意事项也非常熟悉。

(5) 医务科的工作是安排全院的日常诊疗工作,管理各科编制、人员变动情况,确定各项业务活动的时间、内容等。医药代表代表企业与医院的各项合作均要通过医务科统一协调。

二、医药促销代表的定位和职责

按照《"国际制药企业协会联盟"医药代表宪章》的定义:医药代表(medical representative),是隶属于医药品生产或经营公司,以正确使用和普及医药品为目的,代表公司同医疗人员接触,提供有关医药品的质量、有效性、安全性等信息服务并负责信息收集、信息传递等工作的业务人员。我国目前对医药促销代表定位描述如下。

1. 医师用药的指导专家 医药代表应熟悉产品的作用机理、药理毒理、用药禁忌等,为医师提供专家级咨询,促进临床用药的合理、安全、有效,拓宽医务工作者的知识面,提升医务人员在该领域的学术水平。

2. 药品临床表现信息的搜集者 医药代表应当能与医师、药剂师建立良好的长期业务关系,从中搜集药品的临床表现,包括药品不良反应的发生,为企业产品的完善提供准确的信息。

3. 药品推广的主力军 临床医生新药知识大部分来自于医药代表,医药代表应通过为医师和患者提供咨询,消除其用药疑虑,促进新药推广普及,及时解除病人痛苦。

医药促销代表的基本职责是:在负责区域内科学推广公司产品,确保在实现销售目标的同时,建立公司产品在医生心目中的定位。

医药代表必须熟悉每一个产品的产品知识,保证准确无误地向客户传达药品的信息,树立公司的专业、负责的良好形象;医药代表必须学习并掌握每一个产品的有效的销售技巧,通过对客户专业化地面对面拜访和产品演讲,说服客户接受公司的产品;医药代表必须在所辖区域医院努力完成公司下达的销售目标;医药代表作为企业的代表必须积极地与医院、商业等客户建立良好的合作关系,并保持密切联系;医药代表必须亲自制定并实施所辖区域的行动计划,积极组织医院内各种推广活动;医药代表必须坚持以最低成本创造最大的销售额和市场份额。

三、向医院推销

促销人员向医院推销的主要产品是处方药,可以说是药品的临床推广,是一种通过对专业人士用药知识的宣传从而带动药品的销售促销方式。

(一) 药品进入医院的一般程序

1. 新产品医院推广会 医院推广会可分为针对整个区域所有医院的推广会,以及针对某一家医院的推广会。针对整个区域内所有医院的推广会一般由生产企业销售代表与当地的药学会、医学会等部门进行合作,共同举办产品临床交流会。邀请著名的专家教授或相应临床科室的主任进行讲授专业知识,将该区域内大中小型医院的院长、药剂科主任、采购和相对应科室的主任、副主任以及有关专家请到,进行产品的交流,以达到产品进入医院的目的。针对某家具体医院的产品推广会主要是企业通过与医院联合召开产品的介绍会,向药剂科人员、临床科室人员、药事管理委员会成员介绍产品,让他们认识产品,从而使产品顺利进入医院。

2. 医院临床科室主任推荐 在产品的推介会后,通过联络临床科室主任,由他主动向其他部门推荐企业的产品并提写临床药品申请报告。一般情况下,临床科室主任推荐申请的药品,肯定是科室所急需的药品,其他部门会优先考虑的。

3. 医院的药事管理委员会审核批准 医院的药事管理委员会是医院为完善进药制度而成立的专门班子,一般由主任和多名成员组成。新产品进入医院必须经药事管理委员会讨论、审核及批准方可正式进药。

(二) 医药促销代表推销过程与技巧

当产品进入医院药房后,必须积极开展医师、护士、专家、教授的临床促销工作。与医师交流、沟通感情和宣传产品同样重要。因为对方一般在既接受人又接受产品的情况下,才能够真正对产品产生兴趣。

1. 一对一促销 这种方式是由医药销售人员与某个科室主任、医师、护士长、专家、教授面对面的交流来实现的。医药代表事先备好工作证、产品说明书、产品样品、产品临床报告、产品宣传册等资料。

在医药促销过程中,每一个人都希望在最短时间内了解关键的信息,客户通常能接受的销售代表拜访时间是很短的,如何在短时间内完成你的拜访目标,这就是专业的药品销售技巧要解决的核心问题。销售技巧的理论多种多样,其中最关键的是促销人员对这些理论的理解和执行的程度。现在我们在这里向大家介绍促销沟通过程,如图 13-3。

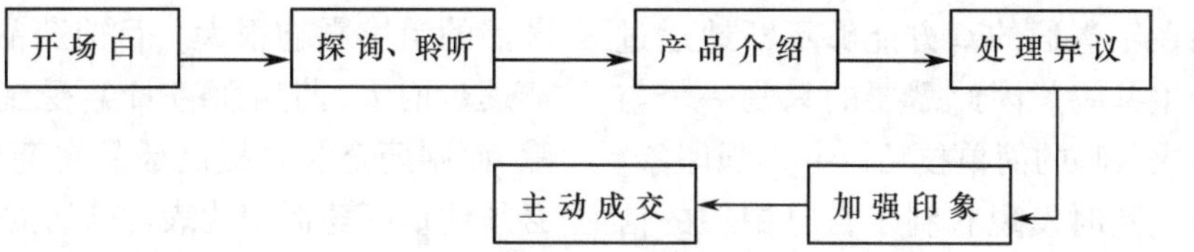

图 13-3 医药产品促销沟通过程

(1) 开场白。拜访成功的关键在于营造良好的沟通气氛,要学会使用幽默的技巧,要有一个简短的开场白自我介绍,但你应该避免直切主题,可以先同医生聊聊一般性社会话题,比如家庭,孩子,兴趣爱好等。完整的目的性开场白体现出三个要点:①设定拜访目标;②侧重于产品的某一个特性能为医生带来的利益作为产品介绍的开始;③以医生的需求为话题导向。

(2) 探询、聆听。探询问题是通过邀请发表个人见解,来发现医生主观的需求、期待和关注的事情。询问意见、邀请答话等方式常常能使得对方乐于吐露出他觉得重要的事情和心中的想法。聆听的目的在于给客户表达自己意见的机会,创造良好的气氛使客户感到与你的沟通愉快而且有价值。优秀的医药促销代表通过积极的聆听让医生充分表达自己的意见,适时的鼓励,设身处地地分析医生关心的要点并及时支持、肯定医生的建议会让医生感到受尊重,沟通愉快而且有价值。学习聆听最好的方法之一就是经常看一些"访谈或者谈话"一类的节目,优秀的节目主持人总是善于把说话的时间分给观众。

(3) 产品介绍。介绍产品是销售过程中最重要的一环,同时也是最能体现促销人员的专业销售能力的环节。专业的药品介绍分为三种形式:药品简介,药品的特性和利益介绍,有关药品的临床报告和证明文献的使用。其中医生最关心的问题是这些特性将为他的临床治疗解决什么问题。在销售拜访的过程中,仅有特性的说明是不够的,还应该导入其相关的功效,自然而然地引入有关的利益。

(4) 处理异议。对缺乏经验的医药促销人员来说,他们害怕遇到医生的异议,以为医生的异议意味着所有的努力都是徒劳的了,因为医生可能不要自己介绍的产品。这时作为医药促销人员首先需要知道购买的规律:没有人会在做出购买决定前不对产品提出反对意见;客户提出让你最难以处理的异议的时候,就是他准备购买的前奏,如果你能巧妙地处理好这个异议,你就会体会到最终成功的快乐。处理异议的步骤为:

1) 缓冲。缓冲是处理异议的关键的一步,大多数医药促销人员处理异议的效果不佳症结就在于没有积极运用缓冲的技巧。缓冲就是通过理解客户愿望的语言使顾客感受到的压力放松,使其平静下来。这样的语言也会缓解医生异议带来的紧张气氛,同时也表现出医药促销人员愿意为医生解决问题的诚恳和自信。

2) 探询。当你用真诚和自信缓和了谈话的气氛后就要开始探询医生对于药品的真正需求。首先先澄清并确认医生提出异议的缘由,是担心费用超标,或者想用但无权限,或者一时难以放弃现在的用药习惯。其次,医药促销人员应该对医生的信息迅速反应,但切记避免早下结论。

3) 聆听。处理异议过程中的聆听尤为重要,因为异议本身就来自于信息传递过程中的丢失或者误解。

4）答复。如果你顺利地运用缓冲、探询、聆听的技巧发现了医生的真正需求，现在就来运用前面学到的特性利益转化法来满足医生的需求。此时需要提醒你的一个重要的原则，在结论部分绝不可以说客户错，你的目的是使客户接受你的意见。

（5）加强印象。在销售过程中与客户沟通的目的是形成共识，双向沟通能够保持流畅进行的原因在于沟通的双方能够不断地通过信息分享产生共鸣。因此需要的只是一个与客户迅速形成共鸣的简单技巧——加强印象。从医生语言中及时发现有利于自己销售的信息和观点，直接认同医生的需求。

（6）主动成交。主动成交是销售的最终目的，如果医生已经信服该产品，你应采取行动使其开始：试用，继续使用，扩大适应证。

2. 一对多促销 主要是指医药代表与在同一个办公室里的三五个医师或护士交谈的形式。在此场合下必须做到应对自如，遇乱不惊，运筹帷幄，掌握谈话的主动权。

3. 人员对科室促销 这种形式的特点是临床促销速度快，与医师、护士及领导建立关系也快，但费用较高。方法主要是，在药品刚进医院时，组织门诊、住院部相关科室的医务人员座谈，讨论产品知识以宣传新产品，建立促销网络。

4. 公司对医院促销 药品进入医院药房后，应将所有对应科室（门诊、住院部）的医师（主任、教授、专家、主治医师、医师）和护士（护士长）组织起来召开学术交流会。这是促销规模较大、费用较高的一种方式。这种方式能够在短时间内结识医院许多客户，形成一种良好的促销网络，并迅速在该院树立公司、产品形象，让医院的领导及医务人员直接接受该公司和产品。

5. 公司对地区医疗系统促销 这是规模最大、辐射面最广、费用相当高的一种方式，要求在本地区医疗系统全部或 80% 以上已进货的情况下举办。方法是选择一个公休时间，地点最好在医疗单位密集区，以公函形式邀请数名各类型医院相关科室主任、医师（专家、教授、主治医师）、护士长、护士代表参与学术交流会。这种方式能够完善医师促销环节，建立医师网络，便于产品销量增加。

笔记栏

四、向药店推销

消费者的购买行为又最容易受具有一定医学、药学专业知识的人员的影响，如驻店代表、药店营业员、药店诊所的医生、医院的医生等。70% 的消费者是在购买地决定购买何种产品以及购买数量，所以人员促销行为对某种药品的销售影响很大。目前药品零售市场份额逐步增大，药店服务日益受到消费者的青睐，而制药企业要提高药品在药店的销量，就必须注重医药促销代表对药店的推销。

（1）选择目标药店。要选择覆盖面广、公众信任的药店作为主要的促销目标。

（2）制定拜访路线。由于促销人员的工作量很大，所以每天出门拜访之前要设计好当天的拜访路线，这样即节省时间又可以提高效率。

（3）上门拜访药店。拜访药店的重点要集中在影响其订货决策的人员上，把他们作为主要的突破点。

（4）培训药店店员。为了搞好培训工作，必须拟定合理的培训计划。培训计划主要包括培训目标、培训时间、培训地点、培训方式、培训师资、培训内容等。

五、群 体 销 售

1. 群体销售的含义即个体向一个客户群体推销产品的过程 个人向群体提供销售服务并且说服群体中的多数客户接受你的观点的销售技巧，即个人的群体销售的能力。

2. 分析群体购买行为 作为医药促销代表要对群体购买行为有深刻认识，准确把握群体购买行为的特点才能科学确定医药产品的促销策略，提高市场营销的效率。消费者作为一个整体，在认知、情感的形成过程和行为的实施过程中或多或少都要受到别人的影响。具体包括如下影响：

（1）信息性影响。指群体的价值观和行为被个人作为有用的信息加以参考。而这些影响的强弱取决于被影响者与群体成员的相似性以及施加影响的群体成员的专长。

（2）规范性影响。群体的价值观和行为方

式对个体发生作用后可以帮助其获得奖赏或避免惩罚。例如,群体的大多数成员对某种产品的使用获得群体其他成员的赞同或认同,群体中的这部分成员就会消费同样或同类的产品。这一点在医药保健品中表现得比较明显。

(3) 价值表现影响。指群体的价值观和行为方式被个人所内化,这时群体的价值观和行为规范已经完全被个体接受,成为个体价值观和行为规范。

医药产品群体销售的目的在于获得群体意见的支持,增加产品及公司品牌知名度、美誉度,不断扩大产品的使用率。

3. 接近客户前的准备 每次拜访前把可能问及的问题和正确的回答都写下来反复演练,达到客户一旦问及,立刻脱口而出地做出回答的地步。而且一定真诚、诚恳地解决客户的问题,显示出你处处在为他着想。

4. 群体销售的形式

(1) 产品上市会。任何制药企业都会把产品的品牌塑造作为经营重点,药品品牌是从上市时正式诞生的。

(2) 学术研讨会。医药产品的科学信息专属性强,定期有策略地向专业群体发布药品信息的主要形式之一就是各种级别、规模的学术研讨会。

(3) 院内科室产品推广会。这是对医药促销人员来说最重要的群体销售活动。

(4) 临床试验协调会。是体现医药促销人员专业水平的更高层次的会议形式。

(5) 专家义诊咨询活动。是企业向社会公开展示形象的窗口之一。

(6) 患者健康教育活动。协助医疗卫生机构及政府向大众提供专业健康信息服务,是制药企业经营的一项宗旨。

(7) 媒体广告,对于处方药来讲,是指专业期刊杂志等专业媒体宣传途径。

(8) 医院内科普宣传活动,医药产品可利用的有宣传栏,健康教育电视节目,多媒体咨询台等。

(9) 医师药师学术沙龙,这是制药企业为医师、药师等专业人士提供的一种服务形式。

(10) 专业学术委员会。以企业赞助的形式,对高层专业人士研究、讨论学术问题提供支持。

5. 召开学术推广会议 组织医院召开产品学术推广会是最有效的医药产品群体销售方法之一,专业的产品推广会议对于医药产品的销售帮助作用非常明显。对此医药促销代表要周密准备行动计划,精心组织。学术推广会议常常联合医(药)学会共同发出邀请,未来这一联合作用将更加突出。医(药)学会开会是医(药)师自己组织的自我学习教育活动,多通过交流学术研究论文的形式展开,每年要举办多次会议。学术推广会议采用了学术专场形式,邀请国外或国内这一领域著名的、有影响力的、常用这种药品的专家授课。这些专家不仅有用药经验,而且可以详细说明用药的原因,药品的最新临床试验和进展,并对相关疾病的诊断、治疗和手术操作提出见解,可以帮助医师纠正处方习惯。知名专家的见解显然帮助了促销代表的学术说服。

6. 群体销售的目的 医药产品群体销售的目的在于获得群体意见的支持,增加产品及公司品牌知名度、美誉度,不断扩大产品的使用率。

六、医药促销代表的区域市场管理

医药促销代表每天出入于自己管理的一块区域性医药市场,向可能使用自己公司产品的客户——医生、药师有时甚至是患者,介绍产品,努力说服他们选择自己的产品,实现销售目标。一般来说,每个医药代表至少负责10~15家医院的药品推广工作,这就意味着会有上千位客户,这是一个很大的数字。事实上由于区域市场中客户不同,他们的需求也不尽相同。这些都需要医药促销代表进行有效的区域市场管理。

区域市场管理是在所辖区域中确定最重要的管理目标并制定相应的管理方法。医药代表在负责区域内,选择具有潜力的客户,运用有效的市场策略,通过适当的拜访频率和有效的拜访质量,使更多的医生接受并不断增加所推荐产品的使用,达到推广本公司产品的目的。

医药促销代表增加销售主要有三条途径:①增加客户的数量,使自己的产品进入更多的医院，让更多的医生有机会使用；②提高拜访的频率和拜访的质量，让医生接受更多的产品信息，从而对产品有更深入的了解，达到培养并巩固医生的处方习惯的目标；③扩大产品的使用范围、让医生接受更多的不同适应证的用法，让更多的有适应证的患者有机会使用。总结起来，这三点都是和医药代表的销售拜访的数量与质量相关。

医药代表的区域市场管理目标包括五个方面：时间管理，客户管理，产品管理和销售计划，竞争产品管理。通过时间管理，医药代表能有效地分配时间资源；通过客户管理，医药代表能准确的分析市场潜力，决定工作的对象；通过产品管理，医药代表能科学地分析目标市场，确定销售目标；通过竞争产品管理，医药代表能积极制定竞争策略，逐步扩大市场份额。

（一）医药促销代表的时间管理

在自己的区域市场中确定谁是目前用量和未来潜力最大的医院或药店，选出谁是现有处方权和未来潜力最大的医生，然后在这些潜力大的医院或药店投入更多的时间。对这些高潜力医生投入更多的时间，这就是医药代表的工作中最重要的20%的事件。将80%的时间用于最重要的20%客户就是医药代表必须掌握的时间管理基本要点。

1. 医药促销代表月拜访计划表的制定 医药代表的工作周期是按月划分的，月初到月底的30天为一个循环，期间无论发生什么情况，医药代表都必须完成对所负责区域的一次完整覆盖。

（1）第一步：月拜访工作计划的制定。首先在月拜访计划中医药代表要决定投入每家医院或药店的天数。以常规药品的拜访为例，不同潜力的医院可按照就诊患者的数量和医院平均治疗费用分为不同类型。两者均高的医院，应高频拜访；平均治疗费用高但患者人数少的医院，应中等频率拜访；患者人数多但平均治疗费用低的医院，宜低频率拜访；至于两者都低的医院则应尽量不花费拜访时间。

（2）第二步：决定时间分配方案。如果按照每天平均拜访15位医生计算，就可以确定当月预计拜访次数。医药代表平均月拜访次数至少在350次左右。医药代表需要根据所辖医院的具体情况，决定时间分配的增减之后，这样就制定出了一份较为合理的月拜访计划。月拜访计划一旦制定就不要轻易更改，因为任何更改都会影响到代表对具体的目标医生的拜访频率的变化，这将直接影响到最终的销售目标的达成。

2. 医药促销代表日拜访计划表的制定 实施月拜访计划的关键在于医药代表每一天的工作安排是否合理。所以医药代表需要认真仔细地制定每日的拜访计划。

（1）第一步：计划拜访哪家医院或药店？你的日计划中可能包括几家目标医院或者药店，所以组合拜访计划时必须考虑每家医院或药店的具体工作计划，及合理的拜访路线，分配给每家医院或药店的实际时间。

（2）第二步：确定计划拜访医生数量。医药代表每日拜访的医生不应少于行业平均数：即15人/天。由于医生可能的变化因素，要真正达到15人/天拜访目标，医药代表必须预算20~25名医生。

（3）第三步：确定计划拜访哪几位医生。每日的拜访计划应该至少提前一天完成。事先查阅客户拜访记录，回顾上次拜访的情况，根据客户遇到具体问题进行拜访准备。

（4）第四步：确定拜访医生最佳的拜访时间、地点。

（5）第五步：检查上次拜访的情况，设定本次拜访的目的。

（二）促销代表的客户管理

1. 目标医院管理系统 目标医院管理系统是医药代表按照负责区域内医院潜力不同，对医院进行不同潜力等级的划分，根据划分的结果制定不同的工作方案。划分的依据包括：床位数、日门诊量、月药品购进额、主要专业领域等，如表13-3。

表13-3 常用目标医院等级划分法

级别	床位（张）	日门诊量（人次）	月药品购进额（万元）
A级	>800	>2500	>800
B级	300~800	1000~2500	200~800
C级	<300	<1000	<200

笔记栏

根据目标医院的级别,对医药代表所负责的医院进行规划,一般是一家三甲医院(A级),2家三乙或二甲医院(B级)和3~5家二乙或社区医院(C级),这样对医药代表进行目标医院管理,有利于代表将精力重点集中在A级医院,其次是B级医院,再其次是C级医院。A级医院的辐射能力强,如果A级医院药品销售好,会带动B级和C级医院的销售,所以促销的重点程度和拜访频率也是从A级到B级至C级医院。

2. 目标医生管理系统 目标医生管理系统是医药代表根据销售产品的特点将医生按照不同专业类型和处方潜力分类,针对不同级别(A、B、C)的医生特点(参见图13-4),制定工作方案。潜力划分的依据包括:处方的机会和支持度。

表13-4 目标医生等级划分法(以门诊医生为例)

级别	病人数	处方权限	支持度	拜访频率
A级	>50人次/天	>100元/处方	良好	4次/月
B级	30~50人次/天	>50元/处方	一般	2次/月
C级	<30人次/天	<50元/处方	无兴趣	1次/1~2月

在客户管理系统中进行目标客户定位时考虑以下几个因素:

(1) 患者数量多少。对于常见疾病的患者,门诊医生相对住院部医生接触机会大,处方机会自然较多。

(2) 患者类型。在某些高收费等级医院中患者多为高收入群体,他们对新型、价格昂贵的药品容易接受。

(3) 学术影响力。在学术界影响力大的医生,如VIP医生,学术带头人,对普通医生的用药习惯有指导作用,间接对产品的推广影响作用很大。

(4) 未来用药潜力。有的医生,如某项科研工作的负责者,可能目前不在临床工作,但回到临床后他的研究结果会对其他医生产生影响。

(5) 合作历史。对医药代表的公司和产品熟悉并通过合作产生信任的医生,他们是支持者同时也是使用者。

(三) 医药促销代表的产品管理

医药产品的高信息含量的特点决定了客户接受医药产品的过程势必漫长,医药代表对产品进行管理,就是根据客户的认知变化规律,在不同的产品推广阶段设定不同的推广目标,并按照既定的市场策略,逐步帮助医生接受新的产品观念和获取相关的治疗经验。

1. 设定产品拜访目标 医药代表设定产品拜访的目标重要性体现在以下几个方面:

(1) 可以针对性研究出说服客户接受其观点的方法,而减少目标不合理造成客户拒绝接受使自己工作受挫的可能。

(2) 目标包含着适度的挑战性,逐步实现可以增加医药代表的工作信心。

(3) 目标设定后可以制定相应计划,为评估绩效提供标准。

(4) 目标明确可以避免重复工作,而减少资源的浪费。

(5) 目标清楚就有机会防止医生对产品的问题泛化,降低推荐失败的风险。

(6) 目标明确容易与公司沟通,从而获得支持帮助。

2. 长、短期目标的有机结合 长期目标和短期目标应该有机地结合起来。短期目标如日拜访目标、周拜访目标、月拜访目标使我们在执行工作过程中可以观察到进展、得失情况,而明确需要调整之处。长期目标则体现在医药代表的季度销售计划、年销售计划,如销售目标完成情况,目标医院的产品覆盖率,目标医生的拜访覆盖频率,目标医生对产品的定位,等等。

3. 制定产品拜访计划 目标设定之后就要制定相应的计划去执行。医药代表的行动计划除了面对面拜访外还应包括:

(1) 主要产品的幻灯演讲,一般每月4次,每次10~20名医生。

(2) 医院研讨会(区域会)1次/每1~2月,每次50~100名医生。

(3) 市场部组织相关活动,如巡回演讲,区域学术会议,等等。

（4）患者教育活动。

（5）医生继续教育项目。

（6）其他有助于产品概念推广的活动。

4. 医药代表在不同药品销售阶段的工作重点 医院药品的销售分为两个阶段，在初始阶段药品刚刚进入医院，医生尚未使用。随着推广工作的开展逐渐进入到扩展阶段，这时少数医生开始使用，但用量尚小。医药代表在这两个阶段的工作重点各有侧重。

（1）初始阶段。此时医药代表的工作是首先选择正确的目标医生。并找出拜访目标医生的最好时间。根据公司总体市场策略，选择重要产品开始向医生介绍，以后再逐步介绍次要的，避免同时介绍所有的产品。同时通过护士或直接探询医生，找出医生目前正在使用的竞争产品，针对医生正在使用的产品，巧妙的选择“卖点”以突出自身产品的优势。初始阶段的拜访目标应设定为说服目标医生开始尝试使用新产品。

（2）扩展阶段。进入扩展阶段，医药代表的第一任务是确保产品的推广使用。医药代表首先应注意积极维护医院药品流通渠道通畅，定期检查关键人物工作到位程度，对医院药物使用信息保持高度敏感。其次要分析医生对自己产品的使用态度是首选，二线还是保守使用，以便区别对待。医药代表可以通过拜访了解医生对同类产品态度的变化，直接或者间接途径了解医生处方分配状况，并找出医生对自己公司产品未形成首选定位的原因。第三就是调整工作方法，改进服务水平。保持适当的拜访频率，不断用产品卖点提示医生，与医生加强合作关系，增强目标医生的信心，使其认为使用自己产品是正确选择，感谢医生已经给予的支持，同时扼要提示医生关键点。扩大适应证，合理提高目前适应证的用量。及时正确使用宣传资料和品牌提示物，积极组织幻灯演讲及区域会等群体销售活动。最后要确保提供给医生最优质的服务。

（四）医药促销代表的竞争产品管理

1. 竞争产品分析

（1）作用机制上的区别。医药代表对公司产品的同类药物的优缺点应该熟知。尽管从临床使用的角度看不同产品在短期内效果的显著性差异并不大，但是医生在为具体患者制定治疗方案时，总会根据患者的病理生理状况寻找治疗的依据，不同药物的药理机制就提供了这种依据。医药代表熟悉自己产品和同类产品在机制上的区别，并依据科学、客观的资料向医生说明这些区别会帮助医生更好地选择治疗药物。

（2）注意细节特点区别。由于绝大多数医生在长期的医学训练中养成的思维习惯就是注重细节。只是由于工作的忙碌，在很多问题上他们并未主动寻找细节的答案。比如在西安杨森推出“胃动力”概念之前，医生也在治疗胃肠功能紊乱时发现消化道蠕动异常的现象，一旦杨森的医药代表向医生详细介绍消化道蠕动对其功能的影响，医生很快接受吗叮啉的作用机理，开始形成新的治疗习惯。而不太注重细节的医药代表本身可能缺乏讲解产品的耐心，不去认真分析医生用药的理由，就有可能失去机会。

（3）医生的评价。在分析竞争产品时另一个要点就是要了解医生的评价如何。事实上医生对竞争产品的评价就是竞争公司留给医生的产品印象。了解医生对竞争产品的态度，也就是在发现竞争对手的工作表现。

（4）价格比较。在疗效安全性方面差别不大的时候，价格比较会是医生考虑的一个主要因素。熟悉竞争产品的价格分析，对医药代表说服医生接受自己的产品有直接的作用。有经验的代表会仔细分析竞争产品的包装规格，适应证剂量，剂量调整范围，了解常规使用时的每日费用、全疗程治疗费用，以及特殊患者需要大剂量使用时的综合费用。例如：一种抗生素单盒价格为20元，每盒6片，为一日常规治疗剂量，那么此药的价格为3.3元/片，日治疗费用为20元。

2. 竞争公司分析 医生处方药品的习惯与公司给他留下的整体印象也有直接关系。所以了解竞争公司的信息，并加以分析非常必要。在分析竞争公司时应该关注几个方面。

（1）竞争公司的组织结构重点及优缺点，是否合资或独资企业，有无行业著名的资深人士直接管理等。

（2）竞争公司的资源如何，是否上市公司，有无跨国经营的经验，发展的历史，产品系

笔记栏

列,研发的力量如何,等等。

(3) 竞争公司的培训和发展体系怎样设置,借此你可以了解竞争对手的行业水平,竞争公司的文化对竞争对手的影响。

(4) 竞争公司的市场策略是什么。同样的产品,不同的策略导致不同的销售格局。

(5) 竞争公司的销售及市场支持力度。例如常规的促销活动如何进行,这些活动组织过程中的优缺点如何。

3. 竞争策略的制定 根据对竞争产品竞争力的分析,结合自己的市场地位,可以制定相应的竞争策略,如表 13-5 所示。

表 13-5 市场竞争分析

市场地位	竞争策略
市场领导者	扩大市场、防御战、扩大市场占有率
市场挑战者	攻击市场领导者、攻击相对较弱的和弱小对手
市场追随者	选择适当的竞争对手,紧随其后,有距离地追随
市场补缺者	努力成为特色专家

(五) 目标医院销售计划

一份完整的医院代表销售计划报告应该由市场分析、市场开发目标、市场开发策略、行动计划四个部分组成。

1. 目标医院销售计划重点之一 目标市场分析

(1) 医院市场分析。医药代表首先要对自己的全部区域进行市场细分,确定 A、B、C 类医院中不同的市场环境,对不同产品的潜力大小。确定对完成销售目标最重要的市场为哪些目标医院。如果这些医院已有前期开发历史、应对销售历史进行回顾。

(2) 竞争对手分析。对竞争对手的分析应从市场份额、竞争销售历史、其产品的特点、公司及代表的优缺点、销售策略、目前医生的态度等方面进行。

(3) 产品的市场定位。根据公司整体的市场策略,结合具体医院的实际情形,明确产品在下一计划销售阶段主要推广的适应证和目标患者定位。

(4) 目标客户的确定。根据产品的市场定位,选定目标科室和目标医生,并进行科室潜力和目标医生潜力的分析。确定最重要的目标科室和目标医生。

(5) SWOT 分析。对开发选定的目标市场(目标科室和目标医生)的工作进行 SWOT 分析,寻找对实现销售目标有利的产品和公司(包括代表本人)优势和外部环境的机会因素,同时发现阻碍销售目标实现的产品和公司(包括代表本人)的劣势和外部环境的威胁因素。

2. 目标医院销售计划重点之二 市场开发目标

(1) 销售目标。结合产品的销售历史记录,下阶段公司既定目标,设立销售目标,将盒数和金额分解到每一个主要和次要产品。

(2) 市场目标。再进一步将各产品的销售目标分解至每个目标科室和目标医生。并根据同类产品销售情况设定预期达到的市场份额目标。如达到某医院骨科抗生素市场的 20%。

3. 目标医院销售计划重点之三 市场开发策略

(1) 产品开发策略。结合公司整体的产品开发策略,提出区域内具体医院的具体医生开发策略,如分步骤传达产品信息,怎样使医生在什么阶段接受公司的产品到什么程度。

(2) 竞争策略。根据竞争对手的竞争分析,对选定的竞争对手从产品卖点竞争、优劣比较、专业服务等方面制定相应的竞争策略。

(3) 推广组合策略。针对主次产品的不同特点,制定面对面拜访、科室会议、临床试验、患者教育、护士教育、区域学术会议等不同的推广组合方案。

(4) 客户管理系统。将商业、药剂科、医院、医生、患者不同目标客户归入客户管理系统中,分别确定不同的工作重点和时间分配方案。

4. 目标医院销售计划重点之四 市场行动计划

(1) 目标客户服务计划。对重要的 20% 目标医生制定详细的客户服务计划,使之逐步从尝试用药阶段进入保守、二线最终达到首选使用阶段。

(2) 销售行动计划。销售行动计划可根据具体的医院和时间通过对指标分配、科室会和推广活动等分析进行计划制定。

(3) 推广预算。根据公司政策和销售目

标,开展不同类型推广活动的数量制定。

(4) 执行与评估方法。通过月工作计划与月报告,结合日、周报表,明确执行、监控的方法。定期分析投入产出动态变化,了解市场份额变化和医生态度变化。并根据市场环境的相关因素的变化,提出可能的调整策略。

七、企业对医药促销代表的管理

(一) 医药促销代表的组织管理

一般制药企业营销部门的组织结构

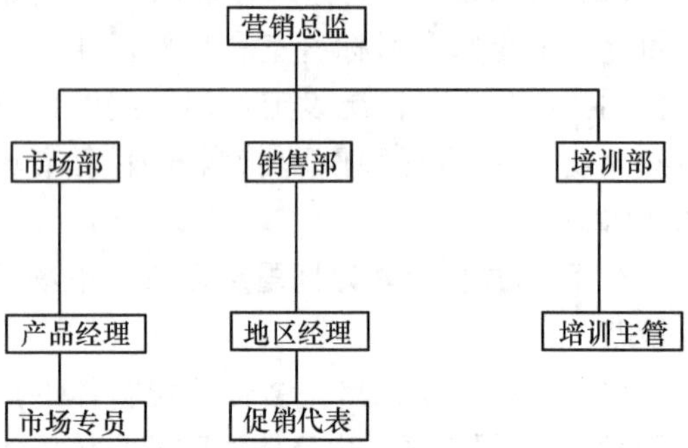

各职位职能与职责描述:

1. 医药代表(medical representative) 基本职责:负责所在区域的学术促销工作,提高促销水平,用诚信的方式向医生促销产品。

2. 地区经理(regional manager) 基本职责:负责所在区域的团队管理,完成下达的计划任务,更新所负责治疗和产品领域的知识,为提高医药代表竞争能力提供支持。

3. 地区市场专员(regional physician) 基本职责:在公司制订的战略框架之内,提高公司的品牌产品的认知度,为提高公司产品在所在区域的营业额和医药信息的质量负责;与地区有影响力的专家或学术带头人保持密切联系,掌握区域内的最新学术现状;密切关注竞争产品状况,给总部提供无价的竞争信息和可在全国范围内推广的策略;全面掌握产品情况及学术环境的进展,对获取的信息进行评价,用来提高所在团队专业水平;指导和监控临床研究。

4. 产品经理(product manager) 基本职责:依据战略分析确定产品定位;制订产品市场营销计划,为所促销的产品提供必要的支持;帮助医药代表执行销售策略;与国内外伙伴保持密切、持久的联系;协助增加销售额。

(二) 医药促销代表的培训管理

1. 产品知识的培训 促销代表推销的药品一般是处方药中的新药,而新药要想在市场上迅速占领新市场,就必须要对药品自身的特性、优势有了解才能去与客户交流沟通。关于药品的药学、医学理论基础、临床医学等知识都需要对促销代表进行培训。

培训内容包括:该产品相关临床领域的理论基础和发展背景;该药品的药学知识;该药品的所有的临床试验和临床应用中的实际情况;该药品与竞争品的比较优势;该药品能带给医生、患者的利益等。

2. 销售技巧培训 交流沟通技巧培训包括了有效倾听技巧、使用文献技巧、引证技巧、缔结技巧、处理反对意见技巧等。

演讲技巧培训包括:演讲的流程、会议的主持,与听者的互动,游戏的互动,演讲的讨论组织等。

组织学术会议培训包括:会场选择、资料准备、时间安排、讲课人联系、会议突发事件处理等。

(三) 医药促销代表的绩效考核管理

绩效考核是指按照一定的标准,采用科学的方法,检查和评定企业员工对职务所规定的职责的履行程度,以确定其工作成绩的一种有效管理的方法。绩效考核作为一种衡量、评价、影响员工工作表现的正式系统,可起到检查和控制的作用,并以此来揭示员工工作的有效性及其未来工作的潜能,从而使员工自身、企业和社会都受益。

绩效考核的指标有:

(1) 销售量。销售量主要包括按照公司下达的指标,在规定的时间内完成公司下发的指标任务,销售量可分为实际销售量和入库量,同时从产品角度来讲,可分为总销售量和各单产品销售量。

(2) 总金额。指所有产品核算为公司结算价的金额考核,各产品单价不相同,但可以以此确认各单产品完成情况及总的销售额大小问题。

(3) 增长率。公司除了要求完成下达指

标,还要求与去年同期、前季度的比较所表现出的增长速度。

(4) 费用额。公司除了考虑进行的市场费用推广以完成公司下达的指标外,对完成指标的成本费用也进行了一定核算。

(5) 新市场开发速度。只有不断开发新的市场,才可能有新的客户,销售才能有新的增长点,所以医药促销代表需不断开发新的市场。

(6) 工作态度。促销代表在日常工作中,有许多表格需要填报,同时客户管理系统对每天的拜访客户人数及效果都有严格要求,这些作为工作态度进行考核。

(四) 医药促销代表的激励

1. 晋升 当医药促销代表在销售的产品领域内具有很高的专业水平,在与医师的沟通交流中也承担了信息搜集的功能,对市场和产品的把握均十分到位,而公司的发展也正需要此种类型的人才担任,促销代表就可能有较为广阔的晋升空间。

晋升一般途径为:

医药促销代表←→地区经理→大区经理

医药促销代表——→市场专员→产品经理

2. 精神鼓励 精神鼓励是对物质奖励的必要补充,在一定程度上精神需要的满足将更能激发医药促销代表的工作热情,调动他们的积极性和创造性。从人的动机看,人人都具有自我肯定、争取荣誉的需要、渴望承担责任的需要和对美好未来的展望,对表现突出的医药代表实行必要的精神鼓励效果非常明显。

第三节 医药广告策略

广告是促销组合中的重要组成部分,也是现代企业进行促销的最有用的方法和手段。它在改进医药企业的形象、促进销售等方面具有无可替代的作用。

一、广告的特点和类型

广告是企业按照一定的预算方式,支付一定数额的费用,通过不同的媒体(如广播、电视、报纸、杂志、告示等)对产品进行广泛宣传的一种促销方式。

(一) 广告的特点

1. 公众性 广告是一种高度大众化的信息传播方式,通常适用于大众化、标准化产品的宣传推广。在药品市场上主要适用于 OTC 药品的营销信息的传播。

2. 表现性 广告是一种富有表现力的信息传播方式,它通过对文字、音响以及色彩的艺术化运用,将企业及其产品的信息传播给社会公众。形象化、艺术化的信息传播,使公众更易于接受,所以广告是最有效的信息传播工具。

3. 渗透性 广告可多次重复同一信息,是一种渗透性较强的信息传递方式。

广告可用来激发欲望、刺激销售,又可用来树立企业和产品形象。广告可用较低的成本将信息有效地传递给地理位置上比较分散的购买者。所以广告是企业界使用最为广泛的促销手段,但医药产品的广告要受到国家有关法规的限制。

我国《药品管理法》明确规定处方药不得在大众媒体上做广告或以其他方式作以公众为对象的广告宣传,只能在指定的医学、药学专业刊物上进行介绍,处方药广告媒介及所采取的方式受到严格审查和控制。

(二) 广告的类型

由于医药商品的种类非常繁多,同类的药品也有很多规格。而且消费者群体差异也非常大,因此,医药商品广告也非常多。根据不同的标准去分,广告可以分为许多种类型。本书认为广告主要有以下几种类型:

1. 按发布广告信息的方式不同可分为影像广告、听觉广告和图文广告

(1) 影像广告是指通过电影、电视、录像、光盘等传媒而发布的广告。这是最常见的广告之一,具有费用高、范围广、速度快、影响面大、收效大等特点。

(2) 听觉广告是通过各种声音而发布的广告。主要是通过广播、电台来完成。

(3) 图文广告是指通过各种报纸、杂志、广告牌、广告栏、路牌、汽车、建筑物、物体等作为载体。

2. 按广告诉求的方式不同分为理性诉求广告和感性诉求广告

(1) 理性诉求广告是指以说服的方式、有理有据地论述商品或服务的优点和长处,让消费者自己作出判断或选择的广告。

(2) 感性诉求广告是指用动之以情、晓之以理的方式感染消费者,促使消费者购买商品或接受服务的广告。

3. 按广告的直接目的不同分商业性广告和公关性广告

(1) 商业性广告是指通过广告直接刺激消费者,使消费者购买商品或接受服务的一种广告方式。这种广告要求立竿见影的宣传效果,要迅速提高商品或服务的知名度。

(2) 公关性广告是指以树立组织良好形象、提高组织的声誉(知名度和美誉度)、增进公众对组织的信赖和支持为目的,从而促进组织整体目标的实现的一种广告方式。

4. 按直接接受的公众的不同分为消费者广告、经销广告、工业广告和专门广告

(1) 消费者广告是专门针对各种消费者的广告,主要是宣传一些消费品。

(2) 经销广告是生产厂家向经销商发出的广告,或批发商为了促成大批业务而发出的广告。

(3) 工业广告是指工业企业或商业企业向工厂发出的广告,主要是为了销售工厂必需的一些商品(如原材料、零部件等)的广告。

(4) 专门广告是指针对特定公众范围不宜扩大的广告。如为了宣传民族用品、妇女用品、地区性用品而发布的广告。

二、医药广告媒体及其选择

(一) 广告媒体的种类

广告运用的媒体也是多种多样,大致有:报刊、杂志、广播、电视、电影、幻灯片、户外招贴、广告牌、霓虹灯、交通广告、传单、包装纸、商品陈列、现场 POP 广告、网络广告等。其中最常用的四大媒体是报纸、杂志、电视、广播,它们各有优缺点,见表 13-6。

表 13-6　四大广告媒体的优缺点比较

类型	报纸	杂志	电视	广播
优点	迅速、及时,成本较低,传播面广,影响力大,时效性强,制作简单,灵活度高等	针对性强、持续时间长、易于保存、表现力较强、印刷精美	表现力强、形象直观生动、娱乐性强、宣传效果好、传播广泛	信息传播迅速及时、传播面广、费用较低、听众多、不受时空控制
缺点	表现能力差、持续时间短、要求读者有一定的文化、不易保存、感染力差	定期发行、灵活性差、信息传递不及时、覆盖面小、成本较高	时间短、费用高、选择性差、目标不具体	表现力差、时间短、不易记忆

(二) 医药广告媒体的选择

医药企业要想获得良好的广告效果必须综合考虑以下因素:

1. 医药商品的特征　不同的商品要选择不同的广告媒体。对于 OTC 产品、保健品、家用医疗器械宜选择影响面大的普通杂志、报纸、电视、广播等。对于处方药、化学试剂、中药材、大型医疗器械则宜采用专业性报纸、杂志等

2. 媒体的特征和费用　不同的广告媒体有不同的特征,其费用的差异也很大。在选择媒体时一定要考虑媒体传播的范围与对象、媒体被收听(看)的情况、媒体的费用、媒体的信用、媒体的影响力等因素。

3. 目标消费者的特性　要想广告起到应有的作用,作广告必须有的放矢,必须考虑目标消费者的特性。特别是要了解消费者的消费习惯、购买力、偏好、对媒体的信赖程度等。如老年人爱听广播,小朋友爱看动画片等。如"三精制药"的广告策略,正是根据不同的目标消费者的特性去做广告,从而取得了成功。

4. 市场的竞争情况　当竞争激烈时,医药企业应选择影响力大并且影响面广的广告媒体;当竞争不激烈的时候,对于广告媒体的

选择则相对自由些。

当然,对于广告媒体的选择往往是综合性的,即几种媒体一起使用,从而提高广告的总体效果。

(三) 医药广告的设计原则

医药产品是一种特殊产品,医药产品的质量至关重要,不负责任的广告会误导消费者,令消费者轻则浪费金钱,重则损害健康,甚至付出生命的代价。

1. 真实性的原则 这是医药产品广告的首要原则。这种真实性体现在:所传播的药品必须以药典或省级以上卫生行政主管部门核定的药品说明书为依据;讲究信誉;药品广告的信息内容必须真实;药品广告的形式必须真实。

2. 可及性原则 作广告的目的是为了促销,即必须让相应的公众收到广告信息。因此,必须根据医药产品目标消费者的不同采用不同的广告设计。例如,针对小孩的药品必须根据小孩的特点去设计,动画的方式应该是首选。

3. 科学性原则 药品广告设计的科学性体现药品广告的计划完整性和策划创意的科学性,不能违背药学和医学的基本原理和常识,不能违背生物学与生理学的客观事实,广告传播的手段和制作技术要具有先进性与科学性,广告设计的程序要规范化。

4. 艺术性原则 药品广告本身是一门实用性很强的艺术。如何能以简明、准确、经济、全面、适当的力度高效率地达到预期的宣传效果,必须具有很强的艺术感染力。这种艺术性必须做到通俗性、魅力性、真实性、新颖性并举。

5. 合法性原则 法律对药品广告的要求比一般产品广告高得多,在做药品广告时不但要遵守一般广告的法律法规和从业原则,还必须遵守我国认可的国际性准则和针对药品的特有法律法规。例如,广告的内容必须真实、合法,以国务院药品监督管理部门批准的说明书为准,不得含有虚假的内容。药品广告不得含有不科学的表示功效的断言或保证;不得利用国家机关、医药科研单位、学术机构或者专家、学者、医师、患者的名义和形象做广告。

6. 经济性原则 做广告必须针对医药产品市场的生命周期、不同的消费群体来做。做广告必须有一个经济预算,必须根据自己的财力来选择广告的方式。广告的费用与经济收益的取得必须成正比,收益越高越好。

(四) 医药广告效果的测定

做广告的直接目的是为了促销,但广告的效果是否达到这个目的必须依赖科学的评估。一般来说广告效果主要从沟通效果和销售效果两方面来评估①。

(1) 沟通效果评估是指广告活动是否达到预期的信息沟通效果。广告就是要将广告主的一些重要信息传达给相关的公众,评估沟通效果的方式很多。①直接评价法。邀请一些有代表性的消费者和广告专家对广告效果进行评估。一般采用问卷调查方式进行。②对广告文稿的测评。主要是调查一个广告文稿能否引起消费者的注意,能传递多少信息给消费者,这些信息在消费者心目中能够造成多深的记忆等。它的调查对象从目标公众中选出。

(2) 销售效果评估是检验广告效果的最有效方法,有短期(近期)效果评估和中长期效果评估。一般来说,广告销售效果比沟通效果测定要困难。广告销售效果最容易测定的是邮购产品的效果,而最难测定的是树立品牌或企业形象的广告效果测定。测定广告对销售状况的影响,可以通过两种方法进行:一是历史资料分析法。这是根据同步或滞后的原则,利用最小平方回归法求得企业过去的销售额与企业过去的广告支出两者之间关系的一种测量方法。二是实验设计分析法。通过选择不同地区,在其中某些地区进行比平均广告水平强 50% 的广告活动,在另一些地方进行比平均广告水平弱 50% 的广告活动。这样从 150%、100%、50% 三类广告水平的地区的销

①郭国庆.1998.市场营销学.武汉大学出版社,373

售记录就可以看出广告活动对企业销售究竟有多大影响。

(五) 非处方药和保健品广告

OTC 药物的销售是建立在消费者自我判断的基础上选择药品，厂家需要面对消费者。要想使自己的产品从普通品牌成为名牌，首先产品质量要过硬，疗效确切、安全、方便。其次，在符合药品商品名命名原则的前提下，取一个好的名字。再次，要求包装精美，感观漂亮。

第四节　医药公共关系推广策略

(一) 医药公共关系的概念与特征

公共关系作为促销组合因素之一，在刺激目标顾客对医药产品的需求，增加销售，改善形象，提高知名度等方面，起着十分重要的作用。

公共关系是一种隐性的促销方式，它是以长期目标为主的间接性促销手段。对于医药企业而言，塑造良好的形象是公共关系意识的核心，同时也是企业能够长远发展的根本保证。因为医药企业生产的产品不是一般意义上的商品，而是能解痛去疾的药品，药品质量的好坏，疗效的确切与否，都直接关系到人民的健康与生命安全。因此，相对于其他行业而言，人们对医药企业的形象与名声往往更为关注。

医药公共关系的特点主要有以下几个方面：

(1) 可信度高。对大多数受众而言，各种媒体上的有关医药企业的报道更为客观，而医药企业自己推出的广告则属于自吹自擂的主观信息，影响效果不如前者。

(2) 传播能力强。很多受众对广告等信息传递方式本能地反感，并有意识地回避。而公共关系报道是以新闻形式出现的，受众一般不会对此反感，相反比较容易接受，所以传达力较强。

(3) 成本较低。公共关系主要是利用信息沟通的原理和方法进行活动，它比广告成本少得多。对医药企业而言，从投入和产出之比来看，公共关系是所有促销方式中成本最低的。

(二) 医药公共关系的作用

(1) 树立医药企业形象：企业形象是指企业内外广大公众对企业的看法、评价、标准和需求，是企业在社会公众心目中从内到外整体特征的综合印象。由于医药产品的特殊性，医药企业要赢得公众支持，除了优质的产品外，还需要通过公共关系等手段在公众心目中树立良好的企业形象，提高企业知名度。

(2) 开拓医药产品销路：通过公共关系活动，有利于沟通医药企业与公众之间的联系，对公众实施影响，为医药产品的销售创造良好的环境。

(3) 创造良好的营销环境：通过公共关系可以使医药企业加强同外界的沟通与联系，有利于医药企业内部理顺关系，使全体员工以主人翁态度维护企业形象，共同创造宽松和谐的工作氛围，创造良好的内外环境。

(三) 公共关系危机处理

当公众对本企业的产品出现不信任或者对企业的形象宣传出现消极接受时就是公共关系出现了危机，这时就要公关部门通过广泛、细致、耐心的劝说性教育和优惠性活动来诱导公众对企业产生好感。及时处理紧急事件，把不利的影响降低到最低程度。纠正不良影响，恢复组织被损害的形象和信誉，做好善后沟通，平息风波。

危机发生后，公众关注的焦点往往集中在两个方面：一方面是利益问题，另一方面则是感情问题。无疑，利益是公众关注的焦点。危机事件往往会造成组织利益和公众利益的冲突激化，从危机管理的角度来看，无论谁是谁非，组织应该主动承担责任。

目光短浅的企业，为了保护自身、获取短期利益，在危机管理中往往将公众利益和社会责任束之高阁，最终却为之付出巨大代价。而具有强烈责任感的企业，宁愿牺牲自身短暂利益换来良好的社会声誉，树立和不断提升组织和品牌形象，从而实现企业发展的基业常青。

信息框

万络(VIOXX,罗非昔布)是由世界500强之一的美国默克公司生产的治疗关节炎和急性疼痛的王牌药物,自1999年上市以来,该药在全球超过80个国家销售,至2003年底,全球已开出超过8400万张处方,2003年全球销售额达25亿美元。2001年起万络开始在我国销售。美国食品和药物管理局(FDA)药物安全部在第20届药物流行病学和治疗风险处理国际会议上,公布了一个惊人的研究结果:大剂量服用万络者患心肌梗死和心脏猝死的危险增加了3倍。这份权威部门的不利报告致使默克制药公司陷入了药品安全危机。

2001年9月,美国默克制药总部宣布在全球范围内主动回收万络,并称:回收"万络"的决定是公司自愿性行动。默克公司全球撤回万络的行为得到了FDA的肯定。默克回收万络的声明发布当天,美国默克股价随即应声大跌,重挫逾25%。10月,美国默克制药公司在我国回收其王牌药物万络的工作正式启动。退药的具体信息已登载在默沙东公司(美国默克制药中国子公司)的中方网站上,与此同时,免费查询电话8008200188也已开通。同时,默克主动通过公众媒体和电视节目,传达回收万络的消息,并重申对公众健康负责的责任。

药品安全是大众极度敏感的话题,默克制药不但安然度过而且成功地利用了这次危机,为自己做了一次化危机为契机的形象传播。第一,默克在万络问题迅速蔓延之前,就马上采取全球回收措施,这种不惜数十亿甚至数百亿经济损失而保障公众安全的姿态,为默克赢得了同情分,也为默克取得公关主动地位创造了良好条件。第二,默克积极配合并引导舆论,舆论重点逐渐从万络的危害性转到默克自伐摇钱树这个点上,为默克创造了更高的信任感和品牌知名度。第三,默克采用多种传播途径,包括平面媒体、电视媒体、网络媒体,来展现回收工作正在有条不紊地进行,广泛药品回收途径,并重申对患者负责的态度。在这次危机处理过程中,默克做到了措施得当、态度真诚、信息清楚,具有一定的借鉴意义。

(四) 公益赞助

积极参与公益事业,从而不断的潜移默化地完善舆论气氛,因势利导,引导公众朝着有利于企业的方向发展,树立企业的美好形象。通过公益赞助活动,医药企业不仅为社会做出了贡献,从而赢得社会的好感,而且使公司与有社会意义的事业的发展同步成名,反过来促进公司的发展。举办赞助活动的作用:

(1) 承担必要的社会责任。医药企业除了追求经济效益之外,还要重视社会效益,承担必要的非经济性的社会责任。通过为某项有社会意义和社会反响的事业提供赞助,能有效地体现企业的社会责任感。

(2) 树立良好的企业形象。通过支持社会公益性事业来有效地树立企业良好的公众形象,是现代企业公共关系的一种常规性做法。特别是有些产品并不直接为消费者所需要和使用的企业,就更有必要通过赞助活动来获得良好的公众形象。

(3) 培养公众感情。赞助活动使公众直接受惠,因而能够比较有效地建立和培养企业与有关组织和公众间的良好感情。

信息框

拜耳公司悠久的发展史中非常注重社会责任和公益事业，拜耳认为企业对社会的影响力取决企业的社会责任感以及它对社会的贡献，企业某种程度上是一名公民，不管处于什么地方，拜耳都需要融入当地的社会和社区。

拜耳公司2004年在北京与清华大学赞助了旨在支持社会公共健康活动的"清华—拜耳公共健康与艾滋病媒体研究计划"，鼓励和培训媒体从业人员报道中国艾滋病及其他慢性疾病和医疗保健相关事宜，从而创造了一个全国性医药保健报告的平台。拜耳公司一直认为媒体在提高公共健康意识方面发挥着至关重要的作用，该项目还将得到进一步扩展，以后将扩展到其他公共健康问题，如糖尿病、高血压和心脑血管疾病等。

第五节　医药企业营业推广策略

(一) 医药企业营业推广的特点

相对其他的促销方式而言，医药营业推广具有以下几个显著特点：

1. 针对性强、销售效果明显　医药营业推广是一种以激励消费者购买和调动经销商经营积极性为主要目标的辅助性、短暂性的促销措施。大都是通过提供某些优惠条件，调动有关人员的积极性，刺激和诱导顾客购买。因而医药营业推广见效快，对一些消费者具有较强的吸引力。

2. 规则性和非经常性　医药营业推广是一种非人员的促销形式，大多数医药营业推广方式是无规则和非经常性的，它只是辅助或协调人员推销及广告活动的补充性措施。大多数公司采用推销人员或广告去推销商品，或采用广告和人员推销相结合的促销方式，几乎没有一家公司单凭医药营业推广去维持经营。

3. 短期效果　医药营业推广往往是企业为了推销积压产品，或尽快地批量推销产品，获得短期经济效益而采用的措施。但这种促销方式的效果往往是短期的，如果运用不当，容易使顾客产生心理逆反或使顾客对产品产生怀疑，这种做法有时会降低产品的身份和地位，甚至给人以产品质量低劣的印象，从而有损产品或企业的形象。因此，选择医药营业推广形式时应慎重。

笔记栏

(二) 医药企业营业推广的方式

1. 针对最终消费者的医药营业推广

(1) 赠送样品。企业在开发出新药品后，如果想吸引目标消费者率先使用，可以采用赠送样品的方式。赠送方式有现场赠送、挨户赠送或邮寄赠送等。一般来说，赠送样品是最有效也是最昂贵的介绍新产品的方式。

(2) 折价券和消费卡。折价券是给持有人一个保证，他在购买某种药品时可凭此券兑付一定金额的现金。消费卡是指持卡人凭卡购买药品时可以享受一定的折扣。采用这种方式有利于培养较固定的消费者。

(3) 特价销售(小额折价交易)。企业在某个特定的时期可以开展一些优惠酬宾活动，在短期内刺激消费者购买某种药品，同时提高自身知名度。

(4) 现场发布会或现场交易会。医药企业把自己的产品在销售现场进行讲演和咨询，把药品的新特点和使用效果介绍给消费者，同时就患者关心的问题进行解答，把真实信息传递给他们，消除他们心中的疑惑和不正确的认识。

(5) 商品示范和药品陈列。通过参与和举办各种形式的医药产品展览和陈列，边展边销，突出、集中、重点介绍某些产品，配以优惠价格，能有效刺激消费者购买。

(6) 奖品(竞赛、抽奖、游戏)。奖品是指顾客在购买某药品后，向他们提供赢得现金、旅游或物品的各种获奖机会。

2. 针对中间商的医药营业推广

（1）批发折价。折扣的形式可以是折价，也可以是附赠商品。批发折扣可吸引中间商增加对本企业医药产品的进货量，促使他们购进原先不愿经营的新产品。

（2）推广津贴。医药生产企业为促使中间商购进本企业的产品，并帮助企业推销产品，还可支付给中间商一定的推广津贴，以鼓励和酬谢中间商在推销本企业产品方面所做的努力。

（3）销售竞赛。医药生产企业如果在同一市场上通过多家中间商来销售本企业的产品，就可以发起由这些中间商所参加的销售竞赛活动，根据各个中间商销售本企业产品的成绩，分别给优胜者以不同的奖励，如现金奖、实物奖，或是给予较大的批发折扣。

（4）交易会或博览会。由于这类交易会或博览会能集中大量优质医药产品，并能形成对促销有利的现场环境效应，对中间商有很大的吸引力，所以也是一种对中间商进行医药营业推广的好形式。

3. 针对医院的医药营业推广

（1）折扣。在药品销售过程中，医药企业根据购药单位销售额在年终或不定期地返回不同比例的现金或药品行为。在市场经济条件下，折扣是常见的商业行为。但必须要注意公开折扣，不能暗扣，同时还要遵守相应道德及法律规范。

（2）为医院、科室和医生个人在科学研究方面提供赞助。在营销上，赞助的方式还称得上是新兴的医药营业推广方式，是指医药企业为了实现自己的目标（获得宣传效果或推销效果）而向某些活动或单位提供资金支持的一种行为。如果运用得当，赞助的方式能为医药企业带来比较大的经济效益。

（3）公司礼品或纪念品。用这种方式能有效地宣传公司形象和产品，更好地发展与医院客户之间的关系。

但需要注意的是，医药企业在针对医院和医生的医药营业推广活动中，应遵守社会公共道德及有关法律规定，而不能变成变相行贿，那样虽有短期效果，但长期来看却容易给公司带来信任危机，甚至卷入法律纠纷。

4. 针对企业内部销售人员的医药营业推广 对医药企业内部进行医药营业推广活动，旨在使销售活动顺利进行，明确销售重点所在，策划最佳医药营业推广活动、提高销售人员对产品特性的认识，了解医药营业推广计划，促使其有效开展医药营业推广活动。医药企业要想保持长期的激励效果，还需要建立良好的激励制度来促使销售人员能努力工作。激励制度一般是由药品销售定额和药品销售佣金两方面内容组成。

总之，医药企业对于各种医药营业推广策略的选择应当根据其营销目标、产品特性、目标市场的顾客类型以及当时当地的有利时机灵活加以选用。

本章小结

本章主要包括医药促销与医药促销组合、医药人员推销、医药广告、医药公共关系、医药营业推广等内容。

医药促销，就是医药企业通过各种沟通方式将所经营的医药商品或所提供的服务以及企业信息传递给目标市场，使客户、消费者对企业及其商品（劳务）产生兴趣、好感与信任，进而作出购买决策的一系列活动的总称。医药促销的根本作用在于沟通买卖双方，传递各自的信息，使买方得到称心的商品，卖方生产出符合市场需求的产品，并实现目标利润。企业促销方式是多种多样的，但传统的促销方式有四种，即人员推销、广告、医药营业推广和公共关系。

人员推销是指医药企业派出营销人员与客户或消费者直接面谈交易，沟通信息。或医药企业设立销售门市，由营业员向购买者推销产品，沟通信息。这种方式既可以迅速地收集消费者的反馈意见，又可以当面促成交易。

广告是促销组合中的重要组成部分，也是现代企业进行促销的最有用的方法和手段。它在改进医药企业的形象、促进销售等方面具有无可替代的作用。

公共关系是指医药企业为实现销售目标，以非付款方式通过第三者在报刊、电台、电视、会议、信函等传播媒体上发表有关医药产品的有利报道、展示或表演，刺激人们对医药产品的需求。医药公共关系具有可信度高、传播能力强、成本低等特点；医药公共关系的作用也很明显，它可以有效地树立医药企业的形象、开拓医药产品的销路、创造良好的营销环境。

医药营业推广是“那些不同于人员推销、广告和公共关系的销售活动，它旨在激发消费者购买和促进经销商的效率。诸如陈列、展示与展览、表演和许多非常规的、非经常性的销售尝试”。医药营销推广的目的，既是为了开拓产品市场、扩大销售，同时也是为了与竞争对手争夺顾客，加快信息反馈，在激烈的市场竞争中提高经济效益。

思考题

1. 如何理解医药促销内涵和作用？
2. 分析医药企业促销方式的优缺点。
3. 医药促销人员如何做好个人拜访？
4. 医药企业应如何利用广告进行促销？
5. 医药企业进行公共关系的形式主要有哪些？
6. 医药企业医药营业推广的种类和特点有哪些？

案例分析

兰美抒：挑战者的成功

一、市场分析

中国属于脚气高发地区，全国平均发病率近30%，在一些高发地区如南方和东部沿海地区，发病率甚至高达60%。脚气的普及率较高，所以治疗率也较高，约90%的患者会主动治疗脚气，他们中间75%会选择使用西药为首选产品。

从市场竞争方面看，脚气药市场上不仅存在着有近十年历史和信誉度的全国性领导品牌，即来自西安杨森的咪康唑（达克宁），它占有整个市场60%以上的份额；而且，潜在的市场容量也吸引着大量有相当影响力的地方品牌，如环利、孚琪、美克等，它们也在不同程度地瓜分着市场。

兰美抒作为中美史克公司的一个全新的产品，具有快速止痒、防止复发和疗程短三大特点，是全球抗真菌领域的重大突破。因此，在拥有一个好的产品的前提下，兰美抒面临的挑战是：如何迅速有效地在目标对象中建立品牌知名度，在竞争激烈的市场上成功上市，占有一定的市场份额。

二、推广策略

兰美抒作为一个全新的产品，并且在市场上存在着绝对领先品牌的情况下，必须采用大胆而全面的推广策略，迅速建立品牌知名度并通过有效的手段鼓励消费者试用，对产品疗效形成信心，从而拥有相对早期的使用者，他们将成为品牌逐渐扩展的基础。

兰美抒的产品特点为：疗效更好，快速杀灭真菌，止痒；减少复发，持久抑制真菌再生；更短治疗期，一天两次，通常疗程为一周。所以，兰美抒的产品核心诉求点被定位为：治疗脚气的更佳选择。因为与竞争品牌“抑菌”相比，兰美抒独特的成分可以达到杀灭和抑制真菌的双重作用。而品牌个性被定义为：高效的，理解人的，现代感的。

兰美抒乳膏是以盐酸特比萘芬为主要成分，该成分在国际上也属于新一代的药品成分，因此价格较高。兰美抒以5克包装上市，售价15元，属于市场上的较高档产品，针对受众是对于价格较不敏感的人群。市场上多数产品的价格在1～2元/克，而兰美抒在3元/克。产品推广对上市成功与否起着决定性的作用。

在药店零售方面，根据销售队伍的力量将市场划分为不同级别，在200多个中心城市及通路城市分别划定不同的入店要求，基本覆盖所有的零售网点。为配合启动市场，中美史克也开

笔记栏

展一系列的渠道活动，在中心城市召开隆重的上市会，给经销商增强信心；并分阶段在不同级别城市进行药店店员教育，帮助他们了解产品特性，加强在消费者购买环节最后一环的推荐作用。在医院入药方面，医院是不可忽视的渠道，在通路铺货的同时，也逐渐加大在医院的推广力度，加强专业人士对于兰美抒的认可，并最终实现目标市场要求的入药率。除正常的入药推广活动外，在20个城市内的医院渠道针对医生和患者进行"挑战脚气"的义诊活动，获得了专业人士的认可，结果显示，除从医生和患者方面得到大量的肯定和认可，医院销售也呈现大幅度的增长。宣传对于新产品上市扮演了不可缺少的角色，也是帮助达成品牌知名度最有效的手段。根据上市前的消费者使用和态度研究，以及产品试用测试，我们对消费者获得了更深入的理解，并总结出进行广告创意的消费者洞察，即多数患者一心希望摆脱脚气和复发的困扰，重新拥有健康的双脚的心态。

在该发现的基础上，兰美抒从消费者出发，以消费者的语言巧妙地沟通品牌承诺，区别于传统的药品广告由厂商到消费者的沟通方向，大胆地发展了广告的诉求点和15秒电视广告创意。具体如下：

简单明了的品牌主张，战胜脚气，以大胆而直接的方式承诺消费者，并突出兰美抒的优势；拟人化的执行手段：以"脚"的形象代表长年忍受脚气困扰的患者，通过"脚"来讲述患病的困扰和重获健康的用药体验；同时考虑到脚气类别的独特性，也根据性别区分不同的消费者需求。男性患者的忧虑往往是：觉得脚气是一块心病，时好时坏频繁复发是主要的烦恼。而女性患者往往认为：希望摆脱脚气困扰，拥有一双健康漂亮，细腻润滑的脚。

兰美抒在传播过程中大量运用了符号化的传播：以"V姿势的脚"作为兰美抒的代表符号，统一运用到各类媒体上，最大限度地扩大"脚"的影响力，并加强兰美抒带来"健康的脚"的信息。

兰美抒充分调动了各类媒体和渠道，根据不同特点与不同人群有针对性的沟通：广告活动主要运用电视为主要载体，传播品牌的知名度和主要产品信息；使用全国性健康类别杂志，长期投放形象广告，详细传播产品功能信息；同时在健康类别杂志上投放软文，以消费者的角度介绍产品的功能；大规模启用户外广告，通过公车和地铁接触大众人群；阶段性地使用互联网，展开"5000人挑战脚气大行动"，与年轻受众沟通产品功能并招募消费者试用，对大众媒体形成有效的补充。

市场推广在短时间内为兰美抒打出一定的知名度，由于广告创意的独特性，也在一段时间内形成人们谈论的话题。同时，除电视广告外，户外媒体及药店宣传品也使用了统一的视觉符号，互相之间形成了提醒和加深印象的作用，为兰美抒的上市提供了有利的支持。

根据中美史克提供的广告片上市前定量测试结果显示，兰美抒广告片在目标消费者中间赢得了极大的共鸣：整体喜好程度达到90%，购买意向达到64%，证明是一个有效的广告片。广告上市后，根据中美史克在北京、广州和南京进行的广告及品牌追踪调研显示，兰美抒知名度呈明显上升。

2002年第四季度兰美抒市场占有率在广州、南京和成都为第二位，在北京为第三位。根据URC提供的八城市零售监测数据显示，北京、上海、广州、成都、南京、杭州、武汉及沈阳兰美抒市场占有率为7.2%，是整体市场上除达克宁以外的第二位的品牌。

——摘自《金顿吧—医药营销文摘》

案例讨论

1. 兰美抒作为OTC药品，在促销推广过程中，是如何进行医院推广的？好处有哪些？

2. 兰美抒有哪些新颖的广告创意和宣传方式？试进行分析。

笔记栏

第十四章　医药市场营销新进展

学习目标

通过本章的学习，要求了解目前医药市场营销新进展的主要领域与形式，熟悉关系营销、绿色营销、网络营销、DTC 与 DFC 以及联盟营销的含义与内容，能够合理运用医药市场营销发展的新模式，指导医药企业市场营销实践活动。

引导案例

"白云山"巧借关系营销　提升品牌美誉度

板蓝根是一个具有抗病毒功效的大众产品，全国生产板蓝根的中药企业不下上百家，为什么惟独只有白云山是一枝独秀呢？它是依靠企业产品的高新技术吗？其实，白云山中药厂不仅仅只依赖企业产品质量，还注重企业的营销策略，特别是在 SARS 期间通过有效的关系营销与诚信营销，提升品牌知名度与美誉度，获得良好市场份额。

首先，企业产品技术含量高。尽管国内板蓝根生产企业众多，但是白云山中药厂的板蓝根生产基地获得全国首家板蓝根 GAP 认证。企业还与中国药科大学合作，制订了指纹图谱的质量控制标准，有效地控制和提高了板蓝根的质量。国家食品药品监督管理局委托该厂进行 2005 年版的板蓝根等 6 个品种的药典标准编写工作，这意味着白云山中药厂板蓝根生产标准将作为国内的行业生产标准。

其次，企业积极采取关系营销与诚信营销。2003 年初，SARS 苗头刚现，白云山中药厂立马实行三班生产，以保持板蓝根生产供应畅通；在 SARS 疫情爆发中期，白云山中药厂不但没有涨价，反而通过免费派送板蓝根等营销活动，同时辅以"防治病毒感染良药，白云山板蓝根献爱心"为主题的广告；在 SARS 后期，白云山大力推广"板蓝根指纹图谱"研究成果，无形之中使自身产品在技术含量方面上了个台阶，在药品研发技术上超过其他企业。除了技术营销以外，白云山的市场营销在 SARS 盛行期间秉行"诚信"原则。SARS 期间，白云山板蓝根执行国家规定的价格体系，不提价。不仅如此，企业还进行大量捐助，关心急需帮助的人群以及弱势群体，包括交警支队、广州火车站工作人员以及部分过往旅客等。另外，在生产上，企业也加班加点赶制板蓝根冲剂，以满足市场的需求。不仅如此，白云山中药厂还试图通过"捐赠"形式，将以 20 万小包板蓝根帮助台胞。

由于企业积极开展关系营销与诚信营销，白云山中药厂也得到社会的广泛赞誉，相关部门、研究机构及新闻媒体甚至还组织专门的学术研讨会，反思社会危机中企业的作用；思考企业如何在像 SARS 这种突发事件中找到商机并适当地掌握商机，如何在群众利益、社会责任与企业效益之间作出均衡决策。在这方面，白云山中药厂作出了好的榜样。目前，白云山中药厂已是全国最大的板蓝根生产基地，其产品白云山板蓝根连续 2 年年销售额超过一亿元人民币，占据了全国 60% 市场，成为名副其实的板蓝根大王，企业取得良好社会效益的同时，也取得了很好的经济效益。

笔记栏

第一节 关系营销

(一) 关系营销的含义

关系营销(relationship marketing)的讨论和实践始于20世纪80年代。1983年,美国营销学者贝瑞(Berry)最早提出关系营销的概念,他指出"关系营销就是吸引、保持顾客和增强客户关系"。在接下来20多年的研究中,诸多学者分别从自身研究角度出发,对关系营销概念进行了阐述及界定,进而形成各种不同观点,目前还没有一个统一的、被广泛认同的定义。

一般认为,关系营销以系统论为基本指导思想,将企业置身于社会经济大环境中考察企业的市场营销活动,认为企业营销乃是一个与消费者、竞争者、供应商、分销商、政府机构和社会组织发生互动作用的过程。关系营销的基本思想是"更好地了解你的顾客(客户、公众等)就能更好地满足他们的需要和欲望",它的最终目的是通过正确处理这些个人和组织与企业的关系,实现企业持续发展。它符合现代企业的营销实践活动,一经产生就获得了企业界广泛的响应,并得到了迅猛发展。

(二) 关系营销与传统的交易营销的区别

1. 市场导向方面 传统营销是交易导向,强调企业通过诱导对方发生交易活动获利,关注一次性交易或吸引新顾客,企业与顾客之间是一种新的交易关系,而不是以追求建立良好的双方关系为主要目的。关系营销以关系为导向,它把市场营销看作一种连续性的、长期的、稳定的、互利的伙伴关系,并通过建立、发展、保持这种良好关系获得长远利益作为一种新型营销理念。

2. 营销组合方面 传统营销是以4P(产品、价格、渠道和促销)组合为核心营销策略;而关系营销则主张"暂时忘记"4P理论,强调利用日渐兴起的4C观念,更新和强化以消费者为中心的营销组合,注重研究顾客的需求和欲望(consumer),研究顾客愿意付出的成本(cost),考虑给予顾客方便(convenience),加强与顾客的沟通和交流(communication)。

3. 顾客关系维护方面 传统营销关注如何生产,如何获得顾客和吸引潜在顾客,把关注点仅局限于目标市场,并且不注重顾客服务、承诺和联系。而关系营销关注充分利用现有资源保持顾客,强调顾客忠诚度,关注更大范围的相关群体,如顾客、供应商、分销商、政府、内部员工以及其他相关群体等;高度重视顾客服务,关注、保持并发展与顾客的长期关系,强调留住老顾客的重要性。

(三) 关系营销的特征

1. 信息沟通的双向性 关系是两个主体以上的个体之间形成的信息和情感交流的有效渠道,存在于相互关联的每个个体之间双向甚或是多向的互动式交流与沟通网络之中,任何没有回馈互动的单方面信息和情感传递,都无法建立并维系关系,都将阻滞或隔断信息传递与情感交流的渠道。关系营销必须是互动、双向的沟通与交流,即可由企业开始,也可以由营销对象开始,只有企业与各方利益相关者之间进行积极互动的沟通与交流,其间的关系才可能建立并维系下去,也才能真正实现关系营销。

2. 战略过程的协同性 在竞争性的市场上,营销管理者应强调与利益相关者建立长期的彼此信任的互利关系。这可以是关系一方自愿或主动地调整自己的行为;也可以是关系双方都调整自己的行为,以实现相互适应。这样关系双方互相取长补短,联合行动,协同动作去实现对双方都有益的共同目标。

3. 营销活动的互利性 关系营销的基础在于交易双方之间有利益上的互补,如果没有各自利益的实现和满足,双方都不会建立良好的关系。关系建立在互利的基础上,要求互相了解对方的利益要求,寻求双方利益的共同点,并努力使双方的共同利益得到实现。

4. 信息反馈的及时性 关系营销是一个不断修正与完善的过程,利益相关主体之间的关系将随着营销活动的开展不断产生新的变化,这种变化可能是正向的,也可能是负向的。关系营销要求建立专门的部门,用以追踪利益相关者的态度,了解到环境的动态变化,根据合作方提供的信息,以改进产品和技术信息并及时反馈,使关系营销具有动态的应变性,有利于挖掘新的市场机会。

(四) 关系营销中的几类基本关系

关系营销把一切内部和外部利益相关者纳入研究范围,用系统的方法考察企业所有活动及其相互关系。它要求企业在进行经营活动时,必须处理好以下几类基本关系。

1. 企业内部关系 优秀的企业离不开优秀的员工,关系营销认为员工的信任、支持和理解是企业生存的基础,内部员工对企业、对产品的信任是让广大消费者信任的基础,员工的利益应该与企业的利益休戚相关,关系营销的实施需要员工具备相应的营销意识和必要的营销技能;它强调要树立企业员工的责任心、建立企业内部人员对企业的认同感。

2. 与顾客的关系 关系营销把顾客作为关注的焦点,并把它放在建立各种关系的首要位置。顾客是企业生存和发展的基础,市场竞争的实质就是争夺顾客,顾客忠诚的前提是顾客满意,而顾客满意的关键条件是顾客需求的满足。要想同顾客建立并保持良好的关系,必须真正树立以消费者为中心的观念,切实关心消费者利益,为顾客提供高附加值的产品和服务,重视消费者购买心理及情感需求,提高消费者的满意程度。

3. 与竞争者的关系 关系营销理论认为,企业之间存在合作的可能,通过与有实力、有良好营销经验的竞争企业合作,将更有利于实现企业的预期目标,有利于减少无益的竞争。每个企业各有所长,各有所短,与竞争者之间互助互利,求同存异,开展各种形式的合作,共谋发展,才是最佳选择。所以企业在市场细分、产品定位等方面也要考虑竞争情况和利益,尽量避免两败俱伤,浪费经济资源。

4. 与供销商的关系 在企业的各种关系中,与企业关系最为直接和密切的就是供应商和中间商。通过与供应商和中间商建立起牢固、稳定的关系,对保证企业营销关系的正常运转,实现营销目标意义重大。企业要保持稳定持续的发展,应对瞬息万变的环境变化,离不开与供应商、经销商等其他企业的合作,这要求企业随时考虑合作或关联企业的利益。

笔记栏

5. 与政府及其他公众团体的关系 关系营销理论认为,企业是社会的一个组成部分,其活动必然要受到政府有关规定的影响和制约,还会受到各种金融机构、新闻媒体、消费者协会等机构组织的影响,在处理与它们的关系时企业应该采取积极的态度,自觉建立和维护良好的关系,争取得到它们的理解和支持,特别当企业在开发国际市场时尤其重要。在不同的国家和地区,环境更加复杂,竞争更加激烈,关系营销更是企业生存和发展之本,处理不好企业面临的各种国际关系,企业就不会有良好的生存环境,更不会发展壮大。

(五) 关系营销在医药营销中的应用

医药行业成为我国的一个朝阳产业,医药营销开始由传统的以管理为本的营销模式向以提高整体企业营销系统效率和协同执行能力的经营为主的营销模式转变。竞争方式和营销模式的变化,使医药营销既面临机遇也面临挑战。随着医药市场逐步规范化、法制化和规模化的趋势日趋明显,医药营销管理的专业化、系统化和学术化的步伐日益加快,尤其是引进关系营销,转变医药企业的服务宗旨,提高医药营销的服务质量,从而迅速提高医药营销的业务水平。

1. 医药营销的实质是关系营销 首先,医药产品的特性决定了医药产品的市场营销不能仅仅围绕传统的 4P 组合要素进行,而应从服务产品的特性出发,在 4P 的基础上,加强服务管理、进程管理、人员管理和市场力量匹配管理。这是因为:第一,医药产品的同质性、服务与产品的同一性以及员工与顾客的直接接触性,使医药企业难以单纯依靠产品特色占优,而必须辅以高质、多样化的特定服务以及与客户的直接接触管理,满足客户多层次需要,维护与加深客户关系。第二,由于多种组合要素共同发挥作用和医药营销业务运作的创意性和人为性较强,环节众多,使得对营销的分析和全过程的协调管理显得格外重要。因此,进程管理成为重要的组合要素之一。第三,由于医药营销人员与顾客的直接接触性,员工素质和工作表现对经营成果构成重大影响,因而人员管理成为营销管理的重要内容。

其次,医药营销各个关系主体决定了其关

系营销的实质。医药营销的各个关系主体对医药企业运作有重要的制约性，使医药产品的市场营销必须把协调、优化与各种关系主体的关系作为中心环节对待，充分注意各种关系力量的匹配。原因在于，第一，维护与客户的关系是医药营销运作的中心；第二，与医药管理部门、同业、媒体的关系是医药企业获得良好发展的外部环境的保证；第三，医药企业能否正确处理与内部员工关系关系到整个营销活动的成败。医药企业的经营思想、战略规则等都必须借助员工的行为来实现，因此，处理好与员工的关系直接影响到员工的工作责任感和创造力的发挥，是医药营销活动的根本动力和基础。因此，优化与协调基本关系主体的关系是医药营销活动的基本内容，也是医药企业营销的实质。

2. 关系营销在医药营销中的运用 为了保证关系营销在医药营销业务中有效地运用，必须考虑以下四方面的因素：

首先，全面实施市场定位战略。医药企业首先必须解决好其市场定位问题。从关系营销的角度来看，企业的市场定位实际上是医药企业与特定顾客群体的关系定位，即确定与谁打交道。在确定自己的市场定位时，企业要综合考虑其经营的实力，所处的市场环境、自身特色以及历史形成的条件等。从我国医药企业的实力状况来看，在实施定位战略时存在两个层次，即市场领导者（主要是国有大型医药企业和外企）和市场追随者的市场定位（主要是各中小型医药企业）。由于实力、历史形成的格局以及自身内外部环境和条件的巨大差异，它们采取的市场战略应是完全不同的。这可以分为以下两个方面的战略：①市场领导者的定位战略。作为市场领导者的国有大型医药企业和外企，应坚持“领先、主导”原则，把营销重点放在国有大中型医院和社会公众的药品需求方面，同时注重全面开拓业务，保持众多的业务生长点和支持点，不断研制和生产新药品以及发明新剂型。实施这种战略主要是因为它们本身的优势，如建立时间长、社会知名度高、资金实力强大、同大医院关系密切、在普通百姓中信誉较高等。为了确保上述战略的实施，可以采取的策略有：一是适度扩大市场规模。比如，采取市场渗入策略，即利用自身的良好形象和信誉，通过业务宣传和多样化的活动，扩大影响力和辐射力，并根据需求变化，积极开发新的药品和新剂型，为大众医疗服务。此外，也可利用自身优势积极开拓新市场和海外市场。二是保持和扩大市场份额。如何守住已有的市场份额，是许多处于领导者地位的企业关注的问题。为此，应根据客户需要增加药品种类，提高服务质量；增设办事处，并密切注意竞争对手的动向，及时做出反应。三是采取成本优势战略。虽然国有大型医药企业和外企资金、实力雄厚，但也应充分考虑投入产出比率，严格地控制成本，实行合理的部门分工，根据社会对药品的新需求慎重选择业务增长点。②市场跟随者的市场定位战略。各中小型医药企业在选择市场定位时应重点考虑两种策略：一是集中和集约化定位战略。即避免全面开花，四处出击，盲目扩大市场规模，而应集中资源重点开拓某一种市场。二是差异化经营战略，力图从企业形象设计、药品开发、服务质量、顾客关系、人才政策等方面独具特色，吸引特定的基本客户群体。为了实现此战略，必须努力使全行各部门树立统一的营销观念，协调一致，紧密合作，并建立激励机制和宽松的人际环境，提高员工队伍的整体素质。

其次，充分树立“大顾客”和“大市场”概念。为了有效地开展关系营销，营销主体不仅应关注自己产品的消费者，而且也应关注与自己有重大利益制约关系的主体，如上级主管部门、同业、媒体、内部员工等都作为营销对象来对待，实施整体的营销战略和策略。第一，正确处理与上级部门的关系。第二，正确处理与同业关系。第三，正确处理与媒体的关系。媒体是医药企业与社会联系的重要纽带，也是获得信息的重要渠道。

再次，形成基本稳定的客户群体。稳定的“基本客户群体”是任何一家医药企业生存和发展的基础。为此，一应选准客户。能否成为基本客户，最重要的是双方有建立长期关系的基础和条件，并在此基础上建立互惠互利、彼此充分了解和信任的合作关系。二是全面建立对客户的关系管理制度。维持和扩大基本客户群体，必须加强对客户的全面、科学的关系管理。这种关系管理的核心是通过医药企业内部各个环节的协调一致的运作,达到对客户信息集中收集、及时传达、迅速反馈,服务顾客,使顾客满意。

最后,充分注重内部营销,创造发展的动力。"以人为本"实施营销战略是现代关系营销思想中的核心思想。"要善待顾客,必须首先善待员工"应是大多数医药企业信奉的理念。要做到这一点,必须注意处理好以下两种关系:一是领导者权威和员工自主性的关系。在处理这一关系时,应该培养共同参与意识、共同的价值理念和行为准则、共同的归属感,并且努力为员工创造个人发展的机遇和条件。二是处理好内部各部门之间的关系。应建立明确的责任分工、畅通的信息流动系统、科学、公正的内部考核制度,并树立起群策群力的合作意识,保证各项政策的持续贯彻。

第二节　绿色营销

(一) 绿色营销的含义

"绿色营销"也称为"生态营销"或"环境营销",它是指企业在营销活动中,谋求顾客利益、社会利益和企业利益的协调,其特点是既要充分满足顾客需求,实现企业利润目标,又要注意自然生态环境,实现经济与市场的可持续发展。它是对人类、社会和自然之间关系认识深化的产物,也是全球绿色运动浪潮的产物,将成为新世纪企业营销发展的一种战略趋势。

绿色营销强调企业在营销过程中充分体现环境意识和社会意识,从产品的设计、生产、制造、废弃物的处理方式,直至产品消费过程中制定的有利于环境保护的市场营销组合策略,发现、创造并选择市场机会,通过一系列理性化的营销手段来满足消费者以及社会生态环境发展的需要,实现可持续发展的过程。绿色营销的核心是按照环保与生态原则来选择和确定营销组合的策略,是建立在绿色技术、绿色市场和绿色经济基础上的、对人类的生态关注给予回应的一种经营方式。当然,绿色营销从更宽泛的角度来看,它又可称为伦理营销,是指企业在营销活动过程中广泛遵从目标群体所在国家和地区的社会文化、价值观、生活方式、伦理道德、风俗习惯,充分考虑社会效益。平常讲的绿色营销,主要指的是前者。

(二) 绿色营销的特征

1. 绿色消费是开展绿色营销的前提　消费需求由低层次向高层次发展,是不可逆转的客观规律,绿色消费是较高层次的消费观念。人们的温饱等生理需要基本满足后,便会产生提高生活综合质量的要求,产生对清洁环境与绿色产品的需要。满足绿色需求,是绿色营销的出发点。

2. 绿色观念是绿色营销的指导思想　绿色营销以满足绿色需求为中心,为消费者提供生产、流通、消费过程中能有效防止资源浪费、环境污染及损害健康的产品。绿色营销所追求的是人类的长远利益与可持续发展,重视协调企业经营与自然环境的关系,力求实现人类行为与自然环境的融合发展。

3. 绿色体制是绿色营销的法制保障　绿色营销是着眼于社会层面的新观念,所要实现的是人类社会的协调持续发展。在竞争性的市场上,必须有完善的政治与经济管理体制,制定并实施环境保护与绿色营销的方针、政策,制约地方政府、部门和企业的短期行为,以全社会和全人类的共同努力,维护全社会和全人类的长远利益。

4. 绿色科技是绿色营销的物质保证　技术进步是产业变革和进化的决定因素,新兴产业的形成必然要求技术进步;但技术进步如背离绿色观念,其结果有可能加快环境污染的进程。只有以绿色科技促进绿色产品的发展,促进节约能源和资源可再生、无公害的绿色产品的开发,才是绿色营销的物质保证。

5. 绿色营销的主体力量的特殊性　与其他营销模式不同,绿色营销不能只依赖企业,必须运用其他力量即企业、消费者、政府等共同推动绿色营销的发展。企业是绿色营销的具体施行者,担负着绿色营销战略方案的制定和落实;消费者是绿色营销的促动者,消费需求拉动绿色营销的发展;政府在绿色营销中有极其特殊的作用,是绿色营销的主导者,从法律法规的高度来保障和监督绿色营销的实施;同时加大对消费者进行引导、教育,培养绿色意识,形成社会性的绿色消费需求,促进绿色营销的发展;调控企业实施绿色营销;从政策、

笔记栏

资金方面予以支持、鼓励环保 NGO(非政府组织)的组建和发展,增大社会监督力度。

(三) 实施绿色营销的意义

1. 提高企业形象 当今社会,绿色产品及形象是现代企业整体形象的重要组成部分。反之,如在营销过程中污染了商品、制造废弃物和包装等的企业,必然会受到社会各界包括新闻媒体的批评和指责,这样就损害了企业的形象和信誉,也就会影响企业的生存和发展。

2. 增强产品的竞争能力 随着社会环保意识的增强,从全球市场上来看,绿色产品的需求越来越大,人们把无污染、高营养的绿色产品作为消费的新时尚。生产绿色产品,实施绿色营销将成为企业长远发展、增强企业竞争能力的重要选择。

3. 促进企业的可持续发展 绿色营销可促进企业、消费者、生态环境协调发展,推动适度消费、清洁生产,保护消费者和生态环境,以及市场的眼前和长远利益,从而充分体现出持续发展的本质要求。

4. 引发商机 绿色消费是大势所趋,绿色消费的兴起提供了大量的市场机会,企业如能主动积极抓住机会,就会给企业带来发展机遇,给企业带来新的利润增长点。比如各种污染问题的解决,就能给企业带来新的发展机遇。

(四) 医药企业绿色营销的实施

在全球性的以保护人类生态环境为主题的"绿色浪潮"中,消费者逐步意识到其生活质量、生活方式正在受到环境恶化的严重影响。因此,人们日益强烈的绿色消费欲望不仅对现代企业生产,同样对现代企业营销提出了挑战。作为国民经济支柱产业之一的医药保健品业,在追求利润的同时,如何以绿色营销的理念引领可持续发展步伐,抢抓绿色消费创造的市场商机,成为摆在医药企业面前的新课题。

绿色研发与生产真正意义上的绿色药品,不仅质量合格,而且在研发、生产、使用、处置和排放过程中都应符合特定的环境保护要求。绿色药品与同类药品相比,应具有低毒少害,节约资源等环境优势,最大限度地降低药品自身属性在各个环节对人体和环境的危害程度。以同仁堂为例,在国际竞争的要求和绿色浪潮的冲击下,企业进一步加快了中药 GA P(药用植物生产管理规范)研究,围绕消费者的绿色需求制定生产研发计划,严格实施药品国际质量认证标准。据悉,同仁堂已计划专门建立10个品种的绿色药材种植基地,在环境、土壤、施肥等一系列环节实施深度控制,从原料药入手解决中药材的农药残留、重金属、有效成分含量等问题。企业拟以源头上的"绿色原料"为基础,确保产品的"绿色属性",最大限度地保证药材内在质量的可行性和稳定性,全面提升中药的"绿色指数",从而使中华医药瑰宝在国际市场大放异彩。

采用"绿色标志"是绿色营销的重要特点,它以特定的图形符号标志着该产品质量合格,在生产、使用和处置过程中均符合环保要求。我国现行的绿色标志,是由国家指定的机构或民间组织依据环境技术标准及有关规定,对产品的环境性能及生产过程进行确认,并以标志图形的形式告知消费者哪些产品符合环境保护的要求,对生态环境更为有利。

医药企业获得"绿色标志",除了说明生产、使用和处置过程符合环保要求外,同样也标志着包装上的绿色环保,即包装减少了对资源的消耗,包装的废弃物可以成为新的原料被再利用。我国医药企业已开始重视,不但在包装上突出产品个性,更将传达设计风格上的绿色格调、突出包装材质的绿色竞争力放在重要位置。如我国第一个获准进入美国市场的中成药——天津天士力集团的复方丹参滴丸就是以其定量标准、严格控制药品有效成分和包装符合环保要求而获取了国际认证的绿色药品标志,顺利打开了贸易对象国的大门。还有武汉红桃 K 集团、哈尔滨制药集团和深圳健康元药业采用的绿色可降解材质的口服液内托、针剂内托等,这些产品因质量、包装等指标均符合 FDA 标准,获得了产品"绿色标志",企业就以"绿色"为卖点,利用"绿色差异"提升了产品参与市场竞争的能力,同时也引导消费者在进行消费时采取具有社会意识的行为,不但保证了销量上在同类产品中遥遥领先,也为企业赢得了长久稳固的差异性竞争优势。

传播绿色差异优势,医药企业实施绿色营

销，还可以主动参与、积极赞助环保类社会公益活动，同时通过媒体全方位传递产品绿色信息、示范产品的绿色差异优势，增强公众的绿色意识，树立企业的绿色形象，为开展绿色营销建立广泛的社会基础，最终实现绿色药品市场份额的不断拓展。除了参与公益活动以外，医药企业还可通过举办绿色药品展销会、洽谈会、组织消费者参观药材基地等形式，来扩大产品与消费者的接触面；可通过广告广泛宣传绿色药品保护环境、造福人类的内涵，以及实施绿色营销所带来的生态环境效益等，使企业在公众心目中树立起良好的绿色环保形象，建立起新的无形资产，公众的信赖无疑是企业实现可持续发展的宝贵原动力。如美国一家纸尿片经销商，坚持从环保角度进行促销，通过参与“土壤与人居环境调查”活动和专题片宣传等形式，强调普通尿片在土里至少要经过500年才能分解，而绿色纸尿片却能在土壤中很快腐烂分解，从而在社会公众心目中树起了纸尿片的绿色差异优势，短短3年，销售量猛增3倍。此外，商家还应以公益广告等形式引导绿色消费时尚，告诫人们使用绿色产品，支持绿色营销，本身就是对社会、对自然、对他人、对未来的奉献。

绿色营销无疑会给医药企业带来辽阔的市场前景，包括：提升品牌内涵、引领消费趋势、占领关注绿色健康的人群市场、获得超越对手的竞争优势和增强产品打入国际市场的能力等。但实施绿色营销战略的好处还远远不止这些，在当今企业普遍关注的推动现有资源优化配置方面，绿色营销模式能充分发挥高科技和新能源的作用，推行以保护生态环境为中心的绿色增长模式，从而解决目前国内许多医药企业存在的“三高一低”（高投入、高消耗、高污染、低产出）的生产和管理模式。

第三节　网 络 营 销

（一）网络营销的含义

网络营销是通过互联网络、电脑通信和数字交换式媒体的作用来实现组织营销目标的一种新型营销方式。它开始于20世纪90年代，与互联网的广泛运用、消费者个性化的需求以及商业竞争日趋激烈等因素密切相关。随着网民数量的上升和各类企业组织的积极上网，企业的网络营销活动得到了蓬勃的发展。

由于科技的进步和全球经济联系更加紧密，使得社会产品极大丰富，消费者有机会进行选择，需求变得日益个性化。他们不再满足于得到千篇一律的产品，乐于追求个性化产品。在互联网日益普及、消费者需求个性化以及商业竞争日趋激烈等因素推动下，越来越多的企业开始关注网络营销方式。信息的传播革命促使买卖活动双方改变交易方式，网络营销作为一种新型营销方式也在网络时代应时而生。在世界的任何一个地方，人们进入互联网就能查看报价单和订购商品。这就是说，企业经营正从营销网络向网络营销发展，从实物贸易走向电子商务。

（二）网络营销产生的条件

1. 互联网的广泛运用　由于英特网逐渐成为全球通信与交易的媒体，全球上网用户急剧增长，尤其在我国发展迅猛。2006年7月19日，CNNIC（中国互联网络信息中心）在北京发布《第十八次中国互联网络发展状况统计报告》。报告显示，截止到2006年6月30日，我国网民人数达到了1.23亿人，与去年同期相比增长了19.4%，更是1997年10月第一次调查的62万上网用户人数的198.4倍；根据在线调查结果，目前经常使用上网购物人数达到3000万人，占网民总数的26%。另外，与去年同期相比，经常购物的网民增长50%，显示出这一新兴购物方式良好的潜力和前景。喜人的人气基础为网络营销的发展提供了肥沃的土壤。我国的互联网络普及率明显偏小，这说明在今后较长的时间内，我国网民数量增长还将一直保持较高的增长速度，发展空间仍非常大。

2. 消费者需求的变化　当今企业正面临前所未有的激烈竞争，消费者将面对复杂的商品和品牌选择，这使得当代消费者心理与以往相比呈现出一种新的特点和趋势：首先，个性化消费的需求，消费者要以个人心理愿望为基础挑选和购买商品或服务；其次，顾客消费主动性增强，消费者就会自己主动通过各种可能的途径获取与商品有关的信息并进行分析比较；最后，对购买方便性的更高需求，追求时间和劳动成本的尽量节省。

3. 商业竞争的日益激烈化 经营者迫切地去寻找变革，以尽可能地降低商品在从生产到销售的整个供应链上所占用的成本和费用比例。开展网络营销，可以有节约店面租金、减少库存、经营规模不受场地限制以及便于采集客户信息等诸多好处，这些都使得企业经营成本降低，运作周期变短，从根本上增强企业的竞争优势，增加赢利。

（三）网络营销理论基础

随着市场竞争日趋激烈，传统以市场为中心的营销观念逐渐向以顾客为中心，用4Ps理论来指导企业营销实践不能完全满足需要。4Ps代表了销售者的观点，是卖方用于影响买方的有用的营销工具，而没有从买方的角度出发。针对4Ps存在的不足，美国营销学者罗伯特在20世纪90年代提出了新的以顾客为出发点的营销理论4Cs（顾客需要、成本、便利、沟通）对之进行补充。虽然4Cs理论作为一个理论体系，其可操作性和严密性等方面都还无法与4Ps相比。但它仍是营销组合研究的有益进展，并能在营销活动中发挥着积极作用。4Cs组合的核心是企业的“4忘掉，4考虑”：①先忘掉制定产品策略，而是考虑研究消费者的需求和欲望，卖消费者想购买的产品；②忘掉定价策略，而是考虑消费者为满足其需求所愿付出的成本；③忘掉渠道策略，着重考虑怎样让消费者方便地购买到商品；④忘掉促销策略，着重考虑如何与消费者加强沟通和交流。

网络互动的特性使得顾客能够真正参与到整个营销过程中来，顾客不仅参与的主动性增强，而且选择的主动性也得到加强。在满足个性化消费需求的驱动之下，企业必须以消费者需求为出发点、接受满足消费者需求市场营销思想。所以，网络营销首先要求把顾客考虑到整个营销过程中来，从他们的需求出发开始整个营销过程。这样，要求企业同时考虑顾客需求和企业利润。网络营销过程的起点是消费者的需求，然后通过的营销决策（4Ps）是在满足4Cs要求下的企业利润最大化，最终实现的是消费者需求的满足和企业利润最大化。

传统营销中促销手段使用较多的是传统广告和人员推销。这些方式都是企业企图以一种信息灌输的方式在消费者心中留下深刻印象，而不管你是否需要和喜欢它的产品和服务。与传统营销不同的是，网络营销是一种“软营销”，这是由网络本身的特点和消费者个性化需求决定的。网络营销必须遵循一定的“网络礼仪”，就是说网上一切行为都必须遵守的规则。网络营销主动方是消费者而传统营销的主动方是企业。个性化消费需求的回归也使消费者在心理上要求自己成为主动方，而网络的互动特性又使他成为主动方真正有了可能。他们喜欢自己在网上寻找相关的信息、广告；不用面对销售人员的劝说，自己安静购物，精心挑选。

（四）网络营销的优势

网络营销作为一种新型的营销方式，与传统营销方式相比具有明显的优势。主要体现在降低成本费用、扩大市场机会、满足消费者个性化需求以及提高顾客满意度等方面。

1. 在降低成本费用上，企业大有可为 企业将互联网应用到企业管理中来，利用互联网降低管理中的交通、通讯以及办公室租金等成本费用，可提高经济效益。并且还可降低销售成本费用。互联网的出现给企业带来了新的销售模式和管理方式，如网上直销和网上促销等销售模式大大降低了销售成本。由于利用互联网进行网上直销，可以实现订货、结算和送货的自动化管理，减少管理人员需求，提高销售管理效率，从而也降低销售管理费用。

2. 利用互联网可增加企业扩大市场机会 从事市场营销活动可以到达过去靠人或者靠营销网络所不能达到的市场。网络营销可以为企业创造更多新的市场机会。利用网络企业可以突破时间、地理位置限制。利用互联网，顾客可以随时自助进行咨询、下定单和采购。作为新的营销渠道，互联网对企业传统的营销渠道是一个重要补充，它可以吸引那些在传统营销渠道中无法吸引的顾客到网上定购。

3. 网络营销是一种以消费者为导向，强调个性化的营销方式 消费者将拥有比过去更大的选择自由，他们可根据自己的个性特点和需求寻找商品，不受地域限制。网络营销还能满足消费者对购物方便性的需求，节约时间,提高消费者的购物效率。并且网络营销具有极强的互动性,这种双向互动的沟通方式提高了消费者的参与性和积极性,更重要的是它能使企业的营销决策有的放矢,从根本上提高消费者满意度。

(五)医药网络营销的开展

网络营销作为企业整体营销战略的一部分,其成败与否将对企业整体营销战略的效果有着至关重要的影响。针对医药企业的自身特点,开展网络营销的可行方法主要有以下几点:

1. 建立出色的网站 在网络环境下,企业营销策略的传播模式发生了明显的变化,网站已成为展示营销策略的主要渠道,以及与消费者及客户沟通的全新桥梁。建设一个出色的网站根本目的就是为了造就高访问率。强生公司网站就是网络营销策略成功的典范。作为拥有百年历史,占据《财富》杂志 500 强一席之地的大型跨国企业,强生公司拥有 180 多个子公司,生产婴儿护理、医疗用品、家庭保健产品、皮肤护理用品、隐形眼镜和妇女卫生等系列产品,著名的"邦迪"牌创可贴更是市场占有率极高的生活必备品。面对旗下众多的企业、品牌和产品,强生网站避开了检索型网站之流俗格局,选择了婴儿护理品为其网站的形象产品,整个站点就成了一部"宝宝成长日记",所有的营销流程自然沿着这本日记而展开。强生网站选择"强生宝宝"为站点主题,精心构思出"学习园地",力求从各个层面全方位关心顾客痛痒,深入挖掘顾客需求,实时跟踪服务。在提供服务的同时,客户输入的数据也进入其网站服务器。上述这些客户登记及回答信息到了公司营销专家、心理学家、市场分析家等手中,不久就会形成一份份产品促销专案,对企业与顾客保持长久联系起到相当重要的作用。由于这些方案具有极强的家庭服务需求针对性,故促销成功率相当高。企业网络品牌的宣传效果和网站是相对永久的,而网站上所展示的产品和营销策略又是动态多变的。企业网站要想成功,就必须对千百万网民的实际需求加以关注与满足,而且这种满足必须是与互联网媒体特性、企业现有产品相结合,同时在网上还要具备有特色的、别人难以模仿的服务项目。这种服务对于消费者和企业都必须是可持续性的、能不断交流的、可增进双方亲和力与品牌感召力的项目。因此,强生的站点在设计上作了大胆的取舍,只以婴儿护理用品为营销主轴线,而为旗下其他每家公司注册了独立域名,并能从站点目录中方便地查到。

笔记栏

2. 加入专业经贸信息网及行业信息网 对于中小型医药企业来说,专业经贸信息网站可以提供更多服务。如可以提供固定的网址(一般不提供独立域名)并制作简单的网页,这样可省去制作企业专门网站的高额费用。经过专业分类的信息网为客户查询供应商信息提供了方便,加入这类信息网有助于网站访问者发现企业的信息,不过大部分情况下需要支付一定的费用。而行业信息网是一个行业的门户网站,由于汇集了整个行业的资源,为供应商和客户了解行业信息提供了巨大的方便,形成了一个网上虚拟的专业市场。例如,中国医药网(http://www.chinese999.com/),加入此类国内较大的行业信息网是网络营销的必要手段,即使已经建立了自己的网站,仍有加入的必要。

3. 发布网络广告 作为网络营销的重要环节之一,互联网重新定义了广告的含义,它使得广告主能了解顾客,并与他们直接交流。在这种交互式营销中,消费者可以用鼠标点击广告以获得更多信息,或通过电子邮件来提问。互联网为广告主提供了双向交流和使用电子邮件的能力,还允许其针对特定的人群做广告,使得真正的一对一广告成为可能。传统媒体广告只能间接接触产品,而潜在消费者或客户在浏览网络广告时,只要看到感兴趣的内容,便可直接用鼠标点击,进入该产品的宣传页面,了解到该产品的具体内容。这一点对于医药产品来说尤为重要。医药产品的价值主要体现在实际使用当中,因而消费者的决策周期较一般产品要长。鉴于医药产品的特殊性,选择恰当的网站发布广告是网络广告成功的关键。欧洲第二大药品生产企业 Astra Zeneca 通过加大网络广告的投放,利用杂志和网络广告进行相互补充,大幅度提高了其产品品牌的知名度和影响力。国际互联网广告署(IAB)已经将 AstraZeneca 的广告策略作为跨媒体营销成功案例之一，在行业内进行推广。

4. 善用搜索引擎 根据中国互联网络信息中心（CNNIC）发布的报告表明，搜索引擎已成为互联网上仅次于新闻浏览的第二大常用服务。因此，企业从事互联网推广和网络营销的最重要途径之一即搜索引擎，医药企业可以通过提高在搜索引擎表上的排名来得到更多的关注。

5. 网络促销 典型的网上促销活动有网上有奖问答、抽奖活动、申请优惠卡或贵宾卡、建立网上销售俱乐部，等等。深入的活动可有论坛未来预测，还可以向顾客征求对企业的管理体制及产品的意见。大多数网络营销活动把目光放在长期的网络交流上，但在发布新产品或服务时，也可以用互联网来进行一次性的宣传，比如抽奖。由于其公开性和认知度，抽奖也能收集到客户信息。一般知名商业网站均能提供此类活动。

6. 客户管理 企业必须建立并主动地管理客户资料库，尽可能地掌握具有潜在价值的客户名单与有用信息。内容丰富的顾客资料库，可为企业提供一种强大的竞争优势，可使得企业的目标制定具有极高的效率。同时，企业必须让客户能够很容易地与企业取得联系，并迅速对客户的询问做出回应。除了上述几种方法，网络营销中还会经常用到电子邮件营销。让用户订阅邮件列表，然后根据他们点击链接的情况进行修改，企业就能与他们相互沟通，并更好地了解他们的喜好。是否能够吸引消费者点击链接并购买产品，取决于公司怎样进行营销活动，如何提高邮件列表的质量以及让产品引人注目。但要注意的是，垃圾邮件和不可靠的链接导致的网络客户流失，和传统营销中客户的流失一样危险。综上所述，医药产品的网络营销具有先天优势，且网络营销能够更为直接地传播企业的经营理念，进一步提高企业的综合竞争能力。我国医药企业应当认清网络营销与网上销售、在线购物的区别。网络营销不只是利用互联网向客户发送信息，而是要在企业与客户之间搭建交流的桥梁。它不等同于网上销售，而是为了实现销售目的而进行的一项基本活动。相反的，网上销售则是网络营销发展到一定阶段所产生的结果。网络营销的成功可以表现在企业形象的树立、品牌价值的提升、与客户之间沟通的增进、作为一种对外发布信息的工具等多个方面，网络营销活动并不一定能实现网上直接销售的目的，但很可能有利于提高销售总量。同时，网络营销是建立在传统营销理论基础之上的，是企业整体营销战略的一个组成部分。网络营销活动不可能脱离一般营销环境而独立存在，网络营销理论是传统营销理论在互联网环境中的应用和发展。一个完整的网络营销方案，除了在网上做推广之外，还很有必要利用传统营销方法进行网下推广。医药企业应将网络营销与传统营销模式结合起来，以更经济、更有效的方式宣传企业及产品，树立良好的品牌形象，以网络为切入点推进持续性营销，以构筑全新的医药产品营销模式，实现企业利益的最大化。

第四节 DTC 与 DFC 营销

（一）DTC 与 DFC 营销的含义

DTC（direct-to-consumer）是指直接面对消费者的营销模式，它包括任何以终端消费者为目标而进行的传播活动。对医药市场而言，终端消费者可能是患者本人、患者的朋友或亲属，也可能是医疗服务人员或公众。

在我国，在 DTC 营销模式中，DTC 广告是影响 OTC（非处方药）市场销量的重要因素之一，而处方药自 2002 年 12 月起禁止在大众媒体上宣传。OTC 药品可直接面对消费者进行广告宣传，可以进行品牌宣传、培育品牌忠诚度，从而极大地刺激消费者对 OTC 药品的购买量。此外，消费者教育活动的普及增强了人们自我保健意识，提高了消费者对轻微病症进行自我诊治的能力。同时，消费者对药品及其价格的高度关注必将引发 OTC 药品市场的价格竞争。

DFC（direct-from-consumer）是与 DTC 相对应的市场研究方式，是指企业直接向药品的最终用户收集信息的营销模式，企业通过 DFC 方式，了解患者偏好、需求、反应等心理和生理信息，及时得到患者的反馈和建议，利于企业更好地进行市场定位，与患者建立更长久的关系。

这类 DTC 与 DFC 直接面对终端消费者的

营销模式实际上是一般商品的普通营销策略，它的特殊之处在于它在药品营销特别是处方药营销中的应用。由于药品不能简单等同一般商品，它关系国民生命安全，因此营销方式也就受到国家政策、法律更强有力的控制，许多针对最终消费者的营销行为受到限制。所以在其他普通商品营销看来普通的DTC与DTC模式也就变的不普通。因此，本节讨论的DTC与DTC模式内容主要是国际上盛行的药品营销方式，希望对制药企业的药品营销有所裨益。

（二）国外DTC与DFC营销产生与发展现状

1. DTC与DFC营销的产生 由于医药行业及产品特点，产品的终端使用者（患者）对产品的选择权非常小，病人通常都是被动地接受医疗专业人员的服务，决定用什么样的治疗与药品，病人和病人的家属难以对医生的治疗方案进行判断、评估，也就无法进行选择。许多国家的医药市场营销，企业与患者面临的问题就是医药的销售基本上被医生或药店所掌握，企业的命运完全被医院和医生所控制，患者处于被动接受消费的状态。随着社会经济的发展，企业营销思路转变为如何能绕过医生，直接将药品的信息传递到患者，而患者也要求了解更多的药品信息。所以DTC这种新型的医药营销模式诞生了。

药品DTC模式最早出现于美国20世纪80年代早期。1983年，美国出现第一个DTC处方药广告，那时FDA只要求制药工业自觉控制，直到FDA出台相应的政策。到1983年，FDA为了对其进行深入的调研，曾一度要求制药企业暂停对DTC广告的发布，但是，到1985年9月9日，FDA又发文撤消了对DTC广告发布的政策规定；同时指出，处方药广告必须遵守现有处方药广告标准及直接面向医生的广告标准；1997年和1999年FDA还先后发布了处方药广告发布的建议指南和正式指南。研究发现，DTC药品广告作为一种新型的营销手段，从不同侧面对繁荣医药市场发挥了巨大的作用，尤其是数字化时代信息的高速传播，使DTC广告的作用更加明显，并且DTC药品广告的发展潜力很大，前景看好。因此，DTC药品广告以其特有的魅力，正在引起越来越多的社会团体、研究机构及消费者的广泛关注。

2. 国外DTC与DFC营销产生与发展现状 美国的药品DTC营销应该是目前全球发展得最为成熟的。1997年8月，FDA宣布放松对药品广告促销的限制，颁布了《工业指南：直接面对消费者的广播电视广告（草案）》，规定媒体广告应包括有关药品有效性、副作用、禁忌证等的简要说明，或者提供可获得这些信息的途径。进入21世纪后，DTC营销更是得到长足的发展。如今在美国，几乎所有的品牌药，无论销售额大小，直接面向消费者的广告已成为其成功上市或品牌管理中不可或缺的战略性策略之一，并且对DTC营销也加大了投入。其他欧洲和亚洲的药品消费市场，对药品营销的限制比美国更严格。由于近年来消费者自主意识的提高和政府医疗支出不断上涨等压力，欧洲各国对DTC营销的态度也正在逐渐发生转变。在日本，目前其DTC营销也在循序渐进地得到发展。在新西兰，允许直接面向消费者的处方药做广告。加拿大现在仍然禁止处方药的DTC广告，但由于其毗邻美国，通过电视、广播、杂志以及其他英文媒介，美国的DTC广告已跨越国界来到加拿大。目前，加拿大的一些政府官员也逐渐开始支持允许处方药作DTC广告。

（三）DTC与DFC营销模式产生的必然性

1. 英特网的广泛应用 全球英特网的大规模普及为消费者提供了前所未有的获得大量医疗保健及药品信息的途径，为DTC营销提供了更加有效的发展载体。

2. 消费者对医疗保健信息的需要 随着自我医疗保健意识和有效治疗意识的提高，患者对疾病病理及治疗方法都有强烈的学习欲望，使得消费者参与自我健康决策的要求大大增强，消费者已经由过去有病才会去看病买药的“被动型”转变为无病亦要确保健康的“保健型”，DTC营销成为了针对他们的一个重要的咨询服务工具，了解新药基本信息的途径；

笔记栏

还可以自由选择各类医生及各种药品并主动参与自身的保健和治疗。另外，消费者已经开始关注药品的零售价格，DTC 营销正好可以满足消费者的需求。

3. 制药企业提高市场竞争能力 制药企业纷纷增加 DTC 药品广告的投入并把 DTC 药品广告作为抢滩医疗保健市场和扩大知名度的手段，确保产品现有生产份额，扩大本企业在市场和消费者心目中的知名度。为此，世界各大公司纷纷将 DTC 营销作为药品营销人员的重要营销手段，它可从不同层面重塑药品的业务发展和营销模式，使之与消费品主流经营模式更为靠近，以此赢得更迅速的市场渗透、优势的市场份额、提高公司和品牌的声誉。

4. 各国政府态度的转变 医疗保健费用的持续攀升，对于各国政府来说正成为其沉重的负担。DTC 广告为"买方"的购买决策提供信息；治疗药品的数量繁多，DTC 营销竞争会给患者带来实惠，提供给消费者更多的信息选择和参与平台是必要的。正是在这种情况下，各国政府对 DTC 营销的态度逐渐有所松动。DTC 是企业与消费者直接的对话。越来越削弱医院在选择药物时的作用，当医生开处方时，他要和患者讨论或征求患者的意见，能够降低药品的总体花费。

（四）DTC 与 DFC 营销模式在药品营销中的应用

1. DTC 广告 DTC 广告是直接面向消费者的广告。其形式包括电视、广播、印刷品、电话、邮寄广告等，但广告的作用是教育，关键是在广告中将产品的名称、生产企业、用途、用药风险等消费者所关注的信息反映出来，使消费者对该药品及生产企业产生一定认识，达到一定的认知度，努力与消费者建立感情联系。DTC 广告一定要抓住消费者心理，突出产品的特点。1997 年 8 月，美国 FDA 宣布放松对药品广告促销的限制，即生产企业只要提供药品的用法用量、不良反应、禁忌、注意事项等简要信息，就可以在电视、电台、杂志和报纸等大众媒介上做 DTC 广告。

2. DTC 网站 医药企业可以利用互联网络直接面对消费者，为消费者提供产品信息及其经销动态，为群众提供医药咨询服务，同时了解消费者需求，以及医师和患者的反馈意见等。我国医药企业应当充分借鉴外企的经验，充分利用网络资源，搞好 DTC 网站建设。许多制药公司在网站上为消费者制作了高度互动、友好的网页，网页的内容包括常见病的全套教育材料、医疗服务人员的信息、自我诊断的方法等。患者在网上搜索到该网站，了解疾病治疗研究的新进展。Internet 为制药公司提供了直接面对消费者的营销机会，一些 DTC 网站还具有广告的功能。此外，DTC 营销组合还包括消费者教育、口碑营销等传播模式。当然，无论是处方药，还是 OTC，DTC 营销的焦点都将是消费者，而不再是医生。

3. 终端促销 现场销售是 OTC 药品在前期市场启动阶段的主要推广方式，OTC 药品的销售大部分是在零售药店，对于消费者来说，药店不仅是药品的购买场所，更是获得用药咨询的地方。所以，可以在药店进行现场咨询，通过宣传诱导，促进销售，为消费者提供相关的药品信息，使终端销售走向专业化、多元化。同时可利用海报、POP 售点广告、挂旗等在药店内进行宣传和教育，并加强对药店店员的教育和药品的陈列理货工作。

4. 知识营销 知识营销指针对医药商品目标消费者的需要以及潜在消费者的需要，通过互动形式进行医药商品知识的传播，达到由品牌宣传和商品知识传播来促进销售的目的。企业可以通过开展科普活动，在社区为居民设立健康课堂、科普讲座、建立健康卡、赠送科学书籍，与媒体合作举办科普知识竞赛，虽然这些活动不夹杂产品的促销，也不要求参加者购买产品，但通过提高市民的科学健康理念，拉动了市场需求。

5. 运用 DFC 模式进行患者信息收集 传统医患治疗方式下，患者先来到医院接受医生诊断、开方，然后取药离去，如果患者没有复诊，医生听不到患者的反映。而 DFC 营销模式，恰好弥补了传统医患关系下信息收集不足的缺陷，它可以同时满足患者、医生和企业的需求，从而实现医药市场"三方共赢"的局面。面对数量越来越多的药品和时间越来越少的医生,每位患者都想知道:怎样才能得到最佳的治疗呢?按照 DFC 模式,企业可通过各种方式直接收集患者的症状缓解情况,将患者的治疗效果反馈给医生,这些直接来自患者的数据为医生提供了便捷、及时和有效的帮助,同时提高了患者的治疗效果,减少治疗费用,也减轻了疾病痛苦;同时 DFC 模式可以帮助医生更好地了解患者服药后的真实感受,特别是一些新药,医生通过 DFC 数据分析各地的患者报告,还能了解到药品使用的特殊性,可以做到"对症下药",减少医疗风险的发生;另外,企业通过 DFC 模式,再结合 CRM(customer relationship management),即客户关系管理,可以更好地掌握患者偏好、需求、反应等心理和生理信息,就能更好地进行市场细分、选择与定位,与患者建立更长久的关系。有效的 CRM 系统可以通过收集市场数据和信息,强化患者和医生的品牌忠诚,增加药品的销售量,从而赢得更大的市场份额以及更多的利润。

第五节 联盟营销

(一) 联盟营销的含义

联盟营销,是企业在分析其营销环境的前提下,为达到降低企业营销风险、共同拥有市场、资源共享等目的,而与其他企业采取的联合开拓市场、联合开发新产品、联合使用商标及品牌等一系列利益共享的营销行为。一般是由两个或两个以上有着优势互补或经营实力对等的企业或部门,本着自愿原则,通过各种契约而结成风险共担的松散型组织,营销联盟各方仍旧保持着原有企业的经营独立性。

当然,营销联盟只是企业战略联盟的主要形式之一,而企业战略联盟还有其他多种形式,如企业间的研究与开发联盟、生产联盟、产销联盟、材料供应联盟以及企业网络联盟营销等等。因此,企业联盟营销受其战略联盟影响,是战略联盟在营销战略方面的具体实践。企业战略联盟可以实现资源共享、风险或成本共担、优势互补等特定战略目标,通过联盟的方式建立较为稳固的合作伙伴关系,从而取得"双赢"甚至"多赢"效果。

(二) 企业实施联盟营销的作用

1. 提升企业竞争能力 根据价值链理论,任何企业都只能在"价值链"的某些环节上拥有优势,而不可能拥有全部的优势。企业各有所长,如在营销增值环节上,本企业拥有优势,在生产环节上,其他企业可能拥有优势。为达到"双赢"的协同效应,实现企业优势互补,形成综合优势,彼此在各自价值链的优势环节上展开合作,可以求得整体收益的最大化。另外,联盟营销建立起的企业间信任关系,可降低联盟伙伴间的交易成本、运营成本及时间成本,增强企业对抗竞争的能力。

2. 帮助企业拓展新市场 企业在拓展市场的过程中,如果仅凭自身的力量建立营销网络来销售产品,需要较多的人力和物力来实现。但是和目标市场的企业建立营销联盟,企业就可以以利用联盟伙伴现成的销售网络来降低固定成本,同时还能有效解决企业不熟悉当地市场情况和销售渠道不易控制等问题,甚至与国外企业联盟可克服贸易壁垒等。另外,企业通过与当地企业共同设计生产商品,针对当地居民消费心理特点,注重产品的差异化、个性化生产,还有助于产品在市场树立品牌形象,扩大产品的知名度。通过联盟方式,依靠当地的合作伙伴则有助于迅速形成适应当地环境的方式和企业文化,为进一步开拓市场奠定基础。企业间通过建立联盟营销,加强合作,可以理顺市场、共同维护竞争秩序,还可防止竞争过度。

3. 降低企业经营风险 由于市场和技术的全球化,激烈变动的外部环境要求企业不断缩短新产品的开发时间、降低研究开发成本,提高企业产品的市场竞争力。无论是产品开发,还是进入新市场,本身就具有很高风险,建立企业联盟、扩大信息传递的密度与速度,以避免单个企业在研究开发中的盲目性和因孤军作战引起的全社会范围内的重复劳动和资源浪费,而通过企业联盟共同分担风险,能够降低企业投入,并因各自资源优势的组合而降低总投资成本和固定资产的投入,从而降低风险。与此同时,有利于处理专业化和多样化的生产关系。企业通过纵向联合的合作竞争,有利于组织专业化的协作和稳定供给。

4. 扩大企业经营规模 通过联盟,能够帮助企业获得先进技术、开拓市场、降低经营风险,扩大规模,就能产生协同效应,即“1+1>2”效应,提高企业的效率,降低成本,增加赢利。联盟伙伴之间通过合作开发、合作生产,可以大大提高专业分工程度,专业分工规模的扩大能降低各分工环节的单位成本,促使企业产品单位成本降低。从而增强了整个供应链的竞争能力。

(三) 企业联盟营销实施

1. 企业联盟营销形式 根据在价值链上环节的不同位置,联盟营销重在互相利用联盟伙伴间各自价值体系中的下游环节,即营销网络。该类联盟是以下游活动为合作领域而结成的战略联盟,其目的在于提高市场营销的效率和市场控制的能力,这类联合是抢占市场的有效手段,除了具备资源补缺型的优点外,还能较好地适应多样化的市场需求。联盟营销的种类也是以战略联盟的分类为基础,根据联盟成员之间的资本流动情况以及依赖程度,联盟营销一般可分为两类:

(1) 股权式联盟:股权式联盟是由各成员作为股东共同创立的,其拥有独立的资产、人事和管理权限,股权式联盟中一般不包括各成员的核心业务,具体又可分为对等占有型联盟和相互持股型联盟。对等占有型联盟是指合资生产和经营的项目分属联盟成员的局部功能,双方母公司各拥有50%的股权,以保持相对独立性。相互持股型联盟中联盟成员为巩固良好的合作关系,长期地相互持有对方少量的股份。

(2) 契约式联盟:当联盟内各成员的核心业务与联盟相同、合作伙伴又无法将其资产从核心业务中剥离出来置于同一企业内时,或者为了实现更加灵活地收缩和扩张,合作伙伴不愿建立独立的合资公司时,契约式战略联盟便出现了。契约式联盟以联合研究新技术开发和联合市场开发最为普遍。如生产营销协议,通过制定协议,共同生产和销售某一产品,这种协议并不给联盟内各成员带来资产、组织结构和管理方式的变化,仅仅通过协议规定合作项目、完成时间等内容。成员之间仍然保持着各自的独立性,甚至在协议之外仍然相互竞争。

2. 联盟营销的实施 联盟营销,可以更好地帮助企业达到营销战略目标,在增加收益的同时减少风险,充分利用企业外部资源。通过联盟营销,可以更好地获得重要的市场情报,顺利地进入新市场,与新客户搞好关系,这些都有助于销售的增长。联盟营销如实施顺利,合作双方将比单方自行发展具有更广阔的战略灵活性,最终达到双赢。

(1) 明确自身的核心优势,确定联盟的领域:企业要想加入联盟,必须要认真审视自身是否具有核心竞争优势及自身领域是否适合联盟。如果企业自身不具备核心优势或产业领域不适合,则无须搞联盟,以免造成不必要的损失。并不是所有企业都具备加入联盟的条件,只有那些能实现企业资源的共享,能实现企业核心能力的互补,具有某项核心技术优势或市场知识的企业才具备加入条件。对非熟悉的业务或进入新市场宜采用战略联盟,其作用在于弥补不足,因此要寻求彼此在开发、制造、营销渠道上的互补性或者分担经营成本。

(2) 确定、挑选合适的联盟营销伙伴:企业在联合与合作之前,要有明确的战略目标,并据此来寻找或接受能帮助实现战略意图、弥补战略缺口的合作伙伴。企业在建立合作关系以前,必须明确知道自己需要什么样的合作伙伴。只有在全面分析了潜在合作伙伴的各个方面并确定其是真正适合自己的合作伙伴后,与其合作才有可能达到预期的成功。合适的联盟伙伴能够带来本企业所渴望的技术、技能、知识、风险分担和进入新市场的机会等优势。还要注意,联盟中最难调整与改变的是文化冲突,文化上相容、相似的企业比有较大文化差异的企业更适合成为本企业的合作伙伴。

(3) 联盟的实施和控制阶段:联盟的最终目的是通过联盟提高企业自身的竞争能力。联盟内的企业应该把通过联盟向对方学习作为一项战略任务,最大限度地尽快将联盟的成果转化为我方的竞争优势。联盟往往需要双方进行双向信息流动,每个参加联盟的企业都应该贡献出必要的信息供对方分享,从而提高联盟的成功率。同时企业要合理控制信息流动，保护自身的竞争优势，防止对方得到我方应予以保护的关键信息，作出有损我方的行为，因为联盟伙伴极有可能成为将来的主要竞争对手。实施初期要做好谈判和订约工作，由于联盟伙伴之间往往存在着既合作又竞争的双重关系，双方应对联合与合作的具体过程和结果进行谨慎细心的谈判，摒弃偏见，求大同，存小异，增强信任；不仅是以交叉许可安排、联合开发、合资经营、股权共享等联盟方式为基础的初始合作协议，还包括厂址选择、成本分摊、市场份额获得等通常的细节以及对知识创新、技术协同等方法进行设计。

（4）做好营销联盟维护工作：联盟失败的原因众多，其中有许多是由于中期工作没做好。为了维持长期合作关系，联盟成员应有全心投入的态度；联盟内部加强协调、沟通，增强联盟成员之间信任、尊重，碰到问题时应以诚相待；主动学习了解双方的文化差异，只有这样做才能减少彼此之间的误解，才能增强联盟的一致性；营造良好的合作环境，外部环境变化时加强交流，建立共同的愿景。

（四）联盟营销存在的风险及问题

虽然联盟营销有许多优势，但同时伴随不少风险，存在联盟内在缺陷。企业在加盟联盟组织之前必须对联盟的潜在风险有所认识，并采取措施进行防范。

1. 文化差异导致联盟失败 当两个或两个以上具有不同文化背景的企业进行联盟时，便会产生一定程度的文化交汇。如果彼此之间文化差异较大，便容易在日常沟通过程中产生文化摩擦现象。因此，寻找合适的伙伴非常关键，如果文化冲突无法协调时，一些企业很有可能将退出联盟，使得联盟分裂，导致联盟企业蒙受损失。

2. 企业核心竞争优势丧失 当企业加入联盟组织后，为了达到共同的目的，在合作过程中，企业有可能无意中将自身的核心技术或市场知识转移给其他组员。而这些核心技术或市场知识正是企业界在联盟前的竞争优势所在，加入战略联盟后，由于自身核心技术或市场知识外泄，企业的竞争优势也将会弱化甚至消失。当企业的竞争优势完全丧失后，联盟也将可能会解体，而且当联盟解体后，由于企业核心竞争优势丧失，企业极有可能在竞争中处于十分不利的位置。

3. 联盟的控制权问题 联盟组织的控制权问题是一个棘手的问题。不少管理者担心失去对联盟组织的控制权，他们更倾向于避免达成双方各占 50% 的合资企业项目。实际上，只要管理机制设计得当，控制权问题可以得到合理解决。但要避免盲目地加入战盟组织。如果这些企业自身确实并不具备核心竞争优势而是勉强加入的话，那么在联盟过程中很有可能被其他企业控制，甚至某些企业即使在加盟前的确具备某项核心优势，但加盟后由于核心技术或市场知识外泄，也有可能成为其他企业控制的对象。

4. 营销联盟伙伴之间的矛盾与竞争 大多数的联盟协议规定，参与联盟的企业不得与联盟涉及的领域发生直接的竞争，但双方企业的战略地位在将来可能会发生变化。有些企业界加入联盟的真正目的并不在于联盟成功给它们带来的共同利益，它们加盟的目的在于借助战略联盟的技术优势去研究开发其他项目。那么它们将在联盟过程中将技术创新发展方向向有利于自身的方向导引，致使联盟的最终技术创新成果同企业加盟前所预期的目标相差甚远，从而使某些企业蒙受损失。

5. 其他风险 如随着时间的推移和战略环境的变换，联盟存在的基础就发生了变化，企业将不得不改变它的联盟战略。另外，联盟是否成功将有赖于经理们的经营运作，选择了不善经营的经理很可能导致联盟的失败，以上这些情况许多都是难以预测的。

本章小结

由于科技的进步和全球经济联系更加紧密，消费者需求日益个性化，市场竞争变得更加激烈，传统的营销模式也变得难以完全适应目前企业界的市场营销实践。因此，营销研究者与实践者越来越关注新世纪的市场营销新发展，对新经济时代市场营销的新领域与新概念努力探索与研究。本章选择了关系营销、绿色营销、网络营销、DTC 与 DFC 营销以及联盟营销，对其内容作了简要介绍。关系营销以系统论为基本指导思想，将企业置身于社会经济大环境中考察企业的市场营销活动，认为企业营销乃是一个与消费者、竞争者、供应商、分销商、政府机构和社会组织发生互动作用的过程。绿色营销强调企业在营销活动中，谋求顾客利益、社会利益和企业利益的协调，其特点是在满足顾客直接需求的同时还注重满足顾客的间接需求和未来需求。网络营销是一种新型营销方式，它通过计算机网络、电脑通信和数字交换式媒体的作用来实现营销目标，它与互联网的广泛运用、消费者个性化的需求以及商业竞争日趋激烈等因素密切相关。而DTC与DFC营销是直接面对消费者的营销模式，是医药行业营销的新探索，在我国还未广泛开展，但国外成功的运用会给我国医药营销很好的启迪。联盟营销是企业为降低企业营销风险、达到共同拥有市场、共同使用资源而与其他企业采取的联合开拓市场、联合开发新产品、联合使用商标及品牌等一系列营销行为。

思考题

1. 在当前，我国关系营销有何特点？
2. 政府在绿色营销中有何作用？
3. 网络营销在哪些行业与领域适宜推广？
4. 如何规范DTC与DFC模式在药品营销中的使用？
5. 实施联盟营销的利弊分析？

案例分析

云南白药与九州通的联盟营销

近年来，随着国家医疗卫生体制改革的逐步深入，医院药品购买招标、药品降价、药品分类管理等政策相继出台，医药市场格局发生巨大变化，市场竞争日趋激烈，每个医药工业企业和流通企业都在探索未来医药行业路在何方？如何更好地为消费者服务、更有效地贴近终端客户？如何增强企业竞争能力？

2005年8月6日，一个国药百年老字号——云南白药，与医药流通业巨鳄——九州通联盟营销签约仪式拉开帷幕，双方自此正式建立联盟营销合作关系，真可谓药厂流通企业强强联合。云南白药是一家蜚声海内外的国药百年老字号，自1902年云南名医曲焕章先生成功研制“云南白药”，问世百年来，云南白药已树立了广泛而深远的品牌认知度和社会影响力。作为云药产业的领军企业，云南白药一直秉承“传承文化、超越自我、济世为民”的企业理念，全面实施机制创新、企业再造，创造性提出并成功实施“内部创业机制”、“首席科学家制”、“虚拟企业运作模式”“内部定单制”等先进管理技术并产生了良好的社会经济效益，实现了传统制造企业向高新技术企业集团的成功转型，企业综合实力全面提升。2002年2月，“云南白药”荣膺云南省第一个非烟“中国驰名商标”称号；2004年，“中国最具发展力上市公司50强”评选中，云南白药荣列第21位；短短几年来，云南白药以五亿元的净资产创造了中国上市公司综合实力排序第69位、赢利能力单项排名第20位(2004年度)的辉煌成绩，迈步跨入中国最优秀企业行列，无疑印证了云南白药这个国药老品牌管理创新、再造百年企业的现代化管理理念。

九州通集团有限公司是一家以向医药行业投资为主，以药品、保健品、医疗器械的批发、零售连锁和电子商务为核心业务的民营企业。截至2004年底，九州通集团公司分别在中国的湖北、北京、上海、广东、河南、新疆、山东、福建等地投资设立下属企业20多家，以医药批发、零售连锁和电子商务为核心业务全面发展，经营规模不断扩大，已形成医药零售连锁和医药商业流通两大支柱产业体系。集团公司注册资金2.9亿元，共有员工3700余人，2004年度实现销售收入84.6亿元，位列中国医药商业企业第三名、中国民营医药商业企业第一名。广泛而雄厚的营销资源，形成了覆盖全国市场并向国际市场延伸的营销网络，已成为行业当之无愧的翘楚。

依托双方多年良好合作的坚实基础，在“建立真诚、平等、互助、互利的厂商关系，开创厂家、商家和消费者三赢局面”的美好愿景下，云南白药集团与九州通集团的联盟营销合作可谓是在此基础上的进一步提升。云南白药百年积淀的品牌基础、质优价廉的产品和贴心周到的终端服务已得到广大消费者的普遍认同；而九州通则是极具发展潜力的大型医药流通企业并拥有最为完善的零售终端。优势品牌与优势流通企业的联盟营销，有效地整合了工商企业的优势资源，相辅相成，可谓是双方相互倾慕的杰作。此次战略合作协议的签订，是云南白药营销史上的首次举措，也是云南白药为完善营销网络，增强市场竞争力的一种尝试。云南白药将以此为契机，不断完善健全网络布局，形成对终端客户更直接更有效地服务，为企业的后续发展奠定坚实基础。这是双方在寻求市场合作的基础上对产品、营销、物流和流通网络等资源进行的一次有益的互补。双方自此正式建立联盟营销合作关系。多年来，云南白药致力打造成为一家集医药制造、商业流通和零售连锁于一体的医药类大型综合集团公司。云南白药是享誉海内外的百年优秀品牌。九州通集团是近年来医药商业流通领域迅速崛起的生力军，所拥有的庞大营销网络被业内广泛关注。此次大型国有工业企业和优秀民营商业企业强强联手，旨在竞争激烈的市场环境下探索新的企业发展途径。

案例讨论

1. 与自建大药房或医药公司相比，云南白药采用联盟营销有哪些优点？

2. 对云南白药来说，与九州通的联盟有哪些风险？有何对策？

第十五章　医药国际市场营销

学习目标

通过本章的学习，要求使学生认识到，医药国际市场营销是医药企业的跨国营销，要想使中国的医药走向国际市场就必须认真研究医药国际市场营销的特点，进行医药国际市场营销的环境分析，大力开展医药国际市场调研，并制定出相应的策略。为此，要了解医药国际市场营销的含义、理解和掌握医药国际市场营销的特点、环境及医药进入国际市场的方式。从而明确医药国内市场营销和国际市场营销的异同。

引导案例

海正药业作为中国最大的抗生素、抗肿瘤药物生产基地之一，正致力于利用自己的研发资源，为全球客户提供更好的服务。

2001年，海正建立了国内一流的研发中心，为同类科研机构树立了行业标准。该中心拥有专职研究人员150名，设有50多个单元实验室。研发领域涵盖化学合成、微生物发酵、生物技术、天然植物提取及制剂开发等多个方面，产品治疗领域涉及抗肿瘤、心血管系统、抗感染、抗寄生虫、内分泌调节、免疫抑制、抗抑郁等。

海正与国内30多家知名的科研院校保持着密切的协作关系，在多所大学建有实验室。与美国、日本、欧洲等国外研究机构开展新药合作研究开发，与国外大公司通过项目转移、委托开发等模式进行合作。海正的年均R&D投入占销售额的8%以上。

海正的另一个关键性战略是保持并拓展其国际客户网络。通过提供全面的产品和服务，海正80%以上的原料药产品销往30多个国家，特别是在欧美地区拥有领先的市场份额。

从1989年起，海正开始欧美市场的药政注册工作。1992年，海正获得了首批FDA认证。美国FDA官员先后八次前来海正进行检查，目前，海正共有13个产品获得FDA认证，10个产品获得欧盟COS认证，94个产品在全球主要医药市场注册。

海正的目标是为客户提供高质量的科技创新产品，同时也注重可持续发展，降低产品成本。海正致力于借鉴世界先进企业的经营管理经验，不断推进和提升管理水准，把握国际医药前沿发展动态，增进与国际伙伴的合作。

医药国际市场营销是跨国界的企业市场活动，与医药国际贸易与医药国内市场营销既有联系又有区别，所以，在营销环境分析、目标市场选择、进入国际市场的方式、市场营销组合策略的运用等方面都有其自身的特点。特别是我国加入世界贸易组织以后，越来越多的医药企业正在积极地准备或已进军国际市场，同时外国医药企业也在不断涌入国内市场，使广大医药企业真正面临“国内市场国际化，国际竞争国内化”的现实。因此，医药企业只有认真研究国际市场营销动态，把握国际市场营销特点，注重分析和研究企业所面临的复杂多变的国际市场营销环境，正确地选择企业的国际目标市场，在产品、价格、渠道、促销等方面做出科学的决策，才有利于医药企业在竞争中获胜。

笔记栏

第一节 医药国际市场营销概述

一、医药国际市场营销的含义

医药国际市场营销，是指医药企业的跨国市场营销，即医药企业从国际市场的需求出发，开发合适的产品、选择合适的渠道、制定合适的价格和进行合适的促销，以满足国际用户的需要和在国际市场上取得创汇效益。它是跨国的市场营销活动，是国内市场营销活动在国际市场的延伸。

所谓“跨国”，包括三点含义：

第一，国际市场营销是“国际”性的经济活动，受国际关系影响很大。国际关系的缓和或改善，能有力地促进国际市场营销的发展。国际关系的紧张或波折，又会阻碍国际市场营销的发展。

第二，国际市场营销是“他国”性的经济活动，受东道国环境的影响很大。东道国的经济、政治、文化和消费心理等，都影响着国际市场营销的效果。

第三，国际市场营销是“多国”性的经济活动。开展国际市场营销的医药企业，通常联系着多个国际市场，因此，国际市场营销常常需要协调在多国的营销活动，保持整个市场营销的统一性和整体性。

国际市场营销与国内市场营销，既有区别，又有联系。区别主要是市场营销的环境和渠道。国际市场营销的环境如社会文化环境、政治法律环境和技术经济环境比国内市场营销要复杂得多，它既涉及东道国的国内环境，又涉及本国与东道国之间的关系，还涉及本国的内部环境，如社会文化环境不同表现在语言障碍、文化差异、风俗习惯、社会制度、宗教信仰不同等，给医药国际营销带来市场调查不易、了解贸易对手困难、交易双方沟通障碍、交易接洽不便等诸多困难；政治法律环境不同表现在本国政府对出口企业的政策、本国的出口体制、海关制度及有关贸易法规不同，等等，给国际市场营销带来障碍；技术经济环境不同表现在居民收入水平不同、经济发展水平不同、经济体制不同，等等。国际市场的营销渠道也比国内市场营销复杂得多，如许可证贸易、合资经营、代理商、补偿贸易等，都是国际市场营销中常常采用的渠道形式，而这些形式在国内市场营销中是很少采用的。

国际市场营销与国内市场营销又是密切联系的，两者之间的基本原理是相同的，即都要从用户需要出发、开展市场调研、进行市场细分、选择目标市场以及研究营销组合，等等。绝大部分医药企业的国际市场营销都是国内市场营销的拓展。

二、医药国际市场营销的特点

1. 结构复杂 由于医药国际市场分布在世界上各个国家和地区，这些国家和地区因地理位置、自然资源、人口状况、经济结构、消费习惯都不相同，生产力水平、文化教育、风俗习惯、宗教信仰等都有很大差异，所以，国际市场结构特别复杂。这主要表现在以下几个方面：一是交易习惯多样；二是营销环境复杂；三是因货币与结算方式的不同，使得交易结算复杂。这就要求医药企业在进行国际市场营销时，必须注意做好国际市场的调查研究，特别是目标市场的调研，熟悉商情，了解各国的商业惯例和政策法令，掌握多方面的市场信息，有针对性地制定市场营销战略和策略，才能有效地打入国际市场。

2. 竞争激烈 当前医药国际市场竞争十分激烈，这主要是由于科学技术的飞速发展以及参与医药国际市场竞争的企业都是各国实力强大的企业，再加上许多发达国家实行贸易保护等原因造成的。又由于国际市场营销的参与者除了国内市场竞争的参与者外，还有政府、政党、有关团体等也介入其中，政治力量的介入，就使得国际市场的竞争更为激烈。

3. 交易障碍多 由于医药国际市场营销的复杂化，使买卖双方在交易上产生了国内医药市场所没有的障碍，从而增加了开发医药国际市场的难度。这些障碍主要表现在以下几个方面：

（1）语言障碍：语言障碍是影响营销人员进入海外市场的较大障碍之一。其对医药产品的包装装潢、品牌设计、使用方法、广告宣传以及人员推销均产生深刻的影响。正确地理解当地人的语言是消除误会和隔阂，顺利地与他们

笔记栏

合作开展生意的必由之路。因为国内医药市场营销只需一种语言即可，而国际医药市场营销则需要多种语言，这就要求营销人员在掌握专业知识的基础上，还必须要掌握几种外语。

信息框

国际营销中品牌命名的语言难题

美国一家公司准备向国际市场投放一种新型香皂。在品牌命名时，他们极其明智地对50个主要国家的语言做了调查，以确认该名称在各国语言中的意义，该品牌的名和义完全不同：

——在盖尔语中，该名称是“歌”的意思；

——在佛兰德人眼里，它是“远去了”的意思；

——用非洲民族语言来讲，它是“马”；

——在波斯语中，它是“朦胧的”、“迟钝的”这类意思的代名词；

——在朝鲜语中，其发音与“疯子”的发音几乎一致；

——而在斯拉夫语系中，它只有一种理解，即“不愉快的”、“猥亵的”。

(2) 法律障碍：各国医药贸易的法律规定不同，甚至差别很大。大体上法律障碍可以分为两类：第一类是针对医药商品交易的一般法律，例如各个国家的海关法、专利法、商标法、外资法、反垄断法、反倾销法等，出了纠纷还要利用该国的仲裁法等。这要比国内医药市场营销只利用一套法律困难得多。第二类是针对进口我国中药的法律，它也是限制医药国际市场营销的主要因素。许多国家对于进口中药都有一系列的规定，对中药的品种、重金属含量、农药残留量以及包装、商标、说明书等，都有严格地限制，例如英国的有关法律就规定所用中药必须是植物类的天然形态，不作炮制加工，也不制成丸、散、膏、丹，剂型只有一种，就是用中药浸渍或煎熬成汤服用。

(3) 地理障碍：由于开展医药国际市场营销活动需要到分布在世界各地的国家去寻找贸易伙伴，尽管现在有互联网可以利用，但在市场调查、了解对方的资信、接洽谈判、货物运输、保险等方面还是为医药企业增加了障碍。

4. 营销风险大

(1) 信用风险：即由于对对方的资信了解不够而带来的风险。在进行国内医药市场营销时，医药企业可以通过相关的政府部门协助调查了解对方，但在医药国际市场营销中却没有这样一个相关的部门，因此营销风险将加大。

(2) 商业风险：即进口方往往以各种理由拒收货物，从而造成商业风险。拒收的理由多是由于品种、规格、质量不符、交货期晚、单证不符等。这些理由在货物拒收前是无法确定的。尽管拒收可以通过交涉加以弥补，但损失已经发生。

(3) 汇兑风险：是指国际结算中所采用的货币因其汇率发生变化所带来的风险。

(4) 价格风险：是指因合同签订后，医药产品的价格产生变动，尤其是一些原料或能源的价格变动而给医药企业带来的风险。

(5) 运输风险：是指在国际货物运输中由于路途遥远、运输期长而带来的风险，包括货物损失风险和误期风险。这些风险有的可由保险公司承担，有的就要由医药企业自身来承担。

(6) 政治风险：是指由产品销售国的政局或政策变化给医药企业所带来的风险。

此外，世界各国对医药贸易都实施管制政策，而且时常根据国内的情况变化而改动，令其他国家的企业无所适从。

第二节　医药国际市场营销的环境

医药国际市场营销与国内市场营销之间最大的不同点就在于营销环境尚有很大的差

异，所以进行医药国际市场营销环境分析，是医药企业开拓国际市场的关键环节。

国际市场营销的环境，是跨国的环境，它包括营销对象国环境、国际环境和本国出口环境三个组成部分。

（一）营销对象国环境

营销对象国是医药企业的国际目标市场，它的环境如何，最终决定医药国际市场营销的效益。掌握对象国环境，就是要了解和分析对象国与市场有关的经济、政治和文化环境。

1. 经济环境　对象国的经济体制、经济发展水平、经济特征（人口、收入和基础结构等）、自然资源、外汇汇率等因素，决定着医药企业目标市场的规模、特点和效率。

（1）经济体制：医药企业了解对象国的经济体制，是顺利而有效地开展国际市场营销活动的基本前提。只有对对象国的经济体制予以充分了解，才能制订相应的营销战略。

（2）人口：人口是决定医药市场规模的重要因素之一。进行人口分析主要是分析人口数量、人口增长、人口结构、人口分布等。从某种意义上讲，医药市场规模是由人口总量决定的。在其他条件相近的情况下，人口越多，市场潜力就越大，反之亦然。而人口增长也是医药企业从事国际市场营销时必须考虑的因素，国际市场营销的战略决策受人口增长率的影响较大。因为医药企业要从战略角度考虑市场规模问题，就不仅要关心目标市场的当前人口总量，而且要了解该地区的人口发展趋势，即人口增长状况。人口的结构是指人口的性别结构、年龄结构、地区分布、家庭人口等，这些结构的不同类型，对医药市场的构成影响极大。如发达国家人口普遍老化，对老年人用药的需求就大。而一些发展中国家 14 岁以下人口的比重却在增长，对儿童用药的需求就大。

（3）收入：国民生产总值或国内生产总值是衡量一个国家经济实力的重要指标。一般说，在经济发展水平相近的国家中，一个国家的国内生产总值与其进口总值是成正比例的。人均收入是分析国际市场的一个不可忽视的重要因素，人均收入高的国家其消费水平一般较高，对产品档次质量要求也高，反之则小。

笔记栏

（4）基础结构：交通运输、邮电通讯、商业基础设施等这些条件影响着医药企业在对象国进行国际市场营销的效率。基础结构越是完善，数量越多，业务质量越高，越利于经济顺利进行。

（5）自然资源：包括气候、地理位置、地形、资源分布等，既对其国内药品的生产产生影响，也影响着国际医药产品的需求。

2. 政治法律环境　对象国政局的稳定性、政策和立法体系等因素影响着医药国际市场营销。

（1）政局稳定性：对象国政局越稳定，对医药国际市场营销吸引力就越大。因为，一个国家政治稳定，必然伴随持续稳定的经济政策，从而有利于企业开展国际营销；反之，政局不稳定，政府频繁更迭，甚至发生政变、动乱、战争等，对医药国际市场营销的影响就大，加大了医药企业进行国际市场营销的难度，甚至蒙受意想不到的损失。所以，每一个医药企业在进行国际市场营销时，都必须对目标国家的政局稳定性予以足够的重视。一般来说，政局越稳，企业经营就越易开展；政局稳定性越差，在这个国家经营所冒的风险也就越大，如果医药企业在这个时候准备进入该国市场，就应当采用出口的方式，而不能是直接对外投资。

（2）政策：对象国国内政策的改变，往往直接影响医药国际市场营销。如关税政策、国有化政策等。

（3）立法：对象国的涉外法规是每个进入对象国的医药企业都必须遵守的。这些涉外法规主要有三个方面：一是基本法律，如商标法、专利法、外资法、反倾销法、反垄断法、防止不公平竞争法、保护消费者权益法等。这些法规虽然都是国内立法，但对进入该国的外国企业同样具有约束作用。二是关税政策，包括进口税、出口税、进口附加税、差价税、优惠税等税种的设置以及关税的征收形式等。三是进口限制或非关税壁垒，如进出口许可证制、进出口配额，以及各种苛刻的商品检验技术标准等。所有这些法律、法规，国与国之间不尽相同。例如，有 24 个国家对药品广告有事先检查的法规；比利时和北欧一些国家的法律规定不允许在广播电视里做广告；法国的法律不许上门推销；等等。目前消费者运动在发达的国家和地区已成为一种强大的社会力量；有的国家利用“反倾销法”等阻碍其他国家商品进入本国市场。

上述这些政治环境因素，医药企业在进行国际市场营销活动中，都必须要认真研究，并采取必要的对策。

3. 社会文化环境 对象国的语言、宗教、民族、教育程度、风俗习惯、价值观念等因素，对医药国际市场营销也有很大影响。

(1) 语言文字：语言文字是交易双方沟通信息、洽谈生意、签订合同必不可少的工具，在进行医药国际市场营销时更为重要。世界上有3000多种语言。有的国家还同时使用多种语言，如新加坡有英语、马来语、汉语和淡米尔语等四种官方语言。在国际营销中，品牌、商标、标签、广告、服务、公关和展销等都会发生语言障碍。所以，医药企业在进行国际市场营销时，必须研究东道国的语言使用情况，否则就会影响交流，造成信息损失。

(2) 风俗习惯：由于各国的历史传统、地理环境、民族性格等方面的差异，在医药的消费方面都形成了各自不同的风俗习惯。有的喜用颗粒剂，有的偏爱口服液，有的则习惯使用片剂、胶囊剂等。医药企业在出口医药产品时，就要根据这些风俗习惯来决定和设计医药产品的种类、剂型以及包装，切不可凭自己的主观想象办事。例如，英国人有着悠久的服用草药的历史，常用的品种达400~500种，以茶叶和草药配合制成的药茶最受人们的欢迎，几乎家家户户都备有草药和药茶。我国的中药虽然与西方的草药有所不同，但可以将一些植物类中药制成当地人所能接受的剂型，就有望大范围地占领英国草药市场。此外，在医药国际市场营销中，还要注意每一国家的不同风俗习惯，尤其对商品包装图案的设计和颜色的使用更要适应对方国家消费者的喜爱和禁忌。目前，医药企业的出口产品包装还存在一些问题，尤其是一些中药产品，诸如包装设计不合理、包装形式较落后等。为此，对于改进出口医药产品的包装，医药企业必须给予足够的重视。首先，在包装材料的选择上，要选择可降解的包装材料，使其达到环保要求，中药企业的中药产品包装要与中药产品“绿色”、“天然”的特点相适应；其次，在包装的装潢和文字的使用上要注意东道国的风俗习惯。另外，销往不同国家的药品，在包装和说明书上要分别使用东道国各自的语言，不能千篇一律地用英语，使用东道国本国语言会使当地的消费者有亲切感，从而使其对产品产生好感，尤其像法国那些维护本国语言的国家，如包装文字用英语的话，产品一定会遭到排斥。

(3) 教育水平：对象国消费者的教育程度越高，对国外产品尤其是技术性产品的吸收和使用越容易。相反，教育落后，则是吸收国外先进产品或技术的一个重要的障碍。

(二) 国际环境

国际环境决定着国际市场营销者从本国到达对象国的可能性和现实性，是整个国际市场营销环境中最关键的部分。国际环境影响国际市场营销的因素有：国际贸易体系、国际金融组织、跨国公司、区域化经济、国际化分工、国际竞争和国际政治等。

(三) 本国出口环境

对于作为国际营销者的医药企业来说，良好的国际市场营销环境不但指的是良好的对象国环境和国际环境，也指的是良好的、与医药企业出口有关的国内环境，其中最主要的是出口体制、出口政策和措施等因素。

第三节　进入医药国际市场的方式

医药企业在开展国际市场营销活动中，采取什么方式进入国际市场十分重要，它不仅涉及医药企业及其产品如何跻身国际市场，而且还涉及进入国际市场后如何根据实际情况的变化进行调整后再进入，从而有效地开展营销活动。医药企业应根据本国及所进入国家的各种政治经济情况及自身的各种条件适当选择进入方式。

(一) 产品出口进入方式

产品出口是医药企业将在本国生产的产品通过适当渠道销往国际市场。它是医药企业走向国外市场的第一种方式。由于这种方式是把现有医药产品的一部分运到国外市场销售，生产设施仍然留在国内，劳动力没有国际间流动，不用增加多少投资，所以风险不大。产品出口又分为直接出口和间接出口两种类型。

1. 直接出口 是指医药企业独立承担一切出口业务而不必通过国内的专业外贸公司。

这是那些获得自营出口权的大型医药企业和外向型医药企业所采用的出口方式。其主要做法有以下几种形式:①建立自己的国外分支机构,包括设立办事处或营销子公司,负责国外的市场营销活动;②直接与外商签订药品销售合同;③参与国际招投标活动,中标后按合同生产销往国外的产品;④委托国外代理商代理经营业务;⑤直接向外国最终用户提供产品。

直接出口的优点是:可以节省国内中间商环节的费用;由于医药企业可以直接参与国际市场营销活动,所以能获取国际市场变动信息,及时调整生产经营活动;可以在一定程度上自主决策,控制医药产品外销。缺点是:因为要建立自己的产品出口的专门机构,甚至在国外建立机构,要建立外销渠道、联系客户、发展客户,并需要聘请专门的国际营销人才(要求既懂医药学知识,又懂外贸知识,同时还要有较高的外语水平)。所以,费用较高;另外需要自己承担由直接出口带来的经济风险。

2. 间接出口 就是医药企业通过本国的中间商(外贸公司)向国际市场出口医药产品,它是医药企业开始走向国际市场最常用的方式。间接出口的做法有以下几种形式:

一是通过国内的外贸公司,即外贸公司在购买了医药企业生产的产品后,自行向国外销售。二是医药企业委托外贸公司代理出口医药产品。三是通过委托本国其他企业在国外的销售机构代销自己的产品。

间接出口的优点是:可以利用专业外贸公司对外贸易的渠道和经验,能比较迅速地打入国际市场并且不需要大量投资,也不必发展自己的国外市场营销人员,所以承担的成本风险较小。有经验丰富的中间商负责海外市场营销活动,医药企业可避免犯大的错误。此外,企业还可集中精力生产,不必为外销渠道分心。缺点是:医药企业了解国际市场的能力较低,得不到国际营销的直接经验和国际市场信息,因此,难以根据市场需求及时生产和改进产品,也不能提高产品的适应性和竞争力,不能围绕国际市场需求展开营销活动;而且由于过于依赖国内中间商,所以控制海外营销活动的能力非常有限,甚至容易被中间商抛弃。

信息框

世界植物药和传统医药在全球的地位正发生着悄悄的但却是深刻的根本性的变化,从民间的认同,发展到官方的认可,全球已进入对传统药和植物药进行立法管理的时代。澳大利亚、欧盟、加拿大等西方发达国家对中医药或传统医药实行立法管理,英国已启动中医药捆绑立法程序。

本世纪以来,我国中药出口有了较大增长,平均年增长达到了10.2%,2005年出口额达到8.3亿美元,增长14.48%,2006年上半年,出口额达到了5.07亿美元,增长了27.05%,多年来第一次超过了全国医药保健品的出口总增速。

但同时我国中药出口的前景也不容乐观,因2004年4月欧盟颁布《欧盟传统草药法》规定:到2011年4月后,草药销售将受到严格的管理。进口到欧盟的中药需证明在欧盟成员国应用达15年以上,同时证明在第三国(如中国)应用30年以上,才能正式注册,且中药的成分中只能包含植物和几种矿物。而我国中药则包括植物药、动物药和矿物。此前,中药进入欧盟都是以食品、营养品、食品添加剂等非正规身份进入。

欧洲约占全世界草药市场的40%左右,是中国中药向国际出口的最大市场。欧盟草药法实施后,我国的中药相关产品以及中药配方颗粒如果不能进行注册,将会在欧盟制定的七年过渡期后退出欧洲市场,这不仅严重影响我国中药在欧洲的销售,同时也将连贯影响在其他地区的销售。

(二) 合同进入方式

合同进入是指医药企业通过与国外企业开展一种叫做契约授权式的合作,即医药企业通过与当地企业签订合同转让技术、服务等无形产品进入国际市场的方式。其主要有许可协议、特许经营等类型。

1. 许可协议 就是一家外资企业向目标国企业授权生产或销售某种产品的契约行为。受许可企业应支付使用费用,并承担保守秘密等义务。

许可协议是一种简单的走向国际市场的方式。其优点可以使产品在当地生产和销售,避开进口国提高关税、实行进口配额等限制,从而极大地提高了产品或业务在他国占领市场的速度。同时还可以不用承担东道国货币贬值、产品竞争等风险以及不需要支付高昂运输费用,节约经营成本。其缺点是对被授权企业的控制有限。所以,对被授权企业的考察一定要细致,确保素质优秀;对授权后业务的进展及协议规定项目的管理要尽量到位,确保产品以及双方企业的良好声誉。

2. 特许经营 是许可协议的一种特殊方式。是指企业特许人将其工业产权(专利、专有技术、工艺、商号、商标等)的使用权以及经营风格、管理方法转让给国外企业持证人,持证人按特许人的经营风格、管理方法从事经营业务活动。特许合同双方的关联程度较高,特许人往往将持证人作为自己的分支机构,统一经营政策、统一风格、统一管理,向客户提供标准化的服务。持证人要向特许人支付相应的费用。

(三) 投资进入方式

投资进入方式是指企业在国外进行投资生产,并在国际市场销售产品。投资进入又可分为合资经营与独资经营。

1. 合资经营 是指我国医药企业和外国投资者或两个不同国家和地区的投资者,按一定比例共同投资兴办企业并按照平等互利的原则,共同生产、共同经营、共负盈亏、共担风险的联合企业。

合资经营的优点是:与东道国医药企业合资经营,政治分险较小,并可能享受较多的优惠,同时与特许经营等进入国际市场的方式相比,合资经营企业的潜在利润更高一些,对生产和经营的控制更严一些,获取的市场信息更快一些等。缺点是:投资各方人员管理上难以协调,利润分配和使用上容易产生矛盾。

2. 独资经营 是指企业在国外单独投资建立拥有全部股权的企业,独立经营,自担风险,自负盈亏。其优点是:可获得东道国的支持与奖励;能获得东道国的廉价生产力或原料供应,降低经营成本;能够完全自主地控制自己的投资;能够加强与东道国政府、顾客、当地供应商以及经营商的关系;同时还能保证进入该市场的通路,以防东道国坚持只能购买本国生产的医药产品。缺点是:使企业的大笔投资置于风险之下,如东道国没收、接管、货币贬值、价格限制等。

(四) 对等进入方式

对等进入方式是指医药企业出口商品时必须购入国外一定数量商品,借以进入国际市场。对等贸易的双方都达到了进入对方市场的目的。

对等贸易具体有补偿贸易和易货贸易两种。

1. 补偿贸易 是买方以贷款形式购进机器设备、技术知识、专利等,在一定时期由买方生产的产品或双方商定的其他商品清偿贷款的一种贸易方式。

补偿贸易的形式有三种。

(1) 产品返销:即进口设备和专利技术的一方,用购进的技术、设备生产出来的产品来抵付进口贷款。这样使设备进口方既引进了先进技术,又扩大了其产品出口。所以这种方式是最典型、最常见的补偿贸易方式。

(2) 互购:即出口设备和专利技术的一方,在签约贷款时,必须承诺在协议期内向对方购买一定数量不一定是由进口的设备或技术生产出来的直接产品,而可以用其他产品进行偿付。

(3) 部分补偿:即进口设备和专利技术方的贷款,部分用产品偿还,部分用货币偿还。偿还的产品可以是该设备或技术生产的直接产品,也可以不是该设备或技术生产的产品;偿还的货币可以是现汇,也可以是用制成品的销货款或新的贷款在后期偿还。

笔记栏

补偿贸易的优点是：可避免外汇短缺造成的市场收缩，扩大医药产品出口并可较容易地进入贸易保护程度较高的国家。缺点是：交换的对等性和互利性有时难以真正实现。

2. 易货贸易 是以价值相等的医药商品直接交换。其一般不需要货币媒介，而且往往是一次性的交易，履约时间较短。

易货贸易的优点是：在不动用现汇的情况下出口商品，并取得国内急需的机器设备和医药产品。缺点是：交易的商品有局限性。

（五）加工进入方式

加工进入方式是利用国外原材料，经过生产加工重新进入国际市场。如来料加工就属于这种类型。

所谓来料加工就是由国外委托方提供的原料、材料和辅料，必要时也可提供某些设备，按照委托方的品质、规格、剂型等要求进行生产加工，成品按规定时间交给委托方销售。

这种方式的优点是：可以引进国外先进技术，利用国外资源，同时可以利用国内廉价的劳动力、土地资源、增加就业并可以增加外汇收入。缺点是：市场控制程度差，有一定程度的风险。

（六）以医带药进入方式

以医带药进入方式是我国中药产品进入国际市场的一种特殊方式。因为中医中药是我国的优秀文化遗产，是我国最具知识产权并具有一定竞争力的产业。它为中华民族的生息繁衍、兴旺发达做出了巨大的贡献。在数千年的探索、发展、完善过程中，中医药逐步建立起独立完整的体系。它以卓越独特的医学思想、博大精深的医药理论和富有成效的实践经验，自立于世界医药学之林，成为中国古老文明的重要组成部分，在中华民族悠久而灿烂的文化宝库中一直占据重要的地位。因此，要想使中药产品走向世界就必须把中医推向世界，这样才能扩大中医中药在国际市场上的影响，同时只有这样才能够提高国际社会对中医药的认知程度，从而使中医药产业真正走向国际市场。

第四节　医药国际市场营销策略

笔记栏

开发医药国际市场，大力加强医药出口贸易，必须妥善地运用市场营销策略。医药国际市场营销策略与医药国内市场营销策略一样，也必须制定适应特定市场环境的产品策略、价格策略、渠道策略及促销策略的新组合。由于医药国际市场营销的复杂性，国与国之间市场营销的差异性和经营中必要的灵活性，因此，在医药国际市场上运用营销策略也就具有不同的情况和特点，以下从几个主要方面来说明在医药国际市场上如何正确有效地运用市场营销策略。

（一）产品策略

医药产品要进入国际市场，必须有适合国际市场需要的产品。因此，在制定医药国际市场营销产品策略时，必须考虑究竟以什么样的产品形式进入国际市场。在国际市场上销售与国内市场完全相同的产品，是部分改造现有产品以适应国际市场的需要，还是制造一种全新的产品推向国际市场？

常用的产品策略有三种。

1. 产品和信息直接延伸策略 医药产品延伸策略就是将现有的医药产品只作地域上的延伸，这是一种最简单、投入也较少的医药产品进入国际市场的策略。如果医药产品的效用和使用方法在国内外市场完全相同时，就可以直接将产品出口，在国际市场上采用相同的产品信息传递策略，树立相同的产品形象。采用这一策略，对于医药企业来说非常有利，其原因是：

（1）医药企业不需要额外的产品研究开发费用和增添新的制造设备，从而可以减少投资。

（2）通过大批量地生产，可使医药企业产品的成本得到大幅度地降低，从而使医药企业取得规模经济效益。

（3）方便消费者，使其在旅行和迁居时也能在当地购买到相同的医药产品。

但是医药企业应该注意到由于各个国家的法律、风俗习惯等方面的差异，对医药产品的剂型、用途、功能、商标、包装等都有不同的要求。

2. 产品和信息改造策略 是指把在国内销售的医药产品，根据国际市场的区域性偏好或条件改造产品和产品传递信息，以适应国际市场上消费者对医药商品的需求。其优点是：

企业不用增加很多投资就能适应不同国家市场的需求，并且适应面广，容易把握，从而有利于扩大销售，增加医药企业的收益。缺点是：增加更改费用，提高产品成本。

产品和信息改造主要采用以下几种组合策略：

（1）剂型变更：这里主要指的是中药产品，因为丸、散、膏、丹等剂型是我国中药产品的传统剂型，但很难为外国人特别是西方人所接受，即使是在东南亚市场，其销售额也呈现出不断下降的趋势，这就要求中药企业在开拓国际市场时要注意剂型的变更。

信息框

同仁堂以雄厚的中医理论作为中药发展的基础，使现代中药的生产已经不再是人们印象中的作坊式生产和只能靠嘴尝的情形了，而是符合国际标准认证的全自动生产线生产出来的，可以用现代仪器去定量分析、检验的产品。

此外，中医药产品也不再只是“丸、散、膏、丹”，而是包含了各种新的中西药结合的剂型。目前西药所拥有的剂型，基本上都能做成相同的中药剂型来发展。从人们的用药习惯、接受和服用方式上，都实现了传统和现代的结合。

（2）包装变更：包装的目的不仅在于便于运输、储存及销售，还应符合各个国家的消费偏好和风俗习惯，因此，医药企业应根据不同国家的具体情况，对医药产品包装适当加以更改。

（3）品牌及商标的变更：从医药产品顺利进入国际市场的角度考虑，更改的目的是为了使其符合当地的文化要求和法律规定；从促销的角度来考虑，是为了增强产品的吸引力并突出其特色。

（4）其他方面的变更：如服务变更、质量变更，等等。

例如许多跨国公司在我国境内设立的合资厂在中国生产的许多品牌的医药产品，其疗效与他们在自己国家里生产的产品并没有什么本质上的差别，但它们精美的包装、强大的宣传攻势以及完善的销售服务则远远胜过中国国内品牌。

3. 全新产品策略 是指医药企业为了适应国外目标市场的需要和偏好，研制开发与老产品不同的全新产品投放到国际市场当中去，从而占领国际市场。这是一种风险和回报都很高的国际营销产品策略。因此，这种策略对医药企业的要求较高，需要耗费企业大量的人力、物力和财力，虽然风险较大，但一旦成功，收益也相当可观。

（二）价格策略

国际市场营销中，价格竞争与非价格竞争犬牙交错，其复杂性和多变性使制定医药国际市场营销的产品价格十分困难。一般来说，医药产品在国际市场上的价格构成包括以下几方面：①基本价格，即国内采购价格或出厂价格；②出口费用，包括主要费用和杂费，前者中数额最大的是运费，其次是保险费，另外还有输出包装费、检验费、报关费、装卸费等；后者主要是指贷款利息、邮电费及其他费用等；③企业的预计利润，即企业预计所要获得的利润数额。

1. 国际市场营销中影响定价的因素

（1）成本费用：国际市场营销的成本费用要比国内市场营销复杂得多，除了生产成本外，还包括关税和其他税收、国际中间商成本、运费、保险费以及国际营销业务费等方面的支出。

（2）国外法规：关税和非关税壁垒、反倾销法、反托拉斯法、价格控制法、产品安全法等国外法规，对产品定价也有很多影响。

（3）国际市场供求关系与竞争：医药国际市场基本属于买方市场，所以竞争异常激烈，制定医药国际市场营销产品价格，必须考虑市场供求及竞争状况。

（4）经济周期与通货膨胀：国外市场经济的周期变动会导致不同产品的价格升降。通货膨胀会增加产品成本，从而引起价格上升。特别对跨国公司的产品价格影响较大，而且某些东道国还可能把通货膨胀的风险转移给跨国公司的子公司。

（5）汇率变动：医药国际市场营销活动中，使用何种货币计价是可以选择的。在实行浮动汇率的情况下，汇率变动使产品价格相对发生变动，极大影响了医药企业的收益。

2. 国际贸易价格术语 价格术语又称为价格条件，是在长期的国际贸易交往中逐渐形成和约定的，它表明的是商品价格的构成、买卖双方在货物交接过程中分别承担的责任、费用和风险。常用的国际价格术语有以下几种：

（1）离岸价格：FOB，全文是 free on board（… named port of shipment），又称产地价格或船上交货价格，简称"F·O·B"价格。它要求卖方负责在合同规定的港口和期限内将货物装上买方指定的运输工具上，向买方提供货运单据、交纳出口税、承担货物在装前的一切费用和风险。

（2）成本加运费价格：CFR，全文是 cost and freight（… named port of destination），即成本加运费，又称运费在内价格。它要求由卖方支付将货物运至目标港的正常费用，但有关货物灭损风险和所增加的额外费用则自货物越过船舷之后由买方承担。

（3）到岸价格：CIF，cost insurance and freight（… named port of destination），又称成本加保险费、运费价格，或统一运送价格，简称"C·I·F"价格。它要求卖方将货物装上运输工具并支付启运港至目的港的运费和保险费。

目前，世界各国一般用离岸价格统计出口情况，用到岸价格来统计进口情况。

价格术语是国际市场营销谈判中的一项重要内容，每一种术语都有自己的适应条件，医药企业必须根据国际市场的运输条件、风险情况等来决定自己的选择。

3. 计价货币 国际市场营销活动中使用多种计价货币。至于使用哪一种货币，要由买卖双方协商决定。由于国际交易的每笔交易周期较长，外币汇率波动较大，所以医药企业在制定产品外销价格时，必须认真分析各国货币的汇率变动情况，以便选择对本国企业有利的货币。如果两国间没有签订计价货币的协议，一般选用可兑换货币。可兑换货币指那些可以在国际外汇市场上自由进行交易的货币，如美元、日元、欧元等。

4. 国际市场价格扬升的控制 在国际市场营销中，同一产品价格在出口国与进口国的不适当的差异这种现象称为价格扬升。例如，心律调节器在美国的售价为 120 美元，在日本则高达 4000 美元。

导致价格扬升的直接原因是成本费用的大幅度增加。为此，可采取适当的对策来控制国外市场的价格，尽量降低价格扬升的幅度。具体可采取的办法有以下几个方面：

（1）降低商品生产成本。

（2）降低关税。

（3）降低渠道成本。

（4）利用国外贸易区降低成本。

5. 国际市场营销定价策略 国际市场营销定价策略与国内市场营销定价策略基本相同，但由于国际市场行情的变化速度快，在选择定价策略时必须注意灵活机动，参照国际上通用的方法和原则，随行就市。同时，还要考虑自己国家的情况。我国采用的是低物价政策，而世界上发达的资本主义国家大都采用高物价政策，这样在向这些国家出口医药产品时很容易把价格定得过低，这一方面会影响医药企业的经济效益，另一方面也容易违反国外的反倾销法。所以，医药企业在进行国际市场营销活动中，价格的制定一定要注意。具体定价策略有以下几种：

（1）统一定价策略：统一定价策略指的是医药企业的同一产品在国际市场上采用同一种价格。这一方式简便易行，但难以适应医药国际市场的需求差异和竞争变化。

（2）多元化定价策略：多元化定价策略指的是医药企业对同一产品在国际市场上采用不同的价格。采用这一策略，医药企业对国外子公司的定价不加干预，子公司完全根据当地市场情况做出价格决策。这一策略使各个国外分支机构有最大的定价自主权，从而有利于根据市场情况灵活机动地参与市场竞争，但是采用这一策略易引起内部同一产品盲目的价格竞争,影响公司的整体形象。

(3) 控制定价策略:控制定价策略是指医药企业对同一产品既不采用同一价格,也不完全放手让各个子公司独立定价的策略。其目的是为了利用统一定价与多元定价的优点,对同一产品的定价实行适当控制。这一策略使定价适应了市场变化,又避免了公司内部的盲目竞争,但该策略会增大管理难度和成本。

(4) 转移价格策略:转移价格策略是指医药企业通过母公司与子公司、子公司与子公司之间转移产品时确定某种内部转移价格,以实现全球利益最大化。采用这一策略,母公司与子公司、子公司与子公司之间转移产品,人为提高内部结算价格,造成总公司内部此单位营利或亏损转移到彼单位,但从整体上看总公司的利益达到最大化。医药企业在参与国际市场营销活动中应熟悉西方跨国公司的这一策略手法,以保护自己的利益。

(三) 销售渠道策略

选择和建立分销渠道是医药国际市场营销中极其重要也是十分困难的环节之一。由于医药企业在国际市场营销活动中掌握的市场信息往往不多,所以一般产品都需通过中间商销售给最终用户,不同的中间商在市场营销中具有不同的作用,从而形成了医药产品国际市场营销的不同销售渠道。

1. 窄渠道策略 又称独家经营策略。它是指进入国际市场的医药企业在国际市场上给予中间商在一定时期内独家销售医药产品的权力。

窄渠道策略的优点是有利于鼓励中间商积极开拓国际市场,并依据市场需求订货和控制销售价格。窄渠道策略的缺点是独家经营容易使中间商垄断市场。

2. 宽渠道策略 又称广泛性分销渠道策略。它是指医药企业在进入国际市场直到最终消费者的各个层次的环节中,尽可能多地选择中间商来推销其产品。

宽渠道策略的优点是:中间商之间形成强有力的竞争,有利于医药商品进入更广阔的国际市场,从而扩大医药商品的销量。

宽渠道策略的缺点是:中间商一般都不愿承担广告费用,而且医药产品的最终市场销售价格不易控制,部分中间商削价竞销,会损害医药产品在国际市场上的形象。

3. 长渠道策略 又称多环节渠道策略。指医药企业在国际市场上选用两个或两个以上环节的中间商为其推销医药产品的渠道策略。国际市场营销由于受到国际政治、经济、社会文化和地理等因素的影响,其分销渠道都较国内市场营销渠道长。

长渠道策略的优点是:医药商品能够进入更广阔的市场地理空间和不同层次的消费者群。

长渠道策略的缺点是:容易形成医药商品较大的市场存量,并增加销售成本,导致最终售价上升。

4. 短渠道策略 指医药企业在国际市场上直接与国外零售商或用户从事交易的渠道策略。但由于药品是特殊的产品,所以,这种策略在医药国际市场营销活动中并不常用。

短渠道策略的优点是:可以节约经营成本,增强竞争能力。

(四) 促销策略

1. 广告策略 广告是国际市场营销中使用较多的促销策略之一,但它受下面一系列因素的影响:

(1) 广告语言:语言文字问题是国际广告信息沟通的最大障碍。世界上不同的国家使用不同的语言,有的国家还同时使用多种语言。虽然有些语言如英语可以在数国通行,但由于各自的方言时常不一致,从而导致有些言词因地区性差异而意义相反。这就要求医药企业在制作广告时要用符合当地习惯的语言和大家都能理解的词汇,以提高广告的传播效果。

(2) 广告主题:许多药品具有多种功能,尤其是一些中药产品,可用来治疗多种疾病,这就要求医药企业在进行广告宣传时,需要根据所在国的具体情况来突出其主题功能。

(3) 广告内容:各个国家的文化差异决定了消费者对广告内容的接受程度,一些国家和地区对广告的内容还有一定的限制,例如,泰国禁止做成药广告,德国禁止做与竞争者进行比较的广告,香港禁止做诱导性的广告,在意大利,甚至连“除臭”、“排汗”这类普通的字眼也不能在广告中出现,等等。

(4) 广告媒体:各个国家各种广告媒体的发展程度和管理方式等都存在着一定的差别,医药企业在刊播广告时需要对媒体进行选择。例如,有的国家可以利用广播电视作广告,而在北欧的一些国家如丹麦、挪威、瑞典等都没有商业性电视广告节目或广播节目,在法国不存在商业广告,在瑞士不准用电视作商业广告。另外,许多国家对电视广告的播出时间有着具体规定,如德国的广告节目每天晚上只有 1 小时,在有些国家立广告牌也要经过政府批准。

(5) 广告代理商:国际药品广告常跨越巨大的空间地域,再加上目标市场国家的语言文化、宗教信仰、风俗习惯以及政府对药品广告的管制等方面都存在差异,所以医药企业靠自身的广告部门往往难以胜任,因此需要委托专业广告代理商代办业务。另外医药企业应该了解在一些国家作广告越多越会被公众认为是企业实力雄厚,信誉有保证。如英国、美国、日本等国家都是这种情况。而在西班牙等国却认为好的商品根本不用作广告,广告做得越多反倒被认为是产品滞销,企业实力不够。因此医药企业在进行广告策划时一定要考虑目标市场的需求。

(6) 广告费用:许多国家和地区广告费用较高,医药企业在进行选择时需要考虑自己的承受能力。另外,许多广告大征关税,例如,意大利对广播电视广告征税 15%,对报刊广告征税 4%,对户外广告征税 10%~12%。

此外,随着网络营销的发展,未来网络广告在国际市场促销中将发挥特殊的作用,医药企业应密切关注。

2. 人员推销策略 国际市场营销中的人员推销,是指由医药企业派出专职或兼职推销人员直接与外国消费者或用户接触、洽谈、宣传、介绍医药产品和劳务,以实现销售目的的活动过程。因此,人员推销在国际市场促销中占有重要的地位。

(1) 推销人员的选择:推销人员的选择有三种方式:一是医药企业自己的外派人员,要求这些人员既懂医药知识又懂外语,同时还得掌握推销技巧与沟通的技能。这些人才容易与母公司沟通,而且忠诚度高。二是母公司所在国移居对象国的人员,这些人员懂得两国的语言和文字。三是对象国当地的、懂得多种外语的人员,利用他们在当地有一定的社会关系,并且熟悉当地的政治经济和社会文化等环境因素,为企业进行产品推销。

(2) 推销人员的培训:为了保证推销的顺利进行,要求推销人员必须掌握所在国的语言,懂得所在国的社会文化、政治法律等环境因素,熟悉其风俗习惯,特别要适应当地的文化,并注意采用当地人所喜欢的方式进行推销。为此,要对他们进行适应性和技能性两个方面的培训。使他们能够在适应当地环境的情况下,熟悉营销的技能和技巧,提高他们的市场营销能力。

(3) 推销人员的激励:对推销人员的激励,是促销管理的重要环节之一,为此常采用以下几种激励方式:一是固定薪酬加奖励;二是佣金制;三是佣金与固定薪金混合制。

3. 公共关系策略 在国际市场营销活动中,公共关系发挥着越来越重要的作用。而且国际公关比国内公关的范围要大得多。公关除了可以用来树立医药企业的良好形象和巩固医药企业在对象国的市场地位外,对于进入一些封闭性较强的市场还能起到影响作用,也就说公共关系的好坏直接影响到是否能进入市场并在进入后能否取得较好的经济效益。为此,在医药国际市场营销中,公共关系应做好以下几方面的工作:

(1) 与当地政府保持良好关系,争取当地政府的支持和帮助。

(2) 直接参与当地的社会文化活动,并力所能及地给予适当的赞助,以树立医药企业良好的形象。

(3) 利用当地的大众媒体正面宣传企业经营活动和社会活动,同时搞些调查宣传。

(4) 进行一些必要的外交活动,如迎送、拜会、会谈、会见、庆贺、参观、访问等,以增进医药企业与相关部门的联系。

4. 营业推广 国际市场营销中营业推广的形式和内容与国内相似,只是有的推广形式可能不适应国外的法律或习惯而不能采用。例如,有些国家的法律对发放彩券或免费纪念品加以禁止;对折扣的数量加以限制,规定一切营业推广活动必须获得许可等。因此,医药

笔记栏

企业在进行营业推广促销时，一定要注意。

第五节　我国国际医药市场营销的未来趋势

随着全球经济一体化的发展以及高新技术特别是生物技术、计算机技术、信息技术、卫星通讯技术等高科技的崛起，再加上全球企业并购之风的兴起，国际医药市场营销将面临越来越激烈的竞争。为此，医药企业一定要适应环境的变化，并根据环境的发展变化趋势，及时调整企业的经营战略和策略，这样才能确保企业在竞争中立于不败之地。

1. 国际医药市场需求将继续保持旺盛增长　目前，国际医药市场继续保持巨大需求潜力，尤其是对抗癌药物、心脑血管药物、延缓衰老药物、抗感染药物、新型抗生素药物以及各种微量元素补充剂等药物的需求越来越大；我国国内医药市场也将出现旺盛的消费需求环境，尤其是随着我国人民生活水平的不断提高、医疗保险制度的改革、农村合作医疗制度的建立和完善等，都使我国的医药市场需求保持持续旺盛的势头。因此，国际、国内市场需求的旺盛增长，将为医药企业带来更多的发展空间。

2. 国际医药市场竞争更加激烈　高新技术在医药产品研发与医药产业中的应用使其获得了新的竞争力，随着全球经济一体化的发展以及在新技术、新经济浪潮的推动下，医药国际市场营销的竞争将日趋激烈化。国内医药市场成为一个国际性的竞争市场。医药企业将面对大型跨国企业而不仅仅是国内其他企业的挑战。医药行业重组将进一步升级，外资和民营资本对国有医药企业的并购重组比重将明显上升。

3. 国际医药市场营销手段更加现代化　现代科学技术的发展，使得产品、渠道、促销等营销手段的应用有了更加先进的技术。如电子商务的发展将促进营销渠道的建设。

4. 国际医药市场将更加重视天然药物　随着经济社会的发展和现代科技的进步，人类生存环境、生活水平发生了巨大的变化，人类疾病谱、医学模式和医疗模式也正发生重大转变，人类对健康的认识不断提高，对健康的追求日益增强，由于各国医疗费用的不断增加以及化学药物的毒副作用，也使得人们对天然药物越来越重视，使世界植物药和传统医药在全球的地位发生了根本性的改变，从而使传统医药的国际市场不断扩大，贸易额逐年增加。这一切，为包括中医药在内的传统医药提供了巨大的市场发展空间。

本章小结

国际市场营销是医药企业的跨国营销，是医药企业从国际市场的需求出发，开发合适的产品、选择合适的渠道、制定合适的价格和进行合适的促销，以满足国际用户的需要和在国际市场上取得创汇效益。它是跨国的市场营销活动，是国内市场营销活动在国际市场的延伸。

国际市场营销的环境复杂多变，因此要求医药企业根据各国不同的经济发展状况、产业结构和消费结构、法律政策及文化等采用不同于国内的营销方式和策略。

医药国际市场营销的特点有以下几点：即结构复杂、竞争激烈、交易障碍多、营销风险大。

医药国际市场营销的环境是跨国的环境，它包括营销对象国环境、国际环境和本国出口环境等。

医药企业应根据本国和进口国的各种政治经济情况以及企业自身的条件，采用适当的方式进入国际市场，如可采用出口进入方式、合同进入方式、投资进入方式、对等进入方式、加工进入方式以及以医带药进入方式。

医药国际市场营销中的产品、定价、渠道和促销策略均较国内市场营销更为复杂。

我国国际医药市场营销将面临国际市场需求旺盛增长、竞争更加激烈、营销手段更加现代化以及国际医药市场更加重视天然药物的趋势。

思考题

1. 什么是医药国际市场营销？有哪些特点？

2. 医药国际市场营销环境包括哪些方面？

3. 医药企业以何种方式进入国际市场比

较适宜？

4. 医药国际市场营销有哪些渠道策略？

5. 影响医药国际市场营销价格的因素有哪些？定价策略有哪些？

6. 医药企业在进行国际市场营销时应怎样选择和培训推销人员？

案例分析

华立集团启动抗疟药国际临床开发

青蒿(又名黄花蒿)是中国道地中药,其有效成分青蒿素是当今治疗疟疾的特效药,但由于20世纪六七十年代内地进行青蒿治疗疟疾研究时,没有认识到知识产权保护工作的重要性,使得青蒿有效化学成分及其结构公之于世,不少外国制药企业乘机将其化学结构进行改造,研发出青蒿素复方制剂,用以治疗疟疾,反而内地生产的青蒿产品迄今仍未广泛进入世界市场。治疗疟疾的传统西方药物主要为奎宁类药物,近年来,受到环境因素影响,且传统抗疟药出现耐药性,疟疾患者出现上升趋势,故青蒿产品有相当大的市场发展潜力。据统计,全球现时近五亿人生活在疟疾疫区,主要集中在撒哈拉沙漠以南的非洲及东南亚等热带地区,年发病率达六百万人,且病死率高,每年约有二百万人,以儿童居多,故世界卫生组织希望可以尽快找到代替药物,而青蒿产品见效快、副作用少、没有耐药性,成为取替传统抗疟药的不二之选。

华立集团敏锐地捕捉到了这一契机,2004年3月19日在重庆与全球抗疟药物基金会(MMV)、牛津大学、意大利西格玛公司联合签署协议,共同开展双氢青蒿素-哌喹(阿特健)这新一代复方抗疟药物的国际临床开发,这也是华立集团的新药首次进入国际临床。据称,如果国际临床开发成功,阿特健将成为世界上主要针对贫穷疾病开发的极少的几个新药之一。

根据协议,MMV将出资资助在欧盟的一个主要国家进行"阿特健"新药申报的国际临床费用;牛津大学将从技术上对阿特健的国际临床开发提供支持,并在肯尼亚、越南和泰国三个国家组织开展阿特健的临床工作;华立集团作为阿特健的拥有者,负责提供合格的阿特健原料,并保证整个青蒿素产业链符合医药产业质量控制的国际标准,在新药国际申报获准后,将在中国生产合格的阿特健成药并和西格玛公司共同开发国际市场。签约各方将共同努力争取在两年左右的时间内完成阿特健的全球推广工作。

华立集团总裁赵晓光介绍,公司已打造一个从种植、提炼、成药制造、研发到国际市场营销的完整的青蒿素产业链,并已产生较好的整体效益。2003年1月至9月,公司青蒿素产业实现销售收入1984万元,毛利1257万元,毛利率高达63%。目前,公司生产的青蒿素单方药品在非洲市场的销售每年以50%以上的速度递增。世界卫生组织目前在世界范围内号召开发新的以青蒿素为基础的复方用药,并从2003年起,将青蒿素类抗疟药物作为一线药物在全球推广。

案例讨论

结合案例制定阿特健上市后华立集团所应采取的营销策略。

参考文献

(德)阿诺尔特·魏斯曼.2001.市场营销战略——通往成功的十步.北京:华夏出版社

董大海.2002.战略管理.大连:大连理工大学出版社

方明.2004. 100个成功的营销案例.北京:机械工业出版社

冯国忠.2005.医药市场营销学.北京:中国医药科技出版社

冯国忠.2003.医药市场营销学.北京:中国医药科技出版社

冯夏红.2006.中药市场营销学教程.第2版.沈阳:辽宁大学出版社

甘碧群.2001.国际市场营销学.北京:高等教育出版社

葛光明.2001.医药市场营销学.北京:中国医药科技出版社

顾海.2006.医药市场营销学.北京:人民卫生出版社

关平,郑磊.2003.OTC业务代表实战宝典.北京:海洋出版社

郭国庆.1999.市场营销学通论.北京:中国人民大学出版社

郭国庆.2003.市场营销学通论.第2版.北京:中国人民大学出版社

何永祺,张传忠,蔡新春.2004.市场营销学.大连:东北财经大学出版社

贺丹娜.2005.关系营销在医药营销中的应用.中国中医药现代远程教育,(12)

侯胜田.2004.OTC药品营销管理.北京:化学工业出版社

金占明.2004.战略管理.北京:清华大学出版社

李强.2004.市场营销学教程.大连:东北财经大学出版社

李业.2004.品牌管理.广州:广东高等教育出版社

李玉珍,张石革.2005.药品商品与信息学.北京:科学技术出版社

刘会.2002.医药代表实战宝典.北京:海洋出版社

刘冀生.2003.企业战略管理.第2版.北京:清华大学出版社

罗国海.2005.医药市场营销学.郑州:郑州大学出版社

马清学.2006.医药营销实训.北京:中国劳动社会保障出版社

毛磊等.2006.管理学基础.长春:吉林人民出版社

(美)菲利普·科特勒.1999.北京:营销管理——分析、计划、执行和控制.上海:上海人民出版社

(美)菲利普·科特勒等著,梅清豪译.2003.营销管理(亚洲版).北京:中国人民大学出版社

(美)菲利普·科特勒,加里·阿姆斯特朗著,俞利军译.2004.市场营销教程.北京:华夏出版社

(美)菲利普.科特勒,凯文.L.凯勒著.梅清豪译.2006.营销管理.第12版.上海:世纪出版集团/上海人民出版社

(美)菲利普·科特勒.2002.科特勒谈营销.杭州:浙江人民出版社

(美)菲利普·科特勒.2001.市场营销管理.北京:中国人民大学出版社

(美)菲利普·科特勒.2004.营销管理.上海:上海人民出版社

(美)弗兰克 R.卡德斯.2003.消费者行为与管理决策.北京:清华大学出版社

(美)迈克尔 R. 索罗门,戈雷格 W. 马歇尔,爱诺拉 W. 斯图尔特.2005.市场营销学原理(第四版).北京:经济科学出版社

(美)乔尔·埃文斯等.2001.市场营销教程.北京:华夏出版社

(美)斯蒂芬 J.威廉斯,保罗 R.托伦斯.2004.卫生服务导论(第六版).北京:北京大学出版社联合出版

(美)斯蒂芬·哈格等著,严建援等译.2005.信息时代的管理信息系统.北京:机械工业出版社

(美)威廉 M. 普赖德,O.C.费雷尔.2004.营销观念与战略.北京:中国人民大学出版社

(美)小查尔斯·兰姆,小约瑟夫·海尔,卡尔·麦克丹尼尔.2006.市场营销学·第6版.上海:上海人民出版社

孟繁荣.2005.绿色营销医药产业可持续发展之路.医药产业资讯,(01)

彭智海,汤少梁.2004.医药市场营销学.北京:科学出版社

饶贵生,张美忠.2004.市场营销学.南京:南京大学出版社

饶贵生,张美忠.2000.市场营销学.南京:南京大学出版社

沈志平.2005.医药市场营销.北京:科学技术出版社

陶剑飞,肖志飞,张继明.2006.透视.北京:清华大学出版社

王德章,周游.2005.市场营销学.北京:高等教育出版社

王方华.2005.市场营销学.上海:复旦大学出版社

吴健安,郭国庆,钟育赣.2004.市场营销学.北京:高等教育出版社

吴健安,郭国庆,钟育赣.2004.医药市场营销学.北京:高等教育出版社

吴健安.2005.市场营销学.第2版.北京:高等教育出版社

吴健安.2004.营销管理.北京.高等教育出版社

笔记栏

信明慧,胡天佑.2006.非处方药的 DTC 营销模式浅析.中国药业,(15) 13

颜爱民.2006.药品保健品行业研究.北京:北京大学医学出版社

杨莉,李野,赵健.2005.试析药品 DTC 营销及发展现状与前景.中国药房,(16)21

俞利军.2003.科特勒市场营销教程.北京:华夏出版社

张大禄,胡旭,包绍卿.2003.药品经营策略与技巧.北京:中国医药科技出版社

张庚淼.2002.市场营销调研.大连:东北财经大学出版社

张欣瑞,尚会英等.2005.市场营销管理.北京:清华大学出版社,北京交通大学出版社

张永清.1995.中药市场营销学.北京:中国中医药出版社

章悦.2006.电子商务时代医药企业的网络营销.医药论坛,(3)13

周三多.2003.管理学——原理与方法.第 4 版.上海:复旦大学出版社

Bart A Lazar. Licensing Gives Known Brands New Life. Marketing Newe, Feb.16